Manfred Fuhrmann
Cicero und die römische Republik

W0033511

SERIE PIPER
Band 1219

Zu diesem Buch

Bereits zu seinen Lebzeiten war Marcus Tullius Cicero (106–43 v. Chr.) eine der berühmtesten und zugleich umstrittensten Persönlichkeiten des geistigen und politischen Lebens in Rom. Eine Fülle von Privatbriefen, Prozeß- und Staatsreden sowie weiteres Quellenmaterial legen beredtes Zeugnis ab über Leben und Werk dieses Staatsmannes, Schriftstellers und Philosophen, der bald zum Klassiker lateinischer Eloquenz avancierte und maßgeblich die weitere Geistesgeschichte Europas beeinflußte. Manfred Fuhrmann vermittelt in seiner Biographie gerade denjenigen, die nicht über einschlägige Fachkenntnisse verfügen, einen anschaulichen Eindruck der Motive und Voraussetzungen für das Denken und Handeln dieses Mannes. Allgemeinverständlich und übersichtlich geschrieben stellt das vorliegende Buch die Person Cicero in den Zusammenhang der zeitgenössischen politischen und kulturellen Gegebenheiten und läßt dabei, soweit möglich, die Hauptperson selbst zu Wort kommen.

Manfred Fuhrmann, geboren 1925, lehrte als Ordentlicher Professor Lateinische Philologie an der Universität Konstanz. Mit seiner Übersetzung sämtlicher Reden Ciceros hat er internationale Anerkennung gefunden.

Manfred Fuhrmann

Cicero und die römische Republik

Eine Biographie

Mit 2 Karten, Stamm- und Zeittafel

Piper
München Zürich

Die Karten auf den S. 315 und 316/317 zeichnete
Achim Norweg, München.

ISBN 3-492-11219-6
April 1992
R. Piper GmbH & Co. KG, München
Lizenzausgabe mit Genehmigung des Artemis Verlags,
München und Zürich
© Artemis Verlag, München und Zürich 1989
Umschlag: Federico Luci
Satz: Friedrich Pustet, Regensburg
Druck und Bindung: Clausen & Bosse, Leck
Printed in Germany

FÜR DAVID DAUBE

Ἔκρινα τοίνυν ταύτην ἀγαγέσθαι
πρὸς συμβίωσιν, εἰδὼς ὅτι ἔσται
μοι σύμβουλος ἀγαθῶν καὶ παραί-
νεσις φροντίδων καὶ λύπης.

Ich habe beschlossen, mir die
Weisheit zur Gespielin zu nehmen;
denn ich weiß, daß sie mir ein guter
Ratgeber sein wird und ein Tröster
in Sorgen und Traurigkeit.

Weisheit Salomos 8,9

Inhalt

ANHANG

Vorwort

Eine Biographie, die eine Persönlichkeit der Antike zum Gegenstand hat, leidet meist an Quellenmangel. Wenn es um Staatsmänner geht, pflegen die Antriebe des Handelns im dunkeln zu liegen, und über das Privatleben ist oft wenig bekannt. Bei Schriftstellern und Philosophen gar muß sich der Biograph in der Regel mit einem dürren Gerüst isolierter Fakten begnügen; im übrigen ist er auf die Rekonstruktion der allgemeinen historischen und kulturhistorischen Voraussetzungen sowie auf die Analyse der erhaltenen Werke verwiesen.

In dieser Hinsicht macht Cicero eine der wenigen Ausnahmen. Für alle drei Dimensionen seiner Existenz, für das politische Geschehen im spätrepublikanischen Rom, für das literarische Œuvre und für den Lebenslauf stehen in ungewöhnlichem Ausmaß Zeugnisse von vielfältiger Art zu Gebote, eigene und fremde, zeitgenössische und spätere. Unter den eigenen Zeugnissen kommt naturgemäß schon den Prozeß- und Staatsreden große Bedeutung zu. Ganz einzigartig und ohne Parallele aber ist die Fülle der erhaltenen Privatbriefe – etwa 900 an der Zahl, darunter etwa 100 Stücke von Korrespondenten; zumal in den Briefen an den Freund Atticus treten die Gedanken, Antriebe und Stimmungen des Autors so unmittelbar zutage wie sonst bei keinem Menschen der Antike. Im Falle Ciceros also kann und muß der Biograph auswählen und durch seine Auswahl in bestimmter Weise Stellung nehmen, wie das sonst nur bei Persönlichkeiten der letzten Jahrhunderte möglich und nötig zu sein pflegt. Cicero gehört zu den wenigen, die jeder Beschreibung seines Lebens viel Freiheit geben und sie zugleich der Gefahr der Willkür aussetzen – und keine Beschreibung darf sich anmaßen, ihren Gegenstand auch nur annähernd zu erschöpfen.

Der vorliegende Versuch steht in einer langen Tradition von Cicero-Biographien. Seine besonderen Ziele mögen ihn rechtfertigen: es ist dem Verfasser vor allem darum zu tun, das Leben Ciceros auch denen nahezubringen, die nicht schon über allerlei Vorkenntnisse verfügen, denen die alten Sprachen und die Geschichte und Kultur der Antike einigermaßen fremd sind. Der Verfasser hat sich daher zuallererst um eine übersichtliche und allgemeinverständliche Darstellungsart bemüht, die nicht nur dem Lebenslauf selbst, sondern auch den jeweiligen Voraussetzungen von Ciceros Denken und Handeln gebührende Aufmerksamkeit zuteil werden läßt: dem römischen Staat und seiner Geschichte sowie den damaligen Bildungsmächten, zumal der griechischen Rhetorik und Philosophie. Was als Tatsache berichtet wird, ist durch Quellen verbürgt; wo irgend möglich, kommt Cicero selbst zu Wort.

Unter den Werken, denen der Versuch des Verfassers in besonderem Maße verpflichtet ist, verdient an erster Stelle die Geschichte der römischen Literatur (»Scriptorum illustrium Latinae linguae libri XVIII«) genannt zu werden, die Sicco Polentone, Stadtschreiber von Padua, um das Jahr 1437 vollendet hat: die Bücher 10–16 enthalten eine Darstellung von Ciceros Leben, die sich nicht nur Anschaulichkeit und Quellentreue, sondern auch die Einbeziehung der für das Verständnis des Lesers erforderlichen allgemeinen Gegebenheiten angelegen sein läßt. Außerdem war die Arbeit an der vorliegenden Biographie vom Alterswerk Christoph Martin Wielands, von dessen chronologisch geordneter Übersetzung sämtlicher Cicero-Briefe (7 Bände, Zürich 1808–1821) begleitet: die Erläuterungen geben vielerlei noch stets unübertroffene Aufschlüsse über Ciceros zwischenmenschliche Beziehungen, und der Stil der Übersetzung, der sich zuallererst um klares Deutsch bemüht, diente dem Verfasser als

Richtschnur für seine Wiedergabe der Cicero-Zitate. Schließlich die chronikartige Lebensbeschreibung des Althistorikers Matthias Gelzer, die zuerst im Jahre 1939 in Paulys Realencyclopädie der classischen Altertumswissenschaft erschien und im Jahre 1969 auch als selbständiges Buch veröffentlicht wurde: sie half dem Verfasser, sich in der Fülle der Zeugnisse zurechtzufinden, und war ihm vor allem durch ihr behutsam abwägendes Urteil förderlich, insbesondere wenn es darum ging, den vielbeklagten Unzulänglichkeiten des Politikers Cicero gerecht zu werden.

1. Kapitel

Ciceros Herkunft und Jugend

Marcus Tullius Cicero kam unter dem Konsulat des Quintus Servilius Caepio und des Gaius Atilius Serranus am dritten Tage vor den Nonen des Januar, also am 3. Januar 106 v. Chr., zur Welt; er war gleichaltrig mit Pompeius und sechs Jahre älter als Caesar. Seine Mutter gebar ihn ohne Schmerzen; seiner Amme, heißt es, habe eine Erscheinung vorausgesagt, sie ziehe ein großes Heil für die Römer auf.

Ciceros Geburtsort war Arpinum, heute Arpino geheißen, ein Städtchen im Lande der Volsker, etwa 100 km südöstlich von Rom. Es liegt in bergiger Gegend, am Hange des Liristales; es ist durch eine gut erhaltene Polygonalmauer, eine sogenannte kyklopische Mauer befestigt.

Arpinum wird zum ersten Male als Streitobjekt des Zweiten Samnitenkrieges erwähnt: es sei, verlautet bei Livius zum Jahre 305, von den Römern zurückerobert worden. Seine Bewohner erhielten bald darauf, im Jahre 303, das römische Bürgerrecht, allerdings noch nicht das volle, sondern lediglich die sogenannte civitas sine suffragio, d. h. ohne Stimmrecht, ohne politische Rechte. Immerhin waren sie nunmehr privatrechtlich den Römern gleichgestellt: sie konnten vollgültige römische Ehen schließen, vor römischen Gerichten prozessieren usw. Arpinum war zunächst eine praefectura; es wurde durch einen praefectus von Rom aus verwaltet, konnte also nur in geringem Umfange seine Angelegenheiten selbst erledigen. Im Jahre 188 machte ein Gesetz die Arpinaten zu Vollbürgern; erst von jetzt an durften sie sich an den Wahlen in Rom beteiligen und waren sie ihrerseits zu den Ämtern wählbar. Später, wir wissen nicht wann (jedenfalls wohl im Laufe des 2. Jahrhunderts v. Chr.), wurde Arpinum ein richtiges municipium, eine italische Landstadt mit vollem Selbstverwaltungsrecht.

Die Geschichte von Arpinum spiegelt Typisches aus der Zeit, als – im 4. und 3. Jahrhundert v. Chr. – Rom die Vorherrschaft über Mittel- und Süditalien gewann. Überall gab es Stadtgemeinden, die sich nach ihrer ethnischen Zusammengehörigkeit zu mehr oder minder festen Bünden vereinigt hatten, und diese Bünde suchten sich allerorten wechselseitig nach Kräften zuzusetzen. Die Volsker waren ein kleinerer Stamm, Nachbarn der Latiner im Westen und der Samniten im Osten; sie wurden von beiden Seiten bedrängt und erlitten schließlich das übliche Schicksal, die Abhängigkeit von Rom. Der Vormacht wiederum lag es fern, die ihr botmäßigen Gebiete jeglicher Selbständigkeit zu berauben. Sie hielt vielmehr am antiken Prinzip des Gemeinde- oder Stadtstaates fest: die abhängigen Gemeinden durften lediglich keine selbständige Außenpolitik mehr treiben; sie konnten im übrigen ihre Angelegenheiten je nach dem Vertrag, der ihnen bewilligt worden war, selbst verwalten, und ihre Bewohner hatten in abgestuftem, allmählich erhöhtem Maße Anteil am allgemein begehrten römischen Bürgerrecht.

Die Landkarte Mittel- und Süditaliens hatte daher noch zu der Zeit, da Cicero geboren wurde, ein überaus buntscheckiges Aussehen: Rom beherrschte keinen in eine Anzahl von Verwaltungsdistrikten eingeteilten Flächenstaat, sondern ein Konglomerat, das aus einer Fülle von kleinen Territorien höchst unterschiedlicher Rechtsstellung bestand. So gab es außer den schon erwähnten Munizipien und Präfekturen auch sogenannte Kolonien (Pflanzstädte) sei es römischen, sei es latinischen Rechts; im ersteren Falle waren sie ein Außenposten Roms, ein Stück von Rom selbst. Die Bewohner der Munizipien aber galten als einfache Bundesgenossen, als Latiner (da aus der einst ethnischen Gegebenheit eine Rechtsposition geworden war) oder als Römer ohne Stimmrecht – diese Stufe pflegte zur vollen Aufnahme in den römischen Bürgerverband überzuleiten. Die Bundesgenossen, an der Schaffung des Weltreichs sattsam beteiligt, wollten schließlich allesamt vollberechtigte römische Bürger werden; hierüber sollte es, als Cicero ein junger Mann war, zu einem schweren Konflikt zwischen ihnen und Rom kommen.

Cicero hat seiner Heimatstadt, die auch die des berühmten Marius war, ein schönes Denkmal gesetzt. Der Dialog »De legibus« – ein Gespräch, an dem sich Cicero selbst, sein Bruder Quintus und sein Freund Atticus beteiligen – spielt auf dem vom Vater ererbten Landgut bei Arpinum, und zumal die Einleitung des 2. Buches widmet sich mit Anteilnahme der Szenerie. Man ist spazieren gegangen; man begibt sich nunmehr auf ein Inselchen, das der Fibrenus mit zwei Armen umschließt, ehe er in den Liris mündet. Atticus, zum ersten Male in Arpinum, hatte nur Felsen und Berge erwartet; er ist überrascht von der Lieblichkeit der Landschaft. Cicero sagt, daß er sich von der Gegend nicht nur angezogen fühle, weil sie so schön und erholsam sei: er betrachte Arpinum als seine und seines Bruders eigentliche Heimat (patria). Von dort stammten sie, aus einer sehr alten Familie; dort hätten ihre Vorfahren zahlreiche Spuren hinterlassen. Das Landhaus, das Atticus vor sich sehe, sei von ihrem Vater großzügig erneuert worden, der dort, da er von schwacher Gesundheit war, sein Leben mit Studien verbracht habe – er, Cicero, sei noch zu Lebzeiten des Großvaters in einem kleineren Hause geboren.

Atticus fragt, wie Ciceros Äußerung, Arpinum sei seine eigentliche patria, zu verstehen sei: ob er und sein Bruder zwei Vaterländer hätten? Cicero meint: ja – jeder, der aus einem Munizipium stamme, habe zwei Vaterländer, eine patria loci, eine patria iuris – der Herkunftsort sei Vaterland durch die Umgebung, Rom sei es durch die von ihm verliehene Rechtsstellung. Wichtiger sei das größere Vaterland, für das man selbst sein Leben hinzugeben bereit sein müsse, doch hingezogen fühle man sich kaum weniger zu jenem Vaterland, worin man aufgewachsen sei. Die kleine

Unterhaltung zeigt, daß es in Ciceros Jugendzeit und noch lange darüber hinaus eine Einstellung der außerhalb Roms wohnenden Römer gab, die der Verfassung Italiens, einer Art föderativen Systems, exakt entsprach.

Ciceros Gentilname (Familienname) Tullius war offenbar alt: Roms legendärer sechster König Servius soll ihn getragen haben, und der durch die Coriolansage bekannte Anführer der Volsker hieß Attius Tullus. Doch erst von Ciceros Zeit an ist der Name häufiger bezeugt; er kam damals bei mehreren Familien vor, die offenbar nicht miteinander verwandt waren. So hat Cicero im Jahre 72 oder etwas später einen im übrigen unbekannten Marcus Tullius vertreten; von einem der Plädoyers sind größere Bruchstücke erhalten. Und ein Tullius Rufus, der Quästor gewesen war und im caesarisch-pompejanischen Bürgerkriege auf Seiten Caesars focht, wurde von den eigenen Leuten getötet, da sie ihn für einen Verräter hielten. Ciceros Cognomen wurde in der Antike von cicer, Kichererbse abgeleitet; der Vorfahr, der dieses Cognomen erhielt, habe an der Spitze der Nase eine erbsenförmige Warze gehabt. Also ein Beiname nach römischer Art, wie bei Porträts, die auch nicht idealisiert wurden: der Beiname entsprach oft der heutigen Paß-Rubrik »Besondere Kennzeichen«, wie z. B. Naevius von naevus, Muttermal, Verrucosus von verruca, Warze usw.

Cicero behauptet, aus einer sehr alten Familie zu stammen; die Überlieferung setzt freilich erst mit dem Großvater väterlicherseits ein. Was von diesem Manne bekannt ist (er hieß Marcus Tullius Cicero wie sein Sohn und sein Enkel), läßt vermuten, daß er an den Strömungen und Bestrebungen seiner spannungsgeladenen, in der Revolution der Gracchen kumulierenden Zeit lebhaft Anteil nahm, wobei er offensichtlich auf der Seite derer stand, die am Herkommen festgehalten wissen wollten und für Veränderungen wenig übrig hatten. Als er lebte, drang die griechische Zivilisation, die höchstentwickelte, die es damals gab, mit allen ihren Errungenschaften – von der Töpferei bis zur

Dichtung und Wissenschaft – in alle Winkel Italiens vor, und nicht nur Rom, sondern auch das Umland war erfüllt von griechischen Waren und Genüssen, von griechischen Händlern, Handwerkern, Köchen und Ärzten. So nimmt es nicht wunder, daß es zum guten Ton nicht nur der oberen Schichten zu gehören begann, sich recht oder schlecht auch der griechischen Sprache zu bedienen. »Unsere Leute«, soll hierzu der Großvater Cicero bemerkt haben, »sind wie die syrischen Sklaven: je besser sie Griechisch können, desto weniger taugen sie.«

In Rom kam es kurz vor der gracchischen Revolution zu geringfügigen Reformen. So gelang es volksfreundlichen Kreisen – ›Popularen‹, wie das spätere Schlagwort lautete –, die geheime Abstimmung bei Wahlen und Gerichtsurteilen durchzusetzen (in den Jahren 139 und 137): das einfache Wählervolk sollte nicht mehr von den Mächtigen und Reichen kontrolliert und unter Druck gesetzt werden können. Als man nun auch in Arpinum darüber diskutierte, ob man die geheime Abstimmung durch Stimmtäfelchen einführen solle, da widersetzte sich Großvater Cicero, solange er lebte – pikanterweise geriet er dabei in Gegnerschaft zu seinem Schwager Marcus Gratidius, dem Bruder seiner Frau. Die konservative politische Haltung des Enkels war also durch die Familientradition vorgezeichnet.

Die Gratidii stammten aus Arpinum und waren wohl mit den ebenfalls dort beheimateten Marii befreundet. Von dem erwähnten Großonkel Marcus Gratidius berichtet Cicero im »Brutus«, er sei ein gebildeter, in der griechischen Literatur belesener Mann gewesen, durch enge Freundschaft mit dem berühmten Redner Marcus Antonius (einem der Hauptunterredner im Dialog »De oratore«) verbunden und selbst redegewandt; er habe als Offizier unter Antonius, der damals Prätor war, gedient und sei im Kampf gegen die kilikischen Seeräuber gefallen (im Jahre 102). Er war mit Maria, einer Schwester des berühmten Marius, verheiratet; sein Sohn Marcus wurde von Marcus Marius, einem anderen Bruder der Maria (seiner Mutter) adoptiert und hieß nunmehr

Marcus Marius Gratidianus. Dieser gehörte im Bürgerkrieg der achtziger Jahre als Volkstribun und dann als Prätor zur Anhängerschaft des Cinna – die siegreichen Sullaner ermordeten ihn im November 82 mit ausgesuchter Grausamkeit, woran sich der nachmalige Umstürzler Catilina beteiligte.

Wie ersichtlich, war Ciceros Verwandtschaft allenthalben in die konfliktreichen Zeitläufe verwickelt, und in seiner Familie kehrten wie in einem Mikrokosmos die beiden Haupttendenzen wieder, die damals das öffentliche Leben beherrschten und schließlich die Grundfesten des römischen Staates erschütterten: die konservative, für die uneingeschränkte Bewahrung des überkommenen Adelsregimes kämpfende Richtung und die der Neuerer, die sich mit besonderem Nachdruck um die griechische Bildung bemühten und eine gegen die Übermacht der Aristokratie gerichtete Politik betrieben.

Ciceros Großvater väterlicherseits hatte zwei Söhne, neben Ciceros Vater noch einen jüngeren Sohn namens Lucius, der ebenfalls zur Partei der ›Fortschrittlichen‹ gehörte: er war, wie Cicero schreibt, ein humanissimus homo, ein hochgebildeter Mann; auch er begleitete, wahrscheinlich durch Vermittlung des Gratidius, Antonius nach Kilikien. Er starb wohl bald nach seiner Rückkehr von dort; er hinterließ einen Sohn namens Lucius, der also ein Vetter Ciceros war, sowie eine Tochter, welche den Lucius Aelius Tubero heiratete – aus dieser Ehe ging der berühmte Jurist Quintus Aelius Tubero hervor. Dieser Tubero klagte im Jahre 46 Ligarius an; Cicero gelang es in seinem erhaltenen Verteidigungsplädoyer, der 2. Caesarrede, einen Freispruch zu erwirken.

Von Ciceros Vater, der, wie erwähnt, ebenfalls Marcus Tullius Cicero hieß, wissen wir fast nur durch den berühmten Sohn. Er war römischer Ritter; er lebte, da er, wie der Sohn schreibt, infirma valetudine, von schwacher Gesundheit, war, meist zurückgezogen auf seinem Gut bei Arpinum; er verzichtete auf öffentliches Wirken. Böse Zungen behaupteten von ihm, er sei Walker,

Tuchreiniger (fullo) gewesen – nichts hindert anzunehmen, daß er einen Betrieb dieser Art unterhielt; darin lag an sich nichts Ehrenrühriges. Er war mit einer Helvia verheiratet, von der er zwei Söhne hatte, Marcus Cicero und den um etwa vier Jahre jüngeren Quintus. Helvia wird von ihrem Sohne Marcus in den erhaltenen Zeugnissen kein einziges Mal erwähnt. Durch Quintus ist immerhin eine Anekdote überliefert, die sie als wachsame Hausfrau charakterisiert: sie habe alle Weinkrüge, die leer waren, mit ihrem Siegel versehen, um zu verhindern, daß man Krüge dazutat, die hinter ihrem Rücken geleert worden waren. Eine Schwester Helvias war mit dem rechtskundigen Ritter Gaius Visellius Aculeo verheiratet, einem Freunde des berühmten Redners Crassus. Offenbar hat schon der Vater Cicero ein Haus in Rom besessen, wie viele Angehörige des Landadels; es lag wohl in den Carinae, am Westabhang des Esquilin – der Sohn Marcus überließ es dem jüngeren Bruder, nachdem er selber ein prächtiges Haus am nordöstlichen Fuß des Palatin erworben hatte (im Jahre 62).

Die Einleitung des 2. Buches der Schrift »De oratore« läßt erkennen, daß der Vater ein nachdenklicher Mann war, der die Erziehung seiner beiden Söhne mit Sorgfalt plante. Für ihn war es – anders als für den Großvater – eine ausgemachte Sache, daß der aus Griechenland importierten Bildung, der Dichtung, der Rhetorik und der Philosophie, die Zukunft gehöre; diese Bildung breitete sich damals, wie die gesamte griechische Kultur, überall in Italien aus, und kein anderer als Cicero der Sohn bezeugt, daß in der Friedenszeit zwischen den gracchischen Wirren und den Bürgerkriegen der achtziger Jahre griechische Kunst und Wissenschaft auch außerhalb Roms eifrige Pflege fanden. Es fehlte indes nicht an Utilitaristen, die in altrömisch-bäuerlicher Weise alles zweckfreie Wissen und Können für unnütz hielten. Sie suchten den Vater, dessen Erziehungsprogramm eine breite Bildung neuen Zuschnitts vorsah, und auch die Söhne selbst davon abzubringen: diese Bemühungen seien doch sinnlos und töricht.

Die Kinder jedoch hielten es mit dem Vater, wobei sie sich vornehmlich durch zwei große Vorbilder leiten ließen, zu denen enge Beziehungen bestanden: durch die Redner Crassus und Antonius. Denn mit Crassus war ja der Onkel Aculeo befreundet; die Verbindung mit Antonius ging auf den Großonkel Gratidius zurück. Bei Crassus und Antonius aber war offenkundig, daß sie sich gründlich mit griechischer Literatur und Philosophie befaßt hatten, wenn sie das auch in verschiedenem Maße vor ihrer römischen Umgebung zu verbergen suchten.

Als Schauplatz der Ausbildung muß man sich wohl – vielleicht von den Anfängen abgesehen – Rom vorstellen; hierbei hat Crassus als Ratgeber fungiert. Der junge Cicero lernte gemeinsam mit seinem Bruder und seinen Vettern, den Söhnen des Aculeo (von denen es der eine immerhin zum kurulischen Ädil brachte: Gaius Visellius Varro, gestorben im Jahre 58). Marcus fiel sofort durch seine immense Begabung auf – er erregte solches Aufsehen unter seinen Mitschülern, daß deren Väter zur Schule kamen, um den Wunderknaben zu bestaunen. Die Mitschüler aber waren offenbar frei von Neid; sie nahmen ihn auf dem Schulweg, um ihn auszuzeichnen, in ihre Mitte.

»Denn soweit nur meine Erinnerung in vergangene Zeiten zurückblicken und früheste Jugendeindrücke aufzufrischen vermag: mir steht, sooft ich bis dahin zurückdenke, gerade *er* als derjenige vor Augen, der mich zuerst dazu angeregt hat, diese Berufsrichtung (nämlich die eines Redners und Anwalts) einzuschlagen und zu verfolgen.« So Cicero im Jahre 62: nicht über einen Rhetoriklehrer, sondern über den griechischen Dichter Archias, aus Antiochien in Syrien, der in Rom Gönner fand und wohl auch das römische Bürgerrecht erhielt – dies behauptete jedenfalls Cicero, als er seinen einstigen Lehrer gegen den Vorwurf verteidigte, er habe sich das römische Bürgerrecht angemaßt. Der Unterricht bei Archias fand gewiß in griechischer Sprache statt, und als Gegenstand kommt nur die Lektüre griechischer Literaturwerke in Betracht.

Ob auf den Unterricht bei Archias auch Ciceros erste poetische Versuche zurückgehen? Sie scheinen allerdings in lateinischer Sprache verfaßt gewesen zu sein. Plutarch weiß von einem Gedicht in Tetrametern, das zu seiner Zeit noch erhalten war; es trug den Titel »Pontius Glaucus«, »Der See-Glaucus«; es handelte wohl in der kunstvollen Manier der hellenistischen Dichter von einem böotischen Fischer, den der Genuß eines Zauberkrautes in ein Seewesen verwandelte, in ein unsterbliches, mit der Fähigkeit der Weissagung begabtes Seewesen. Cicero, der dieses Gedicht (von dem nichts auf uns gekommen ist) als Vierzehnjähriger im Jahre 92 verfaßt haben mag, ging hiermit Catull und seinem Kreis, der damaligen Avantgarde, voran.

2. Kapitel

Die Lehrjahre

Cicero läßt den Dialog »Brutus«, eine Darstellung der Geschichte der römischen Beredsamkeit, mit einer autobiographischen Skizze seines eigenen Werdegangs und Aufstiegs zum gesuchtesten Sachwalter Roms enden – dort gibt er anläßlich der Bildungs- und Erholungsreise, die er im Jahre 79 (also als 27jähriger) antrat, folgende Schilderung seines Äußeren:

> Ich litt damals sehr an Magerkeit und physischer Schwäche; ich hatte einen langen, dünnen Hals, ein Befinden und Aussehen, das, wie man glaubte, mein Leben in Gefahr bringen konnte, wenn noch Anstrengung und eine starke Anspannung der Lunge hinzukamen. Und dies beunruhigte diejenigen, denen ich teuer war, um so mehr, als ich alles ohne Nachlassen, ohne Abwechslung und mit äußerster Anspannung der Stimme und des ganzen Körpers sagte. Als daher meine Freunde und die Ärzte mir rieten, ich solle meine Tätigkeit als Sachwalter einstellen, da glaubte ich, lieber noch so große Risiken eingehen zu sollen als auf den erhofften Ruhm eines Redners zu verzichten.

Man geht kaum fehl in der Annahme, daß die sperata dicendi gloria schon früh auf das Sinnen und Trachten des jungen Cicero eingewirkt hat. Die herausragende intellektuelle Begabung war offensichtlich; sie wird sich sofort in großer Leichtigkeit des Lernens und ungewöhnlicher sprachlicher Ausdrucksfähigkeit bekundet haben. Vielleicht wäre Cicero, wenn er als Grieche unter Griechen gelebt hätte, Philosoph geworden; in Rom kam trotz aller Aufgeschlossenheit für griechische Bildung ein Beruf dieser Art nicht in Betracht, und da Cicero nicht aus einem zur Senatsaristokratie gehörigen Hause stammte, mußte er, wenn er es zu etwas bringen wollte, ganz und gar auf sein Talent bauen – und für dieses sein Talent hielt Rom lediglich die Rolle eines Sachwalters, eines Anwalts, bereit. Πολλὸν ἀριστεύειν καὶ ὑπείροχον ἔμμεναι ἄλλων / »(immer) der erste zu sein und ausgezeichnet vor andern«: diesen berühmten Iliasvers habe er schon, schreibt er einmal dem Bruder, als Knabe zu seiner Maxime gemacht.

Der hochaufgeschossene, durch seine Konstitution und seinen Ehrgeiz gefährdete junge Mann erhielt im Jahre 91 oder 90 die Männertoga – wohl, wie es Sitte war, am 17. März, an welchem Tage man die Liberalia (ein Fest des Liber, des Bacchus) feierte. Er galt nunmehr als erwachsen und durfte somit am öffentlichen Leben Roms, an den Versammlungen und Verhandlungen auf dem Forum teilnehmen. Er wurde alsbald von seinem Vater in das Haus eines berühmten, ehrwürdigen Mannes eingeführt: des Quintus Mucius Scaevola, den man durch den Zusatz »der Augur« von einem gleichnamigen Verwandten, »dem Pontifex«, zu unterscheiden pflegt. Dieser Scaevola, ein bedeutender Jurist, hatte im Jahre 117 das Konsulat innegehabt und erteilte noch, als Cicero ihn kennenlernte – er war damals um achtzig Jahre alt –, täglich Rechtsgutachten. Der Vater meinte, Cicero solle sich nicht ohne Not von der Seite dieses Mannes entfernen – Cicero scheint diesen Rat befolgt zu haben, denn er schreibt, daß er sich viele seiner weisen Aussprüche fest eingeprägt habe. Außerdem konnte er in der Vorhalle des Hauses von Scaevola zahlreiche maßgebliche Männer kennenlernen, die sich dort, wie es bei den Vornehmen Roms Brauch war, allmorgendlich einzufinden pflegten. Ob der Vater zunächst einen Rechtsgelehrten aus seinem begabten Sohne machen wollte, nicht einen Redner – trotz der Beziehungen zu Crassus? Wohl kaum: wahrscheinlich war die Rechtskunde, die Scaevola vermittelte, von Anfang an nur als Hilfsdisziplin für den künftigen Redner gedacht.

Die Einführung ins ius civile vollzog sich damals nicht wie heutzutage durch systematische Unterweisung: einen derartigen Rechtsunterricht hat erst die Kaiserzeit hervorgebracht. Wie das Privatrecht überhaupt als eine nur locker geordnete Masse von Einzelfällen entstanden war und fortgebildet wurde (Cicero hat hieran später wiederholt Kritik geübt und verlangt, daß das Recht zu einer systematischen Wissenschaft umgeschaffen werde), so gab es auch für angehende Rechtskundige keinen anderen Weg als das Kennenlernen der Einzelfälle, der Kasus. Die Juristen, die iuris consulti, pflegten Verträge zu entwerfen und Rechtsfragen zu begutachten – sie wurden von den Parteien und von den Richtern befragt und gaben daraufhin ihren Bescheid, ihr responsum ab. Dergleichen pflegte auf dem Forum oder im Hause des Juristen zu geschehen, und wer wollte, konnte zuhören – wahrscheinlich hat der Jurist dann nicht ermangelt, seinen Schülern die Gründe seiner Entscheidung zu erläutern. So etwa wurde auch der 16–17jährige Cicero bei Scaevola in das römische Privatrecht eingeführt.

Das Privatrecht war freilich nur ein kleiner, verhältnismäßig unwichtiger Ausschnitt aus der römischen Staatstradition. Der Hauptzweck von Ciceros ersten Männertoga-Jahren war daher von anderer, viel umfassenderer Art: es galt, das Ganze dieser Tradition kennenzulernen, die Institutionen der Verfassung sowohl als auch das komplizierte Zusammenspiel der Schichten, in die sich die römische Gesellschaft gliederte. Von alledem beruhte so gut wie nichts auf geschriebenen Gesetzen und so gut wie alles auf dem Herkommen – das ausgewogene Gefüge, als das sich die römische Republik im 2. Jahrhundert v. Chr. dargestellt hatte und das nunmehr, zu Lebzeiten Ciceros, immer schwereren Belastungsproben ausgesetzt wurde, war in langer, behutsam von Einzelfall zu Einzelfall fortschreitender Entwicklung herangereift.

Cicero mußte sich also in ein verzwicktes System einarbeiten, das im Laufe vieler Generationen zusammengebaut worden war.

Hierfür aber standen ihm gewiß auch Literaturwerke zu Gebote: Darstellungen der römischen Geschichte sowie berühmte Reden früherer Politiker, nicht aber Schriften, die ihn planmäßig in das Werden und Sein des römischen Staatsapparates und seiner gesellschaftlichen Voraussetzungen eingeführt hätten. Zu einer derartigen Abstraktion waren die Römer nicht fähig; erst Cicero hat in seiner Meisterzeit dank seiner Gabe, komplexe Strukturen auf Begriffe zu bringen, Grundsätzliches über die römische Verfassung zu sagen gewußt. Der junge Cicero war daher hauptsächlich auf seine Anschauung angewiesen, als er es unternahm, sich in die Voraussetzungen und Regeln des Treibens auf dem Forum hineinzufinden: er nahm an Volksversammlungen teil, hörte sich die Plädoyers der Anwälte an und besuchte Zirkel, die auch von Älteren besucht wurden, die bereit waren, Fragen der Jüngeren zu beantworten. Was Cicero auf diese Weise lernte, indem er Steinchen auf Steinchen zu einem Mosaik des Ganzen zusammentrug, war, auf allereinfachste Begriffe gebracht, etwa Folgendes.

Formell ging im republikanischen Rom alle Gewalt vom Volke, von der Versammlung der erwachsenen männlichen Bürger aus. Die Volksversammlung war nach Klassen gegliedert und traf in dieser Gliederung wichtige Entscheidungen: sie wählte alljährlich die hohen Beamten, die Magistrate; sie beschloß über Gesetzesanträge; sie urteilte Staatsverbrecher ab. Sie konnte allerdings weder debattieren noch irgendeine Initiative ergreifen; sie hatte lediglich zu bestätigen oder zu verwerfen, was die Beamten ihr zur Entscheidung vorlegten.

Die Fülle der Macht lag sichtlich bei den Magistraten, zumal bei den ranghöchsten, den Konsuln und Prätoren. Alle Ämter waren doppelt oder mehrfach besetzt; alle ranggleichen Beamten durften gegeneinander interzedieren, d. h. die Amtshandlungen eines Kollegen verhindern oder aufheben. Alle Ämter waren auf ein Jahr befristet und wurden, wie schon erwähnt, alljährlich durch die Volksversammlung neu besetzt. An der Spitze des Staates standen die beiden Konsuln; ihre Vollgewalt, das imperium – eine Einheit von ziviler und militärischer Kompetenz –, erstreckte sich auf das ganze Reichsgebiet; sie waren zuallererst dazu berufen, den Staat gegenüber den Göttern, gegenüber auswärtigen Staaten, gegenüber dem römischen Volk in seiner Gesamtheit sowie gegenüber den einzelnen Bürgern zu vertreten. Ihre ursprünglich unbegrenzte, das Tötungsrecht einschließende Disziplinargewalt wurde durch sogenannte Provokationsgesetze stufenweise eingeschränkt; hiernach bedurften Maßnahmen, die über einen bestimmten Geldbetrag hinausgingen, der Bestätigung durch die Volksversammlung. Auf die Konsuln folgten die Prätoren, die, ebenfalls im Besitze des vollen imperium, in Notfällen auch Heere befehligten, in der Regel aber dem Rechtswesen vorstanden. Außer zwei weiteren Stufen der Ämterlaufbahn, des sogenannten cursus honorum, der Ädilität und der Quästur, gehörte zum römischen Behördenapparat noch eine sehr merkwürdige Einrichtung: das Volkstribunat. Die Volkstribunen hatten keinerlei positive Kompetenzen; sie waren lediglich ein – allerdings umfassendes – Kontrollorgan; ihr Verbietungsrecht, das berühmte Veto, konnte jede magistratische Maßnahme, auch die eines Konsuls, zunichte machen.

Die römische Republik ruhte – neben der Volksversammlung und der Magistratur – noch auf einer dritten Säule: dem Ältestenrat, dem Senat. Er bestand bis zum 1. Jahrhundert v. Chr. aus dreihundert, zur Zeit Ciceros aus sechshundert Mitgliedern auf Lebenszeit; er rekrutierte sich aus den amtierenden und den ehemaligen Magistraten. Die Senatoren waren nach Maßgabe der von ihnen bekleideten Ämter in Rangklassen eingeteilt; eine Geschäftsordnung legte die Modalitäten der Debatte und Abstimmung fest. Der Senat tagte in geschlossenen Räumen, in der Kurie am Forum oder in einem Tempel. Der junge Cicero, der an den Volksversammlungen teilnehmen und bei den Gerichtsverhandlungen zuhören durfte, hatte somit zu den Sitzungen des Senats keinen Zutritt; er mußte sich damit begnügen zuzuschauen, wenn die hohen Herren, erkennbar an dem breiten Purpurbesatz ihrer Toga, gemessenen Schrittes in das Versammlungslokal strömten. Der Senat konnte, wie die Volksversammlung, nur von einem Magistrat einberufen werden; er war rechtlich betrachtet nichts als ein beratendes Organ, das den Magistraten auf Befragen seine Meinung kundtat. De facto aber gebärdete er sich als souverän schaltende Reichsregierung: bei ihm liefen alle Fäden zusammen; von ihm gingen alle wichtigen Entscheidungen aus; er verbürgte allenthalben die politische Kontinuität. Und wenn auch seine Empfehlungen, die senatus consulta, rechtlich gesehen für die Magistrate keinerlei Verbindlichkeit besaßen, so pflegten sich die Magistrate in Wirklichkeit fast stets so zu verhalten, als seien sie die Vollstrecker des Senatswillens. Wenn irgendwo, dann bekundete sich am Einfluß des Senats, daß das republikanische Rom einem aristokratischen Regime unterstand, und für Cicero war es von Anfang an eine ausgemachte Sache, daß er alles daran setzen müsse, zum frühesten gesetzlich erlaubten Zeitpunkt durch Erreichung des ersten Amtes, der Quästur, den Eintritt in das erlauchte Gremium zu erlangen.

Volksversammlung, Magistrat und Senat: dies waren die Institutionen des römischen Staates, die Organe, deren Zusammenwirken die römische Politik hervorbrachte. Hinter diesen Institutionen stand die römische Gesellschaft: keine in Parteien, Gewerkschaften oder sonstigen Interessenverbänden formierte, sondern eine ständisch gegliederte, in eine Art Gefolgschaftswesen eingebundene Gesellschaft. Die höchsten Ränge nahmen die Angehörigen der Aristokratie, die Senatoren und Ritter, ein: aus diesen beiden Ständen gingen die Beamten hervor; auf sie beschränkte sich in praxi das passive Wahlrecht zu den Magistraturen und damit auch zum Senat. Auf die Ritter folgten in der Hierarchie der römischen Gesellschaft die gewöhnlichen Bürger, die je nach Vermögen in Klassen mit abgestuftem Stimmrecht eingeteilt waren, und auf die Bürger wiederum folgten die Bundesgenossen, die übrige freie Reichsbevölkerung und das Sklavenproletariat. Der junge Cicero brauchte sich diese Hierarchie nicht, wie wir Heutigen, als abstraktes Schema einzuprägen: ihm stand alles leibhaftig vor Augen, denn eine strenge Kleiderordnung sorgte dafür, daß man sofort erkennen konnte, ob jemand Sklave oder Freier, Bürger oder Ausländer, Senator oder Ritter war. Das Ganze aber hielt zusammen, weil es, wie angedeutet, in ein System erblicher sozialer Beziehungen eingebunden war. An der Spitze standen die jeweiligen Häupter der regierenden Adelshäuser; sie aber waren stets bestrebt, nach dem Motto do ut des – »ich gebe, damit du gibst«: sie gewährten Schutz und erwarteten Dienste – die überkommene Hausmacht zu wahren und zu vergrößern.

Mit diesem System hatte Rom im dritten und zweiten Jahrhundert v. Chr. die Herrschaft über den gesamten Mittelmeerraum errungen – der junge Cicero konnte dies insbesondere den zu seiner Zeit kursierenden, meist wohl recht trockenen Chroniken entnehmen, die Jahr um Jahr von den äußeren Ereignissen berichteten. Die Kette der römischen Erfolge wirkte indes in starkem Maße negativ auf die inneren Verhältnisse, auf die Struktur der Gesellschaft und schließlich, zu Lebzeiten Ciceros, auch auf deren institutionellen Ausdruck, die Verfassung, zurück – von diesem Prozeß konnte sich Cicero um das Jahr 90 schwerlich eine klare Vorstellung machen, weder durch Lektüre noch durch eigene Anschauung; er hatte ja damals erst eingesetzt, und seine ersten, durch lange Intervalle voneinander getrennten Phasen mußten dem Beobachter jener Zeit als eher punktuelle Ereignisse erscheinen. Es ging kurz gesagt darum, daß eigentlich nur die römische Oberschicht von all den Siegen und Eroberungen profitierte. Roms bäuerlicher Mittelstand verlor durch ständige Kriegsdienste weithin seine Existenzgrundlage; die italischen Bundesgenossen, denen die gleichen Lasten aufgebürdet wurden wie den römischen Bürgern, erhielten nicht den gleichen Lohn, und die Scharen der Kriegsgefangenen verwandelten sich in Sklavenhorden, welche unter den erbärmlichsten Lebensbedingungen die Latifundien der Reichen bewirtschafteten. So bildete sich ein sozialer Zündstoff, der zunächst einzelne Feuersbrünste verursachte und schließlich zu verheerenden Flächenbränden führte. Die Versuche der Gracchen, die entwurzelten Bürger auf Kosten des Großgrundbesitzes mit Hofstellen zu versehen, wurden von der Senatsaristokratie blutig unterdrückt. Auf Sizilien brachen Sklavenaufstände aus, deren Rom nur mit großer Truppenmacht Herr zu werden vermochte, und Fregellae, eine Nachbarstadt von Arpinum, die sich empört hatte, weil Rom sich nicht entschließen konnte, den Italikern das Bürgerrecht zu verleihen, mußte untergehen.

Nach der verhältnismäßig ruhigen Zeit der neunziger Jahre braute sich, als Cicero das Forum zu besuchen begann, der Konflikt zusammen, aus dem der erste große Flächenbrand des Krisenzeitalters hervorging, der in den sogenannten Bundesgenossenkrieg und im unmittelbaren Anschluß daran in den marianisch-sullanischen Bürgerkrieg mündete. Einsichtsvolle Kreise der Aristokratie hatten erkannt, daß etwas geschehen müsse, wenn man nicht einer Katastrophe zutreiben wolle. An der Spitze der Initiative stand Marcus Livius Drusus, ein Mann aus vornehmstem Hause, der als Volkstribun durch eine Reihe von Gesetzen die gefährlichsten Krisenherde beseitigen wollte; auch das Bundesgenossenproblem sollte durch die längst fällige Verleihung des Bürgerrechts aus der Welt geschafft werden. Das kühne Reformprogramm rief Widerstand hervor; zumal der Konsul des Jahres 91, Lucius Marcius Philippus, bekämpfte die Politik des Drusus. Cicero wurde von den Ereignissen auch persönlich berührt. Der Redner Crassus, der auf Seiten des Drusus stand, trug im Senat in der Bundesgenossenfrage einen heftigen Disput mit Philippus aus; hierbei erhitzte er sich derart, daß er sich eine Lungenentzündung zuzog und wenige Tage später starb. Marcus und Quintus Cicero, tief beeindruckt von dem plötzlichen Tode des genialen Mannes, suchten alsbald die Kurie auf, um die

Stelle zu betrachten, wo er gestanden hatte, als er seinen »Schwanengesang« (so Cicero selber) anstimmte. Bald darauf kehrte sich der Senat von dem großangelegten Reformversuch ab, und Drusus starb von Mörderhand – in dem Hause am Palatin, das etwa ein Menschenalter später durch Kauf an Cicero gelangte.

Die Bundesgenossen glaubten jetzt nicht mehr an die Möglichkeit einer friedlichen Lösung; sie erhoben gegen die Vormacht Rom die Waffen. Der Krieg, die Folge ungewöhnlicher Kurzsichtigkeit auf Seiten der Römer, war geradezu ein Paradox aus der Perspektive der aufrührerischen Bundesgenossen (nicht aller: die latinischen Kolonien wahrten Rom die Treue, und die griechischen Städte machten nicht mit): man suchte Rom zu vernichten, um Aufnahme in den römischen Staat zu finden! Cicero, der angehende Redner und Politiker, war jetzt mehr als zuvor auf Lektüre angewiesen (wir erfahren z. B., daß er den pathetischen Schluß einer bekannten Verteidigungsrede auswendig gelernt habe): zwar hielten einige zweitrangige Volkstribunen vor versammeltem Volke ihre Ansprachen; das Gerichtswesen jedoch lag wegen des Krieges darnieder. Nur *ein* Tribunal war rastlos tätig: der Gerichtshof, den ein Quintus Varius gegen die Anhänger des Drusus als die Urheber des Bundesgenossenkrieges ins Leben gerufen hatte. Für Cicero hatten diese Prozesse noch die bedauerliche Folge, daß Gaius Aurelius Cotta, einer der tüchtigsten Redner seiner Generation, in die Verbannung gehen mußte.

Im Jahre 89 hat Cicero im Heer des Gnaeus Pompeius Strabo, beim Vater des berühmten Pompeius, gedient. Der Bundesgenossenkrieg hatte damals seinen Höhepunkt bereits überschritten: die Römer sahen sich genötigt nachzugeben und boten allen, die bereit seien, die Waffen niederzulegen, das Bürgerrecht an – hiermit hatten die Aufständischen ihr Kriegsziel erreicht. Cicero gehörte als Ritter zur cohors praetoria des Oberbefehlshabers, zum Generalstab. Er hat nicht geäußert, mit welchen Gefühlen er das Geschehen begleitete. Große Begeisterung hat ihn schwerlich erfüllt: er war kein Soldat, er verabscheute die Gewalt und

mußte als gebürtiger Arpinate den Konflikt mit den Bundesgenossen, die nicht weit von seiner Heimat, in Corfinium, ihre
Hauptstadt hatten, für herzlich überflüssig halten. Was er aus
jener Zeit in einer seiner letzten Reden, der »Zwölften Philippica«, mitteilt, hat den Charakter eines moralischen Exempels:
er war Zeuge von vergeblichen Verhandlungen, welche der Konsul Pompeius und dessen Bruder mit Publius Vettius Scato, einem Truppenführer der Aufständischen, zwischen den beiden
Feldlagern führten: man sei damals fair und ohne wechselseitige
Furcht miteinander umgegangen, stellt Cicero aus der Perspektive eines Mannes fest, der seither fünfundvierzig von Bürgerkriegen erfüllte Jahre mit entsetzlichen Greueln mitgemacht
hatte.

Bald darauf hat Cicero noch unter Sulla gedient, der in Süditalien mit großer Schonungslosigkeit die unversöhnlichen Samniten niederwarf. Auch aus dieser Zeit hat er ein Ereignis festge-
halten, das er selbst miterlebt hatte. Sulla belagerte die Samni-
tenstadt Nola. Als er eines Tages vor seinem Feldherrnzelt den
Göttern ein Opfer darbrachte, kam am Fuße des Altars eine
Schlange zum Vorschein. Der Opferschauer riet daraufhin, das
Heer sofort in die Schlacht zu führen; Sulla siegte und nahm das
Lager der Samniten. Cicero, der hiervon in seinem Werk »Über
die Weissagung« (»De divinatione«) berichtet, bemerkt hierzu,
Skeptiker der er war, daß der Erfolg wohl weniger durch die
Einsicht des Opferschauers als durch die Sullas bedingt war.

Hiermit war Ciceros militärische Karriere zu Ende, ehe sie
recht begonnen hatte. Cicero hat aus seiner gänzlich unsoldati-
schen Natur kein Hehl gemacht – wenngleich er damit einge-
stand (was ihm freilich nicht bewußt geworden ist), daß er im
Zeitalter der Bürgerkriege und Revolutionsführer nie eine selbständige Politik würde treiben, nie eine wirklich maßgebliche
Rolle würde spielen können. Viele glaubten, kriegerische Erfolge
seien wichtiger, schreibt er einmal, als innenpolitische – diese
Auffassung bedürfe der Korrektur. Er selber habe schon als

Knabe geglaubt, daß Marcus Aemilius Scaurus (der princeps senatus in Ciceros Jugend, ein energischer, erfolgreicher Verteidiger der Senatsrechte) dem Marius nicht nachstehe (dem Sieger über die Cimbern und Teutonen), und während seiner eigenen politischen Tätigkeit habe er den Quintus Lutatius Catulus (eine lautere Persönlichkeit; er opponierte gegen die Vollmachten, die Pompeius im Seeräuber- und im mithridatischen Kriege zuerkannt wurden) ebenso hoch eingeschätzt wie Pompeius; parvi enim sunt foris arma, nisi est consilium domi – »wenig sind nämlich Waffentaten im Felde wert, wenn in der Heimat nicht die richtigen Entscheidungen getroffen werden.«

Für Cicero begann nunmehr die intensivste Lernzeit. Im Jahre 88 brachen die sullanisch-marianischen Wirren aus; es folgten die verhältnismäßig ruhigen Jahre der Herrschaft Cinnas und, mit Sullas Rückkehr aus Kleinasien, der Bürgerkrieg, der in den sogenannten Proskriptionen, dem von Gesetzes wegen verhängten Massenmord an den politischen Gegnern, gipfelte. Ciceros geistige Gaben waren in den achtziger Jahren nicht gefragt; er hielt sich zurück; er bereitete sich vor: durch rhetorische, juristische und philosophische Studien. Auf dem Forum hat er zunächst, im Jahre 88, noch den Tribunen Publius Sulpicius Rufus gehört, dessen rednerischer Gabe er einen ebenso hohen Rang zuwies wie der des Cotta. Er war also dabei, wie dieser Mann das ungeheure Geschehen in Gang brachte: wie er unter größten Mühen ein Gesetz ertrotzte, das den Neubürgern, den ehemaligen Bundesgenossen, mehr Einfluß bei den Wahlen und sonstigen Abstimmungen der Volksversammlung verschaffen sollte, wie er sich mit Marius verbündete, dem abgestandenen Helden des Cimbernkrieges, der bei einer Revolte des Jahres 100 seine politische Glaubwürdigkeit verscherzt hatte, und wie er schließlich die Volksversammlung dazu verleitete, den Oberbefehl gegen Mithridates VI., den König von Pontos, der ganz Kleinasien und Griechenland in Aufruhr versetzt hatte, vom damaligen Konsul Sulla, von seinem ärgsten Widersacher, auf Marius zu übertragen. Dann überstürzten sich die Ereignisse. Sulla nahm mit seinen in Kampanien bereitstehenden Truppen Rom im Handstreich; die von Sulpicius Rufus erwirkten Gesetze wurden aufgehoben, Marius und seine Anhänger geächtet. Da der Siegeszug des Mithridates rasches Handeln erforderlich machte, fehlte es Sulla an Zeit, in Rom stabile Verhältnisse herzustellen. So folgte auf seinen Abmarsch in den Osten der nächste Umschwung: Marius kehrte zurück und errichtete gemeinsam mit Lucius Cornelius Cinna ein Schreckensregiment. Dem Morden, das nunmehr einsetzte, fielen zahlreiche angesehene Mitglieder der Senatsaristokratie zum Opfer, darunter – was Cicero besonders traf – der Redner Antonius.

Der Prozeß der sich steigernden Krisen und Umwälzungen hatte nunmehr ein neues Stadium erreicht. Ein Einfall des Marius, aus der Not des Cimbernkrieges geboren, war der erste Schritt hierzu gewesen: da es an Soldaten fehlte, wurden die mittellosen Bürger, die in Massen in Rom herumlungerten und nicht zu dienen brauchten, als Söldner angeworben. Nunmehr aber war das Grundschema der römischen Gesellschaft, das Gefolgschaftswesen, das Klientelverhältnis, militarisiert: die jeweiligen Feldherren und ihre Truppen, durch ein wechselseitiges Treueverhältnis zu beiderseitigem Nutzen miteinander verbunden, bedrohten oder beherrschten den zivilen Staatsapparat – dies wurde jetzt, bei Ausbruch der marianisch-sullanischen Wirren, manifest. So rächte sich das Scheitern der gracchischen Bodenreform: es hätte genug Bürger gegeben, die zum Waffendienst verpflichtet waren; andererseits hätte sich nicht in der Hauptstadt ein dem Staate weithin entfremdetes Proletariat angesammelt, das gegen Bezahlung in den Krieg zog, auch – wie sich jetzt zeigte – in den Krieg gegen die eigenen Landsleute, in den Bürgerkrieg.

Zu Marius, dem blindwütigsten Hauptdarsteller der entsetzlichen Szene, hatte Cicero ein seltsames, beinahe befremdliches Verhältnis. Man erzählte sich damals abenteuerliche Dinge von dem alten Haudegen. Der von Sulla Geächtete – so weiß es Plutarch – entfloh nach Ostia und bestieg ein Schiff, das ihn nach Afrika bringen sollte. Widrige Winde zwangen zur Landung; Marius gelangte in die sumpfige Gegend an der Mündung des Liris. Er wurde entdeckt, gefangen genommen und in die nahe gelegene Stadt Minturnae geführt. Dort sollte er getötet werden; ein Cimbrer weigerte sich, die ihm befohlene Tat auszuführen – daraufhin ließen die Bewohner von Minturnae Marius frei, und Marius entkam nach Afrika. Den jungen Cicero haben die Geschicke seines Mitbürgers aus Arpinum offenbar sehr beeindruckt. Er hat – wahrscheinlich, als die Ereignisse noch frisch waren – ein Lobgedicht auf Marius verfaßt, in Hexametern. Er spielt noch in den ersten Zeilen der Schrift »De legibus« darauf an, die ja Arpinum zum Schauplatz hat. Atticus sagt dort: »Ich erkenne den Hain und die arpinatische Eiche, von der ich so oft im ›Marius‹ gelesen habe«, und der Bruder Quintus bestätigt die Vermutung des Freundes, wobei er einen Vers des Enkomions zitiert: ja, dies sei die Eiche, aus der einst davonflog

nuntia fulva Iovis, miranda visa figura
der braungelbe Bote Jupiters, erschaut in wunderbarer
Gestalt.

In der Schrift »De divinatione« zitiert Cicero sogar eine aus dreizehn Hexametern bestehende Partie; sie schildert ein Vorzeichen, das dem Marius zuteil geworden sei, den siegreichen Kampf eines Adlers mit einer Schlange; Marius habe darin eine Vorankündigung seiner Rehabilitierung und seiner Rückkehr erblickt:

faustaque signa suae laudis reditusque notavit.

Das im übrigen (bis auf einen weiteren Vers) verlorene Gedicht hat also die Flucht des Marius und wohl auch seine Rückkehr geschildert; ob die einstigen Großtaten, der Jugurtha- und der Cimbernkrieg darin vorkamen, wissen wir nicht.

Cicero hat noch in viel späterer Zeit, nach seiner Rückkehr aus der Verbannung, wiederholt des Marius gedacht und dessen Schicksal mit seinem eigenen verglichen. Am ausführlichsten nahm er sich des Themas in der Danksagung an, die er für seine durch einen Volksbeschluß ermöglichte Rückberufung an das Volk gerichtet hat. Er sagt dort:

> Ich habe einen sehr beherzten Mann gekannt, meinen Lands-mann Gaius Marius (er mußte wie ich, als ob es ein Verhängnis so bestimmt hätte, nicht nur gegen die kämpfen, die nichts verschonen wollten, sondern auch gegen das Schicksal selber) – ich habe ihn gekannt, als er schon hochbetagt war; damals hatte die Größe seines Unglücks seinen Mut durchaus nicht gebrochen, sondern gestärkt und erneuert. Den hörte ich sa-gen, es sei ihm in *der* Zeit schlecht ergangen, da er das Vater-land, das er vor der Eroberung bewahrt hatte, entbehren mußte, da er erfuhr, daß seine Feinde sein Hab und Gut in Besitz nahmen und plünderten, da er seinen jungen Sohn sein Unglück teilen sah, da er, in Sümpfen versteckt, Leib und Leben dem hilfreichen Erbarmen der Bewohner von Mintur-nae dankte, da er, mit einer dürftigen Schaluppe nach Afrika übersetzend, ohnmächtig und bittflehend zu denen kam, de-nen er Königreiche verliehen hatte; jetzt, nachdem er seine dignitas, seine Stellung wiedergewonnen habe, werde er alles daran setzen, daß er ... auch über seine virtus, seine Tatkraft verfüge, die er nie verloren habe.

Ciceros Mariuskult ist ein merkwürdiges Phänomen: daß er, der umfassend Gebildete, der, was er war, seinen Geistesgaben ver-dankte, den plumpen Haudegen verehrte, daß er, der politisch im Lager der gemäßigten Konservativen stand, den ungeschickten Popularen pries, der seiner Laufbahn durch sinnloses Morden ein schreckliches Ende setzte. Cicero kann nicht den ganzen Ma-rius gemeint haben: er modelte sich einen Marius zurecht, den es in Wirklichkeit nicht gegeben hatte – den quasi fleckenreinen

Retter Roms vor der Cimberngefahr, der überdies aus demselben Arpinum stammte wie er –, und hernach, als er selbst in die Verbannung gehen mußte, hat er noch sein eigenes Schicksal mit dem des solchermaßen stilisierten Marius gleichgesetzt. Ciceros Wunschdenken, seine Sehnsucht nach Idealität bemächtigte sich offensichtlich nicht nur der römischen Republik im ganzen, die er ständig zu verklären bereit war, sondern auch einzelner herausragender Persönlichkeiten – später hat er vor allem aus dem jüngeren Scipio einen Mythos gemacht.

Cicero gab sich während der schlimmen achtziger Jahre mit Eifer seinen Studien hin, zuallererst rhetorischen. »Ich übte mich im Deklamieren (so sagt man ja jetzt)«, verlautet im »Brutus«, »oft gemeinsam mit Marcus Piso und Quintus Pompeius und sonstwem, Tag für Tag; dies tat ich häufig in lateinischer Sprache, doch öfter noch auf griechisch: weil das Griechische, das mehr Schmuck darbot, darin übte, in ähnlicher Weise lateinisch zu sprechen, und weil mich meine berühmten griechischen Lehrer nur dann verbessern und unterweisen konnten, wenn ich mich des Griechischen bediente.« Marcus Pupius Piso und Quintus Pompeius Bithynicus waren ältere Studiengenossen Ciceros; dem Piso wurde Cicero vom Vater anvertraut, weil dieser nach strenger Vätersitte lebte und weil er hochgebildet war – ihm war also eine gewisse Mentorenrolle übertragen worden. Der Historiker Sallust hat daraus in einer Schmähschrift gegen Cicero nach antiker Gepflogenheit ein päderastisches Verhältnis gemacht: »Oder hast du deinen hemmungslosen Redefluß bei Marcus Piso nicht in der Weise erlernt, daß du deine Schamhaftigkeit drangabst?« Pupius Piso war später ein Gefolgsmann des Pompeius; er erreichte im Jahre 61 das Konsulat, zwei Jahre nach seinem Mitschüler Cicero. Einer der hervorragenden griechischen Lehrer, um derentwillen Cicero meist griechisch deklamierte, war Apollonios Molon aus Rhodos, ein gleichermaßen fähiger Redner und Redelehrer. Er hat sich offenbar schon im Jahre 87 einmal in Rom aufgehalten; er kam ein zweites Mal als rhodischer Gesandter dorthin (im Jahre 81) – ihm wurde, da er des Lateinischen nicht mächtig war, als erstem Griechen erlaubt, griechisch vor dem Senat seine Sache zu vertreten, ohne Dolmetscher. Cicero hat ihn später, während seiner großen Bildungsreise, in Rhodos aufgesucht und sich von ihm seine Sprechtechnik verbessern lassen.

Was Cicero damals gelernt hat, läßt sich recht genau bestimmen. Die Rhetorik war, wie aller Unterricht in der Antike, eine Schöpfung der Griechen; die Römer übernahmen getreulich die Formen und Inhalte, die in hellenistischer Zeit ihre endgültigen Konturen erhalten hatten. Auf das Erlernen des Lesens und Schreibens folgte als zweite Stufe eine auf intensiver Dichterlektüre beruhende Einführung in Grammatik und Stil; dann pflegten mehrere Jahre Rhetorikunterricht, also Ausbildung in der Kunst der freien Rede, den krönenden Abschluß zu bilden, im allgemeinen freilich nur bei Angehörigen der führenden Schicht. In Rom hatte der Rhetorikunterricht, vermittelt nicht nur durch Rhetoriklehrer, sondern auch durch Philosophen, im Laufe des 2. Jahrhunderts v. Chr. fest Fuß gefaßt. Hierbei verschlug es wenig, daß sich alles in griechischer Sprache abspielte (die Griechen taten sich durchweg sehr schwer mit dem Erlernen des Lateinischen): Roms Aristokratie pflegte das Griechische, damals das internationale Verständigungsmittel schlechthin, fast ebensogut zu beherrschen wie die eigene Muttersprache, und die Techniken, die man sich im Medium der griechischen Sprache aneignete, ließen sich, wie auch Cicero bezeugt, mühelos auf die römische Praxis übertragen. Die heftigen innenpolitischen Kämpfe, die von den Gracchen entfesselt wurden, haben gewiß die Nachfrage nach rhetorischem Unterricht beträchtlich gesteigert; wenige Jahrzehnte später, als Cicero heranwuchs, etablierte sich in Rom auch eine von einem Römer (er hieß Lucius Plotius Gallus) betriebene, in lateinischer Sprache unterrichtende Rhetorikschule. Seither war und blieb die römische Rhetorik gewissermaßen zweisprachig, d. h. das gesamte Pensum wurde von

37

den fünfzehn- bis zwanzigjährigen Schülern sowohl in griechischer als auch in lateinischer Sprache durchexerziert.

Während man sich mit der römischen Tradition, mit dem Staat, dem Recht und dem Kriegswesen, nur durch praktischen Umgang vertraut machen konnte, da es hierfür keine Theorie, kein literarisch fixiertes Lehrgebäude gab, ging der Rhetorikunterricht als griechische Errungenschaft nach strenger Methode und strengem System vonstatten. Die Methode bekundete sich in einem klar gestuften Aufbau: man begann mit Vorübungen, die in etwa den Formen des heutigen Schulaufsatzes entsprachen; man traktierte auf das gründlichste die rhetorische Theorie, einen Inbegriff von Regeln und Kniffen, der sich im wesentlichen zwei Hauptgebieten zuweisen läßt, der Stilistik und der Argumentationstechnik, und man betrieb das, was Cicero mit einem damals noch neuen Ausdruck als Deklamieren bezeichnete, d. h. man übte sich im Verfertigen und Vortragen von Reden über fiktive oder reale Musterfälle. Die literarischen Quellen für den theoretischen Teil, für das ausgeklügelte Regelsystem der Rhetorik, setzen in Griechenland zur Zeit des Aristoteles, in Rom zur Zeit Ciceros, und zwar hauptsächlich mit Ciceros rhetorischen Schriften ein; Anschauungsmaterial für die Vorübungen und die Deklamationen ist hingegen erst aus der Kaiserzeit überliefert.

»In der Zeit, da Philon, das Schulhaupt der Akademie, im mithridatischen Krieg gemeinsam mit der Aristokratie aus Athen geflohen und nach Rom gekommen war, habe ich mich ganz und gar ihm angeschlossen, von wunderbarem Eifer für die Philosophie erfüllt«: So Cicero über den Beginn seiner philosophischen Studien im Jahre 88. In diesem schlichten Satz kündigt sich nicht mehr und nicht weniger als eine im damaligen Rom einzigartige Berufung an: die Berufung zu einem der vielseitigsten, gewandtesten und humansten philosophischen Schriftsteller der Antike. Es war geradezu eine Fügung, daß der Siegeszug des Mithridates die romtreuen Griechen aus ihrer Heimat vertrieb und daß sich darunter Philon aus Larissa befand, der Mann also, der damals der von Platon gegründeten Philosophenschule vorstand, und es war ebenso eine Fügung, daß der junge Cicero instinktiv von der Chance Gebrauch machte und ohne Scheu in sich aufnahm, was ihm Philon zu geben hatte. Den Nutzen der Rhetorik vermochten in jener Zeit nur verstockte Griechenhasser nicht einzusehen; diese Disziplin fand damals schon ein ziemlich breites Publikum. Die Philosophie hingegen, deren praktische Bedeutung keineswegs auf der Hand lag, war noch stets das Reservat einer kleinen geistigen Elite meist adliger Provenienz. Doch auch in diesem Kreise wird nüchterner Römersinn sich schwerlich je so emphatisch haben verlauten lassen: »Ich habe mich ihm ganz und gar angeschlossen« (der Text sagt sogar »hingegeben«), »von wunderbarem Eifer für die Philosophie erfüllt.«

Mit diesen Studien begab sich Cicero erst recht auf griechisches Terrain: die Philosophie als der Versuch rationalen Denkens, rationaler Lebensführung und eines auf rationalen Erwägungen beruhenden rationalen Weltbildes war Griechenlands ureigenste Erfindung. Ihren Höhepunkt hatte sie dort im 4. Jahrhundert v. Chr. erreicht: kühne, weit ausgreifende Spekulation stand damals ebenso in hoher Blüte wie empirisch fundierte wissenschaftliche Forschung. Die beiden ersten ›Schulen‹ – von Hause aus private Stiftungen, die wunderbarerweise bis ans Ende der Antike erhalten blieben – traten ans Licht: die Akademie Platons und der Peripatos des Aristoteles, beide in Athen beheimatet, das damals zum Mittelpunkt aller philosophischen Studien geworden ist. Um das Jahr 300 taten sich dort noch zwei weitere Schulen auf: die nach Epikur benannte und die Stoa, die Gründung des Zenon. Im Zeitalter des Hellenismus verebbte die Schöpferkraft; man gab die Schultradition weiter und konzentrierte sich im übrigen auf ethische Fragen, auf Lebenshilfe in schwierigen Situationen.

In Rom faßte die Philosophie – wie die Rhetorik – im Laufe des 2. Jahrhunderts v. Chr. allmählich Fuß: der Stoiker Panaitios lebte längere Zeit im Hause des jüngeren Scipio Africanus; andere wirkten durch Vorträge, die sie bei kürzeren Besuchen hielten. Den Römern freilich lag, wenn sie sich überhaupt auf Philosophie einließen, Spekulation und abstrakte Wissenschaft gänzlich fern: sie vermochten nur die Dinge anzunehmen, die sich in ihre eigene, in langer Tradition gewachsene, sei es politische, sei es private Lebenswelt einfügen ließen und dort förderlich zu sein schienen. Gewiß erkannten einzelne in der Erörterung allgemeiner Probleme, wie die Philosophie sie praktizierte, so etwas wie eine Kraft, die den Geist bildete, und ebenso gewiß imponierte manchem das faszinierende Feuerwerk der Dialektik. Im wesentlichen aber ging es um sittliche Orientierung, um Kriterien für das eigene Handeln, um Fragen, die sich, wie ein kleiner Kreis Weitblickender einsah, mit Hilfe der überkommenen eigenen Tradition, die Religion eingeschlossen, nicht mehr zulänglich beantworten ließen.

Aus diesem Grunde fand im Anfang zumal die Stoa Resonanz: ihr Weltbild trat am wenigsten zu den hergebrachten religiösen Vorstellungen in Widerspruch, und vor allem, was für die politische Elite des römischen Reiches das Wichtigste war: die Stoa machte entschiedener als die anderen Schulen das Lebensglück, die Daseinserfüllung des einzelnen vom Dienst für das Vaterland und für die gesamte Menschheit abhängig. Hierin lag für die römischen Aristokraten einerseits eine Rechtfertigung ihrer in Machtausübung aufgehenden Existenz; hieraus ergab sich für sie andererseits die Verpflichtung, die ihnen anvertraute Macht nur zum Wohle der Allgemeinheit zu gebrauchen. Leider wurde, wie der Ausgang der gracchischen Wirren und die darauf folgenden Ereignisse zeigten, die Chance der Selbstzügelung, welche die stoische Ethik darbot, nur von einer Minderheit der Führungsschicht genutzt. Hieraus wiederum resultierte, daß bald darauf, im Elend der Bürgerkriege, der Antipode der Stoa, die Lehre Epikurs, viel Zulauf fand: sie behauptete, das Lebensglück des Menschen beruhe auf ›Lust‹, auf physischen und geistigen Genüssen, deren man am sichersten im verborgenen Winkel abseits von aller Politik, also in einer individualistischen Existenzform, habhaft werde.

Cicero verschrieb sich weder der sozial eingestellten Stoa noch der individualistischen Lehre Epikurs: er schloß sich, hierin ohne Vorbild und ganz dem eigenen Impuls folgend, dem Akademiker Philon an. Dies war die Wahl eines besonders wissenschaftlichen, besonders breit fundierten Weltbildes; dies bedeutete außerdem, daß sich Cicero für eine kritische Grundhaltung entschied, die angeblich unumstößlichen Wahrheiten gegenüber sehr mißtrauisch war. Philon repräsentierte nämlich – als letzter; sein Nachfolger kehrte wieder zum Dogma zurück – eine Phase der platonischen Akademie, die sich zur Skepsis, zum vorsichtiggenügsamen Operieren mit Wahrscheinlichkeitsannahmen bekannte.

Diese Wahl war offensichtlich nicht ein Produkt des Zufalls; Cicero entschied sich für *die* Richtung, die seiner ›unrömisch‹ theoretischen und intellektuellen Einstellung am besten entsprach. Ein Brief verrät uns, daß er vor Philon schon einem anderen Philosophen begegnet war, dem Epikureer Phaidros, den er als tüchtigen Repräsentanten seiner Schule habe gelten lassen. Mit der Stoa wiederum wurde er dadurch vertraut, daß er Diodotos kennenlernte, einen Philosophen dieser Observanz, von dem er vor allem in die Dialektik eingeführt wurde. Er hat ihn dann zeit seines Lebens als gebildeten, vielseitigen Menschen sehr geschätzt; er nahm ihn sogar bei sich auf, er machte ihn also zu seinem ›Hausphilosophen‹, wie es deren auch sonst in den römischen Adelsfamilien gegeben hat (ein bekanntes Beispiel ist der Epikureer Philodem, der bei Lucius Calpurnius Piso, dem von Cicero so gehaßten Konsul des Jahres 58, lebte). In vorgerücktem Alter erblindete Diodotos; er ließ sich nicht entmutigen und beschäftigte sich mit der Philosophie noch intensiver als zuvor, und außerdem mit Lyraspiel und sogar mit Geometrie. Um das Jahr 60 ist er im Hause seines Beschützers gestorben; ihm hinterließ er seine bescheidene Habe. Stoischer Haltung begegnete der junge

41

Cicero überdies in der Person des Lucius Aelius Stilo, eines Philologen und Altertumsgelehrten, dem er damals gern zugehört hat. Dieser lehnte als Stoiker jegliche Überredungskunst aus moralischen Gründen scharf ab, und so begnügte er sich damit, für andere Reden zu verfassen, ohne selbst als Redner aufzutreten.

So hat sich Cicero schon in den achtziger Jahren nicht nur mit der akademischen, sondern auch mit der epikureischen und stoischen Lehre vertraut gemacht, ja, man darf annehmen, daß ihm auch die Tradition des Peripatos nicht unbekannt blieb: Staseas aus Neapel, ein Peripatetiker, lebte wohl schon damals im Hause seines Studiengenossen und Mentors Marcus Pupius Piso.

Cicero hat sich also während der Friedhofsstille der Tyrannei Cinnas eine enzyklopädische philosophische Bildung verschafft, eine philosophische Bildung, in der keine der vier großen Schulen Athens fehlte. Sein eigentlicher philosophischer Lehrer aber war, wie er zeit seines Lebens bekannt hat, Philon aus Larissa: dieser Mann hat sein Denken besonders nachhaltig geprägt; ihm verdankte er zumal die skeptische Grundeinstellung, die ihn stets begleitete. Schon in seinem frühesten erhaltenen Werk, in der rhetorischen Lehrschrift »Über die Auffindung des Stoffes« (»De inventione«), deutet er an, daß er sich nicht gern auf unumstößliche Wahrheiten festlege, daß er lieber mit Wahrscheinlichkeitsannahmen operiere, die man beiseite tun könne, wenn sie sich als unbrauchbar erwiesen. Es sei das Wichtigste, schreibt er dort einmal, »daß wir nichts unbedacht und anmaßend für wahr halten« – ne cui rei temere atque arroganter assenserimus.

Die Lehrschrift »De inventione«, die erste Frucht, die Ciceros rhetorische und philosophische Studien für die Nachwelt erbracht haben, blieb unvollendet: sie stellt nicht das ganze Theoriegebäude der Rhetorik dar, sondern nur dessen ersten, allerdings wichtigsten Teil, die Regeln für die Auffindung des für einen jeden Gegenstand geeigneten Stoffes. Cicero hat sich später, in der Einleitung zum 1. Buch seines rhetorischen Hauptwerkes »De oratore«, von seinem Jugendversuch distanziert — es habe sich um rohe Entwürfe gehandelt –, die Nachwelt indes urteilt freundlicher: sie erkennt schon dort Ciceros Bedürfnis, sich nicht mit den formalen Regeln der Schulrhetorik zu begnügen, ihnen vielmehr ein ethisches, auf philosophischer Reflexion beruhendes Fundament zu geben. Das wichtigste Zeugnis hierfür ist die Einleitung zum 1. Buch: Cicero verlangt schon dort vom wahren Redner, daß er formales Können mit Weisheit verbinde – ein Redner, der sich nicht auch um Vernunft und sittliche Grundsätze bemühe, sei für sich selbst und für sein Vaterland verderblich. Mit Recht wird festgestellt, daß die Beredsamkeit in einem freien Staatswesen ebenso unentbehrlich wie gefährlich sei und als formale Technik eines Regulativs außerhalb ihrer bedürfe. Cicero hat die Rhetorik von Anfang an richtig eingeschätzt; seine Darlegungen zu Beginn der Schrift »De inventione« enthalten die Keimzelle des Programms, das er in seinem Dialog »Über den Redner« unter der Devise orator perfectus (»der vollkommene Redner«) breit entfaltet hat.

Cicero wußte, daß Übersetzungen ein geeignetes Mittel sind, das Ausdrucksvermögen in der eigenen Sprache zu steigern. Die älteste Arbeit dieser Art, von der wir Kunde haben, ist die Version einer Schrift des vielseitigen, in einem schlichten Stil schreibenden Autors Xenophon: des »Oikonomikos«. Es geht dort um die Kunst des Haushaltens; im Hauptteil schildert ein Gutsbesitzer sein Hauswesen und Familienleben – das Werk gibt wichtige Aufschlüsse über das Leben der griechischen Frau. Ciceros Übersetzung entstand um das Jahr 85; sie ist im Gegensatz zum Original nicht erhalten – nur ein paar Fragmente (Zitate) sind auf uns gekommen, hauptsächlich durch den Landwirtschaftsschriftsteller Columella. Die Übersetzung bemühte sich um Genauigkeit; ein kompetenter Kritiker, der Kirchenvater und Bibelübersetzer Hieronymus, vermißte in ihr den goldenen Fluß des ciceronischen Stils – Cicero war noch auf dem Wege zu der ihm gemäßen Ausdrucksweise.

Der junge Cicero hat sich an eine noch weit schwierigere Aufgabe gewagt: er übersetzte ein hellenistisches Lehrgedicht (in Hexametern), die »Phainomena« (»Himmelserscheinungen«) des Arat, eines jener Werke, die einer spröden wissenschaftlichen Materie poetische Reize abzugewinnen suchten. Es handelt von den Sternbildern, den Planeten und (im letzten Drittel) von Wettervorzeichen – es hatte von Anfang an großen Erfolg. Ciceros Übersetzung ist teils durch Zitate, teils sogar direkt durch besondere Handschriften erhalten: immerhin insgesamt 480 Verse – ein so umfangreiches Stück hexametrischer Dichtung hat die Überlieferung von keinem älteren lateinischen Autor bewahrt. Die Wiedergabe ist wuchtiger als das gewollt schlichte, unpathetische Original; Cicero hat Erläuterungen aus Kommentaren in den Text verwoben. Hauptvorbild in Sprache und Versbau ist der altrömische Dichter Ennius; Lukrez scheint bereits den ciceronischen Arat gekannt und benutzt zu haben. Kein griechisches Werk ist so oft ins Lateinische übertragen worden wie die »Phainomena«; der nächste, der sich daran versuchte, war Germanicus, der Neffe des Kaisers Tiberius – er fertigte eine freie Wiedergabe an, die großenteils erhalten ist.

3. KAPITEL

Erste Prozesse, Krise und Bildungsreise

Sulla hatte Mithridates in mehreren Schlachten besiegt und in einem eilig geschlossenen Friedensvertrag zur Herausgabe seiner Eroberungen gezwungen; im Frühjahr 83 kehrte er an der Spitze seiner schlagkräftigen Armee aus dem Osten nach Italien zurück. Die Marianer wüteten, als ihre Sache schon verloren war, noch einmal gegen die Aristokratie; zu den Opfern des Massakers gehörte auch Quintus Mucius Scaevola, genannt der Pontifex, der bedeutendste Rechtsgelehrte der Republik, bei dem Cicero sich juristisch weitergebildet hatte, nachdem Scaevola der Augur gestorben war (im Jahre 87). Als Sulla sich nach anderthalbjährigen schweren Kämpfen zum Herrn Italiens gemacht hatte, rächte er sich an den Gegnern der Senatsaristokratie durch das große Morden, das, wie schon erwähnt, unter dem Schrekkenswort Proskriptionen in die Geschichte eingegangen ist; 4700 Bürger, meist Ritter, sollen auf den öffentlichen Listen für vogelfrei erklärt und umgebracht worden sein; ihr Vermögen verfiel dem Staate und wurde zu Schleuderpreisen versteigert. Sulla ließ sich zum verfassungsgebenden Diktator wählen; seine reaktionäre Gesetzgebung verschaffte der Senatsaristokratie ein Äußerstes an Machtfülle.

Cicero hielt sich den Kämpfen fern, er blieb unbewaffnet, wie er einmal sagt. Er hätte am liebsten gesehen, daß der Konflikt durch eine friedliche Übereinkunft beigelegt würde, behauptete er glaubwürdig, er, der alle Gewalt haßte; da sich dies nicht erreichen ließ, sei er dafür eingetreten, daß die den Sieg errängen, die ihn auch wirklich errungen hatten. In seinen Augen war das

Regime der Marianer ein Unrechtsregime; Sulla erneuerte die Gesetze und Gerichte und stellte den Staat wieder her. Von den Proskriptionen allerdings distanzierte er sich sofort: »Daß man die bestraft hat, die mit allen Mitteln Widerstand leisteten, darf ich nicht tadeln«, sagte er nicht ohne Schärfe. Später sprach er von Grausamkeit: Sulla habe für eine ehrenhafte Sache einen unehrenhaften Sieg errungen. Cicero war trotz seines Mariuskultes von Anfang an ein gemäßigter Konservativer – schon in seiner ersten erhaltenen Rede rückt er einerseits von der Tyrannei der Marianer, andererseits von Unrechtshandlungen der Sullaner ab.

Im Jahre 81 hielt er seine Stunde für gekommen; er war damals fünfundzwanzig Jahre alt, um einige Jahre älter als sonst junge Leute zu sein pflegten, die in der Politik Karriere machen wollten. Er hatte allerdings seinesgleichen viel voraus: er brauchte, wie er selber schreibt, bei seinem Debüt als Redner nicht noch, wie die meisten, auf dem Forum zu lernen; er erschien, soviel an ihm lag, als er bereits ausgelernt hatte. Hiermit meinte er gewiß die rhetorische, juristische und philosophische Bildung, die er sich durch jahrelange Studien und intensive Pflege seiner vielseitigen Interessen verschafft hatte – sie verlieh ihm ein Rüstzeug, das anderen Anfängern abging.

Das erste erhaltene Plädoyer ist die Rede für Publius Quinctius, vom Jahre 81; es befaßt sich mit einer privatrechtlichen Streitigkeit. Cicero war, als er Quinctius vertrat, schon öfters als Anwalt tätig gewesen – wir wissen nicht, in was für Prozessen. Die komplizierte, schon mehrfach gerichtlich behandelte Sache des Quinctius gegen einen Naevius war keineswegs ein aufsehenerregender Fall. Immerhin stand der junge Cicero zwei illustren Persönlichkeiten gegenüber: dem Richter Gaius Aquilius Gallus und dem Anwalt der Gegenseite Quintus Hortensius Hortalus. Aquilius Gallus hatte wie Cicero bei Scaevola dem Pontifex gelernt; sie erreichten beide im gleichen Jahre die Prätur. Cicero nennt ihn seinen Freund; er rühmt auch die Neuerung, durch die sich Aquilius Gallus in der Geschichte des römischen Rechts unsterblich gemacht hat: die von ihm eingeführte Klage gegen dolus malus, gegen Arglist, d. h. gegen Betrug.

Für Hortensius sind Ciceros Schriften die ergiebigste Quelle. Er war in den Jahren von Ciceros Aufstieg Roms erster Redner; ihn mußte Cicero übertreffen, wenn er selber diese Stelle einnehmen wollte. Dies gelang auch, und so scheint sich berechtigter Stolz darin zu bekunden, daß die Schrift »Brutus« mit einer Gegenüberstellung, einer Synkrisis der beiden Rivalen endet. Hortensius war acht Jahre älter als Cicero, und er hatte bereits früh, im Jahre 95, als Neunzehnjähriger, begonnen, auf dem Forum aufzutreten. Er war Ädil, während Cicero sein erstes Amt bekleidete, die Quästur (im Jahre 75), und erreichte das Konsulat im Jahre von Ciceros Ädilität (im Jahre 69). Er versuchte sich, ohne hierfür Lob zu ernten, als erotischer Dichter; Catull widmete ihm eine Versepistel, die seine Übertragung des Kallimachos-Gedichtes »Locke der Berenike« begleitete (c. 65–66). Hortensius hat außerdem »Annalen« (»Jahrbücher«) über den Bundesgenossenkrieg verfaßt, wahrscheinlich in poetischer Form. Als Redner war Hortensius der Hauptrepräsentant eines neumodischen Stils, des Asianismus (nach der Herkunft aus den Rhetorikschulen Kleinasiens), einer blumigen, gekünstelten Ausdrucksweise. Cicero rühmt sein Gedächtnis, seinen Fleiß und die sorgfältige Gliederung seiner Reden – erhalten ist leider nichts von ihm, kein einziges Fragment. Im Verresprozeß (im Jahre 70) standen sich Cicero und Hortensius abermals gegenüber, Cicero als Ankläger, Hortensius als Verteidiger. Cicero siegte, und hernach ging es mit Hortensius bergab. Cicero läßt durchblicken, daß ihm selbst vor allem sein enzyklopädisches Wissen, seine philosophische Bildung zu seinem Siege verholfen habe – Hortensius hingegen wird von der Philosophie nicht allzu viel gehalten haben, da Cicero ihm in dem – nur bruchstückweise erhaltenen – Dialog, der nach ihm benannt ist, einer Werbeschrift für die Philosophie, die Rolle eines Gegners der Philosophie zugewiesen hat; ähnlich in einem anderen Werk, den »Academica priora«. Der Abstieg des Hortensius in den sechziger Jahren war – nach Cicero – außerdem dadurch bedingt, daß der üppige asianische Stil aus dem Munde des Alternden unerträglich wirkte und daß er es nach seinem Konsulat an der nötigen Sorgfalt fehlen ließ. Er scheint den Vorrang des Jüngeren selbst anerkannt zu haben: er übernahm vom Jahre 63 an in einer Reihe von Prozessen mit Cicero gemeinsam die Verteidigung; Cicero sprach dann stets als letzter. Cicero hat dem einstigen Rivalen und späteren politischen Gesinnungsgenossen ein überaus ehrendes Andenken bewahrt – schon durch das hohe Lob am Schluß des rhetorischen Hauptwerks »De oratore«, dann, nach dessen Tod (im Jahre 50), wie schon erwähnt, durch den Dialog »Hortensius« und die Synkrisis am Schluß des »Brutus«.

Im Jahre 80 hielt Cicero sein erstes Plädoyer in einer causa publica, in einem öffentlichen Strafprozeß: vor dem Gerichtshof für Mordsachen; er sprach, wie fast stets, als Verteidiger. Die Ahndung schwerer Verbrechen hatte ursprünglich zu den Kompetenzen der Volksversammlung gehört. Im 2. Jahrhundert v. Chr. indes war eine praktikablere Einrichtung aufgekommen: die Geschworenengerichte – sie wurden zunächst für einzelne Fälle und dann auf Dauer niedergesetzt; sie hatten die Eigentümlichkeit, daß jeder Gerichtshof auf eine bestimmte Deliktskategorie spezialisiert war, auf Hochverrat, Erpressung, Mord usw. Den Vorsitz führte meist ein Prätor; die Mitglieder der Gerichtshöfe, im allgemeinen dreißig bis sechzig an der Zahl, wurden für jeden einzelnen Prozeß aus einer Richterliste ausgelost. Die Zusammensetzung der Richterliste war im Revolutionszeitalter ein Gegenstand heftigen politischen Streites. Gaius Gracchus nahm den Senatoren ihr bisheriges Privileg des Geschworenenamtes und übertrug es auf die Ritter (im Jahre 122); Sulla stellte im Rahmen seiner Verfassungsreform den ursprünglichen Zustand wieder her usw. Die Geschworenengerichte arbeiteten nach dem Prinzip der Popularanklage, d. h. sie wurden nur tätig, wenn ein unbescholtener römischer Bürger Anzeige erstattete; deren Annahme begründete für den Anzeigenden die Pflicht, als Ankläger zu fungieren. Das Verfahren war an sich recht ›modern‹ und eines freien Staates würdig: die Straftatbestände und Strafen beruhten auf hinlänglich exakter gesetzlicher Regelung; die Richter hörten zu, während Ankläger und Verteidiger den Prozeßstoff behandelten; die zum Urteil führende Verhandlung fand mündlich und vor der Öffentlichkeit statt. Der Pferdefuß steckte in den jeweils geltenden Auswahlkriterien für die Geschworenen: da die Interessen der Senatoren und Ritter nicht selten kollidierten, kam es zumal bei politischen Prozessen mitunter zu blanker Klassenjustiz.

Auf den Fall des Quinctius hatten die Zeitverhältnisse, wenn überhaupt, dann nur in geringem Maße eingewirkt; bei dem Mordprozeß hingegen, in dem Cicero nunmehr auftrat, handelte es sich um ein abgefeimtes Schurkenstück auf der politischen Bühne, so daß es nur wenig auf die juristische Argumentation und – für Cicero als Verteidiger – um so mehr auf den Mut ankam, der auf Macht sich stützenden Korruption zu wehren. Der junge Sextus Roscius aus Ameria war angeklagt, seinen Vater ermordet zu haben. Diese Anklage entbehrte jeglicher Grundlage; sie diente einzig dem Zweck, den jungen Roscius mundtot zu machen. Der alte Roscius hatte ein bedeutendes Vermögen besessen. Als er im Juni 81 umgebracht worden war, gelangte sein Name nachträglich in das Verzeichnis der Proskribierten; er galt als Staatsfeind, und sein Vermögen fiel an den Fiskus. Drahtzieher bei dieser scheußlichen Intrige war ein gewisser Chrysogonus, ein Freigelassener, ein mächtiger Günstling des Diktators Sulla: Chrysogonus brachte das Vermögen des alten Roscius für einen Spottpreis an sich.

Keiner der schon etablierten Redner hatte es auf sich genommen, den jungen Roscius zu verteidigen – man fürchtete sich vor Sulla. So gelangte der Fall an Cicero. Der aber nahm kein Blatt vor den Mund; er widerlegte nicht nur den Schuldvorwurf, sondern deckte auch die wahren Motive und die Hintermänner der Anklage auf. Er meinte, der große Sulla könne sich so wenig um jede Kleinigkeit kümmern wie Jupiter; er wisse nichts von dem infamen Vorgehen seiner Leute. Der Sieg der guten Sache dürfe nicht dazu mißbraucht werden, daß Schurken sich an fremdem Eigentum bereicherten: dem müßten die Richter entgegentreten. Ciceros mutige Tat hatte Erfolg: der Angeklagte wurde freigesprochen. Und Sulla zeigte, indem er in dieser ersten seit seinem Siege anhängigen Mordsache der Gerechtigkeit freien Lauf ließ, daß er ernstlich auf die Wiederherstellung gesetzlicher Zustände bedacht war. Der Stil des langen Plädoyers zeigt jugendlichen Überschwang; Cicero hat sich später selber von einer besonders manierierten Partie distanziert. Er gehörte indes nunmehr zu den ersten Sachwaltern Roms; er entfaltete alsbald eine umfangreiche Tätigkeit als Gerichtspatron – erhalten ist von alledem außer einigen dürftigen Hinweisen nichts.

Dieser Eifer führte, da Cicero (seine Äußerung hierüber wurde bereits zitiert) von schwächlicher Konstitution war und mit seinen Kräften nicht haushielt, zu einer physischen Krise, und es sah so aus, als müsse er alle seine ehrgeizigen Hoffnungen begraben. Er brach seine Sachwaltertätigkeit einstweilen ab und unternahm eine Erholungs- und Bildungsreise in den griechischen Osten; er beabsichtigte, durch Unterricht bei anerkannten Redelehrern eine Sprechtechnik zu erwerben, die seine Stimme weniger angriff und seine Lunge schonte. Er verband außerdem mit dem Nützlichen das für ihn Angenehme: er gab sich erneut gründlichen philosophischen Studien hin, zumal während der ersten Etappe der Reise, in Athen. Bei alledem ließ er sich ausgiebig Zeit: er war vom Frühsommer 79 bis zum Sommer 77 abwesend. Er hatte sich wohl ausgerechnet, daß dann noch genug Zeit für ihn bleiben würde, sich zum frühesten Termin, den das Gesetz erlaubte, zum Jahre 75, um das erste Amt, die Quästur, zu bewerben.

In Athen, wo er sich ein halbes Jahr aufhielt, befand er sich in gleichgestimmter Gesellschaft: mit seinem Bruder Quintus und seinem Vetter Lucius, ferner mit Titus Pomponius Atticus und Pupius Piso. Mit Atticus hatte er wohl schon bei Scaevola, dem Augur, wo sie beide in das Recht eingeführt wurden, Freundschaft geschlossen. Atticus war ritterlicher Abkunft wie er und hatte ebenfalls eine sorgfältige Erziehung genossen. Doch hiermit sind die Gemeinsamkeiten erschöpft: die beiden Freunde schlugen gänzlich verschiedene Lebensbahnen ein. Atticus war überzeugter Epikureer, und so mied er öffentliches Wirken. Er widmete sich ganz und gar seinem Besitz, den er erheblich mehrte; er sammelte Kunstwerke und baute eine stattliche Bibliothek auf; er pflegte die verschiedenartigsten Freundschaften und suchte bei Konflikten zu vermitteln. Während des sullanisch-marianischen Bürgerkriegs hatte er sich in Rom nicht sicher gefühlt – er lebte seit dem Jahre 86 in Athen, wo ihm die großzügige Unterstützung, die er seiner Wahlheimat gewährte, den Beinamen Atticus eintrug. Cicero traf ihn also bereits in Athen an, als er im Frühjahr 79 dort Aufenthalt nahm.

Die Szenerie des 5. Buches der Schrift »De finibus« spiegelt die Situation des Jahres 79, den Aufenthalt Ciceros, seiner Verwandten und seiner Freunde in Athen. Man hatte am Vormittag beim Akademiker Antiochos aus Askalon Kolleg gehört; am Nachmittag entschloß man sich zu einem Spaziergang in die Akademie, um die Ruhe des Ortes zu genießen. Pupius Piso sagt, daß er sich jedes Mal ergriffen fühle, wenn er eine Örtlichkeit aufsuche, die mit Erinnerungen an große Männer verknüpft sei – wie er auch hier Platon vor sich zu sehen vermeine. Die anderen stimmen zu, und ein jeder führt seinen Neigungen gemäß einen Platz in Athen an, der ihm besonders viel bedeutet. Quintus Cicero, der Freund der Poesie, nennt den Hügel Kolonos, berühmt durch die zweite Ödipus-Tragödie des Sophokles. Atticus bekennt sich zum Garten Epikurs, Cicero zu einer Sitzbank des Akademikers Karneades; Lucius Cicero endlich erklärt, daß er zum Hafen von Phaleron gegangen sei, zu der Stelle, wo Demosthenes versucht habe, die Wogen zu übertönen, und außerdem zum Grabmal des Perikles. 'Pupius Piso gibt daraufhin zu verstehen, daß derlei Besichtigungen nicht der bloßen Befriedigung der Neugierde dienen sollen, daß sie vielmehr nur dann sinnvoll sind, wenn sie Vorbilder für das eigene Handeln einschärfen.

Cicero lernte beim Rhetor Demetrios, dem Syrer, vor allem aber bei dem soeben erwähnten Philosophen Antiochos. Dieser war zwar, wie Cicero, ein Schüler Philons aus Larissa, doch sagte er sich von der skeptischen Probabilitätstheorie los, die seit längerem in der Akademie gelehrt wurde. Er kehrte zu einem neuen Dogmatismus, zum Glauben an unwiderlegliches Wissen zurück; er suchte eine Synthese aus den seiner Meinung nach nicht erheblich differierenden Lehren der alten Akademie, des Peripatos und der Stoa herzustellen. Cicero erwarb bei Antiochos wohl vor allem ein gründliches philosophiegeschichtliches Wissen; in seinen Grundüberzeugungen blieb er der philonischen Skepsis treu. Neben Antiochos hörte Cicero während seines Aufenthaltes in Athen noch hin und wieder die Epikureer Phaidros und Zenon.

Außerdem hat er damals wohl die Peloponnes bereist: er erwähnt, daß er in Sparta von der harten Erziehung und den grausamen Auspeitschungen hörte, denen man die jungen Männer unterzog; er habe selber gesehen, wie man dort Wettkämpfe austrug: mit Fäusten, Füßen, Nägeln, Zähnen. Und in Korinth, das die Römer knapp siebzig Jahre zuvor, 146 v. Chr., zerstört hatten, erschütterte ihn der Anblick der Ruinen. Noch ein letztes ist aus der Zeit in Athen bekannt: Cicero ließ sich – wie Atticus und wie vielleicht auch seine anderen Studiengenossen – in die eleusinischen Mysterien einweihen. Er schreibt hierüber, daß diese bewundernswerte Lehre die Menschen aus ihrer rohen Lebensweise herausgeführt und zur Gesittung gebracht habe: »Wir haben dort nicht nur in Freuden Einsichten, wie man wahrhaft lebt, empfangen, sondern auch bessere Hoffnung für das Sterben.« Es ist indes nicht wahrscheinlich, daß die Initiation von großer Bedeutung für Cicero war, daß sie etwa Einfluß auf seine Glaubensvorstellungen gehabt hätte. Die Mysterien in Eleusis scheinen zu seiner Zeit schon als Touristen-Attraktion für prominente Römer gedient zu haben; wir wissen, daß sich schon Sulla hatte weihen lassen, und später haben sich z. B. Antonius und Oktavian diesem Akt unterzogen. Cicero, der Skeptiker, unterschied streng zwischen Gewißheit und Hoffnung; er leugnete die Möglichkeit nicht, daß die menschliche Seele unsterblich sei, er war indes überzeugt, daß es hierüber nur Mutmaßungen gebe. Die wichtigste Quelle für seine Gedanken über ein Leben jenseits des Todes ist das 1. Buch der »Tusculanen«; dort erklärt er, daß Platons Unsterblichkeitsglaube für ihn nur eine mögliche Auffassung unter mehreren sei, eine besonders sympathische allerdings: »Mir macht diese Meinung Freude, und ich sähe am liebsten, daß sie zutrifft, an zweiter Stelle aber möchte ich mich, wenn sie nicht zutrifft, gleichwohl zu ihr überreden lassen.«

Im Herbst 79 verließ Cicero Athen; er begab sich gemeinsam mit dem Bruder nach Kleinasien. Er berichtet in einer Prozeßrede bei gegebenem Anlaß von einer Episode, die er in Milet erlebte: dort sei eine Frau zum Tode verurteilt worden, weil sie ihre Leibesfrucht abgetrieben hatte, nachdem sie sich von dem Ersatzerben hatte bestechen lassen. Der Erblasser war also gestorben, ehe das Kind zur Welt kam; er hatte das Kind zum Haupterben und irgendwelche andere Personen zu Ersatzerben eingesetzt: für den Fall, daß der an erster Stelle Berufene die Erbschaft nicht würde antreten können.

In Smyrna wurden die Brüder mit einem eklatanten Beispiel jener Willkürjustiz konfrontiert, welche die Politisierung der Geschworenengerichte mit sich gebracht hatte. Sie besuchten den ehemaligen Konsul Publius Rutilius Rufus, der dort seit langem im Exil lebte. Rutilius Rufus hatte im Jahre 94 in Kleinasien als Gehilfe des Statthalters Scaevola Pontifex den Versuch gemacht, die Provinzbewohner vor ungerechtfertigten Abgaben zu bewahren. Der römische Staat pflegte die Steuern, die er seinen Untertanen auferlegte, nicht selbst einzuziehen, sondern an die Meistbietenden zu verpachten; Pächter waren die Ritter, der Kapitalistenstand. Diese durften für sich behalten, was die von ihnen dem Staat gegenüber garantierten Summen überstieg; sie suchten aus den Provinzbewohnern herauszupressen, soviel sie konnten, wobei sie nicht selten von den Statthaltern unterstützt wurden. Die Maßnahmen des Rutilius Rufus richteten sich also gegen den ungesetzlichen Steuerdruck, den Angehörige des Ritterstandes ausübten; die Quittung war ein Strafprozeß – die Ritter hatten ja damals die Geschworenengerichte in Händen. Man war unverfroren genug, Rutilius Rufus wegen eben des Deliktes zu verurteilen, dem er sich in den Weg gestellt hatte, wegen Erpressung der Provinzbewohner; dieser aber begab sich seelenruhig zu den angeblich von ihm Ausgebeuteten, eben nach Smyrna.

Er widmete sich dort seinen Studien. Er war nämlich ein ungewöhnlich gebildeter Mann; er hatte zum Kreis des jüngeren Scipio gehört und beim Stoiker Panaitios studiert. Cicero will anläßlich des Besuches, den er ihm abstattete, zweierlei von ihm erfahren haben: er führt ihn im »Brutus« als Gewährsmann für einen Prozeß des Jahres 138 an, der durch seine Plädoyers ein lehrreiches Beispiel für die unterschiedliche Wirkung unterschiedlicher rhetorischer Temperamente war; er behauptet außerdem, daß er von ihm das Gespräch erfahren habe, das er in seiner Schrift »De re publica« Scipio mit seinen Freunden führen läßt. So glaubwürdig es ist, daß die Anekdote vom Prozeß des Jahres 138 auf Rutilius Rufus zurückgeht, so deutlich macht Cicero bei der Schrift »De re publica« von einer seit Platon im Dialog üblichen Fiktion Gebrauch. Die Autoren pflegten sich nämlich bei Gesprächen, die sie Berühmtheiten der Vergangenheit in den Mund legten, auf Zeugen zu berufen, von denen sie das Mitgeteilte erfahren haben wollten; diese Konvention sollte dem Dialog ein höheres Maß von Authentizität verleihen.

Cicero suchte in Kleinasien eine Reihe von Rhetoriklehrern auf, die vor allem deshalb in die Unsterblichkeit eingegangen sind, weil er sie in seinem autobiographischen Bericht des »Brutus« der Erwähnung gewürdigt hat: Menippos aus Stratonikeia, Dionysios aus Magnesia, Aischylos aus Knidos und Xenokles aus Adramyttion. Cicero schreibt, er habe ganz Asien durchzogen; wenn man die genannten Städte in nordsüdlicher Richtung ordnet (Adramyttion östlich der Troas, Magnesia am Hermos, Stratonikeia und Knidos im äußersten Südwesten Kleinasiens), dann zeigt sich, daß er allerdings die ganze Westküste bereist haben muß.

Cicero war indes mit allen diesen lokalen Berühmtheiten nicht zufrieden und begab sich daher nach Rhodos zu Apollonios Molon, den er schon zweimal in Rom hatte hören können. Apollonios Molon habe sich bemüht, verlautet im »Brutus«, die allzu ungebundene Vortragsart seines Schülers zu dämpfen und das Übermaß einzuschränken; er sei geradezu verwandelt nach Rom zurückgekehrt: der Überschwang hatte sich gelegt, und seine Konstitution war hinlänglich zu Kräften gekommen. Auch auf Rhodos studierte Cicero nicht allein: sein Freund Servius Sulpicius Rufus war bei ihm. Sulpicius Rufus hatte ursprünglich Redner werden wollen; er zog es dann allerdings vor, schreibt Cicero, in der zweiten Kunst der erste zu sein, statt der zweite in der ersten. Er wurde nämlich Jurist, der berühmteste seiner Zeit; Cicero hebt seine Fähigkeit hervor, den Rechtsstoff systematisch zu ordnen. Er schrieb Cicero einen berühmten Kondolenzbrief – Ad familiares 4,5 – zum Tode von dessen Tochter Tullia; Cicero seinerseits hat ihm, der während einer Gesandtschaftsreise verstorben war, in der »Neunten Philippischen Rede« ein würdiges, geradezu ergreifendes Denkmal gesetzt (Februar 43). Cicero hat auf Rhodos auch Poseidonios besucht, den bedeutendsten Stoiker jener Zeit; daß er von dem großen Denker nachhaltig beeindruckt worden sei, ist – obwohl er ihn zu seinen philosophischen Lehrern rechnet – nicht erkennbar.

4. Kapitel

Die Quästur, das erste Amt

Nach seiner Rückkehr aus dem Osten nahm Cicero seine Anwaltstätigkeit wieder auf; er habe causas nobiles, »bekannte Prozesse« geführt, berichtet er. Einzelheiten sind nicht überliefert; ein Hinweis der Zweiten Verres-Rede deutet darauf, daß er sich besonders eifrig der Angelegenheiten seiner Standesgenossen, der Ritter, der Steuerpächter, annahm – wobei man vermuten darf, daß er sich auch sonst, zumal in der Senatsaristokratie sowie bei der Landbevölkerung, Ansehen und Anhang zu verschaffen suchte. Er war ja längst entschlossen, die Ämterlaufbahn einzuschlagen, und so mußte er, der Neuling, der homo novus, der sich nicht auf die Verdienste seiner Ahnen berufen konnte, alle Voraussetzungen für erfolgreiche Wahlkampagnen selbst beisteuern. Eine einzige Rede aus der Zeit zwischen der Bildungsreise und dem Aufbruch zum ersten Amt, zur Quästur in Sizilien, scheint, wenn auch nicht vollständig, erhalten zu sein: das zivilrechtliche Plädoyer für den Schauspieler Quintus Roscius Gallus, der in seiner Zeit zu den berühmtesten Meistern seiner Kunst zählte. Cicero kannte ihn seit längerem: Roscius hatte ihn gebeten, seinen Schwager Quinctius zu vertreten. Cicero hat ihn oft erwähnt und sehr bewundert; er hielt ihn für unübertrefflich. In dem Prozeß, den er für ihn führte, ging es um einen Anspruch, der auf einem für moderne Betrachter befremdlichen Sachverhalt beruhte: Roscius und ein Miteigentümer hatten einen Sklaven besessen, der von Roscius zum Schauspieler ausgebildet worden war – die Kompagnons teilten sich die für diesen Sklaven gezahlten Gagen. Der Sklave wurde erschlagen;

die Abwicklung der Ansprüche, die sich hieraus ergaben, verursachte Streitigkeiten unter den beiden Teilhabern.

Cicero hat damals geheiratet. Das Datum der Eheschließung ist unbekannt: es kommt sowohl die Zeit vor der Bildungsreise als auch die Zeit vor der Quästur in Betracht. Der Gedanke allerdings, daß sich Cicero eine Frau nahm, um sodann mehr als zwei Jahre in der Ferne zu weilen, hat etwas Befremdliches; er wird also seine Braut nicht schon im Jahre 80, sondern erst im Jahre 77 heimgeführt haben. Damals machte er ja ernst mit dem Beginn der Karriere: durch die Wiederaufnahme der Anwaltstätigkeit und durch die Bewerbung um das erste Amt. Seine Eheschließung hat gewiß ebenfalls zuallererst demselben Zweck gedient: sie sollte seine soziale Stellung verbessern. Er hat später, in seinem Plädoyer für seinen Schüler und Freund Caelius, das Treiben der damaligen Jeunesse dorée geschildert: »Vergnügungen, Liebschaften und Ehebrüche, Reisen nach Bajae, Strandfeste, Diners und Trinkgelage, Gesang, Musik und Bootsfahrten« – er selber hat sehr wahrscheinlich in seiner Jugend von alledem nichts gewußt. Er war von Ehrgeiz getrieben; die üblichen Amüsements mußten ihm angesichts seiner Ziele schal vorkommen. Es klingt glaubwürdig, wenn er – aus Anlaß des Umstandes, daß er einmal mit Cytheris, einer Schauspielerin von lockeren Sitten, zum gleichen Diner eingeladen war – einem Freunde versichert: »Mich haben diese Dinge schon als jungen Mann kalt gelassen« – me ... nihil istorum ne iuvenem quidem movit umquam. Er hat hart gearbeitet, getreu der Maxime, die sich ebenfalls in seinem Plädoyer für Caelius findet: »Aus dem Kopf schlagen muß man sich alle Vergnügungen, verzichten auf Liebhabereien; Spiel und Scherz, festliche Tafeln und beinahe auch der Umgang mit Freunden müssen zurücktreten.« Sein Entschluß zu heiraten hat demnach auf nüchternem Kalkül beruht: er heiratete um des Geldes und um der Verbindungen willen.

Die Frau war eine Terentia. Man muß sich so ausdrücken, weil es sich hierbei nicht um einen Individualnamen handelt: die Rö-

merinnen wurden nur durch den Namen ihrer Familie gekennzeichnet. Näheres über Terentias Zugehörigkeit zu dem angese-
henen Geschlecht der Terentier ist nicht bekannt. Man weiß lediglich von einer Halbschwester namens Fabia. Sie war Vesta-
priesterin. Sie wurde bezichtigt, ihr Keuschheitsgelübde gebrochen und sich auf Umgang mit Catilina eingelassen zu haben;
doch das Gerichtsverfahren, dem man sie unterzog, endete mit
einem Freispruch. Terentia stammte aus einem wohlhabenden
Hause; ihre Mitgift belief sich auf 120 000 Denare, also auf
480 000 Sesterze und somit eine Summe oberhalb des für die
Zugehörigkeit zur Ritterschaft erforderlichen Vermögens von
400 000 Sesterzen. Sie besaß außerdem Wald- und Weideland,
wohl in der Nähe von Tusculum, vielleicht auch Mietshäuser in
Rom. Nach Plutarch war sie von harter und resoluter Wesensart;
sie habe Cicero beherrscht und sich mehr in die politischen Sorgen ihres Mannes eingemischt, als sie ihn an den häuslichen
Angelegenheiten Anteil nehmen ließ. So soll sie im Jahre 63 auf
scharfe Bestrafung der Catilinarier gedrungen haben, und auf ihr
Betreiben habe Cicero zwei Jahre darauf gegen Clodius, der wegen Religionsfrevels vor Gericht stand, ausgesagt.

Cicero bewarb sich im Sommer 76 erfolgreich um die Quästur.
»Mich hat das römische Volk jeweils einstimmig unter den ersten
zum Quästor, vor meinem Kollegen zum Ädilen und an der
Spitze von allen zum Prätor gemacht: die Person, nicht die Familie, mein Wesen, nicht mein Stammbaum, bewährte Tüchtigkeit,
nicht allgemein bekannter Adel empfing diese Auszeichnung.«
So der Neuling Cicero zu einem Gegner, einem Angehörigen der
Nobilität. Ihm wurde eine der beiden sizilischen Quästorenstel-
len zugewiesen; sein Vorgesetzter, der Provinzstatthalter, hieß
Sextus Peducaeus – er nennt ihn einmal einen vir fortissimus
atque innocentissimus, einen »überaus tüchtigen und uneigen-
nützigen Mann«. Sein Amtssitz war Lilybaeum, eine reiche Gemeinde am westlichsten Punkte Siziliens (heute Marsala). Von
seinem Pflichteifer und seiner Unbestechlichkeit berichtet er

einmal ein wenig pathetisch, aber durchaus glaubwürdig: »So habe ich die Quästur in der Provinz Sizilien verwaltet: ich meinte, daß aller Augen allein auf mich gerichtet seien; ich stellte mir vor, daß ich und meine Quästur sich auf einer Art Welttheater befänden; ich habe jederzeit alles, was als angenehm gilt, nicht nur den außergewöhnlichen Gelüsten unserer Zeit, sondern selbst der Natur und der Notwendigkeit versagt.« Gewissenhafte Beamte pflegten sich auf einen neuen Aufgabenkreis vorzubereiten: Cicero war, wie die Verres-Reden zeigen, gründlich mit der Geschichte und den Rechtsverhältnissen Siziliens vertraut; er könnte sich sein Wissen u. a. durch das Studium der umfassenden »Sizilischen Geschichte« des Timaios aus Tauromenion, eines auch bei den Römern recht bekannten Autors (gestorben um das Jahr 250), verschafft haben.

Sizilien, seit dem Ausgang des Ersten Punischen Krieges unter römischer Herrschaft und somit Roms älteste Provinz, war im Laufe der Zeit zur »Vorratskammer«, zur »Ernährerin des römischen Volkes« geworden. Die sizilischen Gemeinden mußten den zehnten Teil ihrer Ernten an Rom abliefern. Wenn diese Steuer den Bedarf nicht deckte, dann konnte der römische Staat Zwangskäufe anordnen: die Beamten wurden beauftragt, für einen bestimmten Preis ein bestimmtes Quantum Getreide zu beschaffen, und die Gemeinden waren verpflichtet, ihre Quote beizubringen. Diese Routineaufgabe fiel auch Cicero in Lilybaeum zu: in Rom herrschte Teuerung; Cicero kaufte für Rechnung des Staates eine hinlängliche Menge Korn auf, wobei er allen Beteiligten, auch den Siziliern, gerecht zu werden vermochte. Insbesondere enthielten sich seine beiden Schreiber bei der Auszahlung des Entgelts an die Gemeinden eines üblichen, aber ungesetzlichen Abzugs. Die Sizilier belohnten seine Redlichkeit am Ende seiner Amtszeit durch ungewöhnliche Ehrungen; er versprach seinerseits den Siziliern in einer Rede, die er, als er sich verabschiedete, in Lilybaeum hielt, daß er ihnen auch künftig zu Diensten sein wolle.

Daß Cicero nicht ganz und gar in der Verwaltungstätigkeit aufging, daß er sich überall nach den Kunstschätzen und sonstigen Sehenswürdigkeiten der reichen Insel umsah, läßt sich aus den Verres-Reden schließen, insbesondere aus dem 4. Buch der 2. Rede, das sich mit den Kunsträubereien des erpresserischen Statthalters befaßt. Einmal beruft er sich darauf, daß er ein wenige Jahre später von Verres geraubtes Werk selbst gesehen habe: eine Erzstatue der Artemis – sie hatte in Segesta gestanden, einer Stadt, die sich, da sie der Überlieferung nach von Aeneas gegründet worden war, ihrer Verwandtschaft mit Rom rühmte.

Von einer für Ciceros Wissen und Kennerschaft charakteristischen Episode berichtet das 5. Buch der »Tusculanen«. Syrakus hatte sich im Zweiten Punischen Kriege auf die Seite Hannibals geschlagen; es wurde von den Römern belagert und erobert. Ein römischer Soldat tötete den berühmtesten Bürger der Stadt, den Mathematiker und Mechaniker Archimedes, der die Verteidigung durch die von ihm konstruierten Geräte unterstützt hatte (im Jahre 212) – der Überlieferung nach rief er, mit geometrischen Zeichnungen beschäftigt, dem auf ihn eindringenden Soldaten entgegen: Noli turbare circulos meos – »Störe meine Kreise nicht!« Die Syrakusaner, schreibt Cicero, hätten zur Zeit seiner Quästur nichts mehr von dem Grabe ihres Mitbürgers gewußt; er habe es damals wiedergefunden, dicht umgeben und überwachsen von Dornbüschen und Gesträuch. Er kannte nämlich ein paar Verse, die, wie er wußte, auf dem Grab geschrieben standen; aus denen ging hervor, daß auf der Spitze des Grabes ein Zylinder mit einer Kugel angebracht war. Cicero habe unter den Gräbern am Agrigentinischen Tore Ausschau gehalten; da sei ihm eine kleine Säule aufgefallen, die nur noch wenig aus dem Gebüsch herausragte, mit Zylinder und Kugel darauf. Man schickte Leute mit Sicheln vor, das Grab zu säubern. Da sei auf der entgegengesetzten Seite der Basis das Epigramm zum Vorschein gekommen, mit am Ende verwitterten Buchstaben. So habe Syrakus, eine der vornehmsten Städte Griechenlands, einst auch eine der gelehrtesten, durch einen Mann aus Arpinum wieder Kunde vom Grab des Archimedes erlangt. Wir wissen durch Plutarch, daß sich Archimedes die Gestalt seines Grabmals selbst gewünscht hatte; die beiden geometrischen Körper spielen auf die erhaltene Schrift »Über Kugel und Zylinder« an, worin Archimedes das Verhältnis des Volumens einer Kugel zu dem eines darumgelegten Zylinders mit $2:3$ bestimmt hatte. Die Verse, die Cicero auswendig kannte, sind nicht überliefert.

Zu Beginn des Jahres 74 kehrte Cicero stolz auf seine Leistungen aus Sizilien nach Rom zurück, ganz wie jemand, der da meint, ein Hauptdarsteller im Welttheater zu sein. Er mußte bald erfahren, daß er die Resonanz seiner Amtstätigkeit stark überschätzt hatte. Er berichtet darüber nicht ohne Humor und Selbstironie in einem Plädoyer, das er zwanzig Jahre später gehalten hat, in der Rede für Plancius. Er habe damals geglaubt, sagt er dort, die Leute in Rom sprächen von nichts anderem als von seiner Quästur, und er sei in der Erwartung zurückgekehrt, daß ihm das römische Volk nunmehr alle weiteren Ämter übertragen würde, ohne daß es noch irgendwelcher Anstrengungen von seiner Seite bedürfe. Sein Reiseweg habe ihn über Puteoli an der kampanischen Küste geführt, einen bedeutenden Hafen und mondänen Villenort. Da habe ihn zu seiner Fassungslosigkeit jemand gefragt, wann er aus Rom abgereist sei und ob es etwas Neues von dort zu berichten gebe. »Als ich ihm antwortete«, fährt Cicero in der Plancius-Rede fort, »ich kehrte aus der Provinz zurück, da sagte er: ›Ach richtig, ich glaube, aus Afrika.‹ Da ärgerte ich mich, und ich sagte entrüstet zu ihm: ›Nein, aus Sizilien.‹ Da mischte sich jemand ein, der sich den Anschein gab, alles zu wissen: ›Was‹, sagte er, ›du weißt nicht, daß er Quästor in Syrakus war?‹« Cicero habe nach diesem neuerlichen Fehlgriff (er hatte ja die zweite sizilische Quästur verwaltet, die von Lilybaeum) aufgehört, sich zu ärgern, und so getan, als wäre er einer von denen, die zu einer Badekur gekommen waren.

5. Kapitel

Der Prozeß gegen Verres

Cicero zog, wie er im Anschluß an die soeben zitierte Partie aus der Rede für Plancius sagt, aus dieser Erfahrung die Konsequenzen. »Denn als ich erst gemerkt hatte«, fährt er fort, »daß das römische Volk ziemlich taube Ohren, hingegen scharfe und durchdringende Augen hat, da dachte ich nicht mehr darüber nach, was die Leute wohl von mir zu hören bekommen würden; ich legte es darauf an, daß sie mich nunmehr Tag für Tag vor sich hatten, ich lebte förmlich unter ihren Augen, ich ließ nicht vom Forum; niemand wurde bei mir zu Haus von meinem Pförtner oder von meinem Schlaf daran gehindert, bis zu mir vorzudringen.« Bei dieser unermüdlichen Betriebsamkeit war es ihm sehr darum zu tun, möglichst viele Mitbürger namentlich zu kennen und ohne einen Nomenclator – jenen Sklaven, der als ein wandelndes Adreßbuch seinem Herrn die Namen aller Begegnenden einzuflüstern hatte – auszukommen. Nach Plutarch hat er einmal gesagt, es sei doch schändlich, daß die Handwerker alle Geräte und Werkzeuge, die sie gebrauchten, genau bezeichnen könnten und daß sie auch über deren Platz und Verwendungsweise Bescheid wüßten, daß hingegen der Politiker, der die öffentlichen Angelegenheiten durch Menschen betreiben müsse, nicht peinlich darauf achte, seine Mitbürger genau zu kennen. Er pflegte sogar zu wissen, wo seine Bekannten wohnten und wo sie ihren Landbesitz hatten, mit wem sie umgingen und wer ihre Nachbarn waren.

Die siebziger Jahre, weniger turbulent als das Jahrzehnt zuvor, brachten gleichwohl schwere Störungen der öffentlichen Ruhe mit sich, und mitunter wirkten sich diese Ereignisse auch mittelbar auf Ciceros rastlose Anwaltstätigkeit aus. So insbesondere der Aufstand des Spartakus. In den Jahren 73–71 zogen die aufrührerischen Sklavenscharen durch ganz Italien, plündernd, mordend und mehrfach über römische Truppen siegend, bis Spartakus in Lukanien geschlagen wurde und fiel – die Reste des Aufstands beseitigte Pompeius, der gerade von der Niederwerfung des Marianers Sertorius aus Spanien zurückkehrte, im Norden Italiens. Die Armeen des Spartakus waren indes nur das auffälligste Symptom einer weit verbreiteten Entwicklung. Bewaffnete Sklavenhorden machten überall das Land unsicher, oft im Dienste ihrer Herren, die sie als private Leibgarden und Kampftruppen benutzten – wahrscheinlich hatten die marianisch-sullanischen Wirren diese bedenkliche, auf ein allgemeines Faustrecht zusteuernde Entwicklung begünstigt. Schon bei einem Mordprozeß, in dem Cicero kurz vor seiner Abreise in den Osten als Verteidiger aufgetreten war, bei dem Verfahren gegen einen gewissen Lucius Varenus, hatten offenbar Sklavenbanden eine erhebliche Rolle gespielt. Erst recht geht es in dem Plädoyer für Marcus Tullius um Delikte, die mit Hilfe bewaffneter Sklaven ausgeführt worden waren: die Rede, die einzige aus der Zeit zwischen der Rückkehr aus Sizilien und dem Verres-Prozeß, die wenigstens bruchstückhaft überliefert ist, entstammt dem Jahre 72 oder 71. Zwei benachbarte Gutsbesitzer aus der Gegend von Thurii in Lukanien – in unmittelbarer Nähe des Stützpunktes der Spartakus-Truppen – hatten sich um einen Grenzstreifen Landes gestritten; es kam zu Zerstörungen und zur Tötung von Sklaven. Der Fall wurde nach Vorschriften untersucht, die erst im Jahre 77 ergangen waren und die exakt die gefährlichen Bandenverbrechen zu bekämpfen suchten: durch ein beschleunigtes Verfahren und eine besonders schwere Sanktion.

In den Jahren 73–71, also in derselben Zeit, da Spartakus Italien in Angst und Schrecken setzte, regierte auf Sizilien der Statthalter Gaius Verres, der Inbegriff eines korrupten, habgierigen und grausamen römischen Provinzgouverneurs. Daß er so lange regierte, war eine Folge der Spartakus-Unruhen: der Nachfolger Quintus Arrius stand schon im Jahre 72 bereit, ihn abzulösen; da wurde er für den Kampf gegen die aufständischen Sklaven benötigt und blieb aus. Ebenso war wohl auch das dritte Jahr der sizilischen Statthalterschaft des Verres durch die Spartakus-Gefahr bedingt.

Dabei wußte man damals in Rom schon genug von dem, was sich auf Sizilien abspielte. Im Herbst 72 war Sthenius, ein Notabler aus Thermai (an der Nordküste Siziliens), in Rom erschienen: er suchte Hilfe gegen die Willkürtaten des Verres. Er war ein recht vermögender Mann und hatte zeit seines Lebens Kunstwerke und wertvolles Hausgerät gesammelt; Verres, sein Gastfreund, nahm ihm nach und nach teils bittend, teils fordernd seine Schätze ab. Nun gab es in Thermai auf öffentlichen Plätzen mehrere alte Bronzestatuen; sie stammten aus Himera, einer Thermai benachbarten Stadt, die im Jahre 409 von den Karthagern zerstört und nie wieder aufgebaut worden war. Der jüngere Scipio hatte diese karthagischen Beutestücke, nachdem er Karthago erobert hatte, den Nachfolgern der ursprünglichen Besitzer, den Bewohnern von Thermai, zurückgegeben. Sthenius nahm den Raub an seinem privaten Eigentum hin; als Verres jetzt auch nach den Prunkstücken der Gemeinde, darunter einem Standbilde des Dichters Stesichoros (6. Jahrhundert v. Chr.), verlangte, da erwirkte er im Rat von Thermai einen ablehnenden Bescheid. Verres war wütend; er kündigte die Gastfreundschaft mit Sthenius auf und verbündete sich mit dessen Feinden. Er veranlaßte, daß Sthenius vor seinem Tribunal wegen Urkundenfälschung angeklagt wurde. Sthenius entzog sich dem Prozeß durch die Flucht; er wurde in Abwesenheit zu einer Strafe von 500000 Sesterzen verurteilt. Verres, hiermit noch nicht zufrieden, ließ daraufhin auch wegen eines Kapitalverbrechens Anklage gegen Sthenius erheben; als Termin für die Verhandlung wurde der 1. Dezember festgesetzt.

Sthenius war inzwischen in Rom eingetroffen, wo er viele Freunde hatte; die Konsuln erstatteten dem Senat Bericht über die Affäre und stellten den Antrag, man möge beschließen, daß Abwesende in den Provinzen nicht wegen kapitaler Verbrechen belangt werden dürften. Der Vater des Verres – er war Senator – wußte indes den Beschluß zu hintertreiben; den Beschützern des Sthenius versicherte er, daß er seinen Sohn von dem Vorhaben abbringen werde. Verres fällte nichtsdestoweniger ein Schuldurteil, obwohl nicht nur der Angeklagte, sondern auch der Ankläger ausgeblieben war. Nun hatten die Volkstribunen soeben einen Erlaß verkündet, der Personen, die in einem Kapitalprozeß verurteilt worden waren, aus Rom verwies; Cicero erwirkte vom Tribunenkollegium die Feststellung, daß sein Gastfreund Sthenius hiervon nicht betroffen sei. Der Fall zeigt, wie es mit der von Sulla restaurierten Senatsherrschaft stand: vielfältige freundschaftliche Beziehungen und gegenseitige kollegiale Rücksicht verhinderten Maßnahmen gegen noch so offenkundige Willkürakte eines Standesgenossen.

Gnaeus Pompeius Magnus (»der Große«) und Marcus Licinius Crassus Dives (»der Reiche«) hatten sich im Bürgerkrieg beide auf Seiten Sullas hervorgetan; Crassus legte sodann, indem er Besitzungen von Proskribierten an sich brachte, den Grund zu seinem riesigen Vermögen. Schon im Jahre 71 kündigte sich an, daß die beiden gemeinsam als Konsuln des folgenden Jahres einen populären Kurs zu steuern und einschneidende Reformen durchzusetzen gedachten, die sich gegen die reaktionäre Verfassung Sullas richten sollten. Sie haben dann auch wirklich die letzten noch bestehenden Beschränkungen wiederaufgehoben, denen Sulla das Volkstribunat unterworfen hatte, und gegen Ende des Jahres 70 wurde das Richteramt, seit Sullas Diktatur eine ausschließliche Domäne der Senatoren, zu je einem Drittel auf die Senatoren, die Ritter und die sogenannten Ärartribunen (man weiß nicht genau, worum es sich dabei gehandelt hat) verteilt.

In diesem politischen Klima setzten starke senatorische Kreise alles daran, die Demaskierung eines der schlimmsten Vertreter ihres Standes zu verhindern. Bereits im Jahre 71, als Verres noch in Sizilien weilte, waren Gesandte fast sämtlicher sizilischer Gemeinden in Rom erschienen. Sie wollten von der einzigen Waffe Gebrauch machen, die der römische Staat seinen Untertanen gegen fehlbare Beamte zugestanden hatte, von der Strafklage wegen Erpressungen. Hierfür gab es einen eigenen Geschworenengerichtshof; die Sizilier durften dort ihre Sache allerdings nicht selbst verfechten, sondern mußten sich von einem römischen Anwalt vertreten lassen. Sie baten Cicero, dessen Rechtlichkeit sie erprobt hatten, sich ihrer anzunehmen, und dieser sagte zu. Es war so ziemlich das einzige Mal in seinem Leben, daß er sich bereit fand, die Rolle des Anklägers zu übernehmen; in fast all den anderen Strafprozessen, an denen er beteiligt war, trat er als Verteidiger auf.

Als er zu Beginn des Jahres 70, um die Zeit, da Verres Sizilien verließ, bei dem für Erpressungssachen zuständigen Prätor Anzeige erstattete, da stieß er sofort auf das erste Hindernis, das die Freunde des Verres errichtet hatten, den Prozeß zu verzögern oder gänzlich zu hintertreiben. Denn ein Gefolgsmann und ehemaliger Quästor des Verres, Quintus Caecilius Niger, verlangte ebenfalls, die Anklage übernehmen zu dürfen – um sie dann so zu führen, daß sie für Verres ungefährlich war. Nunmehr mußte zunächst in einem Vorverfahren geprüft werden, wer das bessere Anrecht hatte. Cicero hielt seine »Divinatio in Caecilium«, die »Mutmaßung gegen Caecilius«, und obsiegte. Er war jetzt offizieller Ankläger des Verres; er erbat sich vom Prätor eine Frist von 110 Tagen, zu ermitteln und die Beweise – Urkunden und Zeugen – herbeizuschaffen.

Er begab sich sofort, begleitet von seinem Vetter Lucius, nach Sizilien. Er durchstreifte während des ungewöhnlich strengen Winters fünfzig Tage lang die ganze Insel und sammelte das eindrucksvolle Belastungsmaterial, das die Bücher 2–5 der

2. Verres-Rede füllt. Dabei wurde er auch auf Sizilien von der Gegenseite nach Kräften behindert. Dort hatte, als Nachfolger des Verres, ein Lucius Caecilius Metellus die Statthalterschaft inne. Der aber gehörte zur Verres-Clique, mitsamt seinen Brüdern Quintus und Marcus und mitsamt dem Verteidiger des Verres, dem Redner Hortensius. Der Bruder Quintus und Hortensius bewarben sich damals um das Konsulat des Jahres 69, und Marcus Caecilius Metellus strebte für dasselbe Jahr die Prätur an. Verres wiederum hatte sich anheischig gemacht, mit einem Teil des den Siziliern abgepreßten Geldes den Wahlen durch Bestechungen zu dem von seinen Freunden gewünschten Ausgang zu verhelfen. Cicero mußte daher manchen Widerstand überwinden, um durchzuführen, was ihm von Gesetzes wegen gestattet war: Urkunden beizubringen, Zeugen zu vernehmen und die Gemeinden dazu zu veranlassen, daß sie Gesandtschaften zum Prozeß abordneten.

Cicero kehrte rechtzeitig, vor Ablauf der Frist von 110 Tagen, nach Rom zurück. Dort aber war die Verres-Clique nicht untätig gewesen, und so harrte seiner eine neue Überraschung. Unmittelbar nach der Zulassung seines Prozesses gegen Verres war bei demselben Prätor ein anderer Ankläger erschienen, und dieser hatte für seine Sache, einen angeblichen Erpressungsfall in Achaia, um eine Frist von 108 Tagen gebeten. Der Prätor aber pflegte die Verhandlungstermine nach Maßgabe der jeweils beantragten Ermittlungsfristen festzusetzen. So auch hier; die achäische Sache erhielt wegen der um zwei Tage kürzeren Frist den früheren Termin. Cicero behauptet, diese List habe eine Verzögerung von drei Monaten zur Folge gehabt; der Prozeß begann erst am 5. August.

Die Finte war Teil eines ausgeklügelten Planes. Das Jahr 70, das Konsulatsjahr des Pompeius und Crassus, bot ja wegen der popularen Agitationen gegen Mißstände des Senatsregiments denkbar ungünstige Voraussetzungen für die Absichten des Verres, insbesondere für eine Bestechung des Gerichts. Die Clique bemühte sich daher um eine Verschleppung des Prozesses ins nächste Jahr; sie konnte hoffen, daß dann Hortensius und die beiden Meteller als Inhaber des Konsulats und einer Prätorenstelle alles tun würden, einen Freispruch zu erreichen. Zwei Umstände kamen ihr hierbei zustatten. Der römische Prozeß kannte die Einrichtung der Ampliation (Vertagung): das Gericht konnte nach Abschluß des Beweisverfahrens feststellen, daß die Sache noch nicht hinlänglich aufgeklärt sei, womit ein abermaliges Beweisverfahren angeordnet war. Beim Prozeß wegen Erpressungen mußte kraft gesetzlicher Vorschrift das gesamte Beweismaterial zweimal vorgeführt werden: auf eine actio prima folgte stets eine actio secunda, ehe es zu einem Urteil kam. Das Verfahren wurde hierdurch erheblich verlangsamt. Außerdem aber standen im Jahre 70 von Mitte August bis Mitte November extrem wenige Wochen für die Rechtsprechung zur Verfügung: zu den regelmäßig wiederkehrenden Festperioden kamen noch die außerordentlichen Spiele, die Pompeius für seinen Sieg in Spanien gelobt hatte. Die Wahlen für das Jahr 69, die Ende Juli stattfanden, brachten der Verres-Clique einen vollen Erfolg: Hortensius und Quintus Metellus bekamen das Konsulat. Marcus Metellus aber wurde nicht nur zum Prätor gewählt; das Los spielte ihm überdies noch den Vorsitz im Gerichtshof für Erpressungen zu. Da bedeutete es wenig, daß es ein paar Tage darauf nicht gelang, Ciceros Wahl zum Ädilen zu verhindern: Verres nahm bereits die Glückwünsche seiner Freunde entgegen.

Als am Nachmittag des 5. August die erste Verhandlungsperiode begann, erklärte Cicero, statt das übliche, den gesamten Prozeßstoff erörternde Plädoyer vorzutragen, daß er sich sofort dem Beweisverfahren zuwenden werde. Vom 6. bis zum 13. August wurde daraufhin Punkt für Punkt durch Zeugen und Urkunden dargetan, daß Verres während seiner dreijährigen Statthalterschaft 40 Millionen Sesterze erpreßt habe. Die Gegenseite war auf eine derart scharf zupackende Anklage nicht vorbereitet: als das Gericht nach zwei Festperioden am 20. September zur zweiten Verhandlung zusammentrat, hatte Verres aus dem Scheitern seines Verschleppungsplanes bereits die Konsequenzen gezogen; er war – was ihm nach damaligem Recht bis zu seiner Verurteilung freistand – mitsamt seinen Reichtümern ins Exil nach Massilia (Marseille) entwichen. Der Gerichtshof sah die Schuld des Angeklagten als erwiesen an; im letzten Abschnitt des Verfahrens, bei der Festsetzung der Entschädigungssumme, wurde, wie Plutarch berichtet, befunden, daß Verres nur drei Millionen Sesterze zurückzahlen müsse – vielleicht war dies die Summe der Werte, die man noch hatte beschlagnahmen können. Die Sizilier waren gleichwohl sehr zufrieden: der Prozeß hatte immerhin ein Exempel statuiert. Cicero aber verließ den Gerichtssaal als doppelter Sieger: er hatte nicht nur den Angeklagten, sondern auch dessen Verteidiger Hortensius überwunden; er galt nunmehr als erster Redner Roms.

Er hat seine Plädoyers gegen Verres alsbald veröffentlicht, nicht nur die beiden wirklich gehaltenen, die Rede gegen Caecilius und die Ansprache vom 5. August, sondern auch den gewaltigen Prozeßstoff, den er nicht mehr in zusammenhängender Darstellung hatte vorführen können: er machte hieraus die fiktive actio secunda, als habe sich Verres wider Erwarten doch der zweiten Verhandlung gestellt. Die actio secunda, ein nicht nur in historischer, sondern auch in literarischer Hinsicht überaus bemerkenswertes Werk, ist somit in Wahrheit keine Prozeßrede (dazu wäre sie auch viel zu lang), sondern eine in die Form einer Prozeßrede gekleidete Dokumentation über eine politisch bedeutsame Affäre.

Das 1. Buch der actio secunda befaßt sich mit dem Vorleben des Angeklagten, mit den Ämtern, die Verres vor seiner sizilischen Statthalterschaft bekleidet hatte. Diese Thematik gehörte streng genommen gar nicht zur Sache. Cicero gehorchte indes einem verbreiteten Brauch der antiken Prozeßpraxis, wenn er zunächst auf die vita ante acta einging, und so durfte er eines hierfür empfänglichen Publikums sicher sein.

Die Bücher 2–5 enthalten den eigentlichen Stoff der Anklage, die Missetaten der sizilischen Statthalterschaft, geordnet nach sachlichen Rubriken. Das 2. Buch schildert exemplarische Vorkommnisse aus den Gebieten der Rechtspflege und der allgemeinen Verwaltung; es zeigt, mit welchen Manövern und Kunstgriffen sich Verres an den Opfern seiner Willkürjustiz bereicherte – die Sthenius-Affäre ist ein Kernstück dieser Darlegungen.

Das 3. Buch führt den wichtigsten Teil der Anklage vor, die Steuererpressungen. Cicero geht gerade hier überaus gründlich zu Werke: er behandelt die vielfältigen juristischen, administrativen und ökonomischen Voraussetzungen des sizilischen Steuerwesens, ehe er sich den einzelnen Vergehen des Verres zuwendet. Das Buch ist daher von hohem dokumentarischen Wert für die römische Verwaltungspraxis in den Provinzen. Die Nachwelt dankt dies wohl vor allem dem Umstand, daß Cicero hier nicht, wie sonst gewöhnlich bei innerrömischen Angelegenheiten, annehmen durfte, daß seinem römischen Publikum das Allgemeine und Grundsätzliche geläufig sei; die sizilischen Steuern waren offenbar der Mehrzahl seiner Zeitgenossen ebenso fremd wie dem modernen Betrachter, und so hielt er es für angezeigt, zunächst systematisch auf die Grundlagen einzugehen. Die Delikte selbst lassen sich auf die Formel bringen, daß Verres mit den Leuten, die als Steuerpächter auftraten, gemeinsame Sache machte, wobei er sein Verordnungsrecht dazu mißbrauchte, sämtliche Garantien aufzuheben, welche die Landwirte bei der Erhebung der Steuern gegen Willkür schützen sollten.

Die vielgerühmten beiden letzten Bücher, vom Vorangehenden in deutlicher Steigerung abgehoben, sind nicht nur kulturhistorische Quellen von hohem Rang, sondern auch faszinierende Beispiele ciceronischer Meisterschaft im Darstellen. Das 4. Buch hat die Erpressungen und Gewalttaten zum Thema, durch die sich Verres Kunstgegenstände aller Art anzueignen wußte. Es bringt eine pathologische Begleiterscheinung der Übernahme der griechischen Kultur durch die Römer zur Sprache. Die römische Aristokratie der späten Republik war versessen auf Kunstwerke aus Griechenlands großer Zeit; es wurde geradezu Mode, kleine Museen zusammenzubringen. Der Redner Crassus besaß kostbare Vasen sowie Metallgefäße mit Treibarbeiten, die er wegen ihres Wertes nicht zu benutzen wagte. Sulla und andere bargen in ihren Villen Statuen und Gemälde von erstem Rang. Marcus Aemilius Scaurus, der Schwiegersohn Sullas, richtete sich ein Gemmenkabinett ein, ja, er ließ sogar sämtliche Bilder des berühmten Pausias aus Sikyon (4. Jahrhundert v. Chr.) nach Rom schaffen. Das Vorbild der Adligen machte Schule bei den Parvenüs: Chrysogonus, der Günstling Sullas, hatte sein Haus mit den schönsten Dingen aus dem Besitz Geächteter angefüllt. Die Passion des Verres ging so weit, daß sie vor keinem Mittel zurückschreckte; sie war gewiß besonders hemmungslos, doch einzigartig war sie nicht.

Das letzte Buch könnte den Titel »Verres als Oberbefehlshaber« oder »Die öffentliche Sicherheit Siziliens während der Statthalterschaft des Verres« tragen. Es handelt davon, wie Verres den Kern seines imperium, seiner Hoheitsrechte, d. h. sein militärisches Kommando und seine Strafgewalt über römische Bürger, gebraucht hatte. Im ersten Hauptteil zieht vor allem die breit ausgemalte Episode vom Untergang der sizilischen Flotte die Aufmerksamkeit auf sich: sie wurde von Seeräubern vernichtet, weil sie mangelhaft ausgerüstet war; Verres, dessen Habgier die Katastrophe verursacht hatte, ließ ein grausames Strafgericht über die unschuldigen sizilischen Schiffskommandanten ergehen. Der zweite Hauptteil gilt der widerrechtlichen Züchtigung und Tötung römischer Bürger; Cicero hat diese Partie, die eine Zutat, ein Hors de propos war (die Anklage lautete auf Erpressungen), mit Bedacht für den Schluß aufgespart, da sie besonders stark an römische Gefühle appellieren mußte.

6. Kapitel

Von der Ädilität bis zur Prätur

Aus der Zeit vor dem Konsulat sind von Cicero insgesamt elf Briefe erhalten; sie haben den Freund Atticus zum Adressaten, der sich damals noch in Athen aufhielt. Diese Briefe, die Ende 68 oder Anfang 67 einsetzen, geben mancherlei Aufschlüsse über Ciceros persönliche Verhältnisse. Man hört zum ersten Male von der Gattin Terentia: sie leidet an starken Gliederschmerzen. Die Tochter ist offensichtlich Ciceros Augapfel; sie heißt ihm Tulliola, deliciolae nostrae, was Wieland mit den Worten »die süße kleine Tullia, mein Herzblättchen« wiedergibt – vielleicht um eine Nuance zu sentimental. Der Vater verlobte sie schon gegen Ende des Jahres 67 (sie muß damals zehn Jahre alt gewesen sein) mit Gaius Calpurnius Piso Frugi, dem Urenkel des Geschichtsschreibers Lucius Calpurnius Piso Frugi, der im Krisenjahr 133 das Konsulat bekleidet hatte. Die Verbindung mit einem Hause, das dem hohen Adel angehörte, diente politischen Zwecken; sie sollte Ciceros Prestige steigern. Die Ehe wurde im Jahre 63 geschlossen; sie endete sechs Jahre darauf mit Pisos plötzlichem Tode. Im Sommer 65 brachte Terentia ein zweites Kind, den Sohn Marcus, zur Welt; hierüber schreibt der Vater stolz und lapidar: L. Iulio Caesare, C. Marcio Figulo consulibus filiolo me auctum scito salva Terentia – »Unter dem Konsulat des Lucius Iulius Caesar und des Gaius Marcius Figulus bin ich, sollst Du wissen, mit einem Söhnchen beschenkt worden; Terentia ist wohlauf.« Auf Ciceros Vermittlung hin hatte der Bruder Quintus Pomponia, die Schwester des Atticus, geheiratet. Die Ehe, aus der im Jahre 67 oder 66 ein Sohn hervorging, Ciceros

Neffe Quintus, war offenbar schon damals nicht glücklich; Cicero deutet wiederholt an, daß er beschwichtigend auf den Bruder eingewirkt habe.

Die beiden frühesten Briefe vermelden jeweils einen familiären Todesfall. Der Bruder Lucius sei gestorben, schreibt Cicero – gemeint ist der Vetter, der mit ihm gemeinsam in Athen studiert und ihm später auf Sizilien bei seinen Recherchen gegen Verres geholfen hatte. Er beklagt den Verlust und rühmt das freundliche Wesen und die angenehmen Umgangsformen des Verstorbenen. Im Briefe darauf wiederum verlautet in überaus dürren Worten: Pater nobis decessit ante diem quartum Kalendas Decembres – »Wir haben unseren Vater verloren, am 27. November.« Diese nüchterne Feststellung hat Anstoß erregt, zumal der Cicero-Kommentator Asconius etwas anderes zu berichten weiß; hiernach wäre der Vater erst im Jahre 64 verschieden. Man hat daher plausibel vermutet, daß pater in frater berichtigt werden müsse; Cicero wiederholte also kurz, was er im vorausgehenden Briefe mitgeteilt hatte. Diese häufige Gepflogenheit erklärt sich leicht: da man auf private Gefälligkeits- oder Botendienste angewiesen war, konnte man nie sicher wissen, ob oder wie bald ein Brief seinen Empfänger erreichen werde.

Von keinem Gegenstande handeln die frühen Briefe an Atticus so oft wie von der Villa in Tusculum, dem Lieblingssitz für die Mußestunden, und von dem Schmuck, den Cicero dafür vorsah. Dies sei der Ort, schreibt er, wo er von allen Plackereien und Mühen zur Ruhe komme; dort vertieft er sich in seine Studien, wenn ihn die Politik anekelt. Atticus war ein großer Kunstkenner und Bibliophile; er sammelte selbst und nahm Aufträge von Cicero entgegen. Er hat, wie mehrfach verlautet, megarische Standbilder sowie Hermen aus pentelischem Marmor für Cicero eingekauft; er soll noch mehr besorgen: für das ›Gymnasium‹ (eine Gartenanlage) und eine Terrasse. Dies war die eher bescheidene und jedenfalls redliche Art, in der Cicero den damals in der römischen Aristokratie weit verbreiteten Hunger nach griechischer Kunst stillte; der Name Gymnasium aber sollte darauf hinweisen, daß die griechischen Sportplätze, die so hießen, in Athen auch beliebte Treffpunkte der Philosophen waren. Ein anderes des öfteren berührtes Thema sind Bücher; Atticus gedachte offenbar eine eigene Sammlung zu veräußern (er hatte ja in seiner Sklavenschaft geschickte Schreiber), und Cicero bittet ihn, sie ihm zu überlassen.

Ciceros Anwaltspraxis stand in vollem Flor. Drei Plädoyers sind aus dieser Zeit erhalten: fragmentarisch die Rede für Fonteius, vollständig die Reden für Caecina und für Cluentius Habitus; es fehlt jedoch nicht an Zeugnissen, die erkennen lassen, daß Cicero ein Vielfaches hiervon bewältigt hat. Einzig von der Rede für Caecina kann mit Sicherheit behauptet werden, daß sie einem privatrechtlichen Streit gegolten hat; Cicero operiert dort mit ähnlich gewagten Auslegungskünsten, wie in der Rede für Tullius. Aus späterer Zeit ist kein privatrechtliches Plädoyer mehr überliefert; Cicero hat seit seiner Prätur nur noch in Strafprozessen, politischen Prozessen und als Politiker gesprochen. Diese Entwicklung wird von selbst eingetreten sein: der gefragte Anwalt war derart mit großen Sachen beschäftigt, daß ihm für kleine keine Zeit mehr blieb. Er hatte sich als Strafverteidiger vor allem mit den beiden Vergehen zu befassen, die in der korrupten Republik beinahe schon als Kavaliersdelikte galten: mit unerlaubter Wählerbeeinflussung (ambitus) und mit Untertanenerpressung (crimen repetundarum).

Ein ungewöhnliches Verfahren war dadurch bedingt, daß ein amtlicher Schreiber, der von Berufs wegen einen verhältnismäßig hohen Rang in der Hierarchie der römischen Gesellschaft innehatte, von den Zensoren unverdientermaßen zurückgesetzt worden war – was diese bei der alle fünf Jahre stattfindenden Revision der Bürgerlisten, dem Zensus, ohne gründliche Prüfung des Falles tun durften. Cicero betrieb mit Erfolg die Wiedereinstellung des Schreibers. Er scheint sich auch sonst oft durchgesetzt zu haben: der Bruder Quintus zählt in der Denkschrift, die er für ihn verfaßte, als er sich um das Konsulat bewarb, befriedigt eine Anzahl von Männern auf, die ihm verpflichtet seien, da er ihnen in Prozessen geholfen habe. Der dort neben anderen genannte Quintus Gallius war pikanterweise ein Freund Catilinas. Unter den Fragmenten von Ciceros Verteidigungsrede (Gallius war wegen ambitus angeklagt) ist eine beachtenswerte Schilderung eines Gelages erhalten:

> Da ist Geschrei, da sind kreischende Weiber, da ist klingende Musik. Ich glaubte zu sehen, wie die einen eintraten und andere hinausgingen; teils schwankten sie vom Weine, teils gähnten sie von der Trinkerei des Tags zuvor. Unter ihnen hielt Gallius sich auf, parfümiert und blumenbekränzt; der Boden war schmutzig, von Wein besudelt, mit verwelkten Kränzen und mit Fischgräten bedeckt.

Die Rede für Marcus Fonteius, von der neben kleinen Bruchstücken nur der Schluß erhalten ist, zeigt Cicero ein bis zwei Jahre nach der Verres-Affäre mit derselben Deliktskategorie befaßt, mit der Untertanenerpressung, diesmal freilich auf der Seite der Verteidigung. Fonteius, einst Statthalter der Provinz Gallia Narbonensis, mag an das verbrecherische Format des Verres bei weitem nicht herangereicht haben; andererseits war er gewiß nicht der grundanständige, ganz und gar rechtschaffene Biedermann, als den sein Anwalt ihn hinzustellen sucht. Die erhaltenen Teile der Rede jedenfalls gehen auf die Schuldvorwürfe der Anklage überhaupt nicht ein; Cicero verdächtigt wortreich die gallischen Zeugen und behauptet, daß eine Verurteilung des Angeklagten, eines tüchtigen Offiziers, dem Staat erheblichen Schaden zufüge.

Die Reden gegen Verres und für Fonteius zeigen deutlich, daß Cicero sein Geschäft als Anwalt höchst verschieden je nach der Rolle wahrnahm, die er übernommen hatte: als Ankläger, als der er gegen Verres auftrat, malte er in schwärzesten Farben, in der Rolle des Verteidigers, seiner gewöhnlichen Aufgabe, tat er das

Äußerste, seinen Mandanten als gänzlich unschuldig hinzustellen. Man darf Cicero aus dieser Praxis keinen Vorwurf machen: die Funktionen von Anklage und Verteidigung sind legitim und gehören zur Gerichtsbarkeit eines freien Staates; sie sollen den Richtern die beiden Extreme vor Augen führen, die bei der Ermittlung und Würdigung der jeweiligen Sachverhalte möglich scheinen; es ist dann Sache der Richter, aus den einander entgegengesetzten Perspektiven ein möglichst objektives Bild des Geschehens herauszufiltern und entsprechend zu entscheiden.

Deutlicher noch läßt sich die gewollte Standortgebundenheit des Advokaten Cicero an dem Plädoyer für Cluentius Habitus ablesen, der Verteidigung in einem angeblichen Mordfall, der aus einem schaurigen, ans Moritatenhafte grenzenden Kleinstadtmilieu von Morden, Abtreibungen und Testamentsfälschungen – zum Zwecke der Erlangung von Erbschaften – hervorgegangen war. Die Hauptkontrahenten waren ursprünglich Aulus Cluentius Habitus und sein Stiefvater Statius Albius Oppianicus; bereits 74, acht Jahre vor dem Verfahren, aus dem Ciceros erhaltene Rede hervorgegangen ist, hatte eine Serie von Prozessen stattgefunden. Damals hatte Cicero auf der Gegenseite gestanden: er hatte einen Freigelassenen namens Skamander verteidigt, einen Gehilfen bei einem Mordanschlag, der von Oppianicus gegen Cluentius inszeniert worden war; Cluentius hatte erreicht, daß zunächst Skamander und ein zweiter Gehilfe sowie schließlich auch Oppianicus selbst verurteilt wurden. Im Prozeß des Jahres 66 wiederum saß er auf der Angeklagtenbank; er sollte seinen Stiefvater mit Gift aus dem Wege geräumt haben. Cicero hatte sich noch in der Ersten Verres-Rede zu einer mit der Verurteilung des Oppianicus verknüpften Bestechungsaffäre im Sinne des Oppianicus geäußert; jetzt, im Jahre 66, als Verteidiger des Cluentius, mußte er einige Kunst aufbieten, dem Gericht seinen Parteiwechsel begreiflich zu machen. In diesem Zusammenhang fallen einige für sein Selbstverständnis als Anwalt höchst bemerkenswerte Worte:

Der irrt sich gewaltig, der da meint, er besitze in unseren Reden, wie wir sie vor Gericht gehalten haben, unsere verbrieften Überzeugungen. Alle diese Reden sind nämlich durch die Parteiinteressen und die Umstände bedingt, nicht durch die Menschen selbst und durch die Anwälte.

Wenn der Fall für sich selbst sprechen könnte, fährt Cicero fort, dann benötigte niemand einen Anwalt; dieser sei nicht seiner Überzeugung verpflichtet, sondern dem Parteiinteresse – er muß also die Dinge stets in das für seinen Mandanten günstigste Licht zu rücken suchen. Cicero legte hiermit ein aufrichtiges, aber auch gefährliches Bekenntnis ab; die Richter konnten es ja zum Maßstab nicht nur für seine einstige, sondern auch für seine jetzige Position nehmen, und die zweischneidige Waffe hätte sich gegen seinen jetzigen Schützling gekehrt. Die Richter jedoch nahmen die Aussage, wie sie gemeint war; Cluentius wurde freigesprochen. Cicero soll später dazu erklärt haben, es sei ihm gelungen, den Richtern Sand in die Augen zu streuen – se tenebras offudisse iudicibus. Sie hätten eben bedenken sollen, daß auch das Plädoyer des Jahres 66 durch die Parteiinteressen und Umstände bedingt war. In seiner Schrift »De officiis« (»Über die Pflichten«) hat Cicero später das Problem auf folgende einfachere Formel gebracht: »Sache des Richters ist es, bei Prozessen stets auf die Wahrheit auszusein, Sache des Anwalts, mitunter auch für das Wahrscheinliche, selbst wenn es nicht ganz der Wahrheit entspricht, einzutreten.«

Ciceros Bewerbung um die Ädilität fiel exakt in die Zeit des härtesten Kampfes um die Durchsetzung des Verres-Prozesses; Cicero war zwischen Prozeß und Bewerbung hin- und hergerissen. Doch Verres arbeitete allzu offen mit seinem Gelde: Cicero wurde anstandslos gewählt. Von seinem Amt selbst – im Jahre 69 – ist nicht einmal zuverlässig bekannt, ob es sich um die kurulische oder die plebejische Ädilität gehandelt hat. Die Besonderheiten des Ädilenamts haben offenbar im damaligen Bewußtsein keine große Rolle mehr gespielt. Die späterhin für die Spiele und die Marktaufsicht zuständige Behörde wurde wie das Volkstribunat als Sonderamt der Plebs, des Teiles der Bürgerschaft also, der nicht zum Kreise der erlauchten patrizischen Familien gehörte, geschaffen. Vom Jahre 366 an traten jedoch den beiden plebejischen Ädilen noch zwei kurulische zur Seite, benannt nach dem Vorrecht, die sella curulis, den Amtssessel der Oberbeamten, zu benutzen. Zu plebejischen Ädilen durften nach wie vor nur Plebejer gewählt werden, zu kurulischen Ädilen, die Beamte des Gesamtvolkes waren, sowohl Patrizier als auch Plebejer. Von Cicero ist nur bekannt, daß er Spiele ausgestattet, und nicht auch, daß er die Marktgerichtsbarkeit ausgeübt hat, die den kurulischen Ädilen vorbehalten war. Er wird somit plebejischer Ädil gewesen sein. Er versah das Fest der Ceres, mit Zirkusspielen, um den 19. April, das ausgelassene Fest der Flora, der Blütegöttin, bei dem volkstümliche Stücke aufgeführt wurden und Tänzerinnen Entkleidungsszenen darboten, um den 28. April, sowie die großen ludi Romani, die mit ihren Theateraufführungen und Wagenrennen damals die Zeit vom 5. bis zum 19. September ausfüllten. Er rühmte sich später, seinen Zweck, sich für die weiteren Ämter zu empfehlen, mit verhältnismäßig geringem Aufwand erreicht zu haben.

Wegen der nächsten Hürde, der Prätur, war Cicero zunächst ganz unbesorgt: er schrieb an Atticus, es sei unnötig, daß er sich als Wahlhelfer nach Rom begebe. Es gab dann doch etwas Aufregung, da die Wahlen im Sommer 67 zweimal abgebrochen werden mußten – wohl wegen ungünstiger Vorzeichen, etwa durch den Flug oder die Stimme von Vögeln, worin die Römer eine göttliche Warnung vor dem Vollzug eines Staatsaktes erblickten; immerhin wurde Cicero so die Ehre zuteil, daß er dreimal an erster Stelle unter den Kandidaten als gewählt ausgerufen wurde. Er war somit im Jahre 66 einer der acht Prätoren, welche die sullanische Verfassung vorsah. Ihm fiel die Leitung einer quaestio, eines Geschworenengerichtshofs zu. Er war für die Aburteilung von Erpressungen verantwortlich, von dem Delikt, das er vier Jahre zuvor als Ankläger des Verres bekämpft hatte. Große Affären hat es offenbar in seiner Amtszeit nicht gegeben. Immerhin wurde unter seinem Vorsitz Gaius Licinius Macer verurteilt, der sich nicht nur als Politiker, sondern auch als Geschichtsschreiber hervorgetan hatte. Sein Sohn war Gaius Licinius Calvus, der Redner und Dichter und Freund Catulls. Licinius Macer gehörte der popularen Richtung an; Sallust läßt ihn in seinen »Historien« als Tribunen des Jahres 73 eine heftige Ansprache halten. Seine Chronik hat wohl die ganze römische Geschichte von den Anfängen bis auf die eigene Zeit dargestellt. Er ist schwerlich ein übler Erpresser gewesen; man weiß nicht einmal, welche Provinz er als Statthalter ausgebeutet haben soll, und das Urteil traf ihn so sehr, daß er unmittelbar danach starb.

Als Prätor hat Cicero seine erste staatspolitische Rede gehalten: er befürwortete in einer Kundgebung die Annahme eines von dem Volkstribunen Gaius Manilius vorgeschlagenen Gesetzes, welches Pompeius mit dem Oberbefehl im Krieg gegen Mithridates VI. von Pontos betraute, gegen denselben Mithridates, dem Sulla zwanzig Jahre zuvor nur notdürftig Abbruch getan hatte. Die Ansprache, im Kern ein Preis des Pompeius, läßt erkennen, wie sehr Cicero, auf dem Felde der hohen Politik ein Anfänger, von dem Gewicht seiner Aufgabe durchdrungen war: sie zeigt eine pedantisch abgezirkelte Gliederung und ergeht sich gleichmäßig in feierlichen Perioden.

Man wüßte gern, wie Cicero in all den Jahren seines mühevollen Aufstiegs über den gleichaltrigen Pompeius, das glanzvollste Gestirn am römischen Himmel, ehe es von Caesar verdunkelt wurde, wirklich gedacht hat. Ihrer beider Laufbahnen waren so konträr wie möglich. Während bei Cicero alles nach der Regel vonstatten ging, während er in der vorgeschriebenen Reihenfolge und jeweils mit dem vorgeschriebenen Mindestalter ein ordentliches republikanisches Amt nach dem anderen bekleidete, bestand die glanzvolle Karriere des Pompeius aus lauter verfassungsrechtlichen Abnormitäten. Er kämpfte als junger Mann, ohne ein Amt innezuhaben, auf Seiten Sullas gegen die Marianer; er erhielt weitere militärische Aufträge und übte im Jahre 70 als Konsul sein erstes ordentliches Amt aus – er fing also gewissermaßen dort an, wo die anderen aufzuhören pflegten. In der Tat vermochte er bald darauf sich selbst zu übertreffen: ein Ermächtigungsgesetz des Jahres 67 übertrug ihm zur Bekämpfung des auf dem Mittelmeer grassierenden Seeräuberunwesens eine umfassende außerordentliche, auf sämtliche Küsten sich erstrekkende Befehlsgewalt.

Jetzt, nachdem das Reich von der Piratenplage befreit war, sollte Pompeius für den Krieg gegen Mithridates nochmals ausgedehnte Vollmachten erhalten. Der Krieg währte damals schon acht Jahre; er war bis dahin von Lucius Licinius Lucullus geführt worden, dem berühmten Feinschmecker, der aus dem im Reiche des Mithridates gelegenen Kerasus die hiernach benannte Kirsche in den Westen brachte. Lucullus hatte zunächst Pontos erobert und auch Tigranes, den armenischen Bundesgenossen des Mithridates, mehrfach besiegt; da nötigten Rückschläge ihn zur Untätigkeit, und er wurde abberufen. Bei diesem Stand der Dinge schlug Manilius sein Gesetz vor.

Als Cicero das Wort ergriff, war es bereits eine ausgemachte Sache, daß die Volksversammlung den Vorschlag bestätigen werde – nur hartnäckige Verteidiger der Senatsherrschaft, wie z. B. Hortensius, wagten damals noch zu widersprechen. Cicero ließ sich die Gelegenheit nicht entgehen, den mächtigen Pompeius auf sich aufmerksam zu machen; zugleich bemühte er sich, bei den Männern der Senatsaristokratie nicht unnötig Anstoß zu erregen. Zweifellos ließ er sich zu diesem Vorgehen in erheblichem Maße dadurch bestimmen, daß er sich bald um das Konsulat bewerben würde; er brauchte dafür Verbindungen in möglichst breiter Streuung. Viel später, als sein Urteil nicht durch Wahlkampfrücksichten beeinflußt war, hat er das Gesetz des Manilius, das wegen seines Ausnahmecharakters eine schwere

Belastung für die republikanische Verfassung mit sich brachte, mit einer scharfen Rüge bedacht.

Ciceros Bestreben, sowohl zu Pompeius als auch zur Senatsaristokratie gute Beziehungen zu unterhalten, geriet während der letzten Tage der Prätur in peinliche Bedrängnis. Die Volkstribunen pflegten nach altem Brauch bereits am 10. Dezember an- und abzutreten. Manilius war also seit diesem Tage des Jahres 66 ohne Amt, und er wurde alsbald, noch Ende Dezember, wegen Erpressungen angeklagt; es handelte sich offensichtlich um einen Racheakt radikaler Senatskreise. Cicero hatte sich in seiner Rede für Pompeius dafür stark gemacht, Manilius in einem derartigen Falle zu verteidigen; jetzt fürchtete er, sich damit allzu entschieden auf die Seite der Popularen zu schlagen, und er suchte sich der Erfüllung seines Versprechens dadurch zu entziehen, daß er für die Verhandlung gegen Manilius den letzten Tag seiner Prätur, seines Vorsitzes im Gerichtshof für Erpressungen, vorsah. Das ließ man ihm nicht durchgehen, und er mußte der erregten Volksmenge zusichern, daß er im kommenden Jahr, nach Beendigung seines Amtes, die Verteidigung des Manilius übernehmen werde. Das Verfahren wurde indes nicht durchgeführt, und so kam Cicero ungeschoren davon.

7. Kapitel

Der Kampf um das Konsulat

S allust schildert im »Jugurthinischen Krieg«, wie Marius, der homo novus, beschließt, sich zum ersten Male um das Konsulat zu bewerben; er bemerkt hierzu: »Auch damals verlieh das Volk die anderen Ämter, das Konsulat aber gab der Adel unter sich von Hand zu Hand weiter. Ein Mann ohne Ahnen mochte noch so berühmt sein und noch so Hervorragendes geleistet haben, man glaubte trotzdem, daß er dieser Ehre nicht wert und sie davon entweiht sei.« Die Konsuln wurden zwar wie alle anderen Magistrate formell vom Volke gewählt, indessen war der Einfluß, den die Senatsaristokratie auf die Wählerschaft ausübte, so stark, daß er unerwünschte Kandidaten auszuschließen und die Konsulwahlen als eine Übergabe »von Hand zu Hand« innerhalb der Aristokratie erscheinen zu lassen vermochte.

Cicero beschäftigte sich, seit seine Prätur beendet war, mit nichts anderem als mit den Vorbereitungen für seine Wahl zum Konsulamt, um das er sich frühestens fürs dritte Jahr nach der Prätur, also für das Jahr 63 würde bewerben dürfen. Er war natürlich mit den von Sallust in den zitierten Sätzen lapidar umschriebenen Gegebenheiten bestens vertraut; so schreibt er in einem Brief an Atticus, aus dem Frühsommer 65, worin er sich – ein Jahr vor den Wahlen für 63 – mit seinen Chancen befaßt: »Sobald ich ausgekundschaftet habe, was die nobiles, die maßgeblichen Männer der Senatsaristokratie vorhaben, werde ich Dir wieder schreiben« – Cum perspexero voluntates nobilium, scribam ad te. In einem etwas späteren Brief läßt er dem Freunde gegenüber verlauten: »Deine baldige Ankunft ist mir sehr vonnöten; man ist nämlich fest davon überzeugt, daß es Aristokraten gibt, Freunde von Dir, die meinem Amt entgegenarbeiten wollen. Mir diese Leute günstiger zu stimmen, würdest Du mir, wie ich sehe, von größtem Nutzen sein.« Cicero verkannte also keineswegs, welcher Barriere er gegenüberstand: dem ungeschriebenen Gesetz der Senatsherrschaft, daß einem Neuling das Konsulat, wenn irgend möglich, vorzuenthalten sei.

Für ihn, der die überkommene Republik bewunderte, der sich Rom nicht anders vorstellen konnte als unter dem Regiment der Aristokratie und der sehnlich wünschte, in diese Aristokratie, in den Kreis der dort maßgeblichen Männer aufgenommen zu werden – für ihn entstand durch die Schwierigkeiten, die man ihm hierbei machte, eine heikle Lage. Er mußte sich Freunde und Helfer suchen, wo er sie finden konnte, auch unter den Gegnern der Senatspartei, der Optimaten (»Besten«), wie deren Angehörige sich nannten, und er durfte sich in den Augen dieser Optimaten gleichwohl nicht unmöglich machen. Es galt also, nach allen Seiten hin vorsichtig zu taktieren; Cicero mußte überall, bei der Senatsaristokratie, bei der Ritterschaft und beim Volke, den Eindruck zu erwecken suchen, daß er gerade für diese Gruppe der richtige Mann sei, daß er gerade ihre Belange am besten wahrnehmen werde.

Ciceros besondere Schwierigkeiten und Chancen gehen sehr anschaulich aus einer Schrift hervor, die Quintus für den Bruder verfaßt hat, als dieser Anstalten machte, sich um das Konsulat zu bewerben: aus dem »Commentariolum petitionis«, der »Denkschrift zur Bewerbung um das Konsulat«. Sie sollte als Leitfaden für den Wahlkampf dienen und zeigen, wie Cicero möglichst wichtige und weite Kreise der Bürgerschaft für sich gewinnen und seine Mitbewerber ausstechen könne. Der erste Teil dieser Schrift geht von der Tatsache aus, daß Cicero ein homo novus sei. Quintus befaßt sich dort mit der Rednergabe des Bruders; ihr zumal verdanke er seinen Anhang: unter den Rittern, unter den italischen Gemeinden, unter zahlreichen Einzelpersonen, und jetzt sei – darauf müsse Cicero hinweisen – für alle die Genannten der Zeitpunkt gekommen, ihm zu vergelten, was er für sie getan habe. Quintus gibt weiterhin Ratschläge für die Pflege der Beziehungen zu den adligen Herren. Auf sie komme es ja vor allem an, um sie müsse er sich in besonderem Maße bemühen und ihnen zu zeigen suchen, daß er der hohen Stellung, die er anstrebt, würdig sei. Er solle ihnen deutlich machen, daß er stets auf optimatischer Seite gestanden habe; sein gelegentliches populariter loqui, seine popularen Reden – etwa bei der Empfehlung des Manilischen Gesetzes – hätten ihm lediglich die Gunst des Pompeius sichern sollen.

Der zweite, erheblich längere Teil des »Commentariolum« enthält unter der Rubrik magnitudo petitionis, »Bedeutung der Bewerbung« die eigentlichen, jedes Detail berücksichtigenden Anweisungen. Cicero müsse sich, wenn er seinen Wahlfeldzug sorgfältig führen wolle, zweier Methoden bedienen: er müsse die studia amicorum für sich gewinnen, »die Anteilnahme der Freunde«, sowie die popularis voluntas, »die Beliebtheit beim Volke«. Freunde verschiedensten Ranges können bei der Bewerbung von vielerlei Nutzen sein; auch dürfe man, meint Quintus, als Kandidat mit dieser Bezeichnung großzügiger als sonst sein. Ein besonderes Kapitel gilt dem Gefolge, den Arten von Leuten, aus denen es sich zusammensetzen kann: eine große Zahl sei es ständiger, sei es nichtständiger Begleiter erhöhe das Prestige. Unter den Ratschlägen für die Gewinnung der popularis ratio fällt zumal der Hinweis auf, daß man als Kandidat auch einmal mehr versprechen dürfe, als man einzuhalten imstande sei – wobei sich Quintus selbst einwirft, daß er mit dieser Empfehlung bei seinem Bruder, einem homo Platonicus – etwa: »einem ideal gesinnten Manne« – kaum Erfolg haben dürfte. Die kleine Abhandlung, aus der Praxis erwachsen und für die Praxis bestimmt, spiegelt ein ungeschminktes Stück römischer Realität. Wer das mitunter bedenkliche sittliche Niveau rügen wollte, vergäße, daß der damalige Wahlbetrieb nicht durch derlei ziemlich harmlose

Inkorrektheiten ernstlich korrumpiert war, sondern durch viel massivere Mißbräuche, insbesondere durch Stimmenkauf.

Im Jahre 65 verteidigte Cicero den ehemaligen Volkstribunen Gaius Cornelius. Er hat die Reden auch veröffentlicht, die er während des vier Tage dauernden Prozesses gehalten hat (in zwei Plädoyers), sie sind indes nicht auf uns gekommen, wohl aber in ihren Umrissen durch den erhaltenen Kommentar bekannt, den der gelehrte Cicero-Erklärer Quintus Asconius Pedianus auch zu ihnen verfertigt hat. Die Affäre ist vor allem deshalb wichtig, weil sie zeigt, in welcher Lage sich Cicero während der Bewerbung um das Konsulat befand: er durfte populare, dem Senat feindlich gesinnte Politiker, die ihn um Hilfe baten, nicht abweisen; andererseits mußte er alles tun, sich die Geneigtheit der Aristokraten zu verschaffen oder zu erhalten. Asconius versichert denn auch, Cicero habe in seiner Verteidigung das Kunststück fertig gebracht, das Selbstgefühl der hohen Herren, gegen die er sprach, nicht zu verletzen, und gleichwohl nicht zuzulassen, daß ihr Einfluß dem Angeklagten schade.

Die Affäre selbst war eher ein tagespolitisches Ereignis. Cornelius hatte senatsfeindliche Gesetze durchgebracht oder durchzubringen versucht; bei einem hatte ein anderer Tribun Einspruch erhoben, wozu ihn der Senat überredet hatte. Cornelius sollte sich über den Einspruch hinweggesetzt haben, was eine schwere Verfehlung, ein Verstoß gegen eine fundamentale Regel der Verfassung gewesen wäre; er wurde daher nach Ablauf seines Amtsjahres und, nachdem der erste Prozeß nicht zu Ende geführt worden war, nochmals im Jahre 65 wegen Hochverrats (maiestas) angeklagt. Cicero übernahm nunmehr die Verteidigung, weil Cornelius kein radikaler, sondern ein durchaus gemäßigter Popularer war; wahrscheinlich konnte man voraussehen, daß die Sache für ihn nicht schlecht stand. So geschah es denn auch; nicht nur die Ritter und die Ärartribunen, sondern auch ein großer Teil der Senatoren sprach Cornelius frei, wozu die geschickte Verteidigung Ciceros erheblich beigetragen haben wird.

In dem schon erwähnten Brief vom Frühsommer 65, worin sich Cicero mit seinen Wahlaussichten befaßt, werden auch sämtliche denkbaren Rivalen genannt, darunter Lucius Sergius Catilina. Von ihm heißt es drastisch, daß er ganz gewiß ein Mitbewerber sein werde, falls die Richter urteilten, daß es am Mittag nicht hell sei – si iudicatum erit meridie non lucere; er kommt also nach Ciceros Meinung als Mitbewerber nicht in Betracht. Catilina war zwei Jahre älter als Cicero und hatte auch zwei Jahre vor ihm – im Jahre 68 – die Prätur erreicht. Er war unmittelbar danach als Statthalter in die römische Provinz Afrika (das heutige Tunesien) gegangen und hatte, durch das Schicksal eines Verres nicht beeindruckt, die Bevölkerung skrupellos ausgebeutet, um seinen desolaten Vermögensverhältnissen aufzuhelfen. Als er nach zweijähriger Statthalterschaft zurückkehrte, wurde er wegen Erpressungen angeklagt. Dieser Prozeß hinderte ihn, sich für das Jahr 64 um das Konsulat zu bewerben (schwebende Kriminalverfahren schlossen von der Kandidatur aus); Cicero aber rechnete fest mit einem Schuldurteil, so daß er sich auch für das Konsulat des Jahres 63 nicht würde bewerben können.

Nun befaßt sich Cicero in dem ebenfalls bereits erwähnten, etwas späteren Brief ein zweites Mal mit dem Rivalen Catilina; dort aber verlautet überraschenderweise folgendes: »Gegenwärtig gehe ich mit dem Gedanken um, meinen Mitbewerber Catilina zu verteidigen. Wir haben die Richter, die wir haben wollten, und zwar zur vollen Zufriedenheit des Anklägers. Wenn er freigesprochen wird, dann wird er sich, hoffe ich, beim Wahlkampf um so enger mit mir verbinden; wenn die Sache anders ausgeht, dann wollen wir's mit Ergebung tragen.« Die Passage zeigt, wieweit Cicero aus wahltaktischen Gründen zu gehen bereit war. An der Sache, den Vorwürfen gegen Catilina, konnte sich nichts geändert haben, seit Cicero so fest mit dessen Verurteilung gerechnet hatte – offenbar ließen die Umstände jetzt einen Freispruch als möglich erscheinen, wohl wegen des Gerichtshofs, auf dessen Zusammensetzung die Prozeßbeteiligten – Anklage und

Verteidigung – durch das Recht, unerwünschte Richter abzulehnen, einen gewissen Einfluß hatten.

Cicero wird Catilina seit langem gekannt haben. Catilina hatte wie Cicero im Bundesgenossenkrieg gedient; er gehörte damals, da er aus einer patrizischen Familie stammte, erst recht zur cohors praetoria des Oberbefehlshabers Pompeius Strabo, ganz wie der Plebejer Cicero. Später, vom Jahre 82 an, betätigte er sich als Mordscherge Sullas. Er soll etliche Ritter ermordet haben, darunter seinen eigenen Schwager Quintus Caecilius. Daß er auch seinen Bruder umgebracht und ihn dann – nach dem Rezept, das Chrysogonus im Falle des Sextus Roscius senior angewandt hatte – auf die Liste der Proskribierten praktiziert habe, ist nur durch Plutarch, also nicht sehr zuverlässig, überliefert. Jedenfalls aber war er an der grausamen Tötung des Marius Gratidianus beteiligt, eines Marianers, eines Vetters von Ciceros Vater. Quintus Cicero schildert dieses Ereignis im »Commentariolum« wie folgt:

Muß ich jetzt noch sagen, daß sich *der* Mann gemeinsam mit Dir um das Konsulat bewirbt, der eine beim römischen Volke überaus beliebte Persönlichkeit, den Marcus Marius, vor den Augen des römischen Volkes mit Ruten durch die ganze Stadt prügelte, zur Grabstätte trieb, dort unter jeder Art von Martern zerfleischte, ihm, der noch lebend dastand, mit dem Schwerte in der Rechten den Kopf abschlug, während er mit der Linken sein Haar am Scheitel festhielt, und dann den Kopf eigenhändig von dannen trug, wobei Bäche von Blut zwischen seinen Fingern hinunterrannen?

Mag an dieser Schilderung manches übertrieben sein (Quintus Cicero betätigte sich nicht ungern als Dichter; er soll z. B. als Legat Caesars in Gallien in sechzehn Tagen vier Tragödien zu Papier gebracht haben): sonderbar bleibt doch, daß Cicero, der homo Platonicus, daran dachte, mit einem so verworfenen Menschen gemeinsame Sache zu machen. Gewiß, Catilina stand nicht allein da; Typen wie er konnten es im damaligen Rom ziemlich weit bringen. Überdies erfreute er sich der Unterstützung durch Crassus sowie durch Caesar, der damals als Ädil durch seine aufwendigen Spiele von sich reden machte. Gleichwohl befriedigt nicht ganz, was Cicero später in der Rede für Caelius sagte, als es ihm darum ging, seines Mandanten Anhängerschaft an Catilina in möglichst mildem Lichte erscheinen zu lassen:

Auch mich, ja mich hätte Catilina zu Anfang beinahe getäuscht: ich hielt ihn für einen guten Bürger, der allen Rechtschaffenen wohlgesinnt sei, und für einen zuverlässigen und treuen Freund.

Wie dem auch sei, Cicero hat Catilina – der in jenem Verfahren wegen Erpressungen tatsächlich einen Freispruch erlangte – nicht verteidigt, sei es daß Catilina ablehnte, sei es daß er selbst sich eines anderen besann.

Das »Commentariolum« des Quintus nennt insgesamt vier Mitbewerber: einen im übrigen wenig bekannten Publius Sulpicius Galba, ferner Lucius Cassius Longinus, der sich später Catilina anschloß, sowie Gaius Antonius, der Ciceros Kollege wurde, und Catilina. Quintus hält die beiden zuerst Genannten für gänzlich belanglos und meint, daß nur die beiden übrigen dem Bruder gefährlich werden könnten. Er hat offenbar richtig geurteilt. Antonius und Catilina gingen ein Wahlbündnis ein und bemühten sich gemeinsam um Stimmen. Da so mit Catilina ein übler, mit Antonius ein zweifelhafter, schwankender und schwacher Charakter das höchste Amt anstrebte, entschlossen sich die maßgeblichen Kreise des Senats nunmehr, über die Tatsache, daß Cicero keinen Stammbaum besaß, hinwegzusehen und seine Kandidatur zu fördern. Als die Wahlen heranrückten und sich Catilina und Antonius nicht scheuten, auf fragwürdigste Weise nach Stimmen zu jagen, beschloß der Senat, daß ein verschärftes Gesetz gegen unerlaubte Wählerbeeinflussung (ambitus) ergehen solle; ein Tribun jedoch erhob Widerspruch. Der Senat war empört; Cicero aber holte zu einer großen Attacke gegen die beiden Rivalen aus, zur »Oratio in toga candida« (»Rede in der Kandidatentoga«).

Die Rede ist bedauerlicherweise nicht auf uns gekommen; immerhin gilt für sie dasselbe wie für die Plädoyers, mit denen Cicero den ehemaligen Tribunen Cornelius verteidigt hat: der auch in diesem Falle erhaltene Kommentar des Asconius erlaubt die Rekonstruktion des Wesentlichen. Die beiden Rivalen, nach Ansicht des Redners Sullaner der übelsten Sorte, werden ausgiebig auf ihr Vorleben hin durchgenommen, und im Falle Catilinas überbietet Cicero das »Commentariolum« des Bruders, wenn er bei der Schilderung der Mordtat an Marius Gratidianus sagt, Catilina habe dessen Haupt, das noch von Leben und Atem erfüllt war, eigenhändig zu Sulla getragen, vom Janiculum jenseits des Tibers bis zum Apollotempel westlich des Kapitols. Von sich selbst erklärt Cicero, seines Sieges sicher, daß das römische Volk ihn zum Verteidiger seiner Belange bestellen werde; Catilina hingegen könne sich auf niemanden stützen: nicht auf die maßgeblichen Männer, nicht auf den Senat, nicht auf die Ritterschaft und nicht auf das Volk. Die Angegriffenen wußten auf dieses Feuerwerk, das gewiß in manchem die erhaltenen Invektiven gegen Lucius Calpurnius Piso und gegen Antonius vorweggenommen hat, nur zu erwidern, daß Cicero ein Neuling sei.

Cicero wurde einstimmig gewählt. Antonius kam etwas besser weg als Catilina, und so wurde er Ciceros Kollege. Cicero hat auf diesen Tag des Juli 64, einen der schönsten seines Lebens, gern zurückgeblickt – er hob hervor, daß er als Neuling, daß er bei der ersten Bewerbung und zum frühesten von Gesetzes wegen erlaubten Zeitpunkt, daß er von der gesamten Bürgerschaft mit größter Einmütigkeit gewählt worden war.

Er tat, kurz bevor seine Amtsperiode begann, noch einen überaus geschickten Schachzug. Ein von Gaius Gracchus im Jahre 123 eingebrachtes Gesetz verpflichtete den Senat, jeweils vor den

Wahlen zu bestimmen, welche Provinzen den Konsuln des nächsten Jahres unterstehen sollten (die übrigen Provinzen blieben dann den Prätoren); eine wichtige Zuständigkeitsfrage sollte hierdurch der Rücksicht auf bestimmte Personen entzogen werden. Die sullanische Verfassung wiederum wies den Konsuln und Prätoren je zwei Amtsjahre zu: das erste für Rom und das zweite für eine Provinz; seither hatte sich der Senat etwa anderthalb Jahre im voraus mit der Frage der jeweiligen konsularischen Provinzen zu befassen. So war es auch im Jahre 64 vor den Konsulwahlen für 63 geschehen: der Senat hatte das – von Rom aus gesehen – »diesseitige« Gallien (Oberitalien, das erst im Jahre 41 aufhörte, Provinz zu sein) und Makedonien zu den konsularischen Provinzen des Jahres 62 erklärt, und bei der Verlosung bekam Cicero für sein zweites Amtsjahr Makedonien. Er bot dem stark verschuldeten Kollegen einen Tausch an; dieser griff zu, wofür er sich freilich verpflichten mußte, nicht mehr mit Catilina zu sympathisieren. Gewiß konnte sich Cicero deshalb noch lange nicht auf ihn verlassen; doch offene Opposition war nunmehr unmöglich, und fürs übrige sorgte Publius Sestius, der Quästor des Antonius, der zu Cicero hielt und ihm zuverlässig Bericht erstattete.

8. Kapitel

Das Konsulat

Cicero gibt in seiner Invektive gegen Lucius Calpurnius Piso
– vom Jahre 55 – folgendes Resümee seines Konsulats:

Ich habe den Senat und alle Rechtgesinnten am 1. Januar von
der Furcht vor einem Siedlergesetz und vor riesigen Schen-
kungen befreit ... Ich habe im Prozeß gegen Gaius Rabirius,
der wegen Hochverrats angeklagt war, eine vierzig Jahre vor
meinem Konsulat vom Senat getroffene Entscheidung gegen
gehässige Angriffe in Schutz genommen und mit Erfolg verteidigt. Ich habe anständige und tüchtige junge Leute, denen
jedoch das Schicksal derart zugesetzt hatte, daß sie, wären sie
an Ämter gekommen, unsere Verfassung beseitigt hätten, für
unwählbar erklärt ... Ich habe meinen Kollegen Antonius, der
auf eine Provinz erpicht war und sich an zahlreichen politischen Umtrieben beteiligte, durch Geduld und Nachgiebig-
keit gebändigt. Ich habe die Provinz Gallien ... in öffentlicher
Versammlung trotz der Proteste des römischen Volkes abgelehnt, weil mir die politischen Verhältnisse die Ablehnung na-
helegten. Ich habe Lucius Catilina, der nicht insgeheim, sondern vor aller Augen die Ausrottung des Senats und den Untergang der Stadt vorbereitete, aufgefordert, die Stadt zu verlassen ... Ich habe im letzten Monat meines Konsulats den
abscheulichen Händen der Verschwörer die Waffen entrissen,
die gegen die Kehlen der Bürger gezückt waren.

Cicero zählt hier alle wichtigen Affären seines Konsulats auf, alle
Affären, die er für staatsgefährdend hielt, da sie sich gegen die

sullanische Verfassung, gegen die Senatsherrschaft richteten: das von dem Volkstribunen Publius Servilius Rullus beantragte Acker- oder besser Siedlergesetz; den Hochverratsprozeß gegen Gaius Rabirius; den Antrag eines anderen Tribunen, daß die Söhne der von Sulla Proskribierten sich wieder um die Ämter sollten bewerben dürfen; die Unzuverlässigkeit seines Kollegen Antonius; den Verzicht auf die Provinz, die er durch Tausch von Antonius erhalten hatte; die catilinarische Verschwörung. Er läßt hingegen fort, was er als ephemer, als tagespolitisches Ereignis betrachtet haben wird, etwa sein Eintreten für Lucius Roscius Otho, der einige Jahre zuvor ein Privileg der Ritter, nämlich abgesonderte Sitzreihen im Theater, durchgesetzt hatte, oder den Prozeß gegen Lucius Licinius Murena, der wegen unerlaubter Wählerbeeinflussung angeklagt war.

Ciceros Auswahl ist sachgerecht: die von ihm genannten Gegebenheiten gehören zusammen, da sie wirklich samt und sonders das herrschende Regime bedrohten. Cicero verschweigt indes, wer die wahren Urheber fast aller dieser Aktivitäten waren: Crassus und zumal Caesar. Sein Konsulat fiel in die entscheidende Phase von Caesars politischem Aufstieg; es bestand im wesentlichen aus der Abwehr von Angriffen, die Caesar gegen die Optimatenherrschaft vortrug. Hiervon muß nur der letzte und spektakulärste Angriff ausgenommen werden: der Putschversuch, den Catilina auf eigene Faust, nicht mehr als Werkzeug von Crassus und Caesar, unternommen hat.

Gaius Iulius Caesar, sechs Jahre jünger als Cicero und Pompeius, entstammte dem Patriziat, dem Uradel Roms, einem Geschlecht, das seinen Stammbaum auf Aeneas und Venus zurückführte. Der Vater hatte es allerdings nur bis zur Prätur gebracht, und der Großvater war unbekannt; immerhin bekleidete ein entfernter Verwandter, Lucius Iulius Caesar, im Jahre 64 das Konsulat. Caesars Jugend war vom marianisch-sullanischen Bürgerkrieg geprägt; seine Tante Iulia war mit Marius verheiratet, und er selber hatte als Sechzehnjähriger Cornelia, eine Tochter des damaligen Machthabers Cinna, geehelicht. So verwiesen ihn Familienbande auf die Seite der Gegner der Senatsherrschaft, und dieser Seite ist er trotz der Drangsale, denen er unter Sulla ausgesetzt war, und trotz der anfänglichen Aussichtslosigkeit seines Kampfes stets treu geblieben.

Er begann ohne nennenswerte eigene Ressourcen; er mußte es lange Zeit ertragen, daß er seinem eigentlichen und offen erklärten Ziele, dem Sturz der Senatsherrschaft, nicht näher kam. Er war daher bestrebt, im Schutze Mächtigerer aufzusteigen; so warb er – wie auch Cicero – um die Gunst des Pompeius, zumal bei der Durchsetzung der Sondervollmachten gegen die Seeräuber und gegen Mithridates. Außerdem machte er des öfteren mit Marcus Licinius Crassus gemeinsame Sache, dem um fünfzehn Jahre Älteren; so förderte er mit ihm, wie schon erwähnt, die Wahlkampagne des Antonius und Catilina. Die beiden gedachten Catilina als Werkzeug zu gebrauchen, was Cicero, wie eine Andeutung seiner Rede »In toga candida« erkennen läßt, nicht unbekannt geblieben war.

Exakt im Konsulatsjahr Ciceros wurden die Angriffe, die Caesar, meist im Einvernehmen mit Crassus, gegen die Senatsherrschaft vortrug, schwerer und häufiger. Daß sie samt und sonders scheiterten, war nicht zuletzt das Verdienst Ciceros – allerdings änderten diese Siege wenig am Lauf der Geschichte, da Caesar, der unaufhaltsam die Ämterleiter erklomm und sich im Jahre 63 die höchste Priesterstelle, die des Pontifex maximus, erkämpfte, nicht ermüdete und nicht den Mut verlor. Caesars Taktik war stets dieselbe, was auch erklärt, daß Cicero im Überblick der Piso-Invektive seinen Namen verschweigt: er hielt sich im Hintergrund, er ließ andere agieren. Dieses Verfahren schonte im Falle des Scheiterns seine Reputation; er konnte ohne großes Risiko ausprobieren, wieweit man gehen durfte; er konnte andererseits Figuren, die sich wie Catilina allzu weit vorwagten, preisgeben. Mit Caesar wurde die römische Politik hintergründig und doppelbödig; sie hatte von nun an eine Schauseite und eine von den zeitgenössischen Betrachtern abgewandte Seite. Die Schauseite zeigte wechselnde Unternehmungen mit wechselndem Personal; im Verborgenen aber steuerte *ein* Wille, der auf den Sturz der Senatsherrschaft gerichtete Wille Caesars, das bunte Vordergrundsgeschehen.

Cicero hat während seines Konsulats große rednerische Leistungen vollbracht, und was die Fülle des Erhaltenen angeht, so wird sie nur noch durch die sogenannten »Philippischen Reden« (gegen Antonius) aus Ciceros letztem Lebensjahre überboten. Die Konsulatsreden befassen sich, von wenigen dunklen Andeutungen abgesehen, stets nur mit jener Schauseite des turbulenten Geschehens; sie sind ein Stück von ihr; sie müssen daher als Dokumente gelesen werden, welche die Ereignisse aus einer verkürzenden Perspektive schildern. Dies trifft jedenfalls auf die Reden gegen das Siedlergesetz und auf das Plädoyer für Rabirius zu; Catilina und seine Anhänger hingegen kämpften, wie gesagt, auf eigene Faust, ohne Deckung durch Mächtigere, und Caesar tat in diesem Falle ganz offen, was er tun zu können glaubte.

Cicero hat seine Konsulatsreden – die orationes consulares, wie er selbst sie nennt – im Jahre 60 ausgearbeitet und veröffentlicht, als es galt, die Konsulatspolitik, insbesondere die standrechtliche Hinrichtung der Catilinarier, gegen immer heftigere Angriffe von popularer Seite zu verteidigen. Dieser Umstand mindert ihren dokumentarischen Wert: sie führen nicht unbedingt vor Augen, was der Konsul Cicero dachte und vortrug – manches mag aus der minder hochgemuten Sicht des Jahres 60 zurechtgerückt sein.

Cicero zählt in dem Atticus-Brief, der von der Ausarbeitung der Konsulatsreden berichtet, die einzelnen Stücke auf, die er als zu diesem Corpus (so er selber: σῶμα) gehörig betrachtete:

Zwei handeln von dem Siedlergesetz, die eine vor dem Senat, am 1. Januar, die andere zum Volk; die dritte gilt Roscius Otho; die vierte tritt für Rabirius ein; die fünfte befaßt sich mit den Söhnen der Proskribierten; die sechste wurde gehalten, als ich vor einer Volksversammlung auf meine Provinz verzichtete; die siebte ist die, mit der ich Catilina hinauswarf; die achte hielt ich vorm Volke, am Tage nach Catilinas Flucht; die neunte ebenfalls vorm Volke ...; die zehnte richtete ich am 5. Dezember an den Senat. Dazu kommen noch zwei kurze Ansprachen, Anhängsel zum Siedlergesetz.

Die Auswahl ist dieselbe wie im Resümee der Piso-Invektive, außer daß Cicero hier noch seinen Erfolg bei der Roscius-Otho-Episode einbezieht.

Von diesen zwölf Reden sind vier nicht erhalten: eine der beiden kurzen Ansprachen zum Siedlergesetz, das Eintreten für Roscius Otho, die Stellungnahme gegen die Söhne der Proskribierten und der Verzicht auf die Statthalterschaft im diesseitigen Gallien. Andererseits hat eine Rede vollständig die Zeiten überdauert, die nicht zum Corpus der Konsulatsreden gehörte: das Plädoyer für Murena, eine der gelungensten und geistvollsten Leistungen Ciceros. Der Grund für diese auf den ersten Blick befremdliche Auslassung ist nicht schwer zu finden: die Anklage, die der Jurist Sulpicius Rufus, durchgefallener Kandidat für das Konsulat des Jahres 62, gegen seinen glücklichen Mitbewerber Murena wegen unerlaubter Wählerbeeinflussung erhob, war ein interner Streit unter Optimaten, eine eher peinliche Episode, aus der man nur schließen konnte, daß die von Cicero beschworene Einheitsfront aller Rechtgesinnten nicht sonderlich gut zusammenhielt.

Wenige Tage nach dem 10. Dezember 64, dem Datum für den Amtsantritt des neuen Tribunenkollegiums, wartete der Tribun Publius Servilius Rullus mit dem Vorschlag einer lex agraria, eines Siedlergesetzes auf. Mit den Siedlergesetzen der Gracchen hatte das Zeitalter der Bürgerkriege begonnen; die Bodenreform, die Versorgung des Bürgerproletariats mit Bauernstellen, gehörte seither zum Grundbestand popularer Politik – vor Rullus hatte Marcus Livius Drusus zum letzten Male den Versuch unternommen, eine lex agraria einzubringen (im Jahre 91).

Der Vorschlag des Rullus war von ungewöhnlicher Kühnheit. Er versprach Siedlungsland in Fülle, das den damaligen Besitzern abgekauft werden sollte; er sah eine Zehnmännerkommission mit nahezu diktatorischen Vollmachten vor, die fünf Jahre Zeit hatte, das Gesetz auszuführen. Den Stimmenkauf gedachte man dadurch zu erleichtern, daß sich nur die Hälfte der Stimmbezirke (tribus), in welche die römische Bürgerschaft sich gliederte – nämlich siebzehn von fünfunddreißig –, an der Wahl beteiligen sollte.

Der Entwurf hatte Schwächen. Cicero konnte sich die politische und finanzielle Bedenklichkeit des Projektes zunutze machen und insbesondere behaupten, daß der soziale Zweck lediglich vorgeschützt sei; der Vorschlag beabsichtige in Wahrheit, die Zehnmänner zu unumschränkten Herren des Staates zu machen. Im Senat hatte er leichtes Spiel, eine Mehrheit für die Ablehnung zu gewinnen. Erst mit der zweiten Rede, welche den Entwurf vor denen, die begünstigt waren, und überhaupt vor dem Volke diskreditieren sollte, betrat er den eigentlichen Kampfplatz, und dort zog er denn auch alle Register seiner Überredungskunst, das Gesetz als ebenso unseriös wie gefährlich hinzustellen. Er sparte nicht mit Andeutungen, daß gewisse Hintermänner die eigentlichen Drahtzieher waren, und behauptete gar, daß nicht die Gegner, sondern er, der Konsul, der wahre Volksfreund, der wahre popularis sei. Er hatte Erfolg; er machte so wirksam Stimmung gegen den Vorschlag, daß Rullus gar nicht erst darüber abstimmen ließ. Der Sieg Ciceros verzögerte die Entscheidung um ganze vier Jahre: Caesar hat während seines Konsulats wesentliche Ziele des rullischen Entwurfs verwirklicht.

Es folgten zwei Intermezzi popularen Treibens; Ciceros Beredsamkeit feierte weitere Triumphe. Roscius Otho sei, berichtet Plutarch, vom Volke ausgezischt worden, als er im Theater erschien, weil er einige Jahre zuvor den Rittern durch Gesetz besondere Sitzplätze zugewiesen hatte; Cicero habe das Kunststück fertiggebracht, dem Volk das Ritterprivileg begreiflich zu machen, so sehr, daß es Otho nunmehr mit Applaus empfing. Von einer anderen Episode, der erfolgreichen Verteidigung des wegen Erpressungen angeklagten Gaius Calpurnius Piso, des Konsuls von 67, ist überliefert, daß sich Caesar hier einmal ganz offen beteiligte: er sagte als Belastungszeuge aus.

Die nächste Affäre ließ nicht auf sich warten; ihr haftete geradezu etwas Phantastisches an. Caesars Handlanger war diesmal der Tribun Titus Labienus, nachmals im Gallischen Krieg ein bekannter Truppenführer. In den Wirren des Jahres 100 hatte der Senat den Ausnahmezustand verhängt; daraufhin war der Volkstribun Lucius Appuleius Saturninus von einer Bande jugendlicher Optimaten erschlagen worden. Diese Tat führte 37 Jahre später zu einem Prozeß gegen den Senator Gaius Rabirius; die Anklage lautete nicht auf Mord, sondern – da ein unverletzlicher Tribun das Opfer war – auf Hochverrat. Die Aktion sollte am Beispiele des Rabirius einschärfen, daß der Senat nicht befugt sei, den Ausnahmezustand zu verhängen, womit er den Konsuln Vollmacht zu erteilen pflegte, römische Bürger mit dem Tode zu bestrafen, ohne daß ein ordentliches Gericht den Fall untersucht und abgeurteilt hätte.

Caesar begnügte sich nicht damit, auf ein Ereignis zurückzugreifen, das über ein Menschenalter zurücklag; er holte überdies aus alten Chroniken ein längst obsoletes, schauerliches Verfahren hervor, das die abschreckende Wirkung steigern sollte. Einer eigens gegen Rabirius niedergesetzten Behörde, den »Zweimännern für Hochverrat«, war zugedacht, den Beschuldigten abzuurteilen; wenn dann die Volksversammlung das Urteil bestätigte, dann harrte des Rabirius eine grausame, sonst nur über Sklaven verhängte Todesstrafe, die Kreuzigung nach vorheriger Auspeitschung. Der Prätor Quintus Caecilius Metellus Celer konterkarierte den Vollzug des alten Rituals auf beinahe schon humorvolle Weise durch einen ebenso alten Brauch: er holte die Flagge ein, welche auf dem Janiculum zu wehen pflegte, wenn das Volk auf dem Marsfelde, dem üblichen Versammlungsplatz im Tiberbogen, zusammengetreten war; die Abstimmung mußte nunmehr abgebrochen werden, und die Verurteilung des Rabirius unterblieb.

Labienus scheint daraufhin auf die verschärfte Prozedur verzichtet zu haben: Ciceros Verteidigungsrede, die ganz auf Würde und Pathos gestimmt ist, war offenbar Teil eines ordentlichen Verfahrens. Zunächst widerlegte Hortensius den Schuldvorwurf, dann befaßte sich Cicero mit der politischen Bedeutung des Falles. Rabirius wurde freigesprochen – Caesar erlitt eine zweite empfindliche Schlappe.

Bald folgte die dritte. Sulla hatte die Söhne der von ihm proskribierten Marianer von den öffentlichen Ämtern ausgeschlossen; ein wohl von Caesar unterstützter Volkstribun schlug vor, diese Bestimmung aufzuheben. Cicero hielt eine wahrscheinlich ausgezeichnete Rede, und das Vorhaben war zu Fall gebracht; er wird ähnlich wie bei dem Gesetzesantrag des Rullus dargetan haben, daß das scheinbar Populare des Vorschlags in Wahrheit gar nicht popular sei.

Über das sechste Stück im Corpus der Konsulatsreden ist wenig bekannt. Cicero hatte sich durch einen Provinztausch seinen unzuverlässigen Kollegen Antonius verpflichtet; jetzt verzichtete er gänzlich, d. h. er erklärte, daß er nach Ablauf des Konsulats nicht als Statthalter ins diesseitige Gallien gehen werde – dies gebiete das Interesse des Staates. Er war wohl bereits fest davon überzeugt, daß Catilina, der sich im Sommer 63 zum zweiten Male vergeblich um das Konsulat beworben hatte, nunmehr einen offenen Aufruhr wagen werde.

Das letzte Viertel des Konsulatsjahrs war von Ciceros spektakulärster Tat erfüllt: von der Aufdeckung und Niederwerfung des Catilina-Putsches. Da die Quellen, die hiervon berichten, ungewöhnlich reichlich fließen (zu den vier Reden Ciceros und der

Monographie Sallusts kommen noch die einschlägigen Partien beim Biographen Plutarch sowie bei den Geschichtsschreibern Appian und Cassius Dio), ist kaum ein anderes Ereignis der untergehenden römischen Republik so gut bekannt wie diese Episode. Überdies hat Cicero das Geschehen und seine Rolle darin erheblich überschätzt. Beides zusammen, die Gunst der Überlieferung und Ciceros egozentrische Optik, hat dem Catilina-Putsch bei der Nachwelt zu einer Zelebrität verholfen, die ihm eigentlich nicht zukommt.

Cicero hatte bis zum Sommer mit Erfolg einen weit gefährlicheren Feind der Senatsherrschaft, Caesar, abgewehrt; was er in den letzten drei Monaten des Jahres vollbrachte, war kaum mehr als eine mit ungewöhnlichem Geschick und einigem Glück ausgeführte Polizeiaktion. Catilina und seinesgleichen, die, durch die sullanischen Wirren hierzu verführt, den Umsturz um seiner selbst willen anstrebten, weil sie sich hiervon, d. h. von der Beraubung anderer, erhofften, daß ihre eigene materielle Lage sich bessere, betrieben Desperadopolitik. Sie überschätzten ihre Kräfte, und ihr Gegner Cicero überschätzte ihre Gefährlichkeit, was um so mehr gilt, als Catilina in den Augen seiner bisherigen Förderer Crassus und Caesar mit seiner zweiten Wahlniederlage im Sommer 63 als ernstzunehmender Politiker ausgespielt hatte. Der Kampf gegen die Catilinarier fand auf einer anderen Ebene statt als der Kampf gegen einen Rullus oder Labienus: in dem einen Falle mußte eine Opposition gegen die Senatsherrschaft abgewehrt werden, die bei aller Bedenkenlosigkeit noch stets gewisse Regeln achtete und vor allem auf der Hut war, sich unnötig bloßzustellen; in dem anderen Falle ging es darum, einen Haufen von Hasardeuren zu beseitigen, die zu blankem Verbrechertum abgesunken waren.

Der äußere Ablauf der Ereignisse braucht hier nicht nacherzählt zu werden. Wichtig ist, daß in der Nacht vom 20. auf den 21. Oktober Crassus und zwei andere vornehme Herren bei Cicero erschienen und ihm anonyme Briefe überreichten, worin vor

Catilinas Mordplänen gewarnt wurde. Hiermit distanzierte sich Crassus aufs bestimmteste von den Aufrührern, und Cicero konnte annehmen, daß Caesar nicht anders zu der Sache stehe. Der Senat erließ daraufhin das sogenannte senatus consultum ultimum, d. h. er verhängte den Ausnahmezustand, womit die Entwicklung begann, die zur standrechtlichen Exekution der in Rom entlarvten Catilinarier und schließlich, da die Popularen hieraus ein Politikum ersten Ranges machten, zum Exil Ciceros führte. Cicero hielt, nachdem Catilina vergeblich versucht hatte, ihn durch ein Attentat zu beseitigen, am 7. November vor dem Senat die berühmte Rede, mit der er Catilina aus Rom hinauswarf; am Tage darauf wandte er sich in der Zweiten Catilinarischen Rede an das Volk, worin er sich vor allem über die Anhängerschaft Catilinas äußerte.

Am 3. Dezember gelang Cicero die Entlarvung der in Rom befindlichen Häupter der Verschwörung; Cicero erhielt im Senat hohes Lob, der von ihm verehrte Optimat Quintus Lutatius Catulus verlieh ihm den Titel eines »Vaters des Vaterlandes« (parens patriae). Die verhafteten Rädelsführer wurden von Senatoren gefangen gehalten, unter denen sich auch Crassus und Caesar befanden: ein geschickter Schachzug Ciceros, der hiermit bekunden wollte, daß er keinerlei Verdacht hegte, die beiden Politiker könnten irgendwie an dem Aufruhr beteiligt sein. Die Dritte Catilinarische Rede berichtet dem Volke von dem gelungenen Coup.

Am 5. Dezember fand die durch Sallust und Ciceros Vierte Catilinarische Rede bekannte Senatsdebatte über die Bestrafung der verhafteten Catilinarier statt. Hier trat Caesar für eine verhältnismäßig milde Behandlung, für lebenslange Sicherheitsverwahrung ein. Cicero reagierte mit gemessener Höflichkeit: dies sei eben der populare Standpunkt. Der Antrag auf Todesstrafe, besonders nachdrücklich vertreten von dem kompromißlosen Optimaten Cato, setzte sich schließlich durch. Als Caesar nunmehr zu äußern wagte, dann möge wenigstens die Vermögenseinziehung unterbleiben, erregte er so großen Unwillen, daß Cicero ihn beim Verlassen des Versammlungslokals, des Concordia-Tempels, schützen mußte. Cicero hatte ihm wieder einmal eine Niederlage beigebracht, woraufhin er sich für den Rest des Jahres dem Senate fernhielt.

Inmitten all der Aufregungen, welche der Catilina-Prozeß verursachte, gelang Cicero in der zweiten Novemberhälfte das Meisterstück der Verteidigung Murenas. Es handelte sich, wie schon bemerkt, um einen Streit unter Optimaten: Murena, designierter Konsul für das Jahr 62, habe sich, behauptete sein unterlegener Mitbewerber Sulpicius Rufus, unerlaubter Mittel bedient, das hohe Amt zu erlangen. Beide Seiten hatten starke Kräfte aufgeboten. An der Anklage beteiligte sich u. a. der soeben erwähnte Marcus Porcius Cato, der Urenkel des Cato Censorius, später nach dem Ort seines Freitodes, Utica, Uticensis zubenannt; er genoß schon damals (er war 32 Jahre alt und hatte im Jahre zuvor die Quästur bekleidet) ein hohes moralisches Ansehen; er war wohl durch seine strengen, der stoischen Ethik verpflichteten Grundsätze zur Mitwirkung bestimmt worden. Auf der Verteidigerseite sprachen vor Cicero sowohl Hortensius als auch Crassus, der hiermit seine Zugehörigkeit zur Senatsaristokratie bekundete.

Cicero verstand es, seinen Mandanten in Schutz zu nehmen, ohne die Gegner, von denen er als von Freunden sprach, ernsthaft zu kränken. In zwei berühmten Partien ließ er seinem Witz die Zügel schießen, so daß selbst Cato gesagt haben soll: »Was haben wir doch für einen geistreichen Konsul!« In der einen Partie wartete er, um den Beruf des Sulpicius Rufus abzuwerten, mit einer Karikatur des Juristen auf: er sei auf seinen Formelkram eingeschworen und gebe sich mit Gegenständen ab, die jedermann mühelos zu erfassen vermöge; die andere Partie nimmt nicht ohne Ironie den Rigorismus der stoischen Ethik durch. Cicero macht hier wie dort glücklichen Gebrauch von seiner vielseitigen Bildung; sein Plädoyer war gewiß ein intellektuelles Vergnügen, wie man es bis dahin in einem römischen Gerichtssaal schwerlich je erlebt hatte. Die Richter hat wohl vor allem das Argument beeindruckt, daß Murena durch ein Schuldurteil disqualifiziert worden wäre: wer da wünsche, daß am 1. Januar nur *ein* Konsul sein Amt antreten könne, der arbeite Catilina und allen anderen Feinden der Verfassung in die Hände; sie verschlossen sich diesem patriotischen Appell nicht und sprachen Murena frei.

Das Konsulat endete nicht ohne drohendes Wetterleuchten des Künftigen, nicht ohne erste Anzeichen jener Attacken gegen Ciceros Catilina-Politik, die ihn in die Isolierung und schließlich ins Exil trieben. Er versuchte, Pompeius, der noch stets im Osten weilte, dadurch auf seine Seite zu ziehen, daß er ihm einen langen Brief über das, was er in seinem Konsulat vollbracht hatte, schrieb: der Versuch schlug gänzlich fehl. In einem der frühesten Briefe der Sammlung Ad familiares, vom April 62, verleiht Cicero Pompeius gegenüber seiner Enttäuschung über dessen frostige Reaktion Ausdruck; offenbar war Pompeius von Ciceros Ruhmredigkeit peinlich berührt – er hatte sich in seiner Antwort über dessen Taten ausgeschwiegen.

Schmerzlicher noch waren die Angriffe des Quintus Caecilius Metellus Nepos, eines Mannes, der eher ins optimatische Lager gehörte, sich aber wohl als Gefolgsmann des Pompeius profilieren wollte. Sein Bruder war Quintus Caecilius Metellus Celer, Prätor des Jahres 63; er hatte Cicero bei der militärischen Niederwerfung der Catilinarier unterstützt. Wegen des Konflikts zwischen Cicero und Nepos kam es zu einem bitteren Zerwürfnis zwischen Cicero und Celer, wie aus einem erhaltenen Briefpaar vom Anfang des Jahres 62 nur zu deutlich hervorgeht. Nepos trat am 10. Dezember das Tribunat an; er fiel sofort über Cicero her, der sich zum skrupellosen Gewalthaber, zum Führer des Senats aufgeworfen habe: man müsse Pompeius gegen ihn zu Hilfe rufen. Er sagte vor einer Volksversammlung, wer andere verurteile, ohne ihnen Gelegenheit zu geben, sich in einem ordentlichen

Prozeß zu rechtfertigen, der solle auch selbst nicht befugt sein, vor der Öffentlichkeit zu sprechen – Nepos machte sich also den popularen Standpunkt zu eigen, den auch Caesar einnahm: daß Cicero die überführten Catilinarier widerrechtlich habe hinrichten lassen. Demgemäß verbot er Cicero, am letzten Tage seines Amtes noch einmal über seine Taten zu reden; nur den üblichen Eid, daß er sich gewissenhaft an die Gesetze gehalten habe, durfte er ablegen. Da schwor Cicero etwas ganz anderes: daß er Rom gerettet habe; daraufhin schwor die Versammlung, er habe wahr geschworen.

9. Kapitel

Die Wende

S elten gliedert sich das Leben eines bedeutenden Menschen so klar in zwei sich erheblich voneinander unterscheidende Phasen wie das des Redners, Politikers und Philosophen Cicero. Die erste Phase umfaßt die Zeit bis zum Konsulat, die zweite die Zeit vom Konsulat bis zum grausamen Ende im Jahre 43. Die erste Phase hat noch jeder einigermaßen wohlwollende Biograph gern nachgezeichnet: in dieser Zeit hat sich Cicero das umfassende Wissen und Können angeeignet, durch das er zur ersten geistigen Macht des spätrepublikanischen Rom geworden ist, und es gelang ihm, sich mit Hilfe seiner Fähigkeiten nahezu aus dem Nichts den Weg bis zum höchsten Staatsamt zu bahnen. Die zweite Phase hingegen hat die Cicero-Biographen seit jeher gequält oder geärgert, zu Äußerungen des Bedauerns oder des Unmuts veranlaßt: diese beiden Jahrzehnte sind gekennzeichnet durch eine Kette von Mißgriffen und Mißerfolgen des Politikers Cicero, der sich vergebens bemühte, inmitten der mehr und mehr das Geschehen bestimmenden revolutionären Gewalten einen eigenen, konservativen Kurs zu steuern; sie sind indes zugleich gekennzeichnet durch jene literarischen Ersatzhandlungen, die Cicero zum bedeutendsten philosophischen Schriftsteller Roms gemacht haben.

Das Konsulat ist gleichsam die Achse zwischen den beiden Phasen: mit ihm erreichte Cicero einerseits das erste Ziel seines Ehrgeizes, die Krönung der Ämterlaufbahn; auf ihm beruhen andererseits die politischen Illusionen und das politische Scheitern der beiden darauf folgenden Jahrzehnte. Der Wendecharakter des Konsulats ist zum Teil von Cicero selber gewollt und insoweit etwas Subjektives: der aufstrebende Neuling hatte sich durch geschicktes Taktieren von Amt zu Amt emporgearbeitet, ohne sich auf ein klar definiertes politisches Programm festzulegen; der Konsul hingegen, dessen Amtszeit von popularen und revolutionären Bestrebungen erfüllt war, trat mit Entschiedenheit für die Belange der Senatsaristokratie ein, mit einer das Bestehende rechtfertigenden Ideologie, der er dann, in den fünfziger und vierziger Jahren, als ehemaliger Konsul, als Konsular vergebens Geltung zu verschaffen gesucht hat.

Der Wendecharakter des Konsulats ist indes in weit stärkerem Maße durch die äußeren Verhältnisse bedingt. Ciceros Aufstieg vollzog sich ganz und gar innerhalb des Gehäuses der überlieferten Verfassung; die auf Militärgewalt sich stützenden Kräfte außerhalb der Verfassung waren zwar vorhanden (in der Person des Pompeius), aber sie mischten sich in die tagespolitische Routine nicht ein. Doch vom Konsulat an kam Cicero mit den Kräften jenseits der Verfassung ständig in Berührung: zunächst mit Caesar allein, dann mit dem quasirevolutionären Regime der Dreimänner Caesar, Pompeius und Crassus, schließlich wieder mit Caesar, dem nunmehrigen Diktator.

Cicero, der Prozeßredner, der Redner zumal in politischen Prozessen, hat sich von Anfang an zum politischen Hintergrund des jeweiligen kriminellen Geschehens und überhaupt zu den jeweiligen politischen Verhältnissen geäußert. Die erste deutliche Verlautbarung dieser Art findet sich in der Rede für Sextus Roscius. Das von Sulla wiederhergestellte Regiment des Adels, heißt es dort, könne sich nur dann behaupten, wenn es sich mit Entschiedenheit von dem verbrecherischen Treiben der Bürgerkriegsgewinnler distanziere. Grundlage und Stoßrichtung der Argumentation sind eindeutig: Cicero nimmt die überkommene, von Sulla restaurierte Staatsordnung als gegeben hin; er entlarvt, um sein prozessuales Ziel zu erreichen, die Auswüchse des Systems und sucht deren Urheber zu isolieren. Auf analoge Weise geht Cicero in den Reden gegen Verres vor: die überlieferte Ordnung muß gegen einzelne Schädiger wie Verres in Schutz genommen werden; den Gerichten aber, die damals noch allein von Senatoren besetzt waren, wird vorgehalten, daß sie sich durch ihre skandalöse Justiz in üblen Ruf gebracht hätten; sie müßten sich bemühen, durch strenge Bestrafung des Verres den Makel zu tilgen und zu zeigen, daß die Rechtspflege in den richtigen Händen sei; er selber, verkündet der Ädil Cicero, werde unerbittlich gegen jeden Versuch korrupten Tuns vorgehen. Auch gegen Ende der Rede für Pompeius befaßt sich Cicero mit den Gebresten des aristokratischen Regimes: gegen die brutale Ausbeutermentalität, wie sie die Provinzen heimsuche, sei einzig ein Pompeius gefeit.

Dies also ist die Hauptrichtung der Aussagen zur Politik, zu denen sich Cicero während seiner Aufstiegszeit verstanden hat: das aristokratische System bedarf der Reform, der Reinigung; es muß vor den Schäden bewahrt werden, die eine skrupellose Minderheit – von Kritikern pauci (»wenige«) geheißen – ihm zuzufügen sucht. Ciceros Angriffe zielen also auf radikale Repräsentanten der Senatsaristokratie, wobei er für sich selber mehr stillschweigend als ausdrücklich den Standpunkt eines gemäßigten Optimaten in Anspruch nimmt. Hierzu stimmt, daß er in der Rede für Cluentius Habitus die demagogischen Hetzkampagnen der Popularen mit Entschiedenheit ablehnt. Hiermit steht auch nicht unbedingt im Widerspruch, daß seine Rede für Pompeius eine ›populare‹ Maßnahme befürwortet, obwohl man ihm daraus den Vorwurf der Achselträgerei gemacht hat: auch ein großer Teil der Senatsaristokratie fügte sich dem Gebot der Stunde und stimmte dem Gesetzesvorschlag zu. Außerdem waren leise Schwankungen dieser Art taktisch bedingt; Cicero mußte um seiner Karriere willen bestrebt sein, auch den Anhang des Pompeius und überhaupt populare Kreise für sich zu gewinnen.

Das »Commentariolum« des Bruders Quintus läßt Ciceros damaligen Standort deutlich hervortreten: die Ritter und die Mehrheit der Senatoren stehen seiner Bewerbung um das Konsulat nicht im Wege, und beim Volke hat sich Cicero durch sein Eintreten für Pompeius sowie durch die Verteidigung des Cornelius Sympathien erworben. Einzig die nobiles, die hochadligen Herren, sind gefährlich, da Cicero ihr Mißtrauen erregt hat – ihnen müsse er erklären nos semper cum optimatibus de re publica sensisse, minime popularis fuisse, er habe mit seinen politischen Überzeugungen stets auf der Seite der Optimaten gestanden und sei keineswegs ein Popularer gewesen; mit einigen popular klingenden Formulierungen habe er Pompeius für sich gewinnen wollen.

Aus alledem ergibt sich, daß die Reden der Aufstiegszeit zwar eine gewisse politische Einstellung erkennen lassen – eben einen gemäßigt optimatischen Standpunkt, der sich gegen die von einer angeblichen Minderheit verursachte Korruption in Verwaltung und Rechtsprechung wendet –, daß diese Reden indessen noch nichts von umfassenden politischen Konzeptionen und von einem hinlänglich klar definierten politischen Programm wissen. Dies bedeutet nicht, daß Cicero bis zum Jahre 63 keine über die Aufgaben des Tages hinausreichenden Vorstellungen gehabt hätte; er hat sie lediglich hintangestellt, um zunächst zu einer möglichst einflußreichen Position zu gelangen, gemäß dem Grundsatz, zu dem er sich in der Einleitung der Schrift »De re publica« bekannt hat: wer dem Staate helfen will, muß zunächst Macht erringen.

Mit dem Konsulat änderte sich Ciceros Situation und änderte sich auch sein Verhalten. Während er bis dahin vornehmlich gegen Auswüchse des oligarchischen Systems eingeschritten war, richtete sich der Kampf nunmehr zuallererst gegen Angriffe der Popularen und gegen einen Putschversuch von Extremisten. Und Cicero erklärte sich nunmehr sofort, vom 1. Januar an, über seine politischen Ziele sowie über die Machtbasis, mit deren Hilfe er diese Ziele zu erreichen gedachte; er gab also seine bisherige Zurückhaltung auf und äußerte sich offen über sein politisches Programm. Denn schon in der Ersten Rede gegen das Siedlergesetz des Rullus verlautet folgendes: Rullus irre, wenn er glaube, er und seine Genossen könnten im Kampf gegen ihn, den wahrhaft popularen Konsul, als populare Politiker gelten. Nichts sei dem Volke so angenehm wie pax, concordia, otium, wie Frieden, Eintracht und Ruhe; der Vorschlag des Rullus aber habe von alledem das genaue Gegenteil bewirkt. Die Senatoren, an die sich diese Ausführungen wandten, werden Cicero nicht mißverstanden haben: pax, concordia und otium waren Schlagworte der optimatischen Politik, welche auf die Bewahrung des Bestehenden zielten. Cicero machte sich also nunmehr die Grundsätze der optimatischen Politik zu eigen, wobei er den Kunstgriff wagte, eben diese Politik für wahrhaft popular, für wahrhaft im Interesse des Volkes liegend zu erklären.

Ähnlich, mit geringen Akzentverschiebungen, operierte Cicero, als er mit seiner Zweiten Rede gegen das Siedlergesetz zum Volke sprach. Es sei sein höchstes Ziel, erklärt er dort, populare Politik zu treiben. Man müsse indes diesen Ausdruck richtig verstehen: es gebe Leute, die unter dem Vorwand, popular zu sein, die Wohlfahrt des Volkes untergrüben; so habe der Vorschlag des Rullus eine Lage geschaffen, welche die boni, die Rechtgesinnten, mit Furcht erfülle, während sie bei den improbi, den Gewissenlosen, Hoffnungen erwecke. Er aber, Cicero, werde sich die wahren Ziele popularer Politik angelegen sein lassen: pax, libertas, otium, Frieden, Freiheit und Ruhe, wobei die gegenüber der Ersten Rede neue Kategorie libertas eher aus dem Repertoire der popularen Propaganda stammt. Am Schluß der Rede kommt Cicero auf dieses Programm zurück, und er fordert die Bürger auf, sich ihm anzuschließen: sie, deren Einfluß auf den Wahlen, deren Freiheit auf den Gesetzen, deren Recht auf den Gerichten und der Rechtlichkeit der Beamten und deren Wohlstand auf dem Frieden beruhe.

In den Reden über das Siedlergesetz faßt Cicero zum ersten Male den Staat und die Bürgerschaft als Ganzes ins Auge; er verkündet allgemeinverbindliche Ziele, eine Synthese von optimatischen *und* popularen Formeln, und er deutet bereits an, welche Gruppen einerseits staatserhaltend, andererseits staatsgefährdend wirken: den boni, den Optimaten und ihrem Anhang, d. h., wie Cicero glaubt, dem Volk insgesamt, stehen improbi, radikale, umstürzlerische Kräfte gegenüber. Cicero leistete mit diesen Thesen nichts Geringes: er beanspruchte den Parteinamen popularis, der, da er von populus abgeleitet war, einen guten Klang hatte, für die eigene, die optimatische Sache und wartete mit einer Umformulierung des traditionellen politischen Vokabulars auf; er suchte die popular Gesinnten dadurch zu isolieren, daß er sie als kleine Gruppe von improbi hinstellte. Wenn er hiermit auch die tatsächlichen Gegebenheiten hätte beeinflussen können, dann wäre ihm wohl ein wirklicher, dauerhafter Erfolg beschieden gewesen – leider ließen sich die tatsächlichen Gegebenheiten durch ein verändertes Vokabular allein nicht ändern.

Die Reden gegen das Siedlergesetz äußern sich vor allem über die politischen Ziele und weniger über die Gruppen, auf die Cicero sich zu stützen gedachte. Hierauf geht eine Partie der Vierten Rede gegen Catilina mit wünschenswerter Deutlichkeit ein. Cicero verkündet dem Senat, der sich zur Behandlung der gefangen gesetzten Catilinarier erklären sollte, ihm sei die Meinung zu Ohren gekommen, daß die Machtmittel des Staates nicht ausreichen möchten, einen Beschluß gegen die Catilinarier durchzuführen. Er wendet ein, daß alles gründlich vorbereitet sei: durch seine Umsicht und die Bereitwilligkeit des römischen Volkes. Omnes adsunt omnium ordinum homines, omnium generum, omnium denique aetatum – »Jedermann ist zur Stelle, Leute jeden Standes, jeder Art und auch jeden Alters.« Seit Gründung der Stadt habe es keine so geschlossene Übereinstimmung gegeben; einzig einige improbi oder vielmehr Feinde wollten lieber mit allen gemeinsam als allein zugrunde gehen.

Cicero zählt nunmehr die Gruppen dieser Einheitsfront auf: er beginnt, da er die Willensrichtung des Senats als gegeben voraussetzt, mit den Rittern, die nach langem Zwiespalt zur Eintracht mit dem Senat zurückgefunden hätten; er nennt weiterhin die Ärartribunen und die Schreiber, einen gehobenen Subalternenstand, und fährt in seiner Liste mit den ingenui, den gewöhnlichen Bürgern fort (Freiheit und Vaterland seien die Worte, für deren Erhaltung sie sich einsetzten) und bezieht schließlich sogar die Freigelassenen und die Sklavenschaft in den Katalog der staatserhaltenden Kräfte ein. Wiederholt versichert Cicero, daß sämtliche ordines bereit seien, den Staat zu retten; er werde den Krieg, den er gegen Verworfene, gegen perditi cives führe, mit Hilfe aller Rechtgesinnten, omnium bonorum auxilio leicht bestehen, und keine Macht der Welt werde das Bündnis zwischen Senat und Ritterschaft und das Zusammenwirken aller Rechtgesinnten je ins Wanken bringen.

Dies war sein Programm des consensus, der consensio omnium bonorum, wie er oft sagte: des Zusammenschlusses all derer, die bereit waren, gemeinsam mit Senat und Ritterschaft für die überkommene Ordnung einzutreten, worunter Cicero einerseits die Wahrung der ständischen Unterschiede und der Eigentumsverhältnisse, andererseits die republikanische Freiheit verstand: ordo und – wenn auch minder stark hervorgehoben – libertas hießen die Parolen, durch die Cicero die überwältigende Mehrheit der römischen Bürgerschaft für seine Sache zu gewinnen hoffte. Auch der Versuch, durch die Vereinnahmung eines großen Teils des Volkes die wahren Kräfteverhältnisse zu verschleiern, änderte wenig oder nichts am Lauf der Dinge: Ciceros consensus omnium bonorum sollte sich ebenso als Illusion erweisen wie die kühne Usurpation des Parteinamens ›popular‹. Die subjektive Seite der Wende, welche sich während des Konsulatsjahrs vollzogen hat, besteht also darin, daß Cicero nunmehr ein konservatives Programm vorzeigte – ein Programm, mit dem er nur zu Anfang einige Augenblickserfolge zu erringen vermochte (wenn es überhaupt am Programm lag, daß er diese Erfolge errang), das sich indes bald darauf (und dies gehört schon zur objektiven Komponente der Wende) als gänzlich wirkungslos erwies.

Die objektive, die durch die äußeren Verhältnisse bedingte Seite der großen Wende in Ciceros Leben traf wohl nicht nur zufällig mit dem Konsulat zusammen; sie war wohl auch, teilweise jedenfalls, durch das Konsulat, durch dessen größten Erfolg, die Aufdeckung und Niederschlagung des Catilina-Putsches bedingt. Eine sonderbare Verkettung von Ereignissen scheint dieses Resultat herbeigeführt zu haben. Die Heeresreform des Marius – die besitzlosen Bürger dienten als Söldner – hatte, wie schon gesagt wurde, das Grundschema der römischen Gesellschaft, das Gefolgschaftswesen, militarisiert; die Wirren der achtziger Jahre zeigten zum ersten Male, daß sich nunmehr die jeweiligen Feldherrn und ihre Truppen des überkommenen Staates bemächtigen konnten. Diese Desintegration der Gesellschaft – das Militär stand der Zivilbevölkerung, die Revolutionsführer standen der Mehrheit der Senatsaristokratie gegenüber – bewirkte keineswegs alsbald einen radikalen Umbau der legitimen Staatsordnung. Vielmehr blieb beides trotz aller Erschütterungen lange Zeit nebeneinander bestehen: das Militär als die eigentliche Macht, die republikanische Verfassung als die Instanz, deren Aufgabe neben der Erledigung der Tagespolitik darin bestand, die militärischen Führer und deren Handlungen mit einem Mantel von Legalität zu umkleiden.

Hierbei ging allerdings die Verfassung immer mehr in die Brüche, aber nicht kontinuierlich und mit gleichmäßiger Intensität, sondern ruckartig oder besser in Schüben. Der bis dahin schlimmste Schub hatte in Ciceros Werdezeit stattgefunden; die Greuel dieser Jahre aber waren so entsetzlich, daß sie sich verlangsamend auf den Umwälzungsprozeß auswirkten – aus Furcht vor einer Wiederholung scheuten sich alle Beteiligten, zur Waffe zu greifen, so daß ein Menschenalter lang ein nahezu ungestörter innerer Frieden, ein Scheinfrieden allerdings, herrschte. Damals, in den siebziger und sechziger Jahren, funktionierte die republikanische Verfassung mit Volksversammlung, Magistratur und Senat, als ob nichts gewesen wäre – das zumal von Pompeius geführte Militär und die durch die sullanische Restauration wiederhergestellte Senatsherrschaft suchten einander zu tolerieren, und Pompeius setzte seinen Willen auf politischem Wege durch. In eben dieser Periode trügerischer Ruhe vollzog sich Ciceros kometenhafter Aufstieg zum Konsulat, ein ganz und gar gesetzmäßiger Aufstieg, ein Aufstieg, wie gesagt, innerhalb des Gehäuses der republikanischen Verfassung.

Dieses Ziel, das, wie schon erwähnt, erste Ziel seines Ehrgeizes erreichte Cicero also auf konventionelle Weise. Es war ihm nicht vergönnt, auch das zweite Ziel zu erreichen: nach dem Konsulat als princeps senatus, als maßgeblicher Politiker im Senat, die Geschicke des römischen Staates zu bestimmen. Vielmehr folgte fast schlagartig eine zwei Jahrzehnte währende Periode der Enttäuschungen und Demütigungen, einer quälenden, von ihm selbst halb eingestandenen, halb verkannten Ohnmacht. Diese an ein Drama gemahnende Wende war offenbar dadurch bedingt, daß sich Cicero nunmehr mit ganz anderen Gegenkräften konfrontiert sah.

Bis zu seinem Konsulat hatte er sich auf das ungestörte Funktionieren der republikanischen Staatsordnung verlassen können; seit seinem Konsulat hingegen stand er den Gewalten jenseits dieser Ordnung gegenüber: den auf ihre Truppen sich stützenden Revolutionsführern sowie deren stadtrömischen Handlangern, d. h. jener Garnitur, die durch Bandenterror und Obstruktion sowohl die Volksversammlung als auch den Senat in dem von den Machthabern gewünschten Sinne lenkte, und diesen Kräften war Cicero, der Nicht-Soldat, der Legitimist, der zutiefst an die Richtigkeit und Unabänderlichkeit der tradierten Normen glaubte, keineswegs gewachsen.

Mit und unmittelbar nach seinem Konsulat geriet seine Sphäre mit der des damals mächtigsten Zeitgenossen, des Pompeius in Konflikt, und hiermit war sein politisches Schicksal besiegelt. Er hatte Catilinas Vorhaben, das morsche Staatsgefüge der Republik über den Haufen zu werfen und die Senatsaristokratie zu entmachten, durch seine Unerschrockenheit und sein taktisches Geschick im wesentlichen mit politischen Mitteln zunichte gemacht. Doch gerade dieser Erfolg bewirkte mit der Paradoxie einer tragischen Ereignisverkettung, daß der Untergang der Republik beschleunigt wurde und er selbst in den Strudel der revolutionären Auseinandersetzungen geriet. Während er ganz darin aufging, seine Laufbahn durch ein glanzvolles Konsulat zu krönen, errang Pompeius im Osten, in Kleinasien und Syrien, größte militärische Lorbeeren – auf Grund der Vollmachten, die auch Cicero nachdrücklich befürwortet hatte. Im Jahre 62 kehrte Pompeius nach Italien zurück; er verlangte für seine Truppen die damals übliche Form der Altersrente: Land, Bauernstellen. Dem Senat aber hatte Cicero durch den erfolgreichen Kampf gegen Catilina so viel Selbstvertrauen (zu viel, wie sich alsbald erweisen sollte) gegeben, daß er Pompeius Schwierigkeiten machte, daß er sich dessen Forderungen hartnäckig widersetzte.

Jetzt war die Kollision der beiden bis dahin getrennten Sphären, der zivilen und der militärischen, der Sphäre Ciceros und der des Pompeius, eine vollendete Tatsache. Pompeius selbst wußte zwar keinen Rat, doch bot sich ihm eine helfende Hand dar, die Hand Caesars, der ihm versprach, sich während seines bevorstehenden Konsulats für ihn einzusetzen, zur Not unter Anwendung von Gewalt. So taten sich Caesar und Pompeius sowie – als dritter im Bunde – Crassus, der reichste Römer seiner Zeit, zu der Koalition zusammen, die unter dem Namen des Ersten Triumvirats in die Geschichte eingegangen ist: sie sicherten sich wechselseitig zu, einen gemeinsamen politischen Kurs zu befolgen und sich über alle wichtigen Fragen zu verständigen – so im Jahre 60, im Jahre vor Caesars Konsulat.

Von jetzt an war die Doppelbödigkeit aller Politik in Rom perfekt: der Dreibund besaß genug Macht, die Republik zum Scheine bestehen zu lassen und den Staatsapparat durch Gefolgsleute nach Gutdünken zu benutzen. Cicero aber begriff nicht, was sich da in kurzer Zeit und nahezu lautlos vollzogen hatte; er glaubte, er sei noch stets imstande, einen selbständigen politischen Kurs im Sinne der überlieferten Ordnung zu steuern. Er suchte Anschluß an Pompeius, weil er hoffte, ihn auf seine Seite ziehen zu können, und machte sich dadurch der Senatsaristokratie verdächtig; er fand sich andererseits nicht dazu bereit, auf Anerbietungen Caesars einzugehen und sich mit den Dreimännern zu verbünden. So geriet er lavierend und von Illusionen über die eigenen Möglichkeiten erfüllt zwischen die Parteien, unglaubwürdig der einen wie der anderen. So handelte er sich das Exil ein, so nach seiner Rückkehr die Schelte ›Überläufer‹, mit welcher die Optimaten seine nunmehrigen Handlangerdienste für die drei Machthaber quittierten.

Cicero hat sich offensichtlich in dem Falle befunden, daß die Voraussetzungen seiner Größe, seine Wortgewalt und sein Glaube an die Sendung der römischen Republik, dieser Größe unüberschreitbare Grenzen setzten: er war ein bürgerlicher Politiker; er bedurfte, um sich zu entfalten, des festen Rahmens der überlieferten Verfassung und der durch sie verbürgten Institutionen. Er war kein ›Täter‹, d. h. er wurde durch seine heiligsten Überzeugungen daran gehindert, die gegebene Ordnung in eine persönliche Machtstellung zu überführen: sich ihr zunächst, während des Aufstiegs, anzubequemen, um sie dann, nach Erreichung des höchsten Amtes, über den Haufen zu werfen. Seine Tragik bestand zuallererst darin, daß er das moralische Potential, die Regenerationsfähigkeit der Senatsaristokratie hoffnungslos überschätzte – er, der Grundeinstellung nach ein Reformer, hatte das Unglück, in eine Zeit von Revolutionären geboren zu werden, von Männern, die das Gegebene nicht reinigend zu bewahren suchten, die es vielmehr zerschlugen, um den Weg für Neues freizumachen.

Cicero hatte freilich eine zu reiche Natur, um angesichts der übermächtigen Gewalten, die ihn quälten und bedrückten, einfach zu resignieren. Er wurde durch sein politisches Debakel auf ein Feld gedrängt, für das er begabt war wie keiner seiner Zeitgenossen: auf das Feld der staatstheoretischen, überhaupt der philosophischen Schriftstellerei. Er machte so aus seinem Scheitern einen Triumph, und man fragt sich, ob man den mißlichen Umständen, die ihn hierzu zwangen, nicht geradezu dankbar sein soll: er, der unter normalen Verhältnissen in der Rolle eines tüchtigen Politikers aufgegangen wäre, wurde im Chaos der untergehenden Republik Roms wirkungsmächtigster Philosoph und Prosaschriftsteller.

10. Kapitel

In der Defensive

»Dein Glückwunsch machte mir Mut«, berichtet Cicero gegen Ende des Jahres 62 einem Freunde; »Du hattest mir ja schon vor einiger Zeit geschrieben, es möge mir zum Guten ausschlagen, daß ich Crassus das Haus abgekauft hätte: eben dieses Haus habe ich jetzt eine Weile nach Deinem Glückwunsch für 3 ½ Millionen Sesterze gekauft. Ich stecke also, mußt Du wissen, dermaßen tief in Schulden, daß ich Lust hätte, bei einer Verschwörung mitzumachen, wenn mich jemand annähme; doch sie wollen nichts mit mir zu tun haben, teils von Haß geleitet und weil sie mich offen als den Widerpart von Verschwörungen verabscheuen; teils trauen sie mir nicht und fürchten, daß ich ihnen eine Falle stelle – sie können nicht glauben, daß es dem an Geld fehle, der die Geldverleiher aus dem Belagerungszustand befreit hat.« Diese Partie erwähnt einen bedeutsamen Hauskauf und seine finanziellen Folgen und spielt überdies in wunderlicher Mischung von Scherz und Ernst auf die mißliche politische Stellung zwischen den Lagern der Popularen und Optimaten an, in welcher sich Cicero damals befand.

Mit dem Hauskauf wollte Cicero gewiß bekunden, daß er, Roms erster Anwalt und jetzt auch Konsular, zu den Spitzen der Gesellschaft zähle. Das Anwesen, das er damals erwarb, lag in der bevorzugten Wohngegend der politischen Prominenz, am Palatin, wo sich später die kaiserlichen Paläste erhoben, auf dem Nordostvorsprung des Hügels, zwischen der Via Nova und dem Clivus Victoriae – man hatte von dort aus eine prächtige Aussicht auf das Forum und die Stadt, und wer den Besitzer zur morgendlichen Begrüßung aufsuchen wollte, brauchte keinen weiten Weg zurückzulegen. Das Haus war von Marcus Livius Drusus, dem weitblickenden Volkstribunen des Jahres 91, erbaut worden, der ebendort von Mörderhand den Tod fand. Das geschichtsträchtige Haus war dann in den Besitz des Crassus übergegangen, von dem es im Jahre 62 an Cicero gelangte. Über die Art der Geldbeschaffung für dieses teure Objekt gab es damals in Rom manches zu munkeln; die Affäre stand im Zusammenhang mit der Niederschlagung des Catilina-Putsches.

In Rom entbrannte nämlich, nachdem Catilina gefallen war, ein von optimatischer Seite entfesselter Prozeßkrieg gegen übriggebliebene Anhänger. Andererseits hatten populare Politiker, allen voran der Volkstribun Quintus Caecilius Metellus Nepos, heftig gegen die Hinrichtung der Catilinarier agitiert; es war zu Ausschreitungen gekommen, und der Senat hatte Mühe, die Ordnung wiederherzustellen. Cicero hielt es angesichts dieser gespannten Lage für geraten, einen mittleren Kurs einzuschlagen. Er förderte in dem erwähnten Prozeßkrieg die Verurteilung der am schwersten kompromittierten Verschwörer, um so die Maßnahmen seines Konsulats als gerechtfertigt erscheinen zu lassen; er suchte jedoch zu verhindern, daß sei es aus politischen, sei es aus persönlichen Motiven auch Leute zu Fall gebracht wurden, die sich nur in geringem Maße oder überhaupt nicht auf das Unternehmen Catilinas eingelassen hatten – offensichtlich weil er hoffte, auf diese Weise den Druck mildern zu können, dem er sich von popularer Seite ausgesetzt sah. So erklärt sich, daß er damals Publius Cornelius Sulla, einen Verwandten des Diktators, verteidigte, einen ziemlich dunklen Ehrenmann, der wiederholt mit Catilina konspiriert haben sollte; es gelang ihm auch, für seinen Klienten einen Freispruch zu erwirken.

Ein Gerücht behauptete damals, Cicero habe schon vor Abschluß des Prozesses von Sulla ein Darlehen von zwei Millionen Sesterzen erhalten – eine Vergünstigung, die sich, wenn sie wohl auch nicht gerade unter das gesetzliche Verbot der Geschenkannahme fiel, dennoch mit der damaligen Anwaltsethik schwerlich vereinbaren ließ. Cicero wurde deswegen zur Rede gestellt; er bestritt schlankweg, überhaupt ein Haus kaufen zu wollen: »Nur dann«, soll er gesagt haben, »trifft es zu, daß ich von Sulla Geld bekommen habe, wenn ich das Haus kaufe.« Als der Kauf perfekt war, redete sich Cicero damit heraus, daß er als guter Hausvater verpflichtet gewesen sei, seine Absichten zu leugnen, weil er sonst den Preis in die Höhe getrieben hätte. Die Feinde ließen sich diesen schwachen Punkt nicht entgehen: Clodius warf ihm im Senat den Kauf des Hauses vor; die Invektive Sallusts behauptet, durch Erpressung habe Cicero sein Haus erworben – die Catilinarier mußten, heißt es dort, wenn sie zahlen konnten, dazu beisteuern, wenn nicht, sich verurteilen lassen. Man darf annehmen, daß Ciceros, des homo novus, hochherrschaftliches Gebaren auch bei denen nicht ohne Kritik blieb, die ihn im übrigen zu schätzen wußten.

Cicero hatte sich um seines Palastes willen noch auf einen zweiten nicht ganz einwandfreien Handel eingelassen. Antonius, sein ehemaliger Kollege, war im Frühjahr 62 nach Makedonien gegangen. Noch im selben Jahr trafen in Rom ungünstige Nachrichten über sein Statthalterregiment ein, und es gab Stimmen, die seine Abberufung forderten. Er wiederum rechtfertigte seine Erpressungen mit dem Argument, daß er einen Teil für Cicero eintreiben müsse; dieser habe sogar einen Freigelassenen zu seiner Überwachung zu ihm geschickt. So Cicero selber in einem Briefe an Atticus; die Nachricht läßt darauf schließen, daß er irgendein Abkommen mit seinem nichtswürdigen früheren Kollegen getroffen hatte. Hierzu stimmt, daß wiederholt von einer weiblichen Mittelsperson die Rede ist, die verschlüsselt als Teucris, »Trojanerin« bezeichnet wird; schließlich heißt es »Die Trojanerin hat ihr Versprechen erfüllt« – das Geld war also bei Cicero eingetroffen. Wenige Wochen zuvor hatte er Antonius mit Nachdruck gegen jene kritischen Stimmen in Schutz genommen und hiermit erreicht, daß er nicht abberufen wurde.

Gegen Ende des Jahres 62 traf Pompeius mit seinen siegreichen Truppen in Brundisium, dem heutigen Brindisi, ein; die Soldaten wurden entlassen. Der große Feldherr konnte zwar im September 61 einen prunkvollen Triumph feiern, doch seine beiden Forderungen, die Bestätigung alles dessen, was er im Osten angeordnet hatte, und zumal die Versorgung seiner Veteranen vermochte er gegenüber dem hartnäckigen Widerstand der Optimaten nicht durchzusetzen. Zwischen Pompeius und Cicero kam es zwar in jenen Jahren zu einer gewissen Annäherung; die Briefe an Atticus enthalten hierzu mancherlei Detail. Der Freund äußerte sogar wiederholt Befürchtungen, Cicero möchte allzu sehr ins Schlepptau des Mächtigeren geraten und sich von den Optimaten entfernen, und Cicero wiederum meinte, sein gutes Einvernehmen mit Pompeius ziehe nicht ihn auf die Seite der Popularen, sondern Pompeius auf die Seite der Optimaten. Der Anschluß an Pompeius änderte indessen nicht das Mindeste am verhängnisvollen Laufe der Dinge: daß die optimatische Obstruktion Pompeius schließlich dazu zwang, sich mit Caesar zu verbünden. Cicero tat nichts Entscheidendes für seinen Freund, er hat es offenbar nicht einmal ernstlich versucht. Dies aber war ein schwerer politischer Fehler, einer der schwersten, die sich Cicero hat zuschulden kommen lassen.

Die Hauptursache von Ciceros Versagen liegt plan zutage: sie bestand in überspanntem Selbstgefühl, in der Überschätzung der eigenen Person. Die Erfolge des Konsulatsjahres hatten ihn in den irrigen Glauben versetzt, er sei eine eigene politische Kraft und könne durch geschicktes Taktieren zwischen Optimaten und Popularen die Ereignisse in die von ihm gewünschte Richtung lenken. Gewiß durfte sich Cicero mit Pompeius auf einen guten Fuß zu stellen suchen. Er mußte dies indes von einer klaren Position aus tun, und mit einem klaren Ziele; seine Position konnte, wenn er glaubwürdig bleiben wollte, nur die optimatische sein, und von ihr aus mußte er danach streben, die Optimaten, wenn nicht von der Berechtigung, so doch von der Unabdingbarkeit der Forderungen des Pompeius zu überzeugen. Statt dessen suchte er zwischen den Parteien zu lavieren, oder richtiger, er wähnte, er könne beide Seiten auf seine Vorstellungen vom wünschbaren Lauf der Dinge verpflichten.

Hierbei muß vor allem sein prekäres Verhältnis zu den Optimaten, zu den dort maßgeblichen Männern, wie Lucullus oder Hortensius, berücksichtigt werden. Es fehlt nicht an Hinweisen, daß er ihnen gegenüber von starken Ressentiments erfüllt war – vielleicht jetzt, nach seinen Erfolgen, erst recht. Offenbar ließ man ihn noch stets fühlen, daß man ihn nach wie vor nicht als ebenbürtig betrachtete. Lucius Manlius Torquatus, der Ankläger Sullas, aus patrizischem Geschlecht, schalt ihn nicht nur einen ›Tyrannen‹, sondern auch einen ›Ausländer‹, weil er aus einer Landstadt stamme. Derlei Beschimpfungen, die er vor der Öffentlichkeit wie spielend zurückwies (»Nicht alle können Patrizier sein«, äußerte er, sich den Anschein der Überlegenheit gebend, im Plädoyer für Sulla), mögen gleichwohl einen Stachel in seiner Seele zurückgelassen haben. Die Kläglichkeit alles dessen, was sich seit seinem Konsulate zugetragen habe, und zumal die Mißgunst der hohen Herren, der »Fischteichbesitzer«, wie er sie des öfteren nennt, hätten ihn bewogen, schreibt er an Atticus, sich nach den größeren Machtmitteln und dem sichereren Schutz des Pompeius umzusehen.

Die Fischteichbesitzer, wiederholt er bald darauf, sähen scheel auf ihn herab; sie seien unfähig oder täten nichts, und seit dem Tode des Quintus Lutatius Catulus gehe nur er noch auf dem Wege der Optimaten; doch nichts werde ihn der Sache des Senats entfremden. Sein Selbstgefühl warf ihn, wie diese Stelle zeigt, auf sich zurück, rief in ihm die Empfindung der Einsamkeit hervor. Diese Konsequenz seines Hochsinns brach sich in einem anderen Briefe an Atticus geradezu erschütternd Bahn:

Nimm zur Kenntnis, daß mir zur Zeit nichts so fehlt wie jemand, mit dem ich alles, was mir Kummer macht, bereden könnte, der mich liebt und schätzt, mit dem ich mich unterhalten kann, ohne daß ich mich verstellen oder etwas verheimlichen oder unterdrücken müßte.

Sein Bruder sei abwesend, fährt Cicero fort; von Atticus wisse er nicht, wo er sich befinde. Dann heißt es:

> Ich bin so ganz von allen verlassen, daß meine Frau und mein Töchterchen und mein goldiger kleiner Cicero meine einzige Erholung sind. Denn meine ehrgeizigen und herausgeputzten Freundschaften werfen zwar in der Öffentlichkeit einen glänzenden Schein um sich, bringen mir aber in meinen vier Wänden keinerlei Nutzen. Wenn daher am Morgen das Haus mit Besuchern dicht gefüllt ist, wenn wir uns von Freundesscharen umringt zum Forum begeben, dann kann ich in der großen Menge niemanden entdecken, mit dem ich zwanglos scherzen oder vertraulich seufzen dürfte.

Cicero, der sich seiner Eigenart bewußt war, hatte nicht die Fähigkeit des Dutzendaristokraten, sich einzuordnen und dem für die Kaste verbindlichen Esprit de corps zu gehorchen; er stieß ab und wurde abgestoßen und war nicht imstande, die Arroganz der Fischteichbesitzer um der Sache willen zu ignorieren.

Er versuchte, das Unbehagen an der Gegenwart durch intensive Beschäftigung mit seinen Erfolgen in der Vergangenheit zu kompensieren: er verfaßte Schriften über sein Konsulat. Derlei autobiographische Aufzeichnungen bedeutender Politiker waren nichts grundsätzlich Neues; Hypomnemata oder Commentarii (so pflegten diese Aufzeichnungen zu heißen) sind in Griechenland seit hellenistischer Zeit, in Rom seit dem Beginn des 1. Jahrhunderts v. Chr. ein geläufiges Genre – dort hatte vor allem Sulla seinen Taten ein ausführliches literarisches Denkmal gesetzt. Eine Novität aber bestand bei Cicero wohl darin, daß er sich auf einen bestimmten Abschnitt seines Lebens beschränkte, auf das Konsulat, und daß er hiervon mehrere Versionen in verschiedenen Formen zu verfassen und unter die Leute zu bringen versuchte. Den Anfang machte er mit dem schon erwähnten langen Schreiben an Pompeius, das dort so üble Aufnahme fand. Dann meldet er im März des Jahres 6o dem Freunde Atticus, er habe eine Denkschrift in griechischer Sprache an ihn abgesandt; zugleich stellte er eine lateinische Denkschrift sowie ein Epos über sein Konsulat in Aussicht: ne quod genus a me ipso laudis meae praetermittatur – »um keine Art des Selbstlobs auszulassen«, wie er etwas naiv hinzufügt. Atticus wiederum hatte ebenfalls eine Darstellung von Ciceros Konsulat zu Papier gebracht; Cicero fand, sie sei in einem nicht hinlänglich gefeilten Stil verfaßt, während er selber mit Schmuck in der Art des griechischen Rhetors Isokrates nicht gespart habe. Er hatte sein eigenes Produkt auch dem Philosophen Poseidonios zukommen lassen, der ein glanzvolleres Werk daraus machen sollte. Poseidonios zog sich geschickt aus der Affäre; er antwortete, die Qualität des ciceronischen Entwurfes habe ihn entmutigt.

Die griechische Denkschrift Ciceros ist nicht erhalten; man hat vermutet, daß Plutarch in der Lebensbeschreibung Ciceros bei der Darstellung des Konsulats davon Gebrauch gemacht hat. Ob Cicero die erwähnte lateinische Prosaschrift wirklich aufgesetzt hat, ist nicht bekannt – um so deutlicher sind die Spuren, die das panegyrische Epos über das Konsulat hinterlassen hat. Es bestand aus drei Büchern; Cicero hat selbst in seiner Schrift »Über die Weissagung« eine längere Partie aus dem 2. Buche, eine Prophetie der Muse Urania, bewahrt. Viel belacht und verspottet wurden von den Zeitgenossen und der Nachwelt zwei Verse:

O fortunatam natam me consule Romam!

O glückseliges, unter meinem Konsulat wiedergeborenes
Rom!

Cedant arma togae, concedat laurea linguae!

Es weiche das Schwert der Toga, es weiche der Lorbeer vor der
Beredsamkeit!

Mit dem ersten Vers feierte Cicero seine rettende Tat, die Unterdrückung Catilinas, als zweite Gründung Roms; der zweite Vers sollte, wie Cicero selbst später behauptet hat, nicht seine, des Zivilisten, Überlegenheit gegenüber dem Feldherrn Pompeius herausstreichen, sondern nur allgemein zu bedenken geben, daß der Friede den Vorzug vor dem Kriege verdiene. Auf diese Weise also versuchte Cicero durch zeitgeschichtlich-panegyrische Arbeiten – mit seiner eigenen Person im Mittelpunkt – sein Prestige, seinen Einfluß zu steigern; er hat gewiß das genaue Gegenteil hiervon erreicht. Da war das schon erörterte Corpus der Konsulatsreden, das er ebenfalls um diese Zeit fertiggestellt hat, eine entschieden ersprießlichere Unternehmung.

Im Sommer 60 wurde Caesar zum Konsul des folgenden Jahres gewählt; etwa um dieselbe Zeit gelang es ihm, das Bündnis mit Pompeius und Crassus perfekt zu machen, das den Geschicken Roms für ein volles Jahrzehnt – bis zum Ausbruch des Bürgerkrieges – Richtung und Ziel gegeben hat. Cicero hörte im Dezember Genaueres von diesen Vereinbarungen. »Bei mir«, schreibt er an Atticus, »war Cornelius, ich meine Balbus, den Gefolgsmann Caesars. Der versicherte, Caesar wolle sich in allen Angelegenheiten auf meinen und des Pompeius Rat stützen und darauf hinarbeiten, daß auch Crassus mit Pompeius zusammenhalte.« Cicero, der Freund des Pompeius, sollte also für die gemeinsame Sache der Drei gewonnen werden. Ein Anschluß würde ihm, wie er sofort erkennt, Ruhe und Sicherheit vor den Angriffen rabiater Popularer verschaffen. Doch er erinnerte sich der Maximen, die er in seinem Gedicht über das Konsulat verkündet hatte: er war verpflichtet, unverbrüchlich am bisherigen Kurs festzuhalten und für die Sache der boni, der ›Guten‹ einzutreten.

Von April bis Juni 59 hielt sich Cicero auf dem Lande auf, in seinen Besitzungen zu Antium und Formiae, während Atticus in Rom war; aus dieser Zeit ist eine ungewöhnlich dichte Sequenz von Briefen an den Freund erhalten. Hieraus geht hervor, daß Caesar und Pompeius wiederholt versuchten, ihn durch lokkende Anerbietungen auf ihre Seite zu ziehen: durch ehrenvolle Adjutantenstellen und anderes. Er schwankt, er kann sich nicht entschließen; er schuldet einerseits Pompeius Rücksicht, andererseits aber sich selbst, seinen einstigen Handlungen, und so bleibt er ein mißmutiger, niedergeschlagener Zuschauer (er wolle den Schiffbrüchen der Politiker vom Lande aus zusehen, schreibt er einmal), der in selbstgewählter Isolierung weder für die durch Caesars Konsulat mehr denn je bedrohte Sache des Senats mit Entschiedenheit eintritt noch sich zu den Maßnahmen der Dreimänner, den caesarischen Siedlergesetzen z. B., zu bekennen vermag. Seine Unentschlossenheit, seine Bereitschaft, die ›Tyrannis‹ der drei Gewaltigen hinzunehmen und sich in ein Leben gelehrter Studien zurückzuziehen, ist nach wie vor auch durch Ressentiments gegenüber ›seiner‹ Partei, den Optimaten, bedingt. »Ich will lieber schlecht fahren«, schreibt er einmal, »während ein anderer steuert, als für so undankbare Passagiere das Steuer gut führen.« Die Dreimänner, bemerkt er ein andermal, vermöchten ihn durch ihre Truppen nicht so sehr zu lähmen, wie die Undankbarkeit derer, die sich »die Guten« nennten, die ihm nicht nur keinerlei Belohnung, sondern auch keine Dankesworte hätten zuteil werden lassen.

Diese Periode der politischen Lethargie wurde mehr und mehr von einer Kette von Ereignissen überschattet, die im Dezember 62 ihren Anfang genommen hatte. Die Bona Dea, die Gute Göttin, war eine Frauengottheit sei es italischer, sei es griechischer Provenienz. Ihr galt eine Nachtfeier, die Anfang Dezember unter Ausschluß von Männern begangen wurde. Die Feier fand im Hause eines hohen Beamten statt, der selber nicht anwesend sein durfte; sie gehörte zur staatlichen Kultordnung; Teilnehmerinnen waren Damen der Aristokratie sowie die Vestalinnen. Im Jahre 63 hatte Cicero sein Haus zur Verfügung gestellt; das Fest des darauf folgenden Jahres wurde bei Caesar, der damals Prätor war, gefeiert. An diesem Fest nahm verbotenerweise Publius Clodius Pulcher teil, von dem es hieß, er sei der Geliebte Pompeias, der Frau Caesars. Cicero berichtet dem Freunde Atticus im Januar 61 folgendes: »Du hast wohl schon, denke ich, gehört, daß Publius Clodius, der Sohn des Appius, als Frau verkleidet im Hause des Gaius Caesar ertappt worden ist, als dort das Opfer für das Volk dargebracht wurde; mit Hilfe einer Sklavin konnte er sich retten und entkommen; es ist ein arger Skandal.« Clodius hatte sich schon in jungen Jahren, während er im Heere seines Schwagers Lucullus diente, und auch sonst als aufsässiger Querkopf erwiesen. Im Jahre 65 erhob er erfolglos gegen Catilina Anklage; zwei Jahre darauf soll er sich als Gehilfe Ciceros hervorgetan haben.

Der Bona-Dea-Skandal zog in den ersten Monaten des Jahres 61 immer weitere Kreise. Die Pontifices hatten den Vorgang zum Religionsfrevel erklärt; der Senat betrieb die Einsetzung eines Sondergerichtshofs, wogegen sich Clodius nach Kräften wehrte; auch Cicero, der sich zunächst zurückgehalten hatte, beteiligte sich, nachdem er angegriffen worden war, an den Hetzkampagnen. Im Mai kam es endlich zum Prozeß, vor einem Gerichtshof, der in einem für Clodius günstigen Sinne zusammengesetzt war. Clodius leugnete den Frevel; er habe sich während der fraglichen Zeit in Interamna, d. h. wohl in der am Liris gelegenen Stadt dieses Namens, etwa 120 km südöstlich von Rom, aufgehalten. Da trat Cicero in den Zeugenstand und erklärte, Clodius habe ihm am Tage der Tat einen Besuch abgestattet. Der Angeklagte galt nunmehr als verurteilt; er wurde gleichwohl drei Tage darauf mit 31 gegen 25 Stimmen freigesprochen, zweifellos auf Grund handfester Bestechungen. Cicero aber hatte sich Clodius zum Todfeinde gemacht, der sehnlichst nach einer Gelegenheit zur Rache Ausschau hielt.

Schon im Sommer 60 gab Clodius zu verstehen, daß er sich um das Volkstribunat bewerben wolle; hieran wurde er freilich dadurch gehindert, daß ihm als Patrizier dieses Amt nicht zugänglich war, doch im März 59 wurde das Hindernis von keinem anderen als von Caesar beseitigt. Antonius stand damals unter

Anklage; Cicero suchte seinem ehemaligen Kollegen, so wenig er von ihm hielt, zu helfen. Er ging in seinem Plädoyer auf die Gewalttätigkeiten ein, mit denen Caesar in jenen Tagen sein erstes Siedlergesetz durchpeitschte – wenn er sich auch gehütet haben wird, dessen Namen zu nennen. Caesar reagierte blitzschnell: Clodius wurde noch am gleichen Tage durch Adoption zum Plebejer gemacht und konnte nunmehr das Tribunat anstreben. Er wurde auch gewählt und trat sein Amt am 10. Dezember 59 an: die Dreimänner hatten jetzt ein williges Werkzeug zu ihrer Verfügung, wenn sie Cicero an Versuchen, ihnen entgegenzuwirken, hindern wollten.

Bei aller Niedergeschlagenheit und Untätigkeit in der Politik vernachlässigte Cicero seine Anwaltspraxis nicht, wenngleich es an bedeutenden Prozessen fehlte. Für Quintus Caecilius Metellus Pius Scipio Nasica, der wegen Amtserschleichung angeklagt war, trat er offenbar mit Erfolg ein; für Antonius hingegen stritt er vergebens (der ehemalige Kollege mußte in die Verbannung gehen); für einen nicht näher bekannten Aulus Minucius Thermus wiederum errang er einen doppelten Sieg. Erhalten sind aus dieser Zeit außer dem schon erwähnten Plädoyer für Sulla zwei Reden: die für Archias und die für Lucius Valerius Flaccus. Der Dichter Archias, ein gebürtiger Grieche und einst Lehrmeister Ciceros, mußte sich vor Gericht verantworten, weil er sich das römische Bürgerrecht angemaßt habe. Das kleine Plädoyer Ciceros sucht nicht nur den Vorwurf des Anklägers zu widerlegen; es ist zugleich von hohem kulturgeschichtlichem Wert, da es lebendige Einblicke in den damaligen Literaturbetrieb gewährt. Flaccus wiederum war als Prätor ein wichtiger Helfer Ciceros bei der Aufdeckung der catilinarischen Verschwörung gewesen; er wurde im Jahre 59 beschuldigt, seine Statthalterschaft in Asien zu Erpressungen mißbraucht zu haben. Der Prozeß war eine Dutzendaffäre abseits der großen Politik, und Ciceros Rede ähnelt in vielen Punkten dem um zehn Jahre älteren Plädoyer für Fonteius. Im Mittelteil ließ Cicero seinem Witz die Zügel schießen, so daß die Richter viel zu lachen hatten und den durchaus nicht unschuldigen Angeklagten freisprachen.

Der Nachfolger des Flaccus war Quintus Cicero: er hatte im Jahre 62 die Prätur bekleidet und verwaltete von 61 bis 58 die Provinz Asien. Diese Tatsache verdient hier deswegen Erwähnung, weil Cicero dem Bruder, als ihm gegen seinen Willen die Statthalterschaft um ein drittes Jahr verlängert wurde, ein ausführliches Schreiben sandte, worin er ihm die Grundsätze einer mustergültigen Provinzialverwaltung darlegte. Dieser Brief, der die Sammlung Ad Quintum fratrem eröffnet, ist eine Art Gegenstück zum »Commentariolum petitionis«, allerdings weniger ein praktischer Ratgeber als ein von hohem Ethos erfülltes Idealbild. Cicero sagt hier ganz offen, was er den Griechen verdankt; ihnen, den Kulturbringern der Menschheit, werde die Menschlichkeit, auf die alle Menschen, auch wilde Barbaren, Anspruch hätten, in besonderem Maße geschuldet.

11. Kapitel

Verbannung und Rückkehr

Caesar benutzte sein Konsulat, sich eine dauerhafte Macht-position zu verschaffen, nicht nur, weil er sich und seine Maßnahmen, wenn er es zu einem amtlosen Intervall und damit zur Möglichkeit von Anklagen hätte kommen lassen, den Angrif-fen seiner optimatischen Feinde ausgesetzt hätte, sondern auch, weil ihm das Vorbild des Pompeius vor Augen stand: der Krieg gegen die Seeräuber und der Krieg gegen Mithridates waren auf Grund außerordentlicher, der üblichen Jahresfrist nicht unter-worfener Vollmachten geführt worden. Der Volkstribun Publius Vatinius, ein getreuer, fähiger und in der Wahl der Mittel nicht zimperlicher Gefolgsmann, brachte daher ein Gesetz ein, das Caesar für fünf Jahre ein außerordentliches Kommando in den Provinzen Gallia Cisalpina (Oberitalien) und Illyricum (Dalma-tien) übertrug; der Senat fügte zu diesen Gebieten noch das Nar-bonensische Gallien (Südgallien) hinzu. Des weiteren hatte Cae-sar im Einvernehmen mit Pompeius und Crassus dafür gesorgt, daß er von Seiten der Konsuln des Jahres 58 keine Schwierigkei-ten befürchten mußte: Lucius Calpurnius Piso Caesoninus war der Vater der Calpurnia, seiner vierten und letzten Frau; Aulus Gabinius hatte als Volkstribun Pompeius das Kommando im Seeräuberkrieg verschafft und zählte seitdem zu dessen Gefolgs-leuten. Schließlich bekleidete Clodius, der skrupelloseste aller Bandenführer, das Volkstribunat: er war zu allem bereit, insbe-sondere zum Kampf gegen seinen Todfeind Cicero.

Diese Konstellation ermöglichte eine Entwicklung, die Ciceros Exil unausweichlich machte, obwohl weder Caesar noch Pompeius von Anfang an darauf hingearbeitet haben werden. Clodius gab sofort einige Gesetzesvorschläge bekannt, darunter zwei, die ihm den Weg für seine weiteren Unternehmungen ebneten. So stellte er die Vereinsfreiheit wieder her, die der Senat gewissen Beschränkungen unterworfen hatte, so daß er ungestört seine Knüppelbanden organisieren konnte. Außerdem nahm er den Magistraten ein einfaches Mittel der Obstruktion: das Recht, Volksversammlungen zu verbieten oder aufzulösen, weil sich religiöse Bedenken ergeben hätten. Nachdem er dies durchgesetzt hatte, holte er Ende Januar 58 zu einem schweren Schlage gegen Cicero aus: er verkündete einen Gesetzestext, wonach der Ächtung verfallen solle, wer ohne die Zustimmung des Volkes, d. h. ohne einen ordentlichen Prozeß, einen römischen Bürger töte oder getötet habe. Dieser Wortlaut schärfte an sich nur einen längst bestehenden Grundsatz der römischen Verfassung ein; er erklärte indes implizit den Ausnahmezustand, welchen der Senat im Falle einer Gemeingefahr zu verhängen pflegte, für ungesetzlich und zielte somit zuallererst auf Cicero, obwohl dessen Name nicht genannt war.

Cicero hätte nun ohne Gefahr nicht nur den Volksbeschluß abwarten können, welcher den Vorschlag des Clodius zum Gesetz erhob, sondern auch den Prozeß, der auf Grund dieses Gesetzes gegen ihn hätte in Gang gebracht werden müssen. Statt dessen reagierte er sofort, mit einer Eile, die ihm später bitter leid tat: er legte seine senatorische Kleidung ab und zeigte sich als gewöhnlicher Ritter. Daraufhin kam es zu Demonstrationen und Gegendemonstrationen. Die Banden des Clodius verfolgten Cicero, sobald er sich in der Öffentlichkeit sehen ließ, und bewarfen ihn mit Schmutz und Steinen. Eine Menge, die vornehmlich aus Rittern bestand, versammelte sich auf dem Kapitol und beschloß, aus Solidarität mit Cicero Trauerkleidung zu tragen, und der Senat folgte diesem Beispiel. Hierdurch sah sich wiederum Clodius zu Ausschreitungen veranlaßt, und die Konsuln verboten den Senatoren die Trauerbekundungen. Cicero aber geriet wie von selbst in den Mittelpunkt einer sich steigernden Opposition gegen das Regiment der Dreimänner. Im Senat suchten zwei Prätoren die Gültigkeit der Amtshandlungen anzufechten, die Caesar während seines Konsulats vorgenommen hatte; Caesar wiederum stand abreisebereit vor der Stadt und beobachtete mit wachsendem Unwillen den Verlauf der Dinge: die Nachrichten über Wanderpläne der Helvetier riefen ihn an die Nordgrenze seines statthalterlichen Machtbereichs.

Cicero rückte in den Brennpunkt des Geschehens; er wurde zum Verhandlungs- und Streitobjekt der Parteien; offenbar wollten die Machthaber nunmehr, nachdem es dahin gekommen war, ein abschreckendes Beispiel an ihm statuieren. Es gab noch einen zweiten Mann, den sie für so gefährlich hielten, daß sie ihn sich vom Halse zu schaffen wünschten: Cato – den machten sie auf sanftere Weise dadurch mundtot, daß sie ihn zu Aufträgen im Osten des Reiches nötigten. Bei Cicero, der sowohl eine Adjutantenstelle im Heere Caesars als auch einen Posten in der Kommission zum Vollzug der Siedlergesetze ausgeschlagen hatte, kam eine derartige Verbrämung nicht mehr in Betracht; er wurde dem Terror des Clodius preisgegeben.

Er seinerseits setzte jetzt auf Pompeius, der ihn wiederholt seiner Bereitschaft, ihn zu schützen, versichert hatte – vergebens. Eine Abordnung angesehener Optimaten, die sich zu Pompeius auf dessen Gut am Albanersee begab, um für Cicero zu bitten, wurde abschlägig beschieden: man möge sich an die amtierenden Konsuln wenden. Die Abordnung suchte nunmehr Piso auf, bei dem man sich eher etwas erhoffen zu können glaubte als bei Gabinius: Piso antwortete, er sei nicht so mutig, wie Lucius Manlius Torquatus (ein Mitglied der Abordnung) oder Cicero in ihren Konsulaten gewesen seien; er wolle kein Blutvergießen; Cicero könne den Staat noch einmal retten, indem er fortginge. Cicero berichtet noch von einem weiteren Bittbesuch, den er gemeinsam mit seinem Schwiegersohn Piso, einem entfernten Verwandten des Konsuls, unternommen habe; der Konsul soll geantwortet haben, er und sein Kollege wüßten gegen Clodius keinen Rat; jeder müsse sich selbst zu helfen suchen.

Zwei Tage darauf berief Clodius eine Volksversammlung in den Circus Flaminius; die Konsuln, nach ihrer Meinung über Ciceros Konsulat befragt, äußerten sich scharf mißbilligend, während Caesar von einer rückwirkenden Anwendung eines Gesetzes auf Cicero abriet. Cicero konsultierte nunmehr seine Freunde; sie empfahlen ihm fast durchweg, die Stadt zu verlassen; er aber fügte sich diesem Rat um so eher, als er nicht ahnte, daß er fast anderthalb Jahre auf seine Rückkehr würde warten müssen. Er besaß ein Standbild der Minerva, der Hüterin Roms; dies brachte er als Weihegabe in den Jupitertempel aufs Kapitol; daraufhin entfernte er sich, von einigen Freunden geleitet, in tiefer Nacht aus der Stadt.

Um dieselbe Zeit – kurz vor Mitte März – war Caesar nach Gallien aufgebrochen, und am Tage nach Ciceros Flucht ließ Clodius von der Volksversammlung sein Ächtungsgesetz beschließen. Der Pöbel wartete die weiteren Formalien der Vernichtung von Ciceros bürgerlicher Existenz nicht ab: Ciceros Haus am Palatin wurde geplündert und ging in Flammen auf, und auch die Landsitze bei Tusculum und Formiae wurden ausgeraubt und verwüstet. Von den übrigen Villen – bei Arpinum, in Antium – verlautet nichts derartiges; man darf also wohl annehmen, daß sie, jedenfalls zunächst, verschont blieben. Clodius gab nunmehr, da die Flucht ein Gerichtsverfahren auf Grund des Ächtungsgesetzes unmöglich gemacht hatte, den Text für einen Volksbeschluß bekannt, wonach Cicero verbannt sein sollte, weil er ohne Urteilsspruch römische Bürger habe töten lassen. Sein gesamtes Vermögen verfiel dem Staat, und eine ergänzende Klausel schärfte ein, daß er sich mindestens 500 Meilen (etwa 750 Kilometer) von Italien entfernt aufhalten müsse. Der Bannbruch konnte mit dem Tode geahndet werden; dieselbe Strafe bedrohte jeden, der dem Geächteten innerhalb des Geltungsbereichs der Ächtung Hilfe angedeihen ließ. Der zweite gegen Cicero gerichtete Antrag des Clodius wurde wohl Ende April zum Gesetz erhoben.

Cicero reiste nicht allein. Er wurde gewiß von Freigelassenen und Dienern begleitet, und ein Freund namens Gnaeus Sallustius wachte über seine Sicherheit und sein Wohl. Er gedachte zunächst nach Sizilien zu fliehen. In einer Villa beim lukanischen Atina, wo er übernachtete, hatte er einen Traum. Als er allein in einsamer Gegend umherzuirren glaubte, erschien ihm Marius, der ihn fragte, warum er so traurig sei. Cicero sagte ihm, man habe ihn gewaltsam aus seinem Vaterland vertrieben; da habe Marius ihn getröstet: aus dem Tempel des Honos (der Ehre) und der Virtus (der Tüchtigkeit) werde ihm Rettung erwachsen – dort beschloß der Senat im Jahr darauf, seine Rückberufung in die Wege zu leiten. Diese Geschichte findet sich allerdings erst in der viel späteren Schrift »De divinatione«, nicht in den damaligen Briefen, die ganz auf Niedergeschlagenheit und Hoffnungslosigkeit gestimmt sind.

Um den 5. April erreichte Cicero Vibo, wo er nicht mehr weit von der Straße von Messina entfernt war; dort erfuhr er, daß ihn der sizilische Statthalter am Betreten der Insel hindern werde und daß Clodius einen Bannbereich von 500 Meilen festgesetzt habe. Sizilien kam jetzt nicht mehr in Betracht; Cicero wandte sich von Vibo aus nach Nordosten, nach Brundisium, um sich nach Griechenland einzuschiffen. Dort verbrachte er noch einige Tage bei einem Gastfreund namens Marcus Laenius Flaccus; am letzten Apriltage setzte er nach Dyrrhachium (heute Durazzo, Durres) an der Westküste von Makedonien über. Da Epirus (wo Atticus begütert war) und Athen zu nahe lagen, gedachte er nach Kyzikos an der Propontis (dem Marmarameer) zu reisen; er nahm daher den Weg nach Thessalonike, wo er am 23. Mai eintraf. Hier war er vor Feinden, insbesondere vor geächteten Catilinariern, sicher, da er im Amtsgebäude des Quästors von Makedonien, des Gnaeus Plancius wohnen durfte; der Statthalter, der Vorgesetzte des Plancius, machte trotz seiner Bedenken keine ernstlichen Schwierigkeiten. So blieb er bis zum November in Thessalonike; von dort kehrte er nach Dyrrhachium zurück, das er am 25. November erreichte. Er glaubte damals, daß die Zeit seines Exils bald zu Ende gehe; er mußte indes noch bis zum August 57 in Dyrrhachium ausharren.

Cicero hat sich durch sein Verhalten während der Verbannung viel Kritik zugezogen, schon bei den Zeitgenossen, allen voran beim Freunde Atticus, und erst recht bei der Nachwelt. Die Briefe – 27 an Atticus sowie vier an Terentia und zwei an den Bruder Quintus, von März 58 bis Januar 57 – legen in der Tat ein klägliches Zeugnis ab. Sie enthalten außer einigen äußeren Daten über die Reiseroute und die Aufenthalte sowie gelegentlichen Betrachtungen über Rückberufungsbemühungen in Rom nichts als ein einziges eintöniges Gemälde von Ciceros desolatem Seelenzustand; sie lassen nirgends den Versuch erkennen, durch Selbstbeherrschung oder auch nur durch den Humor der Verzweiflung Distanz zur tristen Gegenwart zu gewinnen – im Unterschied etwa dazu, wie sich Cicero später während der Diktatur Caesars verhalten hat, die ihm nicht nur zu Klagen, sondern auch zu kaustischen Späßen und zu Selbstironie Anlaß gab. In den Briefen aus dem Exil kann er sich kaum genugtun, von seinem Weh und seinem Kummer zu berichten. Die Tränen überwältigen ihn, er kann vor Schmerz nicht weiterschreiben; sein Weinen hat die Briefe, die er empfing, fast ausgelöscht, und seine Fassungslosigkeit hindert ihn, zusammenhängend zu schreiben. Nie war jemand von so schwerem Unglück getroffen wie er; sein von Atticus gerügter Kleinmut findet darin eine zulängliche Erklärung, daß noch kein Mensch aus so hoher Stellung, in so guten Verhältnissen, bei solchen Gaben des Geistes, der Erfahrung, des Ansehens, bei so zuverlässigem Schutz von Seiten aller Rechtgesinnten so tief gestürzt ist.

In Rom munkelte man bereits, Cicero sei vor Schmerz von Wahnsinn befallen, und ein Besucher wußte zu berichten, daß er abgehärmt und mager aussehe: Ciceros Leiden am Exil schien die Dimension einer Tragödie anzunehmen. Schlimmer noch als das Selbstmitleid war das ständige Grübeln nach einer ›Schuld‹. Er hat den Fehler begangen, falschen Ratgebern, Freunden, die in Wahrheit Neider waren, zu vertrauen; auch Atticus hat Anteil an der Schuld, weil er im entscheidenden Augenblick versagt und zugelassen hat, daß Cicero sich entfernte. Atticus suchte dem Freunde auch diese durch nichts gerechtfertigten, an Verfolgungswahn grenzenden Vorwürfe auszureden – Cicero glaubte sich nach wie vor von falschen Freunden und heimtückischen Neidern verraten und ins Unglück gestürzt.

An alledem gibt es nichts zu beschönigen, jedoch manches zu erklären. Daß Cicero mit einer so langen Dauer des Exils entfernt nicht gerechnet hatte und daß die zähflüssigen, immer wieder scheiternden Bemühungen um seine Rückberufung seinen Nerven schwer zusetzen mußten, sind hierbei eher äußerliche Gesichtspunkte. Die eigentliche Ursache für ein derartiges Maß von Haltlosigkeit war gewiß in seinem Wesen als eines genialen Selfmademan beschlossen. Er war nahezu alles, was er war, durch sich selber, durch seine eigenen Leistungen, und so glaubte er mit der Auslöschung seiner Position als Bürger, als Senator, als Konsular alles ausgelöscht und vernichtet. Die altadligen Herren pflegten mit den Traditionen ihrer Häuser auch Contenance zu erben; der einzelne galt etwas als Glied des Hauses, er war Teil eines überindividuellen Gefüges und Wertsystems, so daß ihn sein persönliches Scheitern, wenn es nicht ganz und gar selbstverschuldet war, gar nicht so tief stürzen ließ. Die Niedergeschlagenheit im Exil gehört offenbar zu Cicero wie seine Triumphgefühle nach einem Erfolg; beides deutet auf eine in einem sehr grundsätzlichen Sinne einsame Individualität, die sich auf sich gestellt weiß und ganz aus sich selbst, aus den Antriebskräften des eigenen Inneren lebt und schafft.

So erklärt sich wohl auch, daß die Instanz, die ihm, wenn überhaupt einem Römer seiner Zeit, hätte Halt geben und Trost spenden müssen, gänzlich versagte: die Philosophie. Die Güterlehre

der stoischen und kynischen Ethik, wonach es nur *ein* wirkliches
Gut gab, die Tugend, während es sich bei allem übrigen um
Scheingüter oder Scheinübel handelte, war längst zu einer üppi-
gen Trostliteratur ausgemünzt worden; zu den Themen dieser
Schriften gehörte außer dem Tod, der Armut, der Sklaverei usw.
auch die Verbannung als eine im politischen Leben des antiken
Stadtstaates überaus häufige Erscheinung. Von dem Wander-
prediger Teles (3. Jahrhundert v. Chr.) ist ein Exzerpt »Über die
Verbannung« erhalten; Seneca hat demselben Thema eine ganze
Abhandlung, die Trostschrift, die er als Verbannter an seine Mutter Helvia (sie entstammte zufällig demselben Geschlecht wie die
Mutter Ciceros) richtete, gewidmet. Cicero streifte die Materie
im 5. Buch seiner »Gespräche in Tusculum«: die Verbannung
unterscheide sich kaum von einer langen Reise, auch ihre Beglei-
terinnen, die Armut und die Schande, seien für den Weisen kein
Übel, und dort fällt auch das bekannte Wort: Patria est, ubicum-
que est bene. Als Cicero die »Tusculanen« schrieb, lag das eigene
Exil, der Ernstfall derartiger Betrachtungen, erst zwölf bis dreizehn Jahre zurück – damals hatten ihm die Tröstungen der Philosophie nichts zu geben vermocht.

Während Cicero ganz und gar um sich selbst kreiste und über
der Frage nach der ›Schuld‹ an seinem Schicksal brütete, suchten seine Freunde, allen voran der einflußreiche Atticus, seine
Rückberufung in die Wege zu leiten. Die Lage hatte sich bereits
im April 58 zugunsten Ciceros verändert: Clodius hatte einem
armenischen Prinzen, einem Gefangenen des Pompeius, die
Flucht ermöglicht; hierüber war zwischen ihm und Pompeius ein
Konflikt ausgebrochen. Am 1. Juni unternahm der Senat einen
ersten Anlauf, Ciceros Rückberufung zu beschließen: vergebens,
da ein mit Clodius befreundeter Tribun widersprach. Dann kam
es erst Ende Oktober wieder zu einer Initiative: acht Cicero
freundlich gesinnte Tribunen veröffentlichten einen Gesetzesvorschlag über seine Rückkehr; auch dieser Versuch scheiterte an
der Interzession der Gegenseite.

Man setzte nunmehr auf die neuen Konsuln, die am 1. Januar 57 ihr Amt antreten würden: Publius Cornelius Lentulus Spinther hatte zugesichert, sich mit Entschiedenheit für Cicero zu verwenden; Quintus Caecilius Metellus Nepos, der Mann, mit dem Cicero am Ende seines Konsulats so hart aneinander geraten war, versprach, sich dem Wunsche des Senats zu beugen. Angesichts dieser Situation begab sich Cicero schon Ende November von Thessalonike nach Dyrrhachium zurück. Doch im Januar 57 wiederholte sich das Spiel des Vorjahres: ein Senatsbeschluß kam nicht zustande, da ein Tribun Einspruch erhob; eine Volksversammlung, die über ein Rückberufungsgesetz abstimmen sollte, wurde von den Banden des Clodius gesprengt. Während der darauffolgenden Monate regierte in Rom der Knüppel; erst nach erbitterten Kämpfen vermochten die Schutztruppen zweier optimatisch gesinnter Tribunen, des Titus Annius Milo und des Publius Sestius, den Terror der Clodius-Bande zu brechen. Im Mai kam Ciceros Sache endlich voran, wobei Pompeius tatkräftig mitwirkte. Der Senat beschloß damals, daß die Stimmberechtigten ganz Italiens aufgefordert werden sollten, die über das Rückberufungsgesetz befindende Volksversammlung aufzusuchen. Anfang Juli legte der Senat den Gesetzestext und alle übrigen Modalitäten der Rückberufung fest; am 4. August nahm die Volksversammlung das Gesetz unter großer Beteiligung an.

»Am 4. August fuhr ich von Dyrrhachium ab«, schreibt Cicero an Atticus, »an eben dem Tag, an dem das Gesetz über mich eingebracht wurde. Am Tage darauf gelangte ich nach Brundisium. Dort erwartete mich meine Tullia, die gerade Geburtstag hatte ... Am 11. August erfuhr ich, während ich mich noch in Brundisium aufhielt, durch einen Brief von Quintus, daß das Gesetz mit wunderbarem Eifer aller Altersstufen und Stände und unter unglaublicher Beteiligung Italiens von der Volksversammlung bestätigt worden sei. Ich reiste in höchsten Ehren aus Brundisium ab; auf meinem Wege fanden sich von überallher Abgesandte ein, mir Glück zu wünschen. Als ich in die Nähe der Stadt kam, war kein Bürger, dessen Name ein Nomenclator kennt, der mir nicht entgegengekommen wäre ... Als ich das Capenische Tor erreichte, drängten sich die Volkshaufen auf den Tempelstufen; sie gaben mir ihre Anteilnahme durch lautes Beifallklatschen zu erkennen. Eine ähnliche Menge und Beifallsbekundung begleitete mich bis zum Kapitol; auf dem Forum und auf dem Kapitol waren unglaublich viele Menschen.« So Cicero über seine Heimkehr; am Tage nach seiner Ankunft in Rom, am 5. September, trug er im Senat eine überschwengliche Danksagung vor. Außer dieser Rede ist noch eine analoge Ansprache an das Volk erhalten – Cicero hat sie vielleicht nicht mündlich kundgetan, sondern lediglich als eine Art Flugschrift veröffentlicht.

In diesen beiden Danksagungen gab Cicero zum ersten Male seine Deutung des Exils bekannt, eine Art Mythos, wenn man sie an den nüchternen Tatsachen mißt: er, der das römische Volk im Jahre 63 vor Catilina errettet hatte, entriß Rom nunmehr ein zweites Mal dem Verderben. Denn Clodius und mit ihm im Bunde die schlimmsten Konsuln der römischen Geschichte, Gabinius und Piso, hatten sich verschworen, ihm und dem Staat den Untergang zu bereiten – da begab er sich freiwillig aus dem Lande, um einen entsetzlichen Bürgerkrieg zu verhüten. Zwar gingen die Freiheit sowie die Würde und das Ansehen des Senats zugleich mit ihm in die Verbannung; immerhin blieb das römische Volk physisch erhalten, und so konnten mit ihm die republikanische Verfassung und aller Glanz des überkommenen Staates nach Rom zurückkehren.

Das Gesetz vom 4. August 57, das den über Cicero verhängten Bann aufhob, ordnete auch die Wiedereinsetzung in das gesamte eingezogene Vermögen an; für die Verwüstungen war eine Entschädigung in Geld vorgesehen. Beim Stadthaus am Palatin stieß Cicero auf eine Schwierigkeit. Das Haus grenzte an eine Säulenhalle, die Quintus Lutatius Catulus, Feldherr im Kampf gegen die Cimbern (neben Marius), errichtet hatte. Als Cicero ins Exil ging, brachte Clodius es bei der Versteigerung durch einen

Strohmann an sich; er gedachte dort seinen Wohnsitz zu errichten. Er gestaltete auch die Säulenhalle des Catulus um; er verband sie mit einem Stück des ciceronischen Besitztums, wo er ein Marmorbild, eine weibliche Figur, aufstellte, und er weihte sowohl die Säulenhalle als auch das Marmorbild mitsamt dem zugehörigen Grundstücksstreifen der Libertas, dem Symbol der römischen Bürgerfreiheit.

Als nun Cicero seine Besitzungen zurückerhielt, da erhob Clodius wegen der Fläche des palatinischen Grundstücks, die er dem Libertas-Heiligtum zugeschlagen hatte, Einspruch: was einmal einer Gottheit geweiht war, galt als deren Eigentum und durfte nie wieder in menschlichen Besitz übergehen. Der Senat beschloß daraufhin, sich über die Rechtsgültigkeit der Weihung des Clodius von den Pontifices ein Gutachten erteilen zu lassen. Sowohl Clodius als auch Cicero erschienen vor den Pontifices, ihren Standpunkt darzulegen; Cicero bekundete seine Meinung, daß die von Clodius vorgenommene Weihung nichtig sei, durch die erhaltene lange Rede »De domo sua«, »Über das eigene Haus«. Die Pontifices machten sich Ciceros Argument zu eigen, daß ein Beamter nur dann im Namen des Staates ein Heiligtum weihen dürfe, wenn er hierzu durch ein Gesetz ermächtigt war – Clodius hatte diesen Grundsatz nicht beachtet, so daß seine Weihung ungültig war. Der Senat wies daraufhin den Einspruch des Clodius zurück. Jetzt konnte Cicero auch seinen stadtrömischen Wohnsitz wiederaufbauen; ein Überfall auf die Handwerker, den Clodius Anfang November inszenierte, blieb offenbar ein ephemeres Ereignis.

12. Kapitel

Unter dem Regime der Dreimänner

Die Politik der Monate vom Herbst 57 bis zum Frühjahr 56 hatte ein ungewöhnlich diffuses Aussehen. Caesar, wohl der einzige, der damals klare Vorstellungen und Ziele hatte, machte sich kaum bemerkbar. Das Bündnis der Dreimänner zeigte Risse, und die Optimaten, weit davon entfernt, sich über einen einheitlichen Kurs zu verständigen, zerrieben ihre Kräfte mit engstirnigen, kleinlichen Projekten, und so bot Rom ein von Obstruktion und Intrigen erfülltes Panorama dar: optimatische Cliquen, Pompeius, Crassus, Cicero, der vom Staat gefütterte Pöbel und seine Anführer – sie alle kochten je für sich ihre Süppchen, ohne noch zu ahnen, daß die Zukunft Roms von den Entschlüssen des in Gallien weilenden Caesar abhängen werde.

Ein Paradebeispiel für das damalige Niveau der Politik ist der Streit um die Rückführung des Königs Ptolemaios XII., mit dem Beinamen Auletes, der »Flötenbläser«. Ägypten lag schon seit langem darnieder. Um die Mitte des 2. Jahrhunderts v. Chr. war es in römische Abhängigkeit geraten; Aufstände und Meuchelmorde zerrütteten das Königtum. Ptolemaios, der den Thron seit dem Jahre 80 innehatte, wurde erst im Jahre 59 als »Freund und Bundesgenosse des römischen Volkes« anerkannt – hierfür hatte er an Caesar und Pompeius beträchtliche Summen entrichten müssen. Schon im Jahre darauf fühlte er sich in seinem Lande nicht mehr sicher; er floh nach Rom und suchte Schutz bei Pompeius. Nunmehr setzte ein widerliches Tauziehen um die Rückführung ein, die dem hiermit Beauftragten große Gewinne versprach. Im Herbst 57 übertrug der Senat dem damaligen Konsul

Lentulus Spinther, dem künftigen Statthalter von Kilikien, die Aufgabe; Leute des Pompeius suchten daraufhin den Beschluß zu hintertreiben. Nunmehr lancierten optimatische Kreise ein Orakel, welches davor warnte, den König »mit einer Menge« zu unterstützen – hiermit sollte ein Sonderkommando zugunsten des Pompeius verhindert werden. Derlei pfäffischer Spuk spielte auch damals noch eine nicht geringe Rolle, obwohl man sich fragt, wer wohl nicht durchschaute, daß es sich um nichts anderes handelte als um bestellte Arbeit von Interessenten. Der Senat befand tatsächlich, eine Rückführung mit einer Menge sei staatsgefährlich; er ließ indes offen, wer jetzt, wenn auch ohne Truppenmacht, den König wieder in Amt und Würden einsetzen solle.

Cicero und andere suchten Lentulus den Auftrag zu erhalten, ein Tribun wollte Pompeius damit betraut wissen, und ein anderer Tribun unternahm gar den Versuch, Lentulus durch ein Gesetz das Imperium in Kilikien zu entziehen. Gnaeus Cornelius Lentulus Marcellinus, einer der Konsuln des Jahres 56, wußte durch einen Kniff zu verhindern, daß über den zuletzt erwähnten Gesetzesentwurf abgestimmt wurde, indem er alle Komitialtage, d. h. Tage, an denen Volksversammlungen stattfinden durften, aufhob – bis im Frühjahr Pompeius das Interesse an der ganzen Sache verloren hatte. Ptolemaios mußte sich noch ein ganzes Jahr gedulden: im Frühjahr 55 marschierte Gabinius, damals Statthalter von Syrien, mit seinen Truppen in Ägypten ein, und Ptolemaios erhielt für das Versprechen von 10 000 Talenten seinen Thron zurück.

Das 1. Buch der Sammlung Ad familiares besteht aus Briefen, die Cicero in den Jahren 56–54 an Lentulus Spinther gerichtet hat; die ersten Stücke befassen sich ausführlich mit der ägyptischen Affäre. Cicero war in dem Intrigenspiel vielleicht der einzige, der sich nicht von blankem Egoismus leiten ließ: er wußte sich Lentulus Spinther gegenüber, der wie kein anderer mit Energie seine Rückberufung betrieben hatte, zu tiefem Dank verpflichtet, und es war ihm überaus peinlich, daß er seinem freundschaftlichen Helfer keinen angemessenen Gegendienst zu leisten vermochte.

Um die inneren Angelegenheiten Roms war es in den Monaten nach Ciceros Rückkehr nicht besser bestellt. Hier standen noch die Rechnungen offen, die sich aus den wüsten Bandenkämpfen des Winters vor Ciceros Rückberufung ergeben hatten. Der Streit ging zunächst um den schließlich erfolgreichen Versuch des Clodius, sich nach dem amtlosen Jahr 57 durch die Ädilenwürde wieder eine legale Basis für seinen zerstörerischen Tätigkeitsdrang zu verschaffen. Milo aber wollte Anklage gegen Clodius erheben, und die Ädilenwahlen wurden bis in den Januar 56 verschleppt. Dann jedoch setzten gewisse optimatische Zirkel sich durch, die – es klingt unglaublich – Clodius zu ihrem Bundesgenossen erkoren hatten. Diese Leute hatten nämlich mit Wohlgefallen zur Kenntnis genommen, wie unverschämt Clodius während seines Tribunats mit Pompeius und dann sogar mit Caesar umgesprungen war; sie glaubten, der außer Rand und Band geratene Knüppelheld könne ihnen als Werkzeug gegen Pompeius dienen, und so setzten sie durch, daß Milo von dem Vorhaben, Clodius anzuklagen, abließ und Clodius zum Ädilen gewählt wurde.

Dieser drehte sofort den Spieß um: gegen Milo eröffnete er selber ein Verfahren wegen vis, »Gewaltanwendung«, gegen Sestius, den zweiten Tribunen vom Jahre zuvor, der ihm Paroli geboten hatte, schickte er einen Gehilfen vor. Beim Prozeß gegen Milo kam es zu Ausschreitungen, die von Clodius inszeniert waren und sich insbesondere gegen Pompeius richteten; daraufhin wurden allerseits Knüppelbanden bereitgestellt, und es sah aus, als sollten die Zustände vom Jahre zuvor wiederkehren. Doch das Verfahren gegen Milo kam nicht zum Abschluß, und die folgenden Prozesse verliefen in geordneten Bahnen. Im Februar verteidigte Cicero den wegen unerlaubter Wählerbeeinflussung angeklagten ehemaligen Ädilen Lucius Calpurnius Bestia. Er benutzte in dem an sich unbedeutenden Verfahren die Gelegenheit,

die Vorwürfe, die gegen Sestius erhoben wurden, ins richtige
Licht zu rücken: Bestia hatte Sestius bei einer der Schlägereien
des Jahres 57 das Leben gerettet, und Cicero pries diese Tat (wie
er dem Bruder Quintus schreibt; von der Rede ist nichts erhalten)
mit aufrichtigem Lob.

Ciceros vollständig erhaltene noble Verteidigungsrede für Sestius scheint sich mit allem, was damals unternommen wurde, in
die enge, die Dinge aus viel zu großer Nähe betrachtende Perspektive zu teilen, d. h. sie zeigt ebensowenig Einsicht in die
wahren politischen Kräfteverhältnisse wie ihr gesamtes stadtrö-
misches Ambiente; sie ragt indes durch ihren Elan, durch ihr
Bestreben, die beste römische Staatstradition für die Aufgaben
der Gegenwart zu mobilisieren, über die öden Taktiken und
Praktiken der damaligen Durchschnittspolitik weit hinaus.

Cicero schildert zunächst, in einem weit ausladenden historischen Teil, einmal mehr die Ereignisse um sein Exil, die Dinge
also, die er bereits in den beiden Danksagungen und in der Rede
»Über sein Haus« ausgiebig erörtert hatte. Sodann aber zeichnet
er in einem zweiten, systematischen Teil ein idealisiertes Bild von
der überlieferten Staatsordnung und vom Regiment der Optimaten – hier, zu Beginn dieser Darlegungen, die sein politisches
Programm, sein politisches Credo enthalten, bringt er die faszinierende Formel cum dignitate otium, womit gemeint ist, daß
der innere Friede (otium) auf der Grundlage der unangefochte-
nen Geltung der ständischen Gesellschaftsordnung (dignitas) ge-
wahrt bleiben solle. Cicero deutet an, daß es nicht angehe, eines
dieser beiden Ziele, das otium oder die dignitas, einseitig zu verfolgen und ohne Rücksicht auf den Frieden nach Würde oder
ohne Rücksicht auf die Würde nach Frieden zu streben. Das
innere Gleichgewicht dieser Ordnung, meint Cicero, sei durch
zwei Gefahrenquellen bedroht: durch die primäre Gefahr einer
Gegnerschaft, die aus revolutionären Elementen und politischen
Abenteurern bestehe; durch die sekundäre Gefahr, welche aus
der Lauheit derer entspringe, die im Falle der Not zur Verteidi-

gung berufen wären. Allerdings, behauptet Cicero kühn, sei der ernsthafte Konflikt zwischen Optimaten und Popularen längst überstanden; es gebe jetzt nur noch die Schattenkämpfe gedungener Knüppelbanden.

Das Programm der Rede für Sestius knüpft offensichtlich an das Schlagwort der Konsulatsreden, an den consensus omnium bonorum an – hier wie dort geht es darum, daß sich die Rechtgesinnten, die boni, d. h. der überwiegende Teil der Bürgerschaft, die Ziele der optimatischen Politik zu eigen machen. Und offensichtlich gab es im Jahre 56 jedenfalls in den oberen Ständen, aus denen sich die Geschworenen rekrutierten, noch Männer genug, die von Fall zu Fall für einen derartigen Appell zugänglich waren: der Gerichtshof sprach Sestius einstimmig frei, d. h. er folgte ausnahmslos der Argumentation Ciceros, wonach Sestius und Milo in einer Art Notwehr auf die Herausforderung durch Clodius reagiert hatten.

Der Höhenflug der Rede für Sestius hatte ein erheblich niedrigeres Nachspiel, und zwar sowohl vor Gericht, während der Verhandlung gegen Sestius, als auch in Ciceros rednerischem Werk. Publius Vatinius, der Anhänger Caesars, der im Jahre 59 als Volkstribun das Gesetz eingebracht hatte, welches Caesar das außerordentliche Kommando in Gallien verschaffte, trat im Prozeß gegen Sestius als Belastungszeuge auf; in seiner Aussage suchte er das Plädoyer Ciceros als das nichtssagende Gerede eines belanglosen Opportunisten hinzustellen. Cicero schlug überaus heftig zurück; er ließ sich zu einem jener maßlosen Angriffe hinreißen, mit denen er in den fünfziger Jahren nicht die wahren Urheber des politischen Geschchens, sondern deren Helfer oder Leute, die er für die Urheber hielt, bedacht hat.

Er hielt seine Replik für wichtig genug, daß er sie, wenn auch nicht ohne Änderungen, veröffentlichte, und so ist sie denn als wüste Invektive auf uns gekommen. Hierbei muß allerdings bedacht werden, daß sie nicht nur gegen den Autor spricht, sondern auch gegen die Zeit ihrer Entstehung: es war damals allgemein üblich, ein Äußerstes an Gemeinheit und Roheit zu wagen, wenn es darum ging, einen politischen Gegner zu verunglimpfen.

Die Attacken der sogenannten Befragung des Zeugen Vatinius trafen – trotz aller gegenteiliger Versicherungen Ciceros – nicht nur Vatinius selbst, sondern auch die Dreimänner, in deren Auftrag er gehandelt hatte, insbesondere Caesar. Es ist schwer vorstellbar, daß sich Cicero aus blanker Wut zu seinem Versuch, Vatinius zu isolieren, hat bestimmen lassen. Sein Angriff fiel, wie das ganze Verfahren gegen Sestius, in eine Zeit der unklaren Kräfteverhältnisse, da der Einfluß Caesars zurückzugehen und der Konsens zwischen Caesar und Pompeius gestört zu sein schien. Vatinius hatte sich zu Beginn des Jahres vergeblich um die Ädilität beworben; Cicero mag sich hierdurch in seiner Annahme bestärkt gesehen haben, daß er nunmehr auch seinerseits dem Manne Caesars einen Stoß versetzen könne.

Ciceros Schaffenskraft war bisweilen schier unerschöpflich, und so entstand damals, im Frühjahr 56, als geradezu heiteres Zwischenspiel, ein Meisterwerk seiner Advokatenkunst: das Plädoyer für Marcus Caelius Rufus. Caelius, ein hochbegabter, aber haltloser Ritterssohn, war von Cicero zum Redner herangebildet worden. Es folgten Jahre der Entfremdung: Caelius schloß sich eine Zeitlang Catilina an, und er war es, der in zwei Prozessen, in denen Cicero als Verteidiger fungierte, in den Prozessen gegen Antonius und gegen Bestia, die Anklägerrolle übernommen hatte. Cicero war gleichwohl großmütig genug, sich für den jugendlichen Heißsporn einzusetzen, den seine Prozeßlust in ein nicht ungefährliches Verfahren verwickelt hatte: er sollte sich an Gewalt- und Mordtaten beteiligt haben, durch die König Ptolemaios eine gegen seine Rückführung protestierende Gesandtschaft aus Alexandrien mundtot zu machen suchte. Die Ankläger konnten mit einer skandalumwitterten Dame der römischen Hautevolée als Kronzeugin aufwarten: mit Clodia, einer der drei Schwestern von Ciceros Todfeind, wahrscheinlich derjenigen, die als die Lesbia Catulls in die Unsterblichkeit eingegangen ist.

Ciceros Plädoyer, eine sittengeschichtliche Quelle ersten Ranges, gibt köstliche Einblicke in das lockere Treiben gewisser Kreise der spätrepublikanischen Gesellschaft, und es gibt sie heiter-frivol und ohne zu moralisieren aus überlegener Distanz. Man sei nicht engherzig bei der überschäumenden Jugend, und auch bei den Altvorderen ging es, als sie noch jung waren, manchmal lustig zu: wenn Cicero die Altersliberalität, die er hier bekundet, nur gespielt hat, indem er sich um seines jugendlichen Schützlings willen die Maßstäbe der damaligen Durchschnittsmoral zu eigen machte, dann hat er sie durchaus überzeugend gespielt. Caelius wurde freigesprochen.

Um dieselbe Zeit, Anfang April 56, kam im Senat der ager Campanus, die Mark von Capua zur Sprache: Caesars zweites Siedlergesetz hatte diesen Landstrich für Bauernstellen bestimmt und so den Staat wertvoller Domänen, die hohe Einnahmen abwarfen, beraubt. Den Optimaten war gerade diese Maßnahme von Caesars Konsulat ein Dorn im Auge, und so ging man jetzt mit dem Gedanken um, sie anzufechten, wobei man wohl auf die Unterstützung des Pompeius hoffte, da ja sein Bündnis mit Caesar in eine Krise geraten zu sein schien. Cicero stand nicht an, sich an dem Angriff auf das »Bollwerk« der caesarischen Politik, wie er sich ausdrückte, zu beteiligen: auf seinen Antrag hin beschloß der Senat, am 15. Mai über den ager Campanus zu debattieren.

Diese Debatte hat nicht stattgefunden. Denn Caesar nahm weder den von Cicero erwirkten Beschluß noch andere Drohungen der Optimaten untätig hin; er traf sich Mitte April mit Crassus in Ravenna und mit Pompeius in Luca und brachte es fertig, nicht nur die unter den Dreien schwelenden Differenzen zu beseitigen, sondern auch den Kurs für die kommenden Jahre festzulegen: Crassus und Pompeius sollten das Konsulat des Jahres 55 beanspruchen und für sich selbst Befehlshaberstellen von fünfjähriger Dauer sowie für Caesar eine ebenso bemessene Verlängerung seines gallischen Kommandos durchsetzen. Diese

Vereinbarungen wurden allerdings strikt geheimgehalten, und sowohl Cicero als auch andere maßgebliche Senatoren erfuhren zunächst nur, daß die Debatte über den ager Campanus nicht stattfinden dürfe und überhaupt jede caesarfeindliche Politik unterbleiben müsse. Bei Cicero meldete sich kurz vor dem 15. Mai ein Vertrauensmann des Pompeius und richtete aus, er solle, was den ager Campanus betreffe, nichts unternehmen, bis Pompeius – der sich damals in Sardinien und dann in Afrika aufhielt – zurückgekehrt sei. Cicero nahm daraufhin an den Senatssitzungen des 15. und 16. Mai nicht teil, und die ganze Sache zerstob zu nichts.

So war ziemlich lautlos eine Wende eingetreten: in Norditalien hatten zwei Besprechungen stattgefunden, ein paar Boten waren nach Rom geeilt, und schon hatte sich das Gleichgewicht der Kräfte, das vorher geherrscht zu haben schien, sehr zuungunsten des Senats verschoben; mit einer selbständigen optimatischen Politik und mit all den Intrigen und Machenschaften war es auf einmal vorbei. Am offenkundigsten hatte sich Cicero in der Einschätzung der Lage verspekuliert. Seine große Rede für Sestius hatte ja nicht nur einem aktuellen Zweck dienen, sondern darüber hinaus zu einer grundsätzlichen Neubesinnung auf die Maximen der überlieferten Staats- und Gesellschaftsordnung führen sollen – ein Ziel, das ihr gänzlich versagt bleiben mußte. Rom war eben nur noch der Ort, an dem politisches Handeln legitimiert wurde, nicht mehr der Sitz des politischen Handelns selbst, wie die Konferenzen zu Ravenna und Luca zeigten. Die Erneuerung des Triumvirats ließ von der ciceronischen Formel nur noch das otium, den inneren Frieden übrig; mit der dignitas, der Würde eines souverän die Geschicke Roms lenkenden Senats war es vorbei. Die Gegnerschaft der überlieferten Ordnung bestand eben nicht nur, wie Cicero glaubte, aus ein paar stadtrömischen Knüppelbanden, sondern vor allem aus Angehörigen der ärmeren Bürgerschichten, die sich um Caesars Fahnen scharten, sowie aus Caesar selbst und seinem Führungsstabe. Cicero unterschied sich von seiner optimatischen Umgebung vornehmlich dadurch, daß er Ideale hatte und diese Ideale verkündete, weil er sie für realisierbar hielt, während die altadligen Standesherren gänzlich in ihrer engstirnigen Cliquenwirtschaft aufgingen.

Cicero hat sich der neuen Lage sehr schnell anbequemt: auf die allgemeine Wende folgte unmittelbar seine Schwenkung, sein Eintreten für die Belange der Dreimänner. Schon Ende Mai bekam Caesar vom Senat bewilligt, was Cicero noch zwei Monate zuvor, als zum ersten Male davon geredet wurde, als monstra, als »Ungeheuerlichkeiten« bezeichnet hatte: daß die Staatskasse den Sold für vier Legionen zahle, die Caesar eigenmächtig ausgehoben hatte, und daß Caesar zehn Unterfeldherrn haben dürfe; kein anderer als Cicero stellte die Anträge, weil er, wie er einige Monate später sagte, glaubte, es sei nicht recht, bei der ursprünglichen ablehnenden Haltung zu bleiben, und weil er es für besser hielt, sich auf die neuen politischen Verhältnisse und auf concordia, Verständigung einzurichten.

Schon kurze Zeit darauf, im Juni, sah sich Cicero veranlaßt, noch entschiedener für Caesar einzutreten. Es ging um die Frage, welche Provinzen die Konsuln des Jahres 55 im darauffolgenden Jahre verwalten sollten; wie schon erwähnt, hatte ein Gesetz des Gaius Gracchus dem Senat die bindende Pflicht auferlegt, hierüber jeweils vor den Konsulwahlen eine Entscheidung zu treffen. Es gab Anträge, die auf Gallien, Caesars damaligen Amtsbereich, zielten; diese Vorschläge hätten, wenn sie zum Beschluß erhoben worden wären, die von den Dreimännern geplante Verlängerung von Caesars gallischem Kommando zumindest erschwert. Cicero trat für einen Gegenantrag ein, der Syrien und Makedonien vorschlug: so wurde Caesar geschont und zugleich den beiden Männern die Statthalterschaft entzogen, denen er – neben Clodius – die Hauptschuld an seinem Exil beimaß. Er setzte sich auch im wesentlichen durch, d. h. es fand sich keine Mehrheit für den kühnen, wenn nicht aberwitzigen Versuch, den Besitzstand Caesars in Frage zu stellen. Die Rede aber, die er damals hielt – »Über die konsularischen Provinzen« – und die er auch alsbald veröffentlichte, bekundete vor aller Welt, daß er zu den Dreimännern übergetreten war, und hierbei ist es dann vier Jahre lang geblieben, bis zur mutigen Verteidigung des Freundes Milo im Jahre 52.

Im Spätsommer kam es während einer Senatssitzung zu einem heftigen Wortwechsel zwischen Cicero und Clodius; Cicero benutzte die Gelegenheit zu einer gründlichen Abrechnung mit seinem Erzfeinde, zu der Rede »De haruspicum responso«, »Über das Gutachten der Opferschauer«. Optimatische Kreise hatten einer römischen Tradition gemäß etruskische Opferschauer und Zeichendeuter beauftragt, sich gutachtlich über mögliche Folgen jüngster Ereignisse, insbesondere kultisch-religiöser Verfehlungen, zu äußern. Clodius war dreist genug, das Gutachten in einer Volksversammlung in seinem Sinne auszulegen, wobei er auch Cicero als religiösen Frevler dingfest machte. Cicero wiederum nahm den Streit im Senat zum Anlaß, das Gutachten Satz für Satz gegen Clodius auszumünzen. Seine Rede mündet in einen Appell an den Senat: in kühner Verallgemeinerung werden dort sowohl der Senat als auch die Dreimänner unter den Optimatenbegriff subsumiert und wird behauptet, die Staatskrise lasse sich schon dadurch beheben, daß sich der Senat von Clodius distanziere und den Dreimännern gegenüber Verhandlungsbereitschaft zeige. Cicero verkannte hierbei, daß eine Verständigung des Senats mit den Dreimännern auf die völlige Preisgabe der republikanischen Verfassung hinauslief; er suchte seinen Weg, sich mit den Verhältnissen zu arrangieren, als den einzig richtigen erscheinen zu lassen, und stellte so seinem Sinn für das politisch Mögliche ein überaus ungünstiges Zeugnis aus.

Mit der Rede für Lucius Cornelius Balbus, wohl vom Herbst 56, beginnt die Reihe der Verteidigungen, die Cicero im Dienste und auf Drängen der Dreimänner übernommen hat; hiervon sind allerdings lediglich die Plädoyers für Balbus und für Rabirius Postumus auf die Nachwelt gekommen. Balbus war damals Caesars Chefagent und gewissermaßen die graue Eminenz der Dreimännerherrschaft. Er stammte aus Gades in Spanien; gewisse Optimaten suchten ihn dadurch zu Fall zu bringen, daß sie vor Gericht sein römisches Bürgerrecht anfochten. Cicero konstatiert mit Recht, daß der Angriff in Wahrheit den Dreimännern gilt; er rät von dem aussichtslosen Kampfe ab. Balbus wurde freigesprochen. Mit ihm war Cicero nie aneinandergeraten, und sein Fall warf staats- und völkerrechtliche Fragen auf, bei deren Behandlung sich ein tüchtiger Anwalt nichts vergab.

Um so unangenehmer war es für Cicero, daß Pompeius ihm die Verteidigung des Lucius Caninius Gallus, eines Gegenspielers bei seinen Bemühungen, Lentulus Spinther den Auftrag zur Rückführung des Königs Ptolemaios zu verschaffen, ansann; er schreibt anläßlich dieses Falles: »Ich erwarte nichts mehr von meiner Mühe, ja, ich sehe mich mitunter genötigt, Menschen, die sich nicht um mich verdient gemacht haben, zu verteidigen, und zwar auf Bitten derer, die sich wohl um mich verdient gemacht haben.«

Doch die ärgsten Zumutungen waren die erzwungenen Plädoyers für einstige Feinde: für den Caesarianer Vatinius und den Pompejaner Gabinius, beide im Jahr 54 – gerade hier mußte er sich von optimatischer Seite scharfe Vorhaltungen gefallen lassen. Während bei der Verteidigung des Gabinius noch die Schmach hinzukam, daß sie mit einer Niederlage endete, hatte Cicero im daran sich anschließenden Verfahren gegen dessen Gehilfen Gaius Rabirius Postumus wieder einen besseren Stand: hier trat er für den Adoptivsohn des Mannes ein, den er knapp ein Jahrzehnt zuvor in einem von Caesar inszenierten politischen Prozeß verteidigt hatte, woraufhin er während seines Exils vom Sohne durch tätige Hilfe belohnt worden war.

Im Spätsommer 55 kehrte Piso Caesoninus von seiner Statthalterschaft in Makedonien zurück. Er war neben Gabinius, dem anderen Konsul des Jahres 58, und neben dem Erzfeind Clodius die Hauptzielscheibe der Haßausbrüche, zu denen sich Cicero seit seiner Rückkehr aus dem Exil immer wieder hinreißen ließ. Cicero befand sich, nachdem er auf eine selbständige Politik hatte verzichten müssen, seit er sich im Senat und vor den Gerichten als Gehilfe der Dreimänner betätigte, in einer besonders labilen psychischen Verfassung, und so kam es zu einer Invektive gegen Piso, welche die Attacken gegen Vatinius und gegen Clodius (in der Rede »Über das Gutachten der Opferschauer«) an Länge und Grellheit erheblich überbot.

Piso hatte lediglich die Deutung angegriffen, die Cicero seinem Exil zuteil werden zu lassen nicht müde wurde: daß Cicero einer Verschwörung habe weichen müssen, welche Clodius und die Konsuln des Jahres 58 zu Häuptern hatte; Piso stellte demgegenüber nüchtern fest, Cicero halte sich, da er die eigentlichen Urheber seiner Verbannung, Caesar und Pompeius, nicht anzugreifen wage, an denen schadlos, denen er sich überlegen glaube. So richtig diese Analyse des Geschehens war, so wenig brachte Cicero es fertig, sie sich zu eigen zu machen. Seine Eigenliebe zwang ihn, gleichsam wider besseres Wissen an seiner Version festzuhalten; Attacken wie die Pisos verletzten ihn tief, und so versuchte er, ihre Berechtigung dadurch zu leugnen, daß er sie in unüberbietbaren Schimpfkanonaden niederschrie.

Das nicht vollständig erhaltene schriftliche Erzeugnis, das er der Öffentlichkeit vorzulegen für gut befand, enthält ein ganzes Arsenal von herkömmlichen Topoi der Invektive: für nahezu alles, was Cicero gegen die Herkunft, das Äußere, den Charakter und die Handlungen seines Feindes anzuführen weiß, ließen sich Parallelen beibringen. Gleichwohl hat die Massierung von Verunglimpfungen und Beschimpfungen, mit der das Pamphlet gegen Piso aufwartet, Seltenheitswert; mit diesem Produkt hat sich Cicero unter den Schmähern der lateinischen Literatur einen herausragenden Platz gesichert, der ihm allenfalls von Catull und dann erst wieder vom Kirchenvater Hieronymus streitig gemacht werden könnte.

Ciceros Arbeitskraft und Leistungsbereitschaft wurde von dem leidigen, halb freiwilligen, halb unfreiwilligen Dienst für die Dreimänner und von sinnlosen Wortgefechten gegen teils eingebildete, teils wirkliche Feinde bei weitem nicht aufgezehrt: es blieb Raum nicht nur für die ersten großen Dialoge – für De oratore, De re publica und wahrscheinlich auch De legibus –, sondern darüber hinaus noch für einige forensische Erzeugnisse. Die Dreimänner pflegten nur dann in das stadtrömische Treiben einzugreifen, wenn es um ihre Machtpositionen ging; daneben aber gab es viel Tagespolitik, die von den Auseinandersetzungen zwischen ihnen und der Senatsaristokratie unberührt blieb.

Hiervon legen zwei ciceronische Reden des Jahres 54 Zeugnis ab: die nur zu einem Drittel erhaltene Verteidigung des Marcus Aemilius Scaurus, eines Durchschnittsoptimaten, der sich als Statthalter von Sardinien und Korsika schamlos bereichert hatte, sowie das Plädoyer für Gnaeus Plancius. Hier zeigt sich Cicero einmal wieder von seiner besten Seite, wenn man von einer leidigen Partie absieht, in der er sich mit seinem Verhältnis zu den Dreimännern befaßt. Plancius hatte sich im Jahre 58 als Quästor in Makedonien selbstlos und mutig des verbannten Cicero angenommen; jetzt, da der Wohltäter wegen einer angeblich mit unlauteren Mitteln gewonnenen Wahl vor Gericht steht, ist die Stunde des Dankes gekommen, und Cicero, der sich seiner Pflicht gern erinnert, holt zu einem wohlgelungenen Lobpreis der Dankbarkeit aus. Die Rede, ein Seitenstück des Plädoyers für Murena, vermittelt einmal mehr ein ungemein anschauliches Bild von den mannigfachen Verflechtungen innerhalb der spätrepublikanischen römischen Gesellschaft und von den Gepflogenheiten und Grundsätzen, an denen sich mit Hilfe dieses Systems von personalen Bindungen das Zusammenleben orientierte.

Cicero, der nicht nur in den hier genannten, sondern noch in einer Reihe weiterer Prozesse als Verteidiger tätig war, hat sich unter den Dreimännern im Senat weit weniger exponiert als vor den Gerichten: es blieb im wesentlichen bei der Rede »Über die konsularischen Provinzen«, die er wenige Wochen nach der Wende im Frühjahr 56 gehalten hatte. Die Machthaber nahmen offensichtlich vor allem seine advokatorischen Fähigkeiten in Anspruch, sie ließen zu, daß er den Senatssitzungen teils fernblieb, teils als schweigender Zuhörer beiwohnte; er selbst befolgte den Rat des Atticus und befleißigte sich großer Zurückhaltung. An dem Streit um das Konsulat des Pompeius und Crassus nahm er keinen Anteil, weder pro noch contra; auch beim nächsten Schritt, den die Dreimänner unternahmen, bei der Durchsetzung der Befehlshaberstellen für Pompeius und Crassus und bei der Verlängerung von Caesars gallischem Kommando, blieb Cicero stumm.

Lediglich Routineangelegenheiten lockten ihn gelegentlich aus der Reserve. So führten einmal Beschwerden über den syrischen Statthalter Gabinius zu einem heftigen Zusammenstoß mit Crassus; Pompeius und Caesar drangen auf Aussöhnung, und so speiste denn Crassus gemeinsam mit Cicero im Garten von dessen Schwiegersohn. Bald darauf reiste er nach Syrien ab, um von dort aus die Parther mit Krieg zu überziehen; das Unternehmen brachte ihm wenig später die schmähliche Niederlage bei Carrhae ein und kostete ihn das Leben. Dieses Ereignis blieb nicht ohne Rückwirkung für Cicero: ein Sohn des Crassus, der ebenfalls fiel, hatte dem Kollegium der Auguren angehört; Cicero erhielt die vakant gewordene Stelle.

Cicero hat sich durch seinen politischen Stellungswechsel im Frühjahr 56 nicht nur viel Kritik von Seiten seiner Zeitgenossen zugezogen; er hat sich dadurch auch in eine innere Notlage, in einen inneren Konflikt gebracht. Hiervon legt eine ziemlich dichte Folge von Briefen – an Atticus, an den Bruder Quintus und an Lentulus Spinther, der damals Statthalter von Kilikien war – ein beredtes Zeugnis ab. Eine ungemein anrührende Äußerung findet sich in einem Atticus-Brief vom Mai 56:

Was gibt es Widerlicheres als unser Dasein, zumal meines! Denn Du, obwohl Du von Natur aus ein Politikus bist, mußt persönlich keine Sklavendienste verrichten, hast nur an der allgemeinen Misere Anteil; ich aber gelte, wenn ich über den Staat rede, wie es sich gehört, als verrückt, wenn aber so, wie es die Umstände gebieten, als Knechtsseele, und wenn ich schweige, als erledigt und abgetan – muß ich das nicht als überaus peinlich empfinden? Die Peinlichkeit aber wird noch dadurch gesteigert, daß ich sie mir nicht anmerken lassen darf, um nicht undankbar zu scheinen. Wenn ich nun aber aufgäbe und mich in den Hafen der Muße zurückzöge? Unmöglich: ich muß in den Krieg und ins Feldlager. Also werde ich Gefolgsmann sein, der ich einen höheren Posten abgelehnt habe? So soll es sein; auch Du bist, wie ich sehe, hiermit einverstanden – hätte ich schon immer auf Dich gehört!

Cicero weiß, daß es mit der Entscheidungsfreiheit des Senats vorbei ist, daß er im Dienste der Machthaber steht – gleichwohl darf er sich nicht einfach zurückziehen. Warum nicht? Glaubte er, er werde wieder dem Clodius ausgeliefert, wenn er sich den Dreimännern versage, oder übte die Politik und zumal die forensische Tätigkeit noch stets Faszination auf ihn aus? Jedenfalls ist er den Dreimännern zu Dankbarkeit verpflichtet: er durfte aus dem Exil zurückkehren. Man hüte sich, Ciceros Rekurs auf Dankbarkeitspflichten als Opportunismus mißzuverstehen: Cicero mußte zumal Pompeius, der seine Rückberufung tatkräftig gefördert hatte, als seinen Wohltäter betrachten und war hierdurch in eine gewisse innere Abhängigkeit von ihm geraten. Persönliche Bindungen und Sachprobleme waren wie überall im römischen Leben so auch hier unauflöslich miteinander verquickt, was zumal in Krisenzeiten zu schweren Konflikten führen konnte.

Unter den Briefen an Lentulus Spinther (Ad familiares 1) ragt das vorletzte Stück, vom Dezember 54, heraus: Cicero legt dort ausführlich Rechenschaft über sein politisches Verhalten ab – wenn irgendwo, dann hat er sich hier, einem Manne gegenüber, den er schätzte und ernst nahm, aufrichtig geäußert und mit reiflicher Überlegung alles zusammengetragen, was er zu seiner Rechtfertigung vorbringen zu können glaubte. Lentulus hatte ihm geschrieben, er verstehe die Aussöhnung mit Caesar; er wünsche jedoch eine Erklärung, weshalb sich Cicero bereitgefunden habe, Vatinius zu verteidigen.

Cicero holt weit aus; er gibt einen Überblick über seine Politik seit seiner Rückkehr. Er habe damals, behauptet er, mit Entschiedenheit an seinen republikanischen Grundsätzen festgehalten – obwohl er deutlich bemerkte, daß es bei der Wiederherstellung seiner Würde und bei seiner Entschädigung auf seiten mancher Leute gehässige Reserven gab; insbesondere sei er es gewesen, der den Beschluß durchgesetzt habe, daß über den ager Campanus debattiert werden solle. Dann aber kam die Konferenz von Luca, und Cicero erhielt Weisung, vom ager Campanus abzulassen. Da aber habe er sich gewissermaßen von der res publica selbst ausbedungen, seinen Dankbarkeitspflichten genügen zu dürfen und seinen Bruder, der sich für ihn verbürgt habe, nicht Lügen zu strafen. Gewisse Optimaten hätten die Spannungen in seinem Verhältnis zu Pompeius und Caesar mit Schadenfreude registriert, ja, sie hätten sich auf besten Fuß mit seinem Todfeinde Clodius gestellt. Der Staat sei nicht in die Gewalt von Schurken geraten wie zu Zeiten Cinnas; vielmehr stehe Pompeius an seiner Spitze, ein hochverdienter Mann – da glaubte Cicero nicht, den Ruf der Unbeständigkeit fürchten zu müssen, wenn er ihm, seinem Wohltäter zuliebe in mancher Hinsicht eine etwas andere Sprache führe: non putavi famam inconstantiae mihi pertimescendam, si quibusdam in sententiis paulum me immutassem. Der Pakt mit Pompeius habe notwendigerweise ein gutes Verhältnis zu Caesar eingeschlossen, mit dem er auch durch seinen Bruder Quintus (der damals als Truppenführer Caesars in Gallien stand) verbunden sei. Nach langen Ausführungen über die schlechte Behandlung, die ihm bei seiner Flucht und nach seiner Rückkehr zuteil geworden sei, behauptete er nicht zu Unrecht, daß auch die sogenannten Optimaten nicht mehr konsequent an ihrer einstigen Einstellung festhielten. Die Aussöhnung mit Vatinius und Crassus wiederum, fährt Cicero fort, sei eine unvermeidliche Folge der Bitten des Pompeius und auch Caesars gewesen.

»Du hast jetzt erfahren«, faßt Cicero zusammen, »aus welchen Gründen ich für welche Sache eingetreten bin und welche Position ich meinesteils in der Politik einzunehmen gedenke. Sei bitte überzeugt, daß ich ganz genauso dächte, wenn ich in jeder Hinsicht freie Hand hätte; ich würde nicht glauben, gegen solche Machtmittel ankämpfen und – falls das möglich wäre – der führenden Stellung der fähigsten Bürger ein Ende bereiten zu sollen; ich würde auch nicht denken, ich müsse auf derselben Meinung beharren, obwohl sich doch die Umstände und die Haltung der Rechtgesinnten verändert haben, ich würde mich vielmehr den Zeitläuften fügen – temporibus adsentiendum.« Auch auf stürmischer See müsse man bisweilen den Winden nachgeben; das Programm cum dignitate otium bedinge nicht, daß man immer dasselbe sage, sondern vielmehr, daß man immer dasselbe Ziel im Auge behalte.

Die Gründe, die Cicero hier aufführt – was er über die Fähigkeiten und Leistungen von Pompeius und Caesar einerseits und über die Lauheit und Kompromißbereitschaft weiter optimatischer Kreise andererseits schreibt –, verdienen im wesentlichen Zustimmung. Das Räsonnement zeigt aber auch, daß es die Position, die für Cicero passend gewesen wäre, einfach nicht gab: er maß sowohl die Optimaten als auch die Dreimänner an überlieferten politisch-moralischen Normen, die fast nirgends mehr verbindlich waren, weder bei einem Großteil der Optimaten noch gar bei den Dreimännern. Seine Chimäre von der res publica, der altüberkommenen Republik, hinderte ihn am kompromißlosen Mitmachen auf Seiten der Optimaten ebenso wie auf Seiten der

Machthaber – an rigorosem, um des Prinzips willen geübtem Widerstand gegen das Regime, wie ihn Cato und sein Anhang übten, hinderte ihn wohl nicht zuletzt die Erkenntnis, daß ein derartiger Widerstand aussichtslos sei.

Doch alle noch so gut begründeten Beschwichtigungen und Selbstbeschwichtigungen konnten das Unbehagen, an dem Cicero litt, nicht aus der Welt schaffen: sowohl seine Ohnmacht als auch seine Dienste für die Dreimänner waren für ihn eine ständige Quelle des Verdrusses. Er hatte schon im Jahre 59, während Caesars Konsulat, an Atticus geschrieben, Dikaiarch, dem Aristotelesschüler, der das praktische, das tätige Leben empfehle, sei jetzt von seiner Seite Genüge geschehen; er wolle sich nunmehr zur Anhängerschaft Theophrasts schlagen, die ihm ein kontemplatives Leben in gelehrter Muße zugestehe. »Wir wollen uns also ganz den köstlichen Studien hingeben und endlich dorthin zurückkehren, von wo wir uns nie hätten entfernen sollen.« Doch einstweilen blieb der Rückzug auf literarisch-philosophische Beschäftigungen ein bloßer Wunschtraum; erst nach dem Exil und nach der Konferenz von Luca begann er, sich ernstlich auf schriftstellerische Unternehmungen einzulassen. Hierbei setzte er zunächst noch seine unglücklichen Versuche fort, sich über seine eigenen Taten und Leiden zu verbreiten: er verfaßte nunmehr – nach »De consulatu meo« (»Über mein Konsulat«) – ein Epos »De temporibus meis« (»Über mein Mißgeschick«), über die Verbannung und die Rückkehr, das ebenfalls aus drei Büchern bestand. Immerhin nahm er Abstand davon, das Werk zu veröffentlichen: es könnten sich Leute gekränkt fühlen, die nicht erwähnt seien, obwohl sie sich um ihn verdient gemacht hätten. Vielleicht gelangte das Epos – als ›Quelle‹ – an Lucius Lucceius: diesen Freund, der sich als Geschichtsschreiber betätigte, hatte Cicero gebeten, er möge doch ein Werk verfassen, das die Zeit von den Anfängen der catilinarischen Verschwörung bis zu seiner Rückkehr aus dem Exil behandele; es solle Cicero verherrlichen und dürfe zu diesem Zwecke auch ein wenig von der

Wahrheit abweichen. Lucceius sagte zu, hat aber das Werk allem Anschein nach nicht verfaßt.

»Doch wahrhaftig, wie mir wegen der Verhältnisse in unserem Staate das Vergnügen an allem anderen vergangen ist, so erhält und erlabt mich jetzt die Literatur«: als Cicero sich Atticus gegenüber im Frühjahr 55 so äußerte, steckte er tief in der Arbeit an seiner größten rhetorischen Schrift, an dem drei Bücher umfassenden Dialog »De oratore«. Über die Entstehung des Werkes ist allerdings wenig bekannt. Mitte November 55 teilt Cicero dem Freunde kurz und nüchtern mit: »An der rhetorischen Schrift habe ich sorgsam gearbeitet; ich habe sie oft und lange in Händen gehabt. Du magst sie abschreiben lassen.« Ein Jahr später verlautet in dem großen Rechtfertigungsbrief an Lentulus Spinther, der Dialog »De oratore« gehe über die üblichen rhetorischen Vorschriften hinaus; er suche die vollständige Lehre der Alten, sowohl die des Aristoteles als auch die des Isokrates, darzustellen; Cicero beansprucht also, Grundsätzlicheres zu vermitteln als die Trivial-Handbücher.

Er hat hiermit ganz recht; sein Werk ist eine ungewöhnliche Darstellung der Rhetorik, vielleicht die bedeutendste, welche die Antike hinterlassen hat: weil sie Aristoteles und Isokrates zu verbinden sucht, d. h. weil sie sowohl einen philosophisch-reflektierten als auch einen technisch-praktischen Zugang zur Rhetorik vermitteln möchte. Die Schrift »De oratore« zieht die Summe aus einer Tradition von vierhundert Jahren und hat ihrerseits auf die rhetorische Tradition des Mittelalters und der Neuzeit, bis zum 18. Jahrhundert, eingewirkt. Jetzt ist diese Tradition, die Tradition einer festen Regeln gehorchenden Redekultur, seit langem erloschen; es ist daher für einen heutigen Leser nicht leicht, einen lebendigen Eindruck von der Bedeutung des ciceronischen Werks zu gewinnen. Wer einst, nachdem er in der Schulrhetorik ausgebildet war, das Buch in die Hand nahm, dem bereitete die Lektüre einen unmittelbaren Genuß, weil er sofort bemerkte, wie frei, wie geistvoll, wie gar nicht schulmäßig Cicero mit dem Stoff umging; dem heutigen Leser pflegen hierfür die Voraussetzungen zu fehlen.

Cicero wollte »De oratore« zu seinem philosophischen Oeuvre gerechnet wissen, wie alle seine Rhetorica, von der unselbständigen Jugendarbeit »De inventione« abgesehen. Er konnte diese Zuordnung mit um so größerem Recht beanspruchen, als er für sein Werk die Form gewählt hatte, die seit den Zeiten Platons in der Philosophie zu Hause war, die nicht nur Souveränität in der Sache, sondern auch großes literarisches Können verlangte: die Form des Dialogs. Mit der Szenerie versetzte sich der Autor in die Zeit seiner Jugend zurück: er ließ den Dialog, der den Konventionen der Gattung gemäß als tatsächliche Begebenheit hingestellt wird, im Jahre 91 unter römischen Aristokraten spielen; die beiden Hauptfiguren sind Lucius Licinius Crassus und Marcus Antonius, zwei Politiker, die Cicero für die bedeutendsten Redner ihrer Generation gehalten wissen wollte. In den Vorreden der drei Bücher spricht der Autor selbst; er wendet sich dort an seinen Bruder Quintus und unterrichtet ihn über sein persönliches Verhältnis zu dem im Dialog verhandelten Gegenstand sowie über die beiden Hauptunterredner.

Die Vorrede des 1. Buches nimmt das Grundproblem des Werkes in nuce vorweg. Cicero habe mit seinem Bruder schon öfters über die Beredsamkeit diskutiert, heißt es dort, und dabei hätten sich Meinungsverschiedenheiten gezeigt: nach Ciceros Überzeugung sei eine umfassende Bildung das unabdingbare Fundament wahrer Redekunst, Quintus hingegen glaube, daß einige Begabung und einige Übung ausreichten. Die beiden Konzeptionen von der Beredsamkeit, die sich hier gegenüberstehen – eine universale und eine spezielle, technische –, kehren im Dialog wieder und entfalten sich dort als die Grundpositionen der Gespräche. Und gegen Ende der Vorrede macht Cicero zum ersten Male auf das Vielerlei der Kenntnisse aufmerksam, das er bei einem bedeutenden Redner, dem »vollkommenen Redner« (orator perfectus), wie es später heißt, voraussetzen zu müssen glaubt – um sich unmittelbar darauf zu Zugeständnissen an die römische Praxis, an den dort vorherrschenden Typ des auf sein Spezialistentum beschränkten forensischen Redners bereit zu finden. Auch diese Antithese ist programmatisch für den ganzen Dialog, für den dort ständig wiederkehrenden Zwiespalt zwischen Ideal und Wirklichkeit, für die unermüdliche Dialektik, mit der sich Cicero immer wieder von dieser Wirklichkeit zu seinem Ideal erhebt.

Er weiß für seine auf eine Totalität zielende Bildungskonzeption nicht nur abstrakte Argumente, sondern auch ein historisches Modell namhaft zu machen; diese Darlegungen, die auf dem Kontrast zweier Grundbefindlichkeiten, der einstigen Ganzheit und der gegenwärtigen Zersplitterung, beruhen, scheinen einiges von der Kulturkritik der deutschen Klassik, etwa Schillers, vorwegzunehmen. Einst herrschte, heißt es im 3. Buch, in Griechenland ein Zustand der Ganzheit, der Denken, Reden und Handeln umschloß: er wurde von einem Zustand des Zerfalls, der Zerstückelung abgelöst. Dieses discidium linguae atque cordis (»Zerwürfnis zwischen Zunge und Verstand«) bekundete sich einmal darin, daß sich die Intelligenz von der Leitung des Staates zurückzog und sich so Theorie und Praxis, Wissenschaft und Politik voneinander trennten, und es bekundete sich außerdem durch eine entsprechende Änderung im Bildungswesen: an die Stelle einer umfassenden, sowohl auf rechtes Handeln als auch auf treffendes Reden, auf Philosophie und Rhetorik gerichteten Erziehung trat die Zersplitterung in lauter Spezialfächer; der Mann aber, der diesen Wandel bewirkt habe, sei Sokrates gewesen. Wer die einstige Einheit – eine rhetorische Einheit, wie Cicero betont – wiederherstellen will, für den reicht das alleinige Studium der zur formalen Technik degenerierten Rhetorik nicht mehr aus; er muß bei den Philosophen die Kenntnisse und Fähigkeiten zu erwerben suchen, deren er darüber hinaus bedarf, um wahrhaft ein Meister der Rede zu sein.

Dem grandiosen Programm der Schrift »De oratore« scheint

etwas allzu Spekulatives anzuhaften, und man erkennt allenthalben, daß sich Cicero weniger von der Rücksicht auf seine römische Umwelt als von seinen eigenen Wünschen und Bedürfnissen hat leiten lassen. Diese Bedenken sind berechtigt, wenn man die Schrift lediglich an dem Wert mißt, den sie für ihre eigene Zeit gehabt haben mag; sie werden jedoch gegenstandslos, wenn man die Entwicklung ins Auge faßt, welche die Rhetorik während der römischen Kaiserzeit genommen hat – diese Entwicklung gab Cicero, wenn auch in einem von ihm selbst nicht gewünschten, weil unpolitischen Sinne, recht: das rhetorische Handwerkszeug ging in einem größeren Ganzen, in einer griechisch-römischen Allgemeinbildung philosophisch-literarischen Gepräges auf.

Der Schrift »De re publica« (»Über den Staat«, »Vom Gemeinwesen«) geschieht zum ersten Male in einem Brief an den Bruder Quintus Erwähnung, vom Mai 54: »Ich schreibe an dem Werke, von dem ich sprach, an einem staatswissenschaftlichen; es ist eine schwierige, mühevolle Arbeit. Wenn's nach Wunsch geht, dann ist die Mühe gut angelegt; wenn nicht, dann werfe ich's in das Meer, in dessen Anblick ich schreibe; ich nehme mir etwas anderes vor, da ich nun einmal nicht Ruhe halten kann!« Ähnlich, aus derselben schöpferischen Unruhe, die des Gelingens noch nicht sicher ist, schreibt Cicero bald darauf an Atticus: »Wenn ich nur zu Ende bringe, was ich begonnen habe. Denn ich habe mir, wie Du wohl einsiehst, ein großes und anspruchsvolles Unternehmen aufgebürdet, eines, das viel Zeit erfordert, woran es mir am meisten fehlt.«

Detailliert geht ein Brief vom November 54 auf das Werk ein. Zwei Bücher des auf neun Bücher veranschlagten Werkes waren schon fertig, schreibt Cicero dem Bruder, eines Gesprächs kurz vor dem Tode des jüngeren Scipio, mit Laelius und anderen als Teilnehmern. Da habe ihm sein Freund Sallust (nicht der nachmalige Historiker, sondern ein im übrigen unbekannter Träger dieses Namens) geraten, doch selber in dem Dialog aufzutreten, um dem Gegenstand mehr Gewicht zu verleihen, wie das auch Aristoteles getan habe. Ihm, Cicero, habe dieser Vorschlag eingeleuchtet, da er dann auch die Erschütterungen der Gegenwart berühren könne. Er werde jetzt also anders vorgehen und sich selber und seinen Bruder als Dialogfiguren einführen. Offenbar hat sich Cicero bald wieder eines anderen besonnen: es blieb bei der Szenerie um den jüngeren Scipio, nur daß die Buchzahl auf sechs reduziert wurde.

Was während der folgenden zweieinhalb Jahre mit dem Werke geschah, ist nicht bekannt. Dem Bruder Quintus versichert Cicero einmal, daß er sich ganz in die private Sphäre zurückgezogen habe: litterae me et studia nostra et otium villaeque delectant – »meine wissenschaftlichen Studien bereiten mir Freude und das geruhsame Leben auf meinen Gütern.« Immerhin steht fest, daß Cicero an dem Dialog »De re publica« drei Jahre gearbeitet hat, länger als an irgendeinem anderen Werk: während ihm der Stoff der Schrift »Über den Redner« von Jugend an geläufig war, mußte er sich hier durch breite Lektüre und gründliche Nachforschungen auf den Gegenstand vorbereiten. Er hat das Werk offenbar gerade noch fertigstellen können, ehe er Rom verließ, um seinen Statthalterposten in Kilikien anzutreten; der Freund Caelius berichtet ihm Ende Mai 51: »Deine staatstheoretische Schrift ist in aller Munde.«

Das Werk ist, wie Cicero einmal bündig sagt, ein sermo ... de optimo statu civitatis et de optimo cive – »ein Gespräch über den bestmöglichen Zustand des Staates und den besten Bürger.« Mit dem Ideal des optimus civis meint Cicero den leitenden Staatsmann; er wiederholt aus anderer Perspektive, was er schon mit der Konzeption des orator perfectus hatte zum Ausdruck bringen wollen. Analog hierzu ist in beiden Werken dem Ideal die Hauptfigur als Verkörperung dieses Ideals zugeordnet: Crassus verhält sich zum orator perfectus wie Scipio zum optimus civis. Man geht schwerlich fehl in der Annahme, daß Cicero durch alle diese Chiffren, durch die Ideale und ihre Verkörperungen, auf sich selbst hat hinweisen wollen: er, der ›vollkommene Redner‹, hätte sich auch zugetraut, als ›bester Bürger‹ an der Spitze des römischen Staates zu stehen. Da die Wirklichkeit anders aussah, da sie ihm vorenthielt, was er erstrebt und erwartet hatte, suchte er seinen Zeitgenossen in literarischen Fiktionen vor Augen zu führen, was er ihnen hätte bedeuten können. Hierin steckte indes zugleich ein Appell: die Dialoge der fünfziger Jahre mit ihrer aus Hoffnung und Verzweiflung gemischten Stimmung sollten nicht nur dem Autor selbst – als eine Art Ersatzhandlung – über schwere Enttäuschungen hinweghelfen; sie wandten sich auch an das Verantwortungsbewußtsein der Zeitgenossen und waren ein letzter Versuch, Wege zu weisen, die zu Besserem führen könnten.

Die Schrift »De re publica«, die es wert gewesen wäre, als eines der großen Vermächtnisse antiken Staatsdenkens an die Nachwelt zu gelangen, wie Platons »Politeia« und Augustins »Gottesstaat«, ist nur trümmerhaft überliefert, und der größte Teil der Trümmer kam erst zu Beginn des 19. Jahrhunderts zum Vorschein. In der Spätantike wurde das Werk noch eifrig studiert, insbesondere von den Kirchenvätern, von Laktanz, Ambrosius und Augustin – dann ist es untergegangen; das frühe Mittelalter wußte mit einem Gegenstand, der seiner eigenen Lebenswelt weit entrückt war, nichts anzufangen. Einzig der Schluß blieb bewahrt; dort wird nach dem Vorbilde Platons durch die Metapher eines konstruierten Mythos dargetan, was über die Möglichkeiten rationalen Argumentierens hinausgeht. Der spekulativ-eschatologische Inhalt reizte den neuplatonischen Schriftsteller Macrobius (5. Jahrhundert), den ciceronischen Mythos ausführlich zu kommentieren, und so blieben sowohl der Text, das »Somnium Scipionis« (»Traum Scipios«) als auch der Kommentar erhalten. Im Jahre 1820 wurde in der vatikanischen Bibliothek ein Palimpsest entdeckt, zweifach beschriebene Pergamentblätter, deren ursprünglicher Text noch recht gut lesbar war; diese Blätter enthalten etwa ein Viertel des ciceronischen Werkes, hauptsächlich aus den Büchern 1–3 stammende, immer wieder durch fehlende Seiten unterbrochene Partien.

Der Dialog findet in den Gärten Scipios statt, während einer Festzeit von drei Tagen, im Jahre 129, kurz vor Scipios Tod. Scipio ist die Hauptfigur; er unterhält sich angesichts schwerer Krisenzeichen (die Revolution des Tiberius Gracchus liegt vier Jahre zurück) im Kreise seiner Freunde über die Frage, wie ein Staat beschaffen sein müsse, um möglichst gut zu sein. Wenn sich Cicero mit der Szenerie der Schrift »De oratore« in seine Jugend zurückbegeben hatte, so wählte er dieses Mal ein Ambiente, das seiner Kindheit um eine Generation vorauslag und gleichwohl noch – und zwar in zweifachem Sinne – zu ihm gehörte. Denn einmal waren mit dem Auftreten des Tiberius Gracchus die Nöte der römischen Republik bereits manifest geworden; der Dialog spielte in demselben Horizont der großen Krise, die auch Cicero bedrängte, und so konnten seine Leser auf ihre eigene Zeit beziehen, was er seinen Figuren an Befürchtungen und Hoffnungen in den Mund legte. Zum anderen ging er mit der Wahl dieses Milieus an die Ursprünge der Tradition zurück, die seinen geistigen Habitus und seine politischen Vorstellungen maßgeblich geprägt hatte. Denn sowohl der Redner Crassus, der Mentor von Ciceros Erziehung, als auch der Jurist Scaevola der Augur hatten Verbindungen mit dem Kreise Scipios: Scaevola war der Schwiegersohn von Scipios Urfreund Laelius, und Crassus wiederum hatte Mucia, eine Tochter Scaevolas, zur Frau. Cicero mag die tatsächlichen Gegebenheiten stark überhöht und seinem Scipio nebst Freunden manches Eigene angedichtet haben; zwei wesentliche Merkmale seiner Existenz, sein Philhellenentum und seine Konzeption einer gemäßigt konservativen Politik, scheinen indes dort ihre Wurzeln zu haben – für Scipio, den Freund des Historikers Polybios und des Philosophen Panaitios, der sich von den Taten seines Schwagers Tiberius Gracchus scharf distanzierte, ist das eine Merkmal so signifikant wie das andere.

Das noch am besten erhaltene erste Buchpaar stellt wie die Schrift »De oratore« abstraktes Räsonnement und historisches Modell nebeneinander: das 1. Buch dient der allgemeinen These, daß die sogenannte Mischverfassung, d. h. eine aus Elementen der Monarchie, der Aristokratie und der Demokratie bestehende Ordnung, am ehesten ideale Zustände verbürge; im 2. Buch wird die Richtigkeit dieser These am Beispiel Roms demonstriert. Das 1. Buch führt einen Begriffsapparat vor, der der griechischen Staatsphilosophie entstammte und bereits von Polybios auf Rom appliziert worden war. Ciceros eigene Leistung kommt vor allem im 2. Buch zum Vorschein: hier wird die Verfassungsgeschichte der römischen Republik als ein zielstrebiger Prozeß gedeutet, der von der Dominanz des Monarchischen am Anfang der Königszeit stufenweise zu einem immer ausgewogeneren Verhältnis monarchischer, aristokratischer und demokratischer Bestandteile geführt habe: durch das Zusammenspiel von Magistrat, Senat und Volksversammlung. Cicero erweist sich durch sein die Phänomene virtuos einem teleologischen Prinzip unterwerfendes Denken als Hegelianer avant la lettre; er wurde hierin eine Generation später von Vergil überboten, dessen »Aeneis« den Bogen von Aeneas, dem mythischen Ahnherrn der Römer, bis zum Kaiser Augustus spannte: kühner, aber weit weniger den historischen Tatsachen verpflichtet.

Wahrscheinlich hat Cicero in den bedrückenden fünfziger Jahren noch an einem dritten Werk gearbeitet, an dem Dialog »De legibus« (»Über die Gesetze«) – nach dem Vorbilde Platons, der ebenfalls seinem »Staat« noch »Gesetze« hatte folgen lassen. Die Schrift blieb wohl unvollendet und wurde erst aus dem Nachlaß herausgegeben; so erklärt sich, daß Cicero sie nie für einer Erwähnung wert befunden hat. Die Überlieferung tat ein übriges und reduzierte den Torso auf die noch vorhandenen zweieinhalb Bücher. Der Dialog spielt in der Gegenwart und wird von Cicero selbst, seinem Bruder Quintus und Atticus bestritten; als Szenerie dient, wie schon im 1. Kapitel erwähnt, das heimatliche Arpinum. Die Schrift beginnt mit einer allgemeinen naturrechtlichen Betrachtung, die wohl einer stoischen Quelle folgt, und befaßt sich sodann mit dem römischen Sakral- und Staatsrecht. Die römischen Bestimmungen, von Cicero allerdings nicht unerheblich modifiziert, werden mit den Normen des Naturrechts verglichen und für identisch erklärt. Cicero sucht also einmal mehr griechische Theorie und römische Faktizität miteinander zu verschmelzen, hier freilich nicht ohne petitio principii: die römische Komponente wurde ja von ihm auf das Demonstrationsziel hin zurechtgestutzt.

Privata modo et domestica nos delectant – »Nur mein Privatleben macht mir noch Freude«, schreibt Cicero angesichts der tristen politischen Verhältnisse im Herbst 54 an Atticus; er meint, wie der Zusammenhang lehrt, seine Studien, seinen Besitz, seine Familie und seine engsten Freunde. Es fehlt in den Briefen jener Jahre nicht an Zeugnissen, daß sich Cicero mit Eifer seiner privaten Sphäre annahm. So berichtet er Atticus zufrieden aus Antium, wo er schon vor dem Exil eine stattliche Menge Bücher sein eigen nannte, sein Haus habe jetzt, da ein Gehilfe die Bibliothek geordnet habe, eine Seele erhalten; nichts nehme sich so hübsch aus wie die von Atticus empfohlenen Regale mit den Buchrollen darin und ihren Titelblättern.

Ein Freund namens Marcus Fadius Gallus, ein Epikureer, half öfters bei der Anschaffung von Statuen, die Cicero zur Ausschmückung der repräsentativen Räumlichkeiten seiner Villen benötigte. In einem längeren Schreiben allerdings zeigt er sich überaus unzufrieden mit den Geschäften seines Kommissionärs: Fadius hatte Arbeiten für ihn erworben, bei denen ihm weder der Preis noch das Sujet zusagte. Die Kritik läßt erkennen, nach welchen Gesichtspunkten er wählte: die Kunstwerke mußten zu seinem Wesen und zu seiner Lebenssphäre passen. Fadius hatte von ihm gekaufte Bacchantinnen mit irgendwelchen Musen-Statuen verglichen; darauf Cicero: »Erstens hätte ich diese Musen niemals für so wertvoll gehalten, wobei alle Musen mir Recht gegeben hätten – immerhin hätten sie in meine Bibliothek und zu meiner Schriftstellerei gepaßt, doch wo wäre bei mir ein Platz für Bacchantinnen?« Ähnlich läßt sich Cicero über eine Mars-Statue vernehmen: »Was soll ich damit, ich, der Mann des Friedens?«

Piso, der Gatte Tullias, hatte sich noch nach Kräften für die Rückberufung des Schwiegervaters eingesetzt; er war kurz vor dessen Heimkehr verstorben. Cicero verlobte die etwa zwanzigjährige Witwe im Frühjahr mit einem jungen Manne aus einer alten Patrizierfamilie, die freilich damals nicht mehr viel bedeutete, mit Furius Crassipes. Die Ehe wurde wohl bald darauf geschlossen und jedenfalls – wir wissen nicht, warum – einige Jahre später durch Scheidung wieder aufgelöst.

Der Bruder Quintus hatte sich während des Winters 57–56 in Sardinien aufgehalten; er war dort als Adjutant des Pompeius tätig, dem ein Volksgesetz die Sorge für die Getreidevorräte übertragen hatte. Danach scheint er in Rom und auf seinen Gütern gelebt zu haben; damals widmete ihm Cicero die Schrift »De oratore«. Die Muße behagte ihm wohl nicht; außerdem bedrängten ihn Schulden. Für beides suchte er Abhilfe, indem er sich im Jahre 54 nach Gallien in Caesars Dienste begab. Dort hatte er im ersten Winter eine harte Bewährungsprobe zu bestehen. Ambiorix, der Fürst der Eburonen, eines Stammes zwischen Maas und Rhein, hatte einen Aufstand angezettelt, dem alsbald eine Truppe in der Stärke von anderthalb Legionen zum Opfer fiel. Dieser Erfolg ließ auch die Nervier, den westlichen Nachbarstamm, zu den Waffen greifen; dort aber stand Quintus Cicero mit einer Legion. Caesar schildert im 5. Buch seines »Gallischen Krieges«, wie Quintus im Winterlager der feindlichen Übermacht standhielt, bis er – Caesar – von der Bedrängnis seines Offiziers erfuhr und zum Entsatz heranrückte; die Darstellung gibt zu verstehen, daß Quintus sich ausgezeichnet schlug. Im Sommer darauf, als Caesar einen Rachekrieg gegen die Eburonen führte, ging es weniger gut ab: Quintus, dem das Hauptquartier anvertraut war, wurde überfallen; er konnte das Lager mit

Mühe halten, wobei er Truppen einbüßte, die er ohne Not zum Getreideholen ausgesandt hatte.

Unter den Briefen, die Cicero dem Bruder nach Sardinien und dann nach Gallien sandte (Buch 2 und 3 der erhaltenen Sammlung) ragt das 1. Stück des 3. Buches hervor: es beginnt mit einem ausführlichen Bericht, worin Cicero über einen Kontrollbesuch der Güter des Quintus Rechenschaft ablegt und insbesondere schildert, wie weit im Gang befindliche Bauarbeiten gediehen sind. Die Partie läßt gut erkennen, wie die Grandseigneurs jener Zeit sich um die Erhaltung, Verschönerung und Erweiterung ihrer Villen kümmerten. Cicero beginnt mit einem Landsitz, der den Namen Arcanum (»Versteck«) trägt; dort tat eine im Bau befindliche nahezu fertige Wasserleitung befriedigende Dienste. Auf einem hinzugekauften Grundstück, das nach einem Vorbesitzer Manilianum hieß, gab die Langsamkeit des Architekten Anlaß zu Kritik. Cicero stellt fest, daß das Bad, die Wandelhalle und das Vogelhaus noch fehlten (Vogelhäuser waren damals bei den Reichsten stark in Mode), und äußert sich detailliert über die Porticus, über die Säulen, den Fußboden usw. Dann kommt ein ebenfalls frisch hinzuerworbenes Anwesen namens Fufidianum an die Reihe, ein schattiger, für sommerliche Aufenthalte geeigneter Platz; Quintus müsse freilich noch für einen Fischteich, einen Springbrunnen und eine Palästra sorgen. Das Grundstück in Bovillae (an der Via Appia, wenige Kilometer von Rom entfernt) wird lediglich als mögliches Verkaufsobjekt erörtert. Schließlich das Laterium, ein ebenfalls nicht weit von der Via Appia, aber weiter südlich gelegenes Anwesen: hier geht es um die Zufahrtsstraße, die an einer Stelle noch zu wünschen übrig läßt. Das Haus bedürfe durchaus der von Quintus geplanten Erweiterungen; jetzt wirke es wie ein Philosoph, meint Cicero, der die anderen Villen der Üppigkeit beschuldige.

Was Cicero, wenn er guter Dinge war, im Umgang mit Freunden an Geist und Witz versprühte, zeigen zum ersten Male mit exemplarischer Deutlichkeit die Briefe an Gaius Trebatius Testa:

sie füllen etwa die Hälfte des 7. Buches Ad familiares und entstammen großenteils den Jahren 54 und 53. Trebatius, wohl von ritterlicher Herkunft, war Jurist. Cicero hatte den kenntnisreichen jungen Mann als guten Gesellschafter kennengelernt und gedachte ihn mitzunehmen und zu fördern, wenn er selber irgendeinen staatlichen Auftrag erhielte. Im Frühjahr 54 schickte er ihn zu Caesar, dort sein Glück zu machen, und gab ihm ein schmeichelhaftes Empfehlungsschreiben mit. Trebatius, unter die Ratgeber Caesars aufgenommen, fand sich in seiner neuen Umgebung nicht leicht zurecht und glaubte sich wohl auch nicht rasch genug gefördert, was Cicero ihm in väterlich-humorvollem Tone verweist. Seine Briefe an ihn ergehen sich gern in neckendem Plauderton und geben zugleich zu erkennen, wie sehr er ihn schätzt und daß er um seines Fortkommens willen auf seine Anwesenheit in Rom verzichtet hat. So heißt es einmal:

Ich habe Deinen Brief gelesen und daraus ersehen, daß unser Caesar Dich für einen gewaltigen Juristen hält. Du hast alle Ursache, Dich zu freuen, daß Du in Gegenden geraten bist, wo man von Dir glaubt, daß Du etwas wüßtest. Wärest Du erst nach Britannien mitgegangen (wohin Caesar gerade einen Feldzug unternommen hatte), wahrhaftig, niemand wäre auf dieser Rieseninsel sachkundiger gewesen als Du.

So geht es fort, wobei juristische Umständlichkeit parodiert und für den banalen Rat, Trebatius möge sich durch ein kräftiges Kaminfeuer vor der Kälte schützen, Autoritäten der Rechtsgelehrsamkeit bemüht werden; gegen Ende aber schreibt Cicero:

Davon halte Dich bitte überzeugt: der einzige Grund, weshalb ich leichter ertrage, daß ich ohne Dich bin, ist die Gewißheit, daß Du davon profitierst; wenn dem nicht so ist, dann gibt es keine größeren Toren als uns beide – mich, weil ich Dich nicht nach Rom zurückrufe, Dich, weil Du nicht herbeigeflogen kommst.

Trebatius hat, vielleicht dank seines glücklichen, ausgeglichenen Naturells, die schlimmen Zeitläufte der Bürgerkriege ohne Schaden überstanden; er starb hochbetagt im Jahre 4 n. Chr. Das Verhältnis zu Cicero blieb, wie vier Briefe des Jahres 44 zeigen, ungetrübt, obwohl Trebatius Caesarianer war, ja, Cicero widmete ihm damals eine kleine rhetorische Schrift, die »Topica«.

Unter den spärlichen Briefen der Jahre 53 und 52 – die Sammlung Ad Quintum fratrem bricht Ende 54 ab und die Sammlung Ad Atticum erleidet eine Unterbrechung von zweieinhalb Jahren – ragen einige Stücke hervor, die an den jungen Gaius Scribonius Curio gerichtet sind. Manches erinnert an den Briefwechsel mit Trebatius: hier wie dort führt Cicero Zwiesprache mit einem um zwanzig Jahre Jüngeren von hoher Begabung, der in der Ferne weilt (Curio war Quästor in der Provinz Asien). Der Vergleich zeigt auch den tiefen Unterschied: während in den Briefen an den unpolitischen, milden Juristen Trebatius die Politik keine Rolle spielt, ist sie in den Briefen an den temperamentvollen Draufgänger Curio das vorherrschende Thema: in Rom geht's drunter und drüber, und man hegt die Erwartung (das Wort exspectatio ist das Leitmotiv der Briefsequenz), daß Curio eine kräftige Stütze der Optimaten sein werde. Er verhieß wohl wirklich eine glänzende Karriere; andererseits gehörte er, der Freund eines Clodius, eines Caelius, ferner eines Antonius, des künftigen Triumvirn, zur haltlosen Jeunesse dorée jener Tage. Er steuerte nach seiner Rückkehr aus Asien, wie Cicero gehofft hatte, einen strikt optimatischen Kurs; im Jahre 50 aber, als er Tribun war, kaufte ihn Caesar, indem er seine Schulden bezahlte – er wurde zum Wortführer der Caesarianer in den Verhandlungen vor Ausbruch des Bürgerkrieges. Der Geschichtsschreiber Velleius Paterculus nannte ihn einen homo ingeniosissime nequam, einen »genialen Taugenichts«.

Cicero erwartete von Curio vor allem, daß er sich an die Spitze derer stellen werde, die die Kandidatur Milos für das Konsulat des Jahres 52 unterstützten. Schon das Jahr 53 war, da Pompeius, der nach einer Diktatur strebte, die Dinge laufen ließ, wie sie liefen, bis zum Juli ohne ordentliche Beamte geblieben. Beim Kampf um die Ämter des folgenden Jahres wiederholte sich das schlimme Spiel: Obstruktion, Bestechungen und Bandenterror beherrschten die Szene in einem noch nicht dagewesenen Ausmaß. Milo, der entschlossen war, Ordnungspolitik im Sinne des Senats zu betreiben, wurde von Clodius befehdet und von Pompeius abgelehnt; seine Aussichten waren also gering. Clodius warf Milo während einer Senatssitzung vor, daß er sehr stark verschuldet und daher unwürdig sei, das Konsulat zu bekleiden. Cicero reagierte mit einer an die Adresse des Clodius gerichteten »Befragung wegen der Schulden Milos« (»Interrogatio de aere alieno Milonis«), einer heftigen Attacke, von der einige Wortfetzen erhalten sind. Die Episode blieb folgenlos; am 1. Januar 52 stand der römische Staat einmal wieder ohne ordentliche Beamte da, und es war nicht abzusehen, wann die zumal von Pompeius als Druckmittel verwendete Anarchie ein Ende nehmen würde.

Da trat ein Ereignis ein, das die weitere Entwicklung – die Klimax zur Ausnahmegewalt des Pompeius und die Verständigung zwischen Pompeius und dem Senat als der wichtigsten Vorbedingung des Bürgerkrieges – erheblich beschleunigte und das auch für Cicero eine Wende brachte, indem es ihn aus seiner unwillig geleisteten Folgsamkeit aufrüttelte und zu einer selbständigen, mutigen Tat trieb: am 18. Januar kam es auf der Via Appia etwa 20 Kilometer südlich von Rom zu einem blutigen Scharmützel zwischen Milos und des Clodius Leuten, und Clodius blieb tot zurück. Die Mordtat rief sofort wüste Ausschreitungen hervor: die Anhängerschaft des Clodius trug die Leiche in die Kurie und verbrannte sie dort auf einem Scheiterhaufen von Bänken und Podesten; hierbei wurde auch die Kurie selbst ein Raub der Flammen. Der Senat beschloß, da Wahlen jetzt weniger in Betracht kamen als je zuvor, den Ausnahmezustand; Pompeius erhielt Vollmacht, in ganz Italien Truppen auszuheben. Pompeius verhandelte nunmehr mit der von Cato geführten Senatspartei einerseits und mit Caesar andererseits wegen eines der Situation angemessenen Sonderamts; das Ergebnis war das verfassungsrechtliche Kuriosum eines Konsuls sine collega, d. h. eine notdürftig verschleierte Diktatur.

Pompeius griff nunmehr energisch durch. Unter den Gesetzesentwürfen, mit denen er alsbald aufwartete, befand sich ein Sondergesetz gegen Gewalttätigkeit – es sollte die zügige Aburteilung Milos garantieren. Es wurde trotz heftigen Widerstands im Senat von der Volksversammlung beschlossen, und der Sondergerichtshof konstituierte sich. Cicero glaubte sich Milo gegenüber tief verpflichtet – Milos Schutztruppe hatte ja die Voraussetzungen für seine Rückberufung geschaffen –, und so stand für ihn fest, daß er die Verteidigung übernehmen würde. Hiermit aber setzte er sich, wie niemals mehr seit dem Frühjahr 56, als er den Senat veranlaßte, eine Debatte über den ager Campanus anzuberaumen, in Widerspruch zu den Absichten seiner mächtigen ›Freunde‹ Pompeius und Caesar; zugleich suchten ihn die Hetzreden der Clodius-Anhänger, darunter Sallusts, des nachmaligen Historikers, in Bedrängnis zu bringen.

Der Prozeß gegen Milo begann am 4. April; Tumulte gaben Pompeius willkommene Gelegenheit, das Forum durch Truppen zu sichern. Am Tage der Schlußverhandlung, am 8. April, waren die Verkaufsläden geschlossen; das Militär kontrollierte sämtliche Zugänge zum Forum, und Pompeius hielt sich in der Nähe bereit. Nach den Plädoyers der Ankläger ergriff Cicero – wegen der beschränkten Redezeit als einziger Verteidiger – das Wort. Doch das Truppenaufgebot und das alsbald losbrechende Geschrei der Clodianer raubten ihm die Fassung: er trug sein Konzept unsicher und zusammenhanglos vor. Die Niederlage folgte auf dem Fuße: 38 von 54 Richtern sprachen Milo schuldig, und der Verurteilte begab sich unverzüglich ins Exil nach Massilia.

Die wirklich gesprochene Rede mit ihren Mängeln wurde stenographisch festgehalten; man hat sie noch anderthalb Jahrhunderte später lesen können. Die weitere Überlieferung hat allerdings nur bewahrt, was Cicero selbst alsbald der Öffentlichkeit unterbreitete: einen ausgefeilten Inbegriff dessen, was Cicero gesagt hätte, wäre er damals nicht von den handgreiflichen Zeichen des Terrors und der Diktatur eingeschüchtert worden. Er soll auch dem verbannten Milo ein Exemplar des fertigen Meisterwerks geschickt haben; Milo, heißt es, habe geantwortet, daß er sich glücklich preise: wenn Cicero vor Gericht so hervorragend gesprochen hätte, dann könnte er jetzt nicht Seebarben von einer Qualität genießen, die man nur in Massilia antreffe.

Cicero ließ sich durch die Niederlage im Milo-Prozeß nicht entmutigen; er spürte offenbar, daß es jetzt einen guten Sinn hatte, sich dem Willen der Mächtigen zu widersetzen, da die Entwicklung langsam, aber folgerichtig auf eine Aussöhnung zwischen Pompeius und dem Senat zusteuerte. Der Zwischenfall auf der Via Appia und seine Nachspiele riefen einen wahren Prozeßkrieg hervor, an dem sich Cicero nach Kräften beteiligte. Zunächst gelang es ihm, für einen Anhänger Milos namens Marcus Saufeius zwei Freisprüche zu erwirken; dann wurde in einem Prozeß, in dem Cicero den Anklägerpart übernahm, ein Mann der Gegenseite, der ehemalige Tribun Titus Munatius Plancus Bursa, verurteilt. Dieser Erfolg erfüllte Cicero mit großer Befriedigung: ihm und den Richtern war es gelungen, Pompeius, der sich massiv zugunsten Bursas in das Verfahren eingemischt hatte, Paroli zu bieten. Cicero, des Zwiespalts überhoben, in dem er sich als Gehilfe der Dreimänner jahrelang befunden hatte, erlebte einen starken inneren Auftrieb, und mit Recht, da er sich durch sein Eintreten für Milo nicht nur als treuer Freund, sondern auch als couragierter Bürger erzeigt hatte. In einem der wenigen Briefe des Jahres 52 deutet er anläßlich der Verurteilung Bursas nicht ohne Genugtuung an, daß er sich jetzt wieder ganz den boni, den Rechtgesinnten zugehörig fühle: »Und vor allem hat mich erfreut, daß mir die Rechtgesinnten angesichts der unglaublichen Einflußnahme des hohen und mächtigen Herrn so viel Zustimmung zuteil werden ließen.«

13. KAPITEL

Die Statthalterschaft in Kilikien

Sulla hatte bestimmt, daß die Konsuln und Prätoren während ihres Amtsjahres in Rom bleiben und erst im Jahre darauf eine Provinz verwalten sollten. Diese Ordnung wurde im Jahre 52 durch ein Gesetz des Pompeius abgeändert: die Konsuln und Prätoren durften nunmehr frühestens nach einem fünfjährigen Intervall in die Provinzen gehen. Der Senat mußte also bei der Zuweisung der Statthalterstellen auf die Magistrate früherer Jahre zurückgreifen. So erklärt sich, daß auch Cicero, der lediglich als Quästor in der Provinzialverwaltung tätig gewesen war, herangezogen wurde: er erhielt im Februar 51 Anweisung, für ein Jahr die Statthalterschaft in Kilikien zu übernehmen.

Das eigentliche Kilikien ist das Gebiet im Südosten Kleinasiens (gegenüber der Insel Zypern), das im Westen von Pamphylien, im Norden von Lykaonien und Kappadokien, im Osten von Syrien begrenzt wird. Zwischen Kappadokien und Kilikien erhebt sich der Taurus, zwischen Syrien und Kilikien das Amanos-Gebirge. Der westliche Teil heißt das »rauhe Kilikien«; hier reicht das Gebirge bis unmittelbar ans Meer. Hier wurde gutes Schiffsbauholz gewonnen; hier saßen aber auch die Seeräuber, die den Römern viel zu schaffen machten. Der östliche Teil, das »ebene Kilikien«, ist eine von Flüssen durchzogene Küstenebene; dort blühte, zum Teil auf Grund von künstlicher Bewässerung, die Landwirtschaft.

Das Gebiet fiel, wie ganz Persien, durch Alexander den Großen den Diadochen anheim; es gehörte meist zum Seleukidenreich. Im 2. Jahrhundert v. Chr. schwand dessen Regierungsgewalt, und es nistete sich dort ein Seeräuberunwesen ein, das über große Teile des Mittelmeers Angst und Schrecken verbreitete. So wurden die Römer auf den Plan gerufen; Marcus Antonius bekämpfte die Piraten, richtete die Provinz Kilikien ein und feierte einen Triumph (in den Jahren 102–100) – in diesem Krieg fiel Marcus Gratidius, der Bruder von Ciceros Großmutter väterlicherseits. Der Erfolg war nicht von Dauer; bald tummelten sich die Piraten wieder wie eh und je von Kilikien und auch von Kreta aus auf den Meeren; ein prominentes Opfer ihrer Raubfahrten wurde im Jahre 75 der junge Caesar. Nach unzulänglichen Versuchen, der Plage Herr zu werden, sorgte endlich Pompeius auf Grund der Vollmachten, die ihm das Gesetz des Gabinius verschafft hatte, für eine dauerhafte Ordnung (im Jahre 67). Die gefangenen Piraten wurden verhältnismäßig milde behandelt: Pompeius gab ihnen feste Wohnsitze, zum Teil in der kilikischen Stadt Soloi, die wegen ihrer Solözismen, ihres durch Sprachmischung verdorbenen Griechisch bekannt war.

Ciceros Provinz erstreckte sich weit über das eigentliche Kilikien hinaus nach Westen; sie umfaßte Lykaonien und Pamphylien und reichte bis Laodikeia am Lykos, das nur 160 Kilometer östlich von Ephesus liegt. Außerdem gehörte noch die Insel Zypern zu Ciceros Amtsbereich. Die Stärke und Qualität der Truppen – zwei schwache Legionen – ließ sehr zu wünschen übrig, eine Tatsache, die Cicero zumal deshalb mit Besorgnis erfüllte, weil Crassus unlängst einen Krieg mit den Parthern vom Zaun gebrochen hatte – Syrien und Kilikien waren nunmehr ernstlich bedroht. Cicero hatte tüchtige Offiziere an seiner Seite, darunter seinen kriegserprobten Bruder Quintus; so wurde wettgemacht, daß ihm jegliches militärisches Können abging. In seinem Gefolge befanden sich sowohl sein Sohn Marcus als auch sein Neffe Quintus, ferner Tiro, der Sekretär, den er einige Jahre zuvor freigelassen hatte.

Cicero empfand die ihm auferlegte Statthalterschaft von Anfang an als drückende Pflicht, und er war von Anfang an um nichts so ängstlich besorgt wie darum, daß es bei dem einen Jahr bleiben möge, das der Senat ihm zudiktiert hatte. Aus der anderthalbjährigen Zeit seiner Abwesenheit sind ungewöhnlich viele Briefe erhalten: zweieinhalb Bücher an Atticus, ferner die Korrespondenz mit dem jungen Freunde Caelius, die das ganze 3. Buch der Sammlung Ad familiares füllenden Briefe an den Amtsvorgänger Appius Claudius Pulcher, die zwei Drittel des 15. Buches füllenden Schreiben an den Senat sowie an Cato und andere Optimaten, schließlich noch mancherlei Einzelstücke. In allen diesen Briefen findet sich kein Motiv so häufig wie der Wunsch, die Bitte, die Mahnung, der Adressat möge doch tun, was in seiner Macht stehe, daß die Statthalterschaft nicht verlängert werde. Damals entbrannte der fintenreiche Streit um Caesars Nachfolge in Gallien, und Cicero befürchtete nicht ohne Grund, daß das Hin und Her um die Provinzenzuweisung seine Ablösung verzögern könne.

Die Statthalterschaft erschien ihm offenbar fast als ein zweites Exil, so starr war er auf den Tag seiner Rückkehr fixiert. An das Exil erinnert auch, daß es ihm selber gänzlich an der philosophischen Gelassenheit fehlte, wie er sie einst dem Bruder empfohlen hatte, der drei Jahre auf seinem Posten hatte ausharren müssen. Auch den Aspekt, den er ebenfalls bereits dem Bruder nahegebracht hatte, daß eine lange Statthalterschaft, uneigennützig wahrgenommen, desto mehr Genugtuung verschaffe und Ruhm einbringe, vermochte er auf sich selbst nicht anzuwenden. »Es ist unglaublich, wie mich diese Aufgabe anwidert«, schreibt er an Atticus bei seiner Ankunft in Laodikeia, »das Feld ist nicht groß genug für den Dir nicht unbekannten Schwung meines Geistes und meines Eifers.« Er glaubte nur in Rom wahrhaft zu leben: »Das Licht, das Forum, die Stadt, mein Haus, ihr alle fehlt mir«, fährt er in demselben Briefe fort. »Die Stadt, die Stadt, mein Rufus«, heißt es in einem Briefe an Caelius, »die halte in Ehren, in *dem* Licht wahre Deinen Platz! Aller Aufenthalt in der Fremde ist, wie ich von Jugend auf überzeugt bin, dunkel und armselig für jemanden, der es mit beharrlichem Fleiß in Rom zu etwas bringen kann!«

Diese Einstellung hat sich offenbar auch erheblich auf den Inhalt seiner Briefe ausgewirkt: weder die Länder noch die Völker, die er sah, weder Geographisches noch Ethnographisches haben irgend darin Eingang gefunden; er scheint wie blind gewesen zu sein für alle landschaftlichen Besonderheiten und hielt keine einzige Kuriosität, keine einzige Anekdote in den nicht selten recht ausführlichen Briefen aus der Zeit der Statthalterschaft für der Mitteilung wert. Andererseits nahm er intensiv Anteil an den Ereignissen in Rom, nicht nur an der Politik und an den Prozessen, sondern auch am Klatsch und an Skandalen. Er beauftragte den jungen Freund Caelius bei seiner Abreise, ihn über alle res urbanae aufs genaueste zu unterrichten; Caelius aber ließ es an Eifer nicht fehlen: das 8. Buch der Sammlung Ad familiares enthält 17 Briefe von ihm an Cicero, von denen die meisten der Zeit der Statthalterschaft entstammen.

Cicero reiste am 1. Mai 51 ab. Die dichte Folge der Atticus-Briefe läßt über die Route keinen Zweifel offen. Zunächst hat Cicero noch einmal auf den meisten seiner Güter nach dem Rechten gesehen: auf dem Tusculanum, auf den Besitzungen bei Arpinum, bei Cumae und bei Pompeji. Die Reise ging auf der Via Appia weiter: über Benevent und Venusia, den Geburtsort des Horaz, nach Tarent, wo er am 18. Mai eintraf. Dort führte er lange politische Gespräche mit Pompeius; die Furcht vor einem Bürgerkrieg war schon damals allgemein, und so faßt er den Eindruck, den Pompeius auf ihn machte, wie folgt zusammen: »Ich verließ ihn als Bürger ohne Tadel, fest entschlossen, abzuwehren, was wir fürchten.« In Brundisium wurde Cicero durch eine Unpäßlichkeit eine Zeit lang festgehalten; er landete am 14. Juni in Actium. Jetzt befand man sich auf Provinzialboden und konnte den Bewohnern die Lasten des Quartiers auferlegen; Cicero schärfte schon hier seinen Leuten ein, daß er auf größter Bescheidenheit bestehe. Am 25. Juni erreichte Cicero Athen.

Dies war außer Rom so ziemlich der einzige Platz auf der Welt, der ihm behagte; er pries die Stadt, die Bauten, die Bewohner. Ein Epikureer namens Patron suchte ihn auf: Gaius Memmius, der durch Catull bekannte einstige Statthalter von Bithynien, lebte als Verbannter in Athen; er wollte dort das Haus Epikurs abreißen und einen Neubau an dessen Stelle errichten. Cicero sandte auf Bitten Patrons einen höflichen Brief an ihn, um ihm das Vorhaben auszureden. Vom 6. bis zum 22. Juli reiste er zur See über Delos und Samos nach Ephesus. Dort bereiteten ihm sowohl die Bewohner als auch die Steuerpächter einen herzlichen Empfang – Cicero nimmt sich anläßlich dieses Ereignisses vor, alle Beteiligten zufriedenzustellen. Nach viertägigem Aufenthalt folgte die letzte Etappe der Reise; Cicero traf am 31. Juli, nach genau drei Monaten seit seinem Aufbruch aus Rom, in Laodikeia am Lykos, der ersten Stadt seines Machtbereichs, ein.

Sein Zeitplan entsprach den Gegebenheiten: er gedachte sich zu seinen Truppen zu begeben und den Rest des Sommers für militärische Unternehmungen zu verwenden; im Winter wollte er sich dann der Rechtsprechung widmen. Die militärischen Aktionen wurden zunächst durch die Parthergefahr überschattet. Caelius schreibt gewiß im Sinne Ciceros, wenn er sich so vernehmen läßt: »Wieviel Sorge Dir der Frieden in Deiner Provinz und den angrenzenden Gebieten bereitet, weiß ich nicht; mir jedenfalls ist sehr unbehaglich zu Mute. Denn wenn wir die Sache so einrichten könnten, daß ein Krieg entsteht, der der Stärke Deiner Truppen entspricht, und wenn wir so viel erreichten, wie für Deinen Ruhm und einen Triumph erforderlich ist, ohne daß wir uns einem gefährlichen, schweren Kampf aussetzen müßten, dann wäre nichts wünschenswerter. In Wahrheit wird es, wie ich weiß, wenn der Parther sich rührt, ein ziemlich ernsthaftes Ringen geben; Dein Heer aber kann kaum einen einzigen Paß verteidigen.« Caelius fügte noch hinzu, daß sich in Rom niemand darum kümmere; man erwarte alles von ihm, als ob man ihm alles Erforderliche bewilligt hätte. Auch vier Monate später, gegen Ende des Jahres 51, zeigt Caelius sich noch besorgt: es heiße, daß die Parther den Euphrat überschritten hätten; Cicero werde wohl angesichts der Schwäche seiner Truppen keine andere Wahl haben, als sich zurückzuziehen.

Die Dinge nahmen jedoch einen glücklicheren Verlauf. Die Truppen waren bei Ikonion in Lykaonien aufmarschiert. Cicero traf dort Mitte August ein. Er zog weiter nach Kybistra am Taurus: von diesem Orte aus konnte er je nach Lage der Dinge entweder nordostwärts nach Kappadokien vorrücken (falls sich die Parther dort zeigten) oder südostwärts über den Taurus ins eigentliche Kilikien. Er war zunächst noch sehr besorgt, und er sandte ein Schreiben an den Senat, worin er dringend um Verstärkung bat. Dann erfuhr er jedoch, daß die Parther weiter südwärts drohten, daß sie gegen Antiochien vorrückten, wo sie alsbald von Gaius Cassius Longinus, dem Vertreter des Statthalters von Syrien, geschlagen und zum Rückzug gezwungen wurden; die Parthergefahr war einstweilen gebannt.

Ciceros Verwaltung und Rechtsprechung beruhten auf einer Verordnung, einem Edikt, wie es jeder Statthalter – nach Analogie der Prätoren in Rom – zu Beginn seiner Amtszeit zu erlassen pflegte, wobei er das meiste vom Edikt seines Vorgängers übernahm. Cicero begnügte sich in seinem Edikt mit zwei Abteilungen: die erste Abteilung hatte öffentlich-rechtlichen Inhalt und regelte das Finanz- und Steuerwesen der Gemeinden; die zweite behandelte besonders wichtige zivilrechtliche und zivilprozessuale Materien: das Erb- und das Konkursrecht. Für das gesamte übrige Zivilrecht verwies Cicero einfach auf die Edikte der stadtrömischen Prätoren. Auf Grund dieser Normen gedachte Cicero seine Provinz uneigennützig und gerecht zu verwalten: iustitia, abstinentia, clementia (»Gerechtigkeit, Lauterkeit, Milde«) lauten die Prinzipien, auf die er sich hierfür berief.

Seine Statthalterschaft unterschied sich daher merklich von der seines Vorgängers, des Appius Claudius Pulcher. Dieser hochgemute Optimat, ein Bruder des berüchtigten Clodius, hatte die übliche Praxis der Ausplünderung befolgt; Cicero wurde sofort mit Beschwerden bestürmt. »Ich reiße die Wunden, die Appius hinterlassen hat, nicht auf«, schreibt er unmittelbar nach seiner Ankunft in Laodikeia, »sie sind jedoch zu sichtbar, als daß sie sich verbergen ließen.« Im darauf folgenden Briefe an Atticus geht Cicero auf diese Wunden näher ein:

> Wisse, daß ich sehnlichst erwartet am 31. Juli in meiner unglücklichen und wohl auf immer ruinierten Provinz angelangt bin und daß ich mich dann je drei Tage in Laodikeia, in Apameia und in Synnada aufgehalten habe. Dort habe ich nur immer wieder zu hören bekommen, daß sie die ihnen auferlegte Kopfsteuer nicht bezahlen können, daß sie alles Verkäufliche verkauft hätten – ich hörte das Ächzen und Jammern der Gemeinden und erfuhr Ungeheuerlichkeiten, die nicht das Werk eines Menschen, sondern das einer scheußlichen Bestie zu sein schienen.

Es war üblich, daß die Untertanen nach dem Abgang eines Statthalters zu dessen Ehren Gesandte nach Rom entboten, wobei die Gemeinden für die Kosten aufzukommen hatten. Als Cicero hörte, daß dergleichen auch dem Appius Claudius zugedacht war, bestimmte er, daß keine von Gemeinde wegen bezahlte Gesandtschaft ohne seine Erlaubnis abgehen dürfe.

Man begreift, daß Appius Claudius von den Maßnahmen seines Nachfolgers nicht erbaut war: das 3. Buch der Sammlung Ad familiares legt hiervon ein beredtes Zeugnis ab. Zunächst, vor und während der Reise in die Provinz, geht es darum, daß Appius Claudius für seinen Nachfolger alles in gehöriger Ordnung halten möge; zudem wünscht Cicero ein Treffen mit seinem Amtsvorgänger, und er wählt eine Route, die dessen Wünschen entspricht. Im 6. Brief mischt sich zum ersten Male Ungehaltenheit in die bis dahin ausgesucht höfliche, von Freundschaftsbeteuerungen strotzende Schreibart: Appius Claudius hatte sich der Begegnung in Laodikeia entzogen; es hieß, daß er in Tarsos

Amtsgeschäfte wahrnehme, und zudem wußte Cicero noch nicht, wo drei seiner Truppenabteilungen standen. Appius Claudius hatte sich gewiß deshalb so aufgeführt, weil er sich über Ciceros Maßnahmen, die ihm nicht unbekannt geblieben waren, ärgerte; er mied Cicero weiterhin und zog bei seinem Abgang aus der Provinz nachts an dessen Lager vorbei.

Er übte auch brieflich scharf Kritik am Verhalten des Nachfolgers, die dieser dann ebenso scharf zurückwies. Der Hauptpunkt des in mühsam gewahrte Höflichkeit verpackten Grimms waren die Ehrengesandtschaften. Er habe, schreibt Cicero, die Gemeinden nur deshalb von dem unnötigen Aufwand befreit, weil er von deren Häuptern darum angegangen wurde; »ich«, fährt er fort, »hatte es nicht nur aus Gerechtigkeitsliebe, sondern auch aus Erbarmen auf mich genommen, das Elend dieser ruinierten, vor allem durch ihre eigenen Beamten ruinierten Gemeinden zu lindern; da konnte ich bei derart unnützen Ausgaben nicht nachlässig sein.« Cicero wahrt noch so viel Rücksicht, daß er die Hauptschuld an den Nöten der Gemeinden den korrupten einheimischen Würdenträgern zuschreibt; im übrigen hat er gewiß mit Ausdrücken wie iustitia und clementia eine dem Appius Claudius wenig geläufige Sprache geführt, und geradezu höhnisch wird sein Ton, wenn er gegen Ende des Schreibens die Freigebigkeit seines Adressaten mit seiner eigenen Wesensart vergleicht, die sich stets gescheut habe, aus fremdem Gute freigebig zu sein.

Ob Appius Claudius gespürt hat, daß er in dem Disput moralisch unterlegen war? Jedenfalls klingt Ciceros nächster Brief wieder versöhnlich, und zwar offensichtlich deshalb, weil Appius Claudius eingelenkt hat: »So habe ich endlich einen Brief zu lesen bekommen«, schreibt er, »der des Appius Claudius würdig ist: voll Menschlichkeit, Hilfsbereitschaft und Aufmerksamkeit.« Daß diese Versöhnlichkeit großenteils von Diplomatie diktiert war, beweist ein nahezu gleichzeitiger, langer Brief an Atticus: »Wie wenn ein Arzt, dessen Patient einem Kollegen übergeben worden ist, dem Nachfolger zürnen wollte, weil er hier und da an der bisherigen Therapie geändert habe, so verhält sich Appius: nachdem er die Provinz durch Entzug kuriert, ihr Blut abgezapft, ihr so viel er konnte weggenommen und sie mir dann dem Sterben nahe übergeben hat, sieht er es nicht gern, daß ich sie wieder zu Kräften kommen lassen will.«

Cicero verließ mitsamt seinen Truppen Kybistra, nachdem bekannt geworden war, daß die Parther nicht über Kappadokien vordringen würden, er überschritt den Taurus und rückte über Tarsos und Mopsuhestia in Richtung auf den Amanos, das Grenzgebirge zwischen Kilikien und Syrien (heute Gâvur Daglari), vor. Ziel waren die dort hausenden Bergstämme, die Eleutherokiliker, die sich den Römern noch nie unterworfen hatten und leicht die Verbindung mit der Nachbarprovinz Syrien behindern konnten. Cicero ließ vier Kolonnen bilden, die das Gebirge durchkämmten, einige Ortschaften und Befestigungen niederbrannten und die Bewohner töteten oder gefangen nahmen; einzig sein Offizier Pomptinus, der eine der Kolonnen befehligte, wurde in mehrstündige Kämpfe verwickelt. Die wieder vereinigten Truppen errichteten daraufhin bei Issos ein Lager, wo von Alexander errichtete Altäre an die Schlacht erinnerten, die dort im Jahre 333 stattgefunden hatte.

Siegreiche Truppenführer pflegten seit dem 2. Punischen Kriege von den Soldaten zum imperator ausgerufen zu werden; wer diesen Ehrentitel erhielt, hatte eine Anwartschaft darauf, einen Triumph feiern zu dürfen. Seit Issos durfte sich auch Cicero als imperator im prägnanten Sinne betrachten, und er schmückte sich nunmehr in manchem offiziellen Schreiben mit dieser Bezeichnung; auch sind asiatische Münzen erhalten, auf denen neben Ciceros Namen die Abkürzung imp. erscheint. Ciceros besserem Ich ist sicherlich nicht verborgen geblieben, daß diese Lorbeeren nicht allzu viel wert waren. »Du weißt nicht, mit was für einem Feldherrn (imperator) Du zu tun hast«, schreibt er scherzhaft dem Freunde Lucius Papirius Paetus, »die Kyropädiea« (ein Werk Xenophons, eine romanhafte Biographie des Perserkönigs Kyros, mit vielen militärischen Belehrungen), »die ich gänzlich zerlesen hatte, konnte ich während des Feldzugs von Anfang bis Ende in Anwendung bringen.«

Im Spätherbst führte er noch einen zweiten Schlag gegen die Eleutherokiliker: die Bergfestung Pindenissos wurde eingeschlossen und nach zweimonatiger Belagerung am 13. Dezember zur Kapitulation gezwungen. Es seien fröhliche Saturnalien auch für die Soldaten gewesen, schreibt Cicero, denen er außer den Pferden die gesamte Beute überlassen habe, und er fügt ohne jede Äußerung von clementia hinzu, daß der Erlös von den Gefangenen, die den Sklavenhändlern verkauft wurden, bis zur Stunde 120 000 Sesterze betragen habe. Nach Abschluß dieser Unternehmung beauftragte Cicero den Bruder, die Truppen in die Winterquartiere zu führen; er selbst begab sich nach Tarsos, dem Ort, in dem der Statthalter von Kilikien seinen Amtssitz hatte.

Im Winter und Frühjahr nahm Cicero sich der Zivilverwaltung, insbesondere der Rechtsprechung an. Er, der noch ein paar Monate zuvor geglaubt hatte, diese Tätigkeiten seien seinen Fähigkeiten nicht angemessen, gewann ihnen jetzt auch andere Seiten ab. »In meinem ganzen Leben habe ich keine so große Genugtuung gekannt«, schreibt er an Atticus, »wie die, welche mir meine korrekte Amtsführung bereitet, und mir macht nicht der Ruhm, der groß ist, sondern die Sache selbst Vergnügen. Was fragst Du? Es war der Mühe wert. Ich kannte mich selbst nicht; ich wußte nicht recht, was ich auf diesem Gebiet leisten könne. Ich bin mit Recht stolz auf mich; nichts ist schöner.« Seine Verwaltung war bestrebt, selbst gesetzlich zulässige Aufwendungen einzusparen; er respektierte die Autonomie der einheimischen Gerichte; er versuchte, die Verschuldung der Gemeinden einzudämmen.

Eine Affäre wird in mehreren Briefen ausführlich erörtert. Die Gemeinde Salamis auf Zypern hatte von Marcus Iunius Brutus –

dem nachmaligen Caesarmörder – ein Darlehen aufgenommen; die Zinsen sollten 4% monatlich betragen. Brutus verlangte von Cicero, er möge seinen Geschäftsführern in der Weise zu seinem Gelde verhelfen, daß er ihnen Offiziersstellen übertrug. Cicero lehnte diesen Mißbrauch öffentlicher Gewalt zu privaten Zwekken ab. Er berief sich außerdem auf sein Edikt, wonach Zinsen von mehr als 1% monatlich verboten seien, und er suchte einen Vergleich unter den Parteien herbeizuführen. Die Sache blieb unentschieden liegen, denn so weit mochte Cicero aus Rücksicht gegenüber Brutus nicht gehen, daß er durch ein Urteil nur die Summe für einklagbar erklärt hätte, die sich aus dem von ihm festgesetzten Höchstzinssatz ergab. Hier fand also auch Ciceros Gerechtigkeitsstreben eine Grenze: die Belange des Standesgenossen durften nicht rundweg ignoriert werden.

Neben den Statthaltersorgen gab es für Cicero auch manches Familiäre zu bedenken und zu regeln. Die Ehe seines Bruders, mit Pomponia, der Schwester des Atticus, war nach wie vor nicht glücklich; er suchte ausgleichend auf die Beteiligten einzuwirken. Bei seiner Abreise in die Provinz wurde er Zeuge eines häßlichen Zanks unter den Ehegatten; singulär ist die Genauigkeit, mit der er dem Freunde hiervon berichtet, um darzutun, daß Pomponia die Urheberin der Spannungen sei. Quintus trug sich in Kilikien mit der Absicht, die Konsequenzen zu ziehen und Pomponia den Scheidebrief zu schicken. Der Sohn Quintus, der die Post des Vaters lesen durfte, erfuhr eines Tages von dem schwelenden Konflikt. »Der Knabe war, wie ich sah, tief bewegt«, schreibt Cicero, »und er beklagte sich bei mir unter Tränen. Kurz, ich habe ein ungemein liebevolles Herz und ein sanftes Gemüt an ihm erkannt, und dies bestärkt mich in der Hoffnung, daß nichts Unschönes geschieht.« In der Tat konnte Cicero dem Freunde einige Wochen später mitteilen, daß der junge Quintus den Vater wieder mit der Mutter ausgesöhnt habe.

In den Briefen an Atticus kommt noch ein anderes familiäres Problem zur Sprache, oder vielmehr, es wird dort hin und wieder angedeutet: Tullia und Crassipes hatten ihre Ehe aufgelöst; Cicero hielt Umschau nach einem geeigneten Kandidaten für die Tochter. Worum es im einzelnen ging, ist, da sich Cicero über diesen Punkt mit Bedacht nur sehr dunkel äußert, nicht mehr erkennbar; offenbar wurden mehrere Interessenten in Betracht gezogen. Schließlich hat Terentia die Initiative ergriffen: Tullia wurde die Frau von Publius Cornelius Dolabella. Cicero geriet hierdurch in einige Verlegenheit: er war auf dem besten Wege, sich mit Appius Claudius Pulcher auszusöhnen, da sah er sich in die Rolle des Schwiegervaters von dessen Ankläger versetzt; er mußte mehrfach beteuern, daß er für diese Konstellation nicht verantwortlich sei. Die Wahl Dolabellas, eines stadtbekannten Wüstlings, der um etwa acht Jahre jünger war als Tullia, erwies sich bald als schwerer Mißgriff: Dolabella hat seine Frau überaus roh behandelt, und politisch gebärdete er sich während des Bürgerkriegs als caesarischer Ultra.

Im Frühjahr 50 war Cicero in Sorge, ob ihn die Parthergefahr nicht über das Amtsjahr hinaus in der Provinz festhalten werde. Die Parther räumten jedoch das römische Territorium; Cicero konnte Ende Juli mit Fug und Recht die Provinz verlassen. Er betraute den Quästor Gaius Coelius Caldus mit der Geschäftsführung und verließ Tarsos auf dem Seewege; am 10. August traf er bereits in Rhodos ein. Dann kam er nur noch bis Ephesus, wo er bis Anfang Oktober auf günstige Winde für die Überfahrt nach Athen warten mußte. Dort zogen ihn die auf den Bürgerkrieg zudrängenden römischen Ereignisse in ihren Bann: sowohl Pompeius als auch Caesar, die beiden jetzt untereinander verfeindeten Machthaber, hatten ihm freundschaftlich werbende Schreiben zukommen lassen: wem sollte er sich, wenn es zum offenen Konflikt käme, anschließen? Außerdem hoffte er ernstlich, daß ihm die kilikischen Operationen einen Triumph einbringen würden: immerhin war ihm dafür ein Dankfest, eine supplicatio bewilligt worden; er glaubte, daß er auch für einen Triumph eine hinlänglich große Anhängerschaft finden werde.

In Patrai am korinthischen Golf erkrankte sein Sekretär Tiro
so schwer, daß er ihn dort in der Obhut geeigneter Leute zurück-
lassen mußte: nicht weniger als acht Briefe, die er ihm in den
darauffolgenden Tagen während der Überfahrt nach Brundisium schrieb, bezeugen seinen Kummer und seine angelegentli-
che Fürsorge für den Kranken. In Brundisium, wo er am 24. November ankam, traf er Terentia, die ihm dorthin entgegengereist
war – er hatte sie in einem herzlichen Brief, den er ihr aus Athen
hatte zukommen lassen, darum gebeten. Im Dezember verweilte
er einige Zeit auf seinen Gütern, insbesondere auf dem Cumanum; am 4. Januar 49 erreichte er die Stadtgrenze Roms, die
er als Anwärter auf einen Triumph nicht überschreiten durfte.

Dieser Brauch zeugt, wie so manches, von der formalistischen
Gesinnung der Römer, die oft gerade an Äußerlichkeiten zäh
festhielt. Rom war von einer sakralen Grenzlinie, dem sogenannten pomerium, umgeben. Sie trennte die Bereiche Zivilverwaltung und Militärgewalt, d. h. durch sie offenbarte sich sinnfällig,
daß die Oberbeamten, die Konsuln, Prätoren und Provinzial-
statthalter, nur außerhalb Roms schrankenlos schalten durften:
Oberbeamte, die in ihre Provinz aufbrachen, vertauschten am
pomerium die bürgerliche Toga mit dem Kriegsmantel, und ihre
Amtsbüttel, die Liktoren, rüsteten ihre Rutenbündel mit den in
der Stadt verpönten Beilen aus. Entsprechend verwandelten sich
aus der Provinz zurückkehrende Oberbeamte am pomerium wieder in Zivilisten. Damit erlosch freilich ihre Vollgewalt, ihr imperium; dann aber fehlte ihnen eine wesentliche Voraussetzung für
den Triumph, den feierlichen Aufzug zum Kapitol. Wer glaubte,
ein Anrecht auf einen Triumph erworben zu haben, mußte bis
zur Bewilligung durch den Senat am pomerium ausharren – so
damals auch Cicero.

14. Kapitel

Im Bürgerkrieg

In den Jahren 54–52 hatten sich die Gewichte stark zuungunsten von Caesar verschoben. Seine Tochter Julia, die Frau des Pompeius, starb im Jahre 54 im Wochenbett; ein festes Band zwischen den beiden Machthabern war hiermit zerrissen. Pompeius heiratete zwei Jahre darauf eine Tochter eines radikalen Optimaten, des Quintus Caecilius Metellus Pius Scipio Nasica – er war der leibliche Sohn eines Scipio Nasica, adoptiert von Quintus Caecilius Metellus Pius; so erklärt sich der ungewöhnliche Name. Im Jahre 53 fiel Crassus, so daß nunmehr der ausgleichende Dritte fehlte, und im Jahre darauf beanspruchte der gefährliche Aufstand des gallischen Fürsten Vercingetorix Caesars ganze Kraft.

So war es nicht erstaunlich, daß seine entschiedenen optimatischen Gegner nunmehr mit großer Energie seine Entmachtung betrieben, im Senat, durch politische Mittel, die rechtlich fundiert waren. Seit dem Jahre 52 stand fest, worum es ging: Caesar wollte im unmittelbaren Anschluß an seine gallische Statthalterschaft sein zweites Konsulat bekleiden; die Optimaten taten alles, ihn amtlos nach Rom zurückzubeordern, um ihn dort vor Gericht zu stellen. Dieser Konflikt wurde seit Anfang 51 auf der Grundlage komplizierter Rechtsverhältnisse ausgetragen.

Caesar hatte folgende Rechnung aufgemacht: Die Verlängerung seiner gallischen Statthalterschaft, die im Jahre 55 erfolgt war, bedeutete, daß der Senat nicht vor dem 1. März 50 einen Nachfolger für ihn bestimmen durfte. Nun mußte aber, wie bereits dargetan, schon vor den Wahlen festgesetzt werden, welche

Provinzen die zu wählenden Konsuln in ihrem zweiten, ihrem prokonsularischen Amtsjahr verwalten würden; ein einschlägiger Beschluß, vom Senat nach dem 1. März 50 gefaßt, bezog sich also notwendig auf die Konsuln des Jahres 49 und somit auf deren Statthalterschaften im Jahre 48. Caesar konnte daher frühestens am 1. Januar 48 abgelöst werden. An diesem Tage aber gedachte er sein zweites Konsulat anzutreten; er hatte sich zu diesem Zweck mit Zustimmung des Pompeius einen Volksbeschluß verschafft, der ihm gestattete, sich abwesend um das Konsulat zu bewerben.

So weit so gut, doch hatten neue Bestimmungen dieses wohldurchdachte Gefüge erschüttert. Das schon erwähnte Gesetz des Pompeius, welches ein fünfjähriges Intervall zwischen städtischem Amt und Statthalterschaft vorschrieb (auf ihm beruhte ja Ciceros Posten in Kilikien), eröffnete die Möglichkeit, Caesar schon im Jahre 49 mit einem Nachfolger zu bedenken: nunmehr wurden nicht mehr die künftigen Konsuln, sondern ehemalige Konsuln mit Prokonsulaten betraut. Außerdem stellte ein Gesetz, welches die Bewerbung in absentia untersagte, die Ausnahmeregelung zugunsten Caesars in Frage.

Im Jahre 51 hatten Caesars Leute einen Senatsbeschluß über Gallien zu verhindern gewußt; im Jahre darauf trat zumal Curio, der einen radikalen Stellungswechsel vollzogen hatte, durch geschicktes Taktieren erfolgreich für seinen neuen Auftraggeber ein, und er erreichte sogar, daß der Senat am 1. Dezember die Abberufung von Pompeius *und* Caesar beschloß, womit Caesar sich einverstanden erklärte. Doch nunmehr setzten sich die Unversöhnlichen um Cato und andere durch. Als sich Anfang Januar 49 die Ereignisse immer mehr zuspitzten, nahm auch Cicero, der gerade vor der Stadt angelangt war, Anteil an den Verhandlungen, doch seine Abrüstungsvorschläge, die von Caesars Leuten gutgeheißen wurden, fanden nicht die Zustimmung der Optimaten. Am 7. Januar wurde Caesar abberufen und der Staatsnotstand erklärt; die Volkstribunen Marcus Antonius und

Quintus Cassius Longinus, die vergebens versuchten, Einspruch zu erheben, flohen zu Caesar. Der Bürgerkrieg war nunmehr eine vollendete Tatsache.

Das senatus consultum ultimum hatte nicht nur die Konsuln, sondern auch die Prätoren, Volkstribunen und Prokonsuln ermächtigt, den Staat zu schützen, also auch Cicero, der noch stets Inhaber des imperium war und zum sichtbaren Zeichen seiner Würde von seinen zwölf Liktoren begleitet wurde. Er erhielt auch einen Auftrag: er sollte die kampanische Küste überwachen. Dieser Posten gab ihm erwünschte Gelegenheit, die Zeit abseits von Rom auf seinem Gut bei Formiae zu verbringen und im übrigen untätig zu bleiben, da er den Krieg ablehnte und zunächst die Hoffnung nicht aufgab, daß sich der Frieden wiederherstellen lassen werde. Im Laufe des März, als er allmählich einsah, daß seine Friedenswünsche unerfüllbar seien, faßte er nach schwerem inneren Ringen den Entschluß, Italien, das nunmehr ganz Caesar gehörte, zu verlassen und sich zur Senatspartei, die in Griechenland ihr Hauptquartier aufgeschlagen hatte, zu begeben – es wurde Juni, ehe er seinen Entschluß ausführte. Die Nachwelt ist ungewöhnlich gut darüber unterrichtet, was ihn in der Zeit zwischen seiner Rückkehr aus Kilikien und seiner heimlichen Abreise nach Griechenland bewegte: aus diesem Halbjahr haben sich etwa 90 Briefe erhalten, wovon neun Zehntel an Atticus gerichtet sind – Ego tecum tamquam mecum loquor – »Ich unterhalte mich mit Dir wie mit mir selber«: das ständige Hin und Her der Reflexionen hat den Charakter eines unaufhörlichen Selbstgesprächs.

Cicero hielt den Krieg für vermeidbar; er sah in ihm die Ausgeburt entfesselter Kampfeswut, und zwar auf beiden Seiten. Seine Friedensbemühungen, schreibt er Anfang Januar dem immer noch krank in Patrai darniederliegenden Tiro, seien durch die Leidenschaftlichkeit bestimmter Leute zunichte gemacht worden: es gebe auf beiden Seiten Kriegstreiber. »Ich selbst habe«, läßt sich Cicero bald darauf, wieder Tiro gegenüber, vernehmen,

»sobald ich vor der Stadt ankam, unablässig alle meine Gedanken, Worte und Handlungen darauf gerichtet, den Frieden zu retten; doch eine seltsame Raserei hatte nicht nur die Übelgesinnten erfaßt, sondern auch diejenigen, die als die Rechtgesinnten gelten: sie wollten unbedingt kämpfen, obwohl ich schrie, nichts sei elender als ein Bürgerkrieg.« Denn Cicero rechnete mit dem Schlimmsten, mit Hungersnot, Plünderung und Verwüstung, und so verstand er sich einmal zu dem Ausspruch, daß selbst ein ungerechter Frieden besser sei als der gerechteste Krieg gegen Bürger.

Als der Hauptverantwortliche galt ihm begreiflicherweise Caesar. »Was das für eine Art von Krieg ist, siehst Du ja«, schreibt er Atticus, »es ist ein Bürgerkrieg, aber einer, den nicht Bürgerzwietracht, sondern der Übermut eines einzigen verworfenen Bürgers hervorgerufen hat.« Caesar erscheint ihm als zweiter Hannibal: »Dieser wahnwitzige, elende Mensch, der nie einen Schatten des Schönen und Guten gesehen hat! Und da sagt er, er tue das alles seiner Würde wegen. Doch wo ist Würde, wo nicht auch Ehrenhaftigkeit ist? Ist es nun aber ehrenhaft, ohne Ermächtigung durch die Regierung ein Heer zu haben, Bürgerstädte zu besetzen, um sich den gewaltsamen Zugang zum Vaterland zu erleichtern, Schuldenerlaß, die Rückberufung der Verbannten und tausend andere Freveltaten ins Werk zu setzen,

die größte Gottheit, die Tyrannis, zu erringen?

Er mag sein Glück für sich haben! Wahrhaftig, ein einziger Sonnenspaziergang mit Dir ist mir lieber als alle Königreiche dieser Art!«

Doch nicht nur Caesar, sondern auch Pompeius wird von Cicero mit den Maßstäben einer strengen politischen Ethik gemessen, und auch über Pompeius ergeht ein hartes Verdikt. Cicero zitiert eine Passage aus seiner Schrift »Über den Staat«, wonach die Wohlfahrt der Bürger das Ziel des wahren Staatsmannes sei, und fährt fort: »Solche Gedanken hat sich unser Gnaeus noch nie und am wenigsten bei diesem Streit einfallen lassen. Um Alleinherrschaft geht es dem einen wie dem anderen, nicht darum, daß die Bürgerschaft in Ehren glücklich sei ... Die sullanische Art von Despotie ist's, nach der Pompeius schon lange strebt, wobei viele um ihn sind, die dasselbe wünschen.« Da es somit in dem Konflikt nur darum gehe, wer Alleinherrscher werden solle, stehe Rom, meint Cicero, eine malorum Ἰλιάς, eine Ilias des Unheils bevor.

Die Siegesaussichten der Senatspartei schätzte Cicero von Anfang an gering ein. »Als Caesar noch schwach war, hätte man sich ihm widersetzen sollen«, schreibt er Atticus, »das wäre leicht gewesen. Jetzt aber hat er elf Legionen, soviel Reiterei, wie er will, die Einwohnerschaft jenseits des Po, den städtischen Pöbel, zahlreiche Volkstribunen, die unverbesserliche Jugend – und das hat er als Führer von höchstem Ansehen und höchster Verwegenheit.« Aus der Stärke und dem raschen Vorrücken Caesars zog Pompeius die Konsequenz, daß sich Italien nicht halten lasse; er transportierte die Truppen, die er zusammenraffen konnte, von Brundisium aus über die Adria. Cicero, der schon früh mit einem derartigen Plane rechnete, übte heftig Kritik daran – aus strategischer Perspektive gewiß zu Unrecht. Er war auch hier geneigt, moralische Maßstäbe anzulegen: »Um's Himmels willen, was hältst Du von dieser Maßnahme des Pompeius – ich meine, daß er Rom geräumt hat? Ich weiß nicht, was ich denken soll – was konnte unvernünftiger sein? Du verläßt die Stadt; tätest Du das auch, wenn die Gallier kämen?« Pompeius sei ein ἀστρατήγητος, ein Un-Feldherr, bemerkt Cicero einmal angesichts des Rückzugs aus Italien; man könne nicht mutloser, nicht kopfloser sein als er. »Doch unser Gnaeus«, verlautet ein anderes Mal, »es ist ein Jammer, es ist unglaublich, wie er am Boden liegt! Da ist kein Mut, kein Plan, keine Truppenmacht, keine Umsicht.«

Der Atticus-Brief 8,8 kommt einer Generalabrechnung nahe: Pompeius habe Caesar groß werden lassen, dann alle Friedensangebote mißbilligt, ohne doch für den Krieg zu rüsten, dann Rom und Mittelitalien preisgegeben und sich auf den Weg nach

Griechenland gemacht. Einmal, meint Cicero, als Caesar in Corfinium, etwa 100 km östlich von Rom, auf den Widerstand des Lucius Domitius Ahenobarbus stieß, hätte das καλόν, das Schöne und Ehrenhafte, vor den Augen des Pompeius aufblitzen müssen. Doch Pompeius sagte dem καλόν Lebewohl, ließ Domitius im Stich und setzte seinen Weg nach Brundisium fort.

Cicero fühlte sich trotz seiner Kritik an den Maßnahmen des Pompeius den boni, den Rechtgesinnten, der Senatspartei zugehörig, oder richtiger: dem Rest, der seiner Meinung nach von den boni noch vorhanden war. Denn wenn man nach ordines, nach Ständen von Rechtgesinnten frage, dann zeige sich, daß es keine mehr gebe; nur noch einzelne seien rechtgesinnt. »Was wirst Du also tun?«, läßt er sich von Atticus fragen. »Was das Vieh tut, wenn es zersprengt ist«, antwortete er, »das der Herde seiner Artgenossen nachläuft. Wie das Rind den Rindern, so werde ich den Rechtgesinnten oder denen, die sich so nennen, nachlaufen, auch wenn sie sich in den Abgrund stürzen.« Hiermit hat Cicero genau vorausgesagt, was später eingetreten ist. »Wundere Dich nicht«, läßt er einige Wochen später verlauten, »daß ich mich nur ungern der Partei anschließe, die sich weder um den Frieden noch um den Sieg bemüht hat, sondern stets nur an eine schändliche und heillose Flucht dachte; dennoch muß ich bereit sein, lieber jede Schicksalsfügung mit denen zu teilen, die man die Rechtgesinnten nennt, als dafür zu gelten, daß ich nicht zu den Rechtgesinnten gehöre.«

Diesen Eindruck mußte Cicero in der Tat zu vermeiden suchen. Er war kein beliebiger Konsular, sondern Imperiumsträger mit offiziellem Auftrag, und er rührte keine Hand zu dessen Ausführung; außerdem unterhielt er nach wie vor freundschaftliche Beziehungen zu Caesar und dessen Helfern. Er begründete sein nicht ganz eindeutiges Verhalten mit seinen Bemühungen um Frieden; er wollte, so gut er konnte, neutral bleiben, um beiden Seiten als geeigneter Mittler zu erscheinen. Trebatius, der caesarisch gesinnt war, hatte ihn im Auftrage seines Dienstherrn gebeten, in der Nähe der Stadt zu verweilen; er habe ihm geantwortet, berichtet er Atticus, dies sei derzeit schwierig für ihn; er halte sich immerhin auf seinen Gütern auf und habe sich weder an Truppenaushebungen noch sonstwie an Kriegsmaßnahmen beteiligt. »Hierbei werde ich bleiben, solange noch Hoffnung auf Frieden besteht«, läßt er Atticus weiterhin wissen, »wenn aber Krieg geführt wird, dann werde ich tun, was die Pflicht und meine Würde mir gebieten«. Immerhin waren Ende Januar 49, als Cicero dies schrieb, noch Verhandlungen zwischen Caesar und Pompeius im Gange. Bald darauf wurde bekannt, daß er ein Schreiben an Caesar gerichtet hatte; er wurde kritisiert und sah sich genötigt, sich zu rechtfertigen. Caesar hielt ihn für nützlich und umwarb ihn mit schmeichelhaften Worten; ein Schreiben, das der Caesarianer Balbus Anfang März aus Rom an ihn richtete, versichert ihn der wärmsten Dankbarkeit Caesars. Mitte März kehrte Cicero – in einem Briefe an Caesar selbst – zum letzten Male seine Rolle als möglicher Friedensvermittler hervor: er habe sich bislang nicht am kriegerischen Geschehen beteiligt und eigne sich daher wie kein zweiter zu Verhandlungen de otio, de pace, de concordia civium – »über die Ruhe, den Frieden, die Eintracht der Bürger«.

Caesar hatte unterdessen die kriegerischen Operationen mit größter Energie vorangetrieben; Mitte März, nachdem Pompeius mit den letzten Truppen Brundisium verlassen hatte, war ganz Italien in seiner Hand. Selbst Cicero konnte sich jetzt nicht mehr verhehlen, daß jegliche Hoffnung auf Frieden einstweilen dahin sei. Er hatte sich schon lange mit Bangen gefragt, was er tun solle, wenn Pompeius Italien räume: ob er bleiben dürfe oder ob er verpflichtet sei, ihm zu folgen. Schon ein Atticus-Brief von Mitte Februar stellt in langer Reihe die Gründe zusammen, die ihm teils für die eine, teils für die andere Möglichkeit zu sprechen scheinen, und im Briefe 9,4 leitet er aus seinem Kasus in griechischer Sprache allerlei philosophische Probleme ab: ob man in seinem Vaterlande bleiben solle, wenn dort ein Tyrann herrscht;

ob man mit allen Mitteln die Beseitigung der Tyrannei betreiben solle, auch wenn der Staat dabei gänzlich zugrunde gehen könne, oder ob man achtgeben müsse, daß derjenige, der die Tyrannei beseitigt, nicht selbst zu hoch emporsteigt; ob man versuchen solle, dem Vaterlande, wenn es von einem Tyrannen beherrscht wird, durch Abwarten eines günstigen Zeitpunkts und durch guten Rat zu helfen, statt durch Krieg? usw.

Um die Zeit, da Cicero diese Fragen formulierte, neigte sich die Waagschale schon mehr und mehr dem Entschluß zur Flucht ins Lager der Senatspartei zu. Cautior est mansio, honestior existimatur traiectio, »Sicherer ist's zu bleiben, für ehrenhafter wird die Überfahrt gehalten«, sagte er sich; ihn bestimme nicht das Gerede der sogenannten Rechtgesinnten, sondern einzig seine Bindung an Pompeius zu seinem Schritt, behauptete er ein anderes Mal. Als er die Nachricht erhielt, daß Pompeius und die Konsuln sich nach Griechenland eingeschifft hätten, da meinte er wie von Sinnen zu sein, daß er sich nicht dort unter den boni befand, und wenn ihn auch die Lektüre der Briefe des Atticus beruhigte, der immer wieder zum Bleiben geraten hatte, so überwältigte ihn doch wieder der Schmerz und die αἰσχροῦ φαντασία, das Schreckbild der Schande. Seine leidenschaftliche Reue steigerte sich so sehr, daß er gleichnishaft zu Ausdrücken aus der erotischen Sphäre griff:

Was soll ich sagen? Es erging mir wie bei der Liebe: wie uns Frauen, die ungepflegt, albern oder taktlos sind, von sich abspenstig machen, so ließ die Häßlichkeit der Flucht und der Saumseligkeit meine Liebe zu Pompeius erkalten. Denn er tat nichts, was ihn mir wert machte, mich ihm als Genosse seiner Flucht anzuschließen. Jetzt kehrt die Liebe zurück, jetzt kann ich die Sehnsucht nicht ertragen, jetzt helfen mir die Bücher nicht, die Studien nicht, die Philosophie nicht. So blicke ich Tag und Nacht wie jener Vogel aufs Meer und begehre davonzufliegen.

»Jener Vogel« – Cicero spielt auf Platon an, der, von Dionysios in Syrakus festgehalten, geschrieben hatte: »Ich blicke nach draußen und sehne mich wie ein Vogel, wegzufliegen« – hatte allerdings zunächst noch eine schwere Prüfung zu bestehen: eine Begegnung mit Caesar. Für den 1. April war eine Senatssitzung vorgesehen; ein Mann wie Cicero konnte ihr unter all den Caesarianern, die daran teilnehmen würden, ein wenig mehr Prestige verleihen. Daher wandte sich der hohe Herr nicht nur schriftlich an ihn (der Brief ist erhalten), sondern er sprach auch, als er von Brundisium nach Rom eilte, am 28. März in Formiae bei ihm vor. Dieser sah dem Ereignis mit Beklemmung entgegen – um bald darauf, als es überstanden war, dem Freunde mitzuteilen, daß er fest geblieben sei: in eo mansimus, ne ad urbem, »ich habe darauf bestanden, daß ich nicht nach Rom kommen würde.« Cicero solle über den Frieden reden, meinte Caesar; dann werde er beantragen, entgegnete Cicero, der Senat solle mißbilligen, daß Caesar nach Spanien oder Griechenland ziehen wolle – was dieser sich verbat. Er habe ihn gebeten, sich zu bedenken; so sei man auseinandergegangen. »Ich glaube nicht«, schreibt Cicero, »daß er mit mir zufrieden ist, aber ich bin es, und das ist mir schon lange nicht mehr vorgekommen.«

Cicero hatte sich jetzt offensichtlich zu einer klaren Haltung durchgerungen, und die Bewährungsprobe des Treffens mit Caesar hatte ihm bestätigt, wie fest sein Standpunkt war. Zwar zog er gelegentlich in Betracht, sich an einen neutralen Zufluchtsort, nach Malta, zu begeben, und es fehlt unter den Briefen vom Frühjahr 49 nicht an einer abermaligen scharfen Kritik der Herrschsucht sowohl Caesars als auch des Pompeius. Im ganzen aber ist Cicero jetzt fest entschlossen, und so beschäftigt ihn vor allem die Frage einer gefahrlosen Flucht. Curio, der ihn im April besuchte, sicherte ihm zu, daß er ihm in Sizilien, seiner Provinz, bei der Überfahrt nach Griechenland behilflich sein wolle. Doch Anfang Mai bedeutete ihm Antonius, Caesars Statthalter in Italien, er habe Weisung, niemanden fortreisen zu lassen, und Cicero stellte fest, daß die Küste scharf bewacht wurde. Sein Entschluß blieb hiervon gänzlich unberührt. Der letzte Brief, den Cicero von Italien aus an Atticus gerichtet hat, entstammt etwa dem 20. Mai: er werde durch Windstille stärker behindert als durch die Wachtposten; Atticus möge jetzt keinen Brief mehr von ihm erwarten, bis er an sein Ziel gelangt sei, oder von der Reise.

Am 7. Juni ging er mit seinem Bruder, seinem Sohn und seinem Neffen sowie mit seinen Liktoren in Caieta bei Formiae an Bord. Er sandte Terentia von dort aus noch einen Gruß: er fühle sich von seinem Unwohlsein befreit, nachdem er nachts klare Galle von sich gegeben habe; er empfehle Terentia und Tullia vielen Freunden, obwohl er keinerlei Befürchtung hege; die Damen möchten dort Aufenthalt nehmen, wo sie am weitesten vom Militär entfernt seien; im Falle einer Teuerung empfehle sich das Gut bei Arpinum. Daß der Neffe von der Partie war, verstand sich wohl nicht von selbst: er hatte Caesar geschrieben und ihn sogar aufgesucht – zum großen Kummer des Vaters und des Onkels, die hiervon Kunde bekamen. Cicero hielt seinen Neffen für einen charakterlosen Burschen, worin er sich nicht getäuscht hat.

Im Frühjahr 49 standen die Dinge für die Senatspartei bei weitem so ungünstig nicht, wie Cicero glaubte. Caesar hatte seine Erfolge in Italien mit dem Odium des Aufrührers erkauft, weshalb einer seiner tüchtigsten Offiziere, Labienus, zur Senatspartei übertrat. Er warb mit seiner Milde, die er nach seinem Erfolg bei Corfinium zum ersten Male praktizierte; doch sie, die insidiosa clementia, die berechnende Großzügigkeit, wie Cicero sich ausdrückte, zeitigte zunächst noch keine nennenswerten Erfolge. In Rom mußte sich Caesar über die Unverletzlichkeit des Volkstribunen Lucius Caecilius Metellus hinwegsetzen, um sich des Staatsschatzes zu bemächtigen, und die Sitzung des caesarischen Senates am 1. April, zu der sich einzufinden Cicero abgelehnt hatte, war ein Mißerfolg. Caesar stand ziemlich allein da. Nicht nur der Osten mit seinen schier unerschöpflichen Ressourcen, sondern auch Spanien und Afrika waren fest in der Hand der

Senatspartei, und die Adria gehörte den Seestreitkräften des Pompeius. Italien sollte nach zulänglicher Vorbereitung vom Osten her zurückerobert werden, wofür man sich auf das Vorbild Sullas berufen konnte.

Cicero scheint sich niemals bemüht zu haben, gelassen die militärischen Aussichten der Partei abzuschätzen, der er sich schließlich doch noch anschloß. Es macht ihm Ehre, daß er seine Entscheidung einzig und allein deshalb traf, weil er sich Pompeius verpflichtet glaubte, weil er ihm gegenüber nicht undankbar scheinen wollte; andererseits beweist das Fehlen jeglichen politisch-militärischen Kalküls, wie fremd er den gewaltigen Kräften gegenüberstand, die sich in seiner Zeit entluden. Caesar hat den Sommer 49, während Pompeius rüstete, dazu benutzt, sich im Rücken Sicherheit zu erkämpfen: es gelang ihm in einem risikoreichen, durch den Widerstand Massilias erschwerten Feldzug, Spanien in seine Gewalt zu bringen, während eine entsprechende, von Curio geleitete Unternehmung in Afrika mit einer Niederlage endete.

Als das zweite Kriegsjahr begann, war die Entscheidung noch völlig offen, und noch stets hatte die Senatspartei die größeren Machtmittel und die besseren Chancen. Es gelang Caesar in winterlicher Zeit, Truppen über die Adria zu bringen und bei Apollonia (südlich von Dyrrhachium, im heutigen Albanien) einen Brückenkopf zu bilden. Nunmehr lagen sich die beiden Heere monatelang bei Dyrrhachium gegenüber. Caesar wollte Pompeius durch Einschließung zu einer baldigen Entscheidungsschlacht zwingen; er mußte den Versuch mit einer empfindlichen Schlappe bezahlen. Die Siegesstimmung, die sich daraufhin der Senatspartei bemächtigte, verleitete Pompeius, seinen ursprünglichen, auf Zermürbung des Gegners zielenden Plan aufzugeben und bei Pharsalus in Thessalien eine Entscheidungsschlacht zu wagen; das Heer des Pompeius, das etwa doppelt so stark war wie das Caesars, unterlag und löste sich auf. Pompeius selber suchte sich nach Ägypten zu retten; er wurde dort auf Geheiß des Königs Ptolemaios XIII., eines dreizehnjährigen Knaben, und seiner Ratgeber umgebracht.

Während dieser Ereignisse – von den Kämpfen im Sommer 49 bis zur Schlacht bei Pharsalus im Sommer 48 – hat sich Cicero im Machtbereich der Senatspartei aufgehalten: zunächst wohl in Thessalonike, wo der legitime Senat sein Quartier aufgeschlagen hatte, dann im Lager des Pompeius, weiterhin in Dyrrhachium und schließlich in Patrai am korinthischen Meerbusen. Was Cicero in dieser Zeit gedacht, gesagt und getan hat, ist nur umrißhaft bekannt. Die dichte Folge der Briefe zumal an Atticus, die auf ungewöhnlich detaillierte und anschauliche Weise bezeugen, was Cicero in den Monaten des Ringens und Schwankens bewegt hat, bricht mit der Flucht aus Italien abrupt ab. Aus dem zweiten Halbjahr 49 ist überhaupt kein Brief erhalten; aus der übrigen Zeit vor der Rückkehr nach Italien haben sich nur fünf Briefe an Atticus und noch einiges andere auf die Nachwelt gerettet. Diese ungünstige Quellenlage ist gewiß vor allem dadurch bedingt, daß Cicero an die in Italien Zurückgebliebenen nicht schreiben konnte oder nicht zu schreiben wagte; auch die wenigen vorhandenen Briefe befleißigen sich einer lakonischen, andeutenden Ausdrucksweise und behandeln vorzugsweise private, insbesondere finanzielle Angelegenheiten. Sie bekunden mancherlei Sorge wegen der Tochter: Cicero hatte Schwierigkeiten, einen fälligen Teil der Mitgift auszuzahlen, und die Ehe mit Dolabella war bereits in eine Krise geraten; außerdem hatte Atticus geschrieben, Tullia befinde sich in Not – er wird beschworen zu helfen.

Die spärlichen Selbstzeugnisse und Zeugnisse über die Zeit bei Pompeius lassen erkennen, daß sich Cicero keine großen Meriten um die Senatspartei, seine Partei, erworben hat. Er mißbilligte alles, was um ihn herum geschah, und weigerte sich, irgendeinen Posten zu übernehmen; er handelte so einer Devise gemäß, die er schon im März ausgesprochen hatte: Ego ... quem fugiam habeo, quem sequar non habeo – »Ich weiß nur, wen ich meiden muß, nicht, wem ich folgen soll.« Er behauptete später in der »Zweiten Philippischen Rede«, er habe trotz seiner ständigen Friedensempfehlungen nach wie vor freundschaftliche Beziehungen mit Pompeius unterhalten. Wahrscheinlicher ist indes, daß er sowohl Pompeius als auch den Häuptern des Senats auf die Nerven ging. Er gefiel sich offenbar in der wenig passenden Rolle des besserwisserischen Beobachters, der das Geschehen mit boshaften Witzen glossierte – wovon spätere Schriftsteller etliche Proben bewahrt haben. Immerhin half er Pompeius trotz eigener Geldnöte mit einem stattlichen Darlehen.

Im Frühsommer 48 zwang ihn eine Krankheit, sich für längere Zeit nach Dyrrhachium zu begeben. Damals erreichte ihn aus Caesars Lager ein überaus freundlicher Brief seines Schwiegersohnes Dolabella: Pompeius habe den Krieg verloren (was damals, vor Pharsalus, eine gewagte Behauptung war); Cicero solle jetzt an sich selbst denken und sich in einen Ort außerhalb der Kampfhandlungen, etwa nach Athen zurückziehen.

Cicero befand sich noch in Dyrrhachium, wo Cato eine Besatzung von fünfzehn Kohorten befehligte, als die Nachricht von der Katastrophe bei Pharsalus eintraf. Cato segelte nach Korkyra (Korfu), zur Flotte der Senatspartei, und fordert dort Cicero auf, das Kommando zu übernehmen. Als dieser, der die Sache des Senats für gänzlich aussichtslos hielt, ablehnte, wollte sich Gnaeus, der älteste Sohn des Pompeius, mit gezücktem Schwerte über ihn hermachen; Cato griff ein und erlaubte, daß Cicero gemeinsam mit seinem Bruder nach Patrai fuhr. Damals kam es zu einem ziemlich heftigen Zerwürfnis zwischen Cicero und Quintus, da Quintus nunmehr den Übertritt zur Senatspartei, zu dem er von seinem Bruder verleitet worden sei, bereute.

Inzwischen hatte Cicero abermals einen Brief von Dolabella erhalten, worin er aufgefordert wurde, möglichst bald nach Italien zu kommen. Er setzte daraufhin Mitte Oktober 48 nach Brundisium über. Er wurde noch stets von den Liktoren, dem Zeichen seiner Imperatorwürde, begleitet; als er die Stadt betrat, befahl er ihnen, ihre Rutenbündel mit Stöcken zu vertauschen, weil er fürchtete, sie könnten sonst den Zorn der caesarischen Besatzungssoldaten erregen.

»Schon ganz zermürbt von der Qual schwerster Kümmernisse« – confectus iam cruciatu maximorum dolorum: diese Wendung zu Beginn eines Briefes an Atticus ist typisch für das unglückliche Jahr, das Cicero in Brundisium auf Caesar, auf die Begnadigung wartend ausharren mußte; kein Wort kehrt in den reichlich zwanzig Briefen an Atticus, die aus dieser Zeit erhalten sind, so regelmäßig wieder wie dolor, Kummer, Schmerz. Es stellte sich nämlich bald heraus, daß sich Cicero durch seine eilige Überfahrt nach Brundisium in eine schwierige, ja peinliche Lage gebracht hatte. Denn Marcus Antonius, Caesars ranghöchster Funktionär in Italien, ließ ihn wissen, daß kein Angehöriger der pompejanischen Partei Italien betreten dürfe, ehe Caesar den Fall geprüft habe. Cicero berief sich daraufhin auf das Schreiben Dolabellas, das im Auftrage Caesars an ihn ergangen sei; nunmehr nahm Antonius in seinem Edikt Cicero – sowie einen Decimus Laelius, der Flottenkommandant unter Pompeius gewesen war – von dem Verbot Caesars aus, und Cicero war jetzt vor aller Öffentlichkeit als Ausnahme gekennzeichnet. Dieser Umstand wurde um so bedrückender, je länger Caesar, mit dessen baldiger Rückkunft nach der Schlacht bei Pharsalus Cicero fest gerechnet hatte, auf sich warten ließ: einmal, weil der Bürgerkrieg einen ganz anderen Verlauf zu nehmen schien, als Cicero angenommen hatte, zum anderen, weil sich damals die familiären Sorgen und Bitternisse häuften.

Caesar nahm sofort nach der Schlacht bei Pharsalus die Verfolgung des Pompeius auf und begab sich über Asien nach Ägypten, wo ihm Ptolemaios XIII. Haupt und Siegelring des Ermordeten entgegenbringen ließ. Er mischte sich nunmehr in die dynastischen Streitigkeiten ein, die dort herrschten, und beschwor durch seine Begünstigung Kleopatras, der Schwester des Ptolemaios XIII., den Alexandrinischen Krieg herauf, der ihn vom

Herbst 48 bis zum Frühjahr 47 in Alexandrien festhielt – die bedauerlichste Folge des leichtfertigen Abenteuers war die Vernichtung der berühmten Bibliothek, die ein Raub der Flammen wurde.

Die lange Abwesenheit Caesars gab den Resten der Senatspartei Gelegenheit, sich wieder zu sammeln: sie machten aus der Provinz Afrika ein Bollwerk der Republik. Caesar wandte sich gleichwohl nach Kleinasien, wo Pharnakes, der Herrscher des Bosporanischen Reiches auf der Krim, einen Eroberungszug unternommen hatte, und begab sich nach seinem veni-vidi-vici-Sieg über Pharnakes im Spätsommer 47 auf den Weg nach Rom. Dort aber hatte kein anderer als Ciceros Schwiegersohn Dolabella einen radikalen, auf allgemeine Schuldentilgung zielenden Kurs zu steuern begonnen, und es kam zu Straßenkämpfen zwischen ihm und seinem Gegner Trebellius; Antonius versagte, und erst Caesar stellte nach seiner Rückkehr die Ordnung wieder her.

Cicero hatte angenommen, daß auf die Schlacht bei Pharsalus alsbald der allgemeine Friede folgen werde; als nun Monat über Monat verrann und alles offen blieb, während Caesar wie vom Erdboden verschwunden zu sein schien und seine Gegner in Afrika zusammenströmten, begann Cicero, seine Rückkehr nach Italien zu bereuen und sich deswegen Vorwürfe zu machen, wie stets, wenn er sich verrechnete, wie während des Exils und nach dem Ausbruch des Bürgerkrieges. Ob er vielleicht besser daran getan hätte, meinte er, nach Afrika zu gehen oder sich jedenfalls, wie z. B. Servius Sulpicius Rufus, an einen neutralen Ort (Sulpicius Rufus wartete auf Samos den Lauf der Dinge ab) zu begeben? Es war ihm überaus peinlich, daß er sich die Rückkehr zur Senatspartei abgeschnitten hatte, wobei doppelt schwer ins Gewicht fiel, daß außer ihm niemand – nur der unbedeutende Laelius – diesen Irrweg gegangen war. Er begann, sich sogar vor einem Sieg seiner einstigen Bundesgenossen, vor deren Rache zu fürchten, wobei ihm vielleicht die Szene auf Korkyra vor Augen stand: »Ich sehe, wie sich in der langen Zwischenzeit alles verändert hat«, schreibt er im März 47, »daß es dort gut steht, wo es soll, und daß ich meine Torheit schwer werde büßen müssen.« Und ein paar Tage später heißt es: »Unter all dem Unerträglichen, das mich peinigt, ist das Schlimmste dies, daß ich offensichtlich in die Lage geraten bin, nur das noch für mir zuträglich zu halten, was ich immer abgelehnt habe.«

Cicero hatte sich in Patrai nach heftigem Streit vom Bruder getrennt; gleichwohl trat er brieflich für ihn ein, als er erfuhr, Caesar halte nicht ihn selber, sondern Quintus für den Urheber des Übertritts zu Pompeius. Da mußte er im Dezember 48 zu seinem Schmerz erfahren, daß Quintus seinen Sohn zu Caesar gesandt habe: non solum sui deprecatorem, sed etiam accusatorem mei, »nicht nur, um für ihn Abbitte zu tun, sondern auch, um mich anzuklagen«, und daß sich Quintus selber zu zügellosen Schmähreden gegen ihn hinreißen lasse. Bald darauf, an seinem 59. Geburtstag, entdeckte er, daß Quintus eine briefliche Hetzkampagne gegen ihn entfesselt hatte, und aus Ephesus wurde ihm berichtet, daß sich dort der Sohn des Quintus mit einer fertig ausgearbeiteten Rede habe sehen lassen, die er vor Caesar gegen ihn zu halten gedenke. So ging es fort – Caesar allerdings ließ sich durch das unschöne Betragen des Quintus so wenig beeindrucken, daß er die verleumderischen Briefe, die er von ihm erhalten hatte, an Cicero weiterleitete.

Der Kummer, den die geliebte Tochter Tullia Cicero bereitete, war gewiß von noch ernsterer Art. Sie hatte im Mai 49, kurz vor Ciceros Abreise nach Griechenland, eine Frühgeburt gehabt; das schwächliche Kind war bald darauf gestorben; gegen Ende des darauffolgenden Jahres litt Tullia an Krankheit und Schwäche. Die Hauptsorgen waren indes, wie schon im Lager des Pompeius, die Geldnöte und die unglückliche Ehe mit Dolabella. Der mißratene Schwiegersohn, damals Volkstribun, beschwor durch eine eigenmächtige Politik, die den Überzeugungen Ciceros strikt zuwiderlief, schwere Unruhen herauf; sein Privatleben war dadurch gekennzeichnet, daß er mit Metella, der Frau des Lentulus Spinther, einer berüchtigten Lebedame, Liebesbeziehungen unterhielt. Cicero litt um so mehr unter diesen Verhältnissen, als er sich in seiner heiklen Situation nicht getraute, von dem Caesarianer die Tochter zurückzufordern; ein Besuch, den Tullia ihm im Sommer 47 abstattete, brachte ihm kaum Trost, sondern führte ihm nur nachdrücklich vor Augen, wie sehr er sich an ihr versündigt hatte.

Hiermit nicht genug, geriet nunmehr auch Ciceros eigene Ehe nach etwa dreißigjähriger Dauer in eine Krise, die kurze Zeit nach seiner Begnadigung zur Scheidung führte. Über den Hergang und was ihn verursacht hat ist wenig bekannt; hier übte Cicero selbst Atticus gegenüber große Zurückhaltung. Terentia lasse sich Unverantwortliches zuschulden kommen, scelerate quaedam facere, verlautet einmal; an einer anderen Stelle entrüstet sich Cicero, weil sie ihm 2000 Sesterze weniger geschickt hatte, als ihm nach der Auskunft des Atticus zustanden. Die Briefe, die er seiner Frau von Brundisium aus zukommen ließ (es sind deren mehr als ein Dutzend erhalten), sind von äußerster Knappheit und Kühle, um nicht zu sagen von eisiger Sachlichkeit. Der letzte dieser Reihe, den Cicero, bereits begnadigt, am 1. Oktober 47 aus der Gegend von Venusia sandte, hat folgenden Wortlaut:

> Cicero an seine Terentia. Ich werde, denke ich, am Siebten oder am Tage darauf auf dem Tusculanum eintreffen. Daß dort alles bereit ist: ich werde vielleicht mit mehreren Begleitern kommen und mich wohl länger dort aufhalten. Wenn im Bad keine Wanne ist, schaff eine an, ebenso alles andere, was zum Leben und zum Wohlsein nötig ist. Leb wohl.

Ende September war die lange Geduldsprobe, unter der Cicero auch physisch wegen des dumpfen, drückenden Klimas der Hafenstadt mehr und mehr gelitten hatte, endlich überstanden. Als der Diktator, der in Tarent gelandet war, in Brundisium erwartet wurde, zog ihm Cicero, der übrigen Menge weit voraus, entgegen. Er aber überhob ihn, sobald er ihn sah, aller Peinlichkeit: er stieg ab, begrüßte ihn und ging, sich angeregt mit ihm unterhaltend, eine längere Wegstrecke an seiner Seite. Cicero kehrte über sein Tusculum nach Rom zurück. Dort begrub er endlich seine Triumph-Aspirationen: er entließ die Liktoren, die ihn von Kilikien über Rom, Griechenland und Brundisium ständig begleitet hatten, und hob hiermit auch formal seine Feldherrnwürde, sein imperium auf.

15. Kapitel

Philosoph unter Caesars Diktatur

Mit Caesars Rückkehr aus dem Osten war der Bürgerkrieg noch nicht entschieden, geschweige denn beendet; er glich einem unter der Oberfläche sich fortfressenden Brande, der, sobald ein Herd niedergekämpft war, an anderer Stelle zu neuer Feuersbrunst entflammte. Caesar blieb nur knapp zwei Monate in Rom; er landete noch vor Ende des Jahres 47 in Hadrumetum an der afrikanischen Küste. Die Republikaner geboten dort über eine weit überlegene Truppenmacht; die führenden Männer waren Metellus Scipio, der einstige Schwiegervater des Pompeius, die Pompeiussöhne Gnaeus und Sextus sowie Cato, die Seele des Widerstands gegen Caesar. Die Entscheidung auf dem afrikanischen Schauplatz fiel erst am 6. April 46 durch die Schlacht bei Thapsus, nachdem zahlreiche Mannschaften der Republikaner zu Caesar übergelaufen waren; Cato gab sich den Tod – er wollte dem Tyrannen nicht sein Leben zu verdanken haben. Dieses Ereignis machte auf alle, die sich nicht ganz und gar der caesarischen Sache verschrieben hatten, großen Eindruck; Cato stieg in kurzer Zeit zur Symbolfigur der republikanischen Freiheit auf.

Erst Ende Juli war Caesar wieder in Rom. Er feierte einen vierfachen Triumph über auswärtige Feinde (Bürgerkriegssiege blieben außer Betracht): über Gallien, Ägypten, Pharnakes und den Numiderkönig Juba, der sich den Republikanern angeschlossen hatte. Während des Vierteljahres seiner Anwesenheit widmete er sich den inneren Angelegenheiten, u. a. der Kalenderreform, wobei er auch den Senat zu Rate zog. Anfang November rief ihn der von den Pompeiussöhnen erneuerte Krieg nach Spanien. Auch dort gelang es ihm, mit unterlegener Truppenmacht den Sieg zu erringen; die Schlacht bei Munda (17. März 45) entschied die letzte Phase des caesarisch-pompejanischen Bürgerkriegs. Caesar fand sich im September wieder in Rom ein, wo er bis zu seinem Tod an den Iden des März 44 verweilte: die längste Zeit, die er seit seinem Abgang nach Gallien im Jahre 58 dort zugebracht hat.

In Rom herrschte während des Winters 47–46 Ruhe, die Ruhe der Diktatur; Caesars Beauftragte, allen voran Gaius Oppius und Balbus, sorgten für Ordnung. Für Cicero, den Redner und Politiker, gab es einstweilen, wie ihm sehr wohl bewußt war, keine Möglichkeit, sich zu betätigen. Er hielt sich gleichwohl den ganzen Winter über in Rom auf, um sich nicht dem Argwohn abermaliger Fluchtabsichten auszusetzen. Erst nach dem Eintreffen der Nachricht von der Schlacht bei Thapsus sah er wieder eine Chance, daß er gebraucht würde: »Das sei ausgemacht unter uns«, schrieb er Ende April 46 an den Gelehrten und Forscher Varro, »daß wir gemeinsam unseren Studien obliegen, bei denen wir früher nur Unterhaltung suchten, die jedoch jetzt unsere Zuflucht sind; falls uns aber jemand beim Wiederaufbau des Staates verwenden will, und sei es nur als Handwerker, nicht als Architekten, dann wollen wir nicht fehlen, ja freudig herbeieilen.« Cicero hoffte offenbar, daß Caesar die einst von ihm beargwöhnte clementia-Politik fortsetzen und bei dem Versuch, der zusammengebrochenen Republik eine neue Ordnung zu geben, auch auf ehemalige Gegner zurückgreifen werde. Hierin täuschte er sich nicht. Caesar wußte, daß mit dem Siege noch lange nicht alles getan war; er wußte, daß er fähige Leute brauchen würde, und behandelte die geschlagenen Angehörigen der Senatspartei mit großer Konsequenz und ohne sich durch Enttäuschungen irremachen zu lassen, milde und versöhnlich. Für Cicero eröffneten diese Bemühungen bald nach Caesars Rückkehr ein begrenztes Feld der politischen Zusammenarbeit.

Da indes Caesars Ankunft auf sich warten ließ, wagte Cicero sich im Frühsommer auf sein Tusculanum zurückzuziehen. Er stand damals mit dem um etwa 25 Jahre jüngeren Marcus Iunius Brutus – dem nachmaligen Caesarmörder – in engem brieflichen Gedankenaustausch; vielleicht betrachtete er den vielseitig Begabten, der sich als Redner einen Namen gemacht hatte, philosophische Abhandlungen verfaßte und sich auch als Dichter versuchte, der, zunächst auf Seiten des Pompeius, nach Pharsalus zu Caesar übergetreten war, als geistigen Erben seiner Bildung, seiner Redekunst und seiner politischen Gesinnung; daß er sich vier Jahre zuvor in Kilikien dem allzu großen Gewinnstreben seines jungen Freundes hatte in den Weg stellen müssen, war offenbar kein Hindernis.

Brutus wünschte sich damals von ihm eine Lobschrift auf Cato; er aber benutzte die Mußezeit auf dem Tusculanum, das riskante Unternehmen auszuführen, obwohl er wußte, daß er Caesar und seinem Anhang mit dem Preis der constantia, der Gesinnungstreue Catos schwerlich viel Freude bereiten werde. Sein Panegyrikus rief eine Anzahl weiterer Lobschriften hervor, so daß sich die Gegenseite veranlaßt sah, gegen die literarische Kampagne mit gleichen Mitteln einzuschreiten: auf eine Widerlegung aus der Feder des Caesarianers Aulus Hirtius folgten die »Anticatones«, die Caesar selbst im Jahre darauf, nach der Schlacht bei Munda, verfaßte. Die Fehde zeigt, daß man damals noch weit von der gewaltsamen Unterdrückung freimütig geäußerter abweichender politischer Überzeugungen entfernt war, wie sie in der Kaiserzeit von Tiberius an praktiziert wurde.

Nach Caesars Rückkehr nahm Cicero wieder an den Sitzungen des Senats teil, wobei er sich jedoch zunächst stumm verhielt, da dem Senat keine wirklichen Entscheidungsbefugnisse mehr zukamen. Andererseits betätigte er sich im Sinne der caesarischen Versöhnungspolitik. Sein Haus war ein Treffpunkt nicht nur der einstigen Gegner, sondern auch der Gefolgsleute Caesars, und sowohl hier als auch durch Antichambrieren bei Caesar selbst –

wofür sich Cicero um seiner Gesinnungsgenossen willen nicht zu schade war – ergaben sich Gelegenheiten, für die Begnadigung von Angehörigen der Senatspartei zu wirken, die noch in der Verbannung lebten. Cicero ließ sich hierbei von der Überlegung leiten, daß die oppositionellen Kräfte desto mehr Einfluß gewännen, je zahlreicher sie im Senat vertreten seien; überdies hatte er die Hoffnung noch nicht aufgegeben, daß Caesar ernstlich daran denke, die res publica, die überkommene republikanische Staatsordnung wiederherzustellen, wie sie einst von Sulla wiederhergestellt worden war – er vermochte sich so wenig wie die meisten seiner Zeitgenossen an den Gedanken zu gewöhnen, daß es mit der alten Republik für immer vorbei sein könne.

Die Gunst der Überlieferung hat von seiner Mittlertätigkeit Dokumente bewahrt, die seiner Humanität und zugleich seinem Verhandlungsgeschick ein respektheischendes Zeugnis ausstellen: in den Büchern 4 und 6 der Sammlung Ad familiares findet sich eine Fülle von Briefen, worin Cicero Verbannte tröstet, von seinen Bemühungen um ihre Begnadigung berichtet und ihnen eine baldige Rückkehr in Aussicht stellt. Seine hartnäckigen, von Selbstgefälligkeit gänzlich freien Bemühungen haben auch wirklich des öfteren zum Erfolg geführt, wie im Falle des ehemaligen Prätors Titus Ampius Balbus und des Ritters Trebianus; andere hingegen sind offenbar im Exil gestorben, so z. B. Aulus Caecina, der Sohn von Ciceros einstigem Klienten, der sich durch eine Schmähschrift gegen Caesar exponiert hatte, oder Publius Nigidius Figulus, ein Liebhaber krauser Gelehrsamkeit.

Der berühmteste hierher gehörige Fall ist der des Marcus Claudius Marcellus, des Konsuls vom Jahre 51. Seine Rückkehr mußte Cicero freilich nicht nur bei Caesar zu erwirken suchen, sondern auch bei ihm selber, der sich sträubte, von Caesar eine Gnade anzunehmen. Es sind mehrere Briefe erhalten, in denen Cicero mit guten Gründen und sorgsam darauf bedacht, seinen Stolz nicht zu verletzen, auf ihn einzuwirken sucht: er könne sich der Allmacht Caesars nirgends entziehen, auch in Mytilene auf

Lesbos nicht, und wenn Pompeius gesiegt hätte, dann wäre es mit der altüberlieferten res publica genauso jammervoll bestellt wie jetzt nach dem Siege Caesars.

Marcellus hatte sich wohl zu diesen Erwägungen noch nicht geäußert, als es Mitte September im Senat zu einer Szene kam, die Cicero veranlaßte, sein bisheriges Schweigen zu brechen und dem Diktator eine enthusiastische Huldigung darzubringen. Er hat hiervon dem Freunde Sulpicius Rufus, der damals Statthalter in Griechenland war, ausführlich berichtet. Lucius Piso, Caesars Schwiegervater, habe das Schicksal des Marcus Marcellus zur Sprache gebracht und Gaius Marcellus, ein Vetter des Marcus, sich Caesar zu Füßen geworfen; daraufhin sei der ganze Senat aufgestanden, für Marcellus zu bitten. Caesar, der sich zunächst über die herbe Art seines Gegners äußerte, habe dann plötzlich erklärt, daß er die Bitte des Senats trotz seiner Bedenken nicht abschlagen wolle. Die Konsulare richteten daraufhin Dankesworte an Caesar, die sich bei Cicero zu einer kleinen Rede ausdehnten: zur erhaltenen Rede oder richtiger Danksagung für Marcellus. Der Begnadigte, der Cicero noch wissen ließ, daß er sich von ihm habe überzeugen lassen, hat Rom gleichwohl nicht wiedergesehen: er wurde auf der Rückreise in Athen das Opfer eines unbegreiflichen Mordes.

Bald darauf erhielt Cicero erneut Gelegenheit, seine Rednergabe für einen ehemaligen Pompejaner einzusetzen: für Quintus Ligarius, der eher eine Mitläuferrolle gespielt hatte. Er war mitsamt den Brüdern des Verbannten bis zum Diktator vorgedrungen, und die Begnadigung schien kurz bevorzustehen, da durchkreuzte eine Anklage wegen Hochverrats, wegen Kollaboration mit dem Numiderkönig Juba diese Bemühungen. In dem Prozeß, der nunmehr auf dem Forum vor dem Richterstuhl Caesars stattfand, sprachen als Verteidiger zunächst der Caesarianer Gaius Vibius Pansa und sodann Cicero. Wie Plutarch zu berichten weiß, soll Caesar vor der Verhandlung gesagt haben: »Was hindert uns, einmal wieder Cicero reden zu hören; von Ligarius steht ja längst fest, daß er ein Bösewicht und unser Feind ist.« Doch als Cicero zu reden begann, habe der Diktator seine starke Erregung nicht verbergen können, bis er schließlich, bei der Erwähnung der Schlacht von Pharsalus, von seinen Empfindungen überwältigt, am ganzen Leibe gezittert habe, so daß einige Schriften, die er hielt, zu Boden fielen. So habe er sich gezwungen gesehen, den Angeklagten von aller Schuld loszusprechen. Die Anekdote sucht wohl ein allzu naives Bild von der Überzeugungskraft der Beredsamkeit Ciceros zu vermitteln; in Wahrheit haben bei Caesar gewiß politische Erwägungen den Ausschlag gegeben. Cicero suchte den Diktator auf seine Versöhnungspolitik festzulegen, wie er das schon in seiner Danksagung für Marcellus getan hatte; außerdem hoffte er wohl, hiermit zur Wiederherstellung der zertrümmerten res publica beizutragen.

Caesars Abreise nach Spanien machte allerdings derartige Erwartungen einstweilen wieder zunichte. Cicero wurde einmal wieder – und zwar für ein ganzes Jahr – auf die Beobachterrolle verwiesen. Er nahm wohl auch von sich aus weniger Anteil an der Politik: er wurde von schwerem häuslichen Kummer bedrängt, insbesondere vom jähen Tode seiner geliebten Tullia, und er vergrub sich mit einer geradezu unfaßlichen Intensität in seine schriftstellerische Arbeit, seine große philosophische Enzyklopädie. Es kam ja auch wahrlich nicht sehr darauf an, in welchem Maße er sich engagierte; er fand mitunter seinen Namen unter Senatsbeschlüssen, von deren Existenz er keine Ahnung hatte – so sehr war der Senat schon damals zur reinen Legitimationsmaschine abgesunken.

Gegen Ende des Jahres 45 hatte er Gelegenheit, die dritte und letzte der sogenannten Caesarreden zu halten: ein Plädoyer für den kleinasiatischen Vasallenkönig Deiotarus, der sich hochverräterischer Handlungen gegenüber Caesar schuldig gemacht haben sollte. Der abwesende König ließ sich durch eine Gesandtschaft vertreten; alleiniger Richter war wieder der Diktator, und die Verhandlung fand hinter verschlossenen Türen in dessen

Hause statt – was von Cicero mit rückhaltlosem Freimut gerügt wurde.

Im Dezember 45 hatte Cicero zwei Erlebnisse, die ihm den großen Umschwung der Verhältnisse recht drastisch vor Augen führten; über beide geben Briefe anschaulich Auskunft. Am 19. Dezember war der Diktator auf dem Cumanum zu Gast. Cicero machte sich Sorgen: am Vortage sollte Caesar mit nicht weniger als 2000 Soldaten in der Nähe eingekehrt sein. Doch glücklicherweise schützte ein Offizier das Herrschaftshaus vor einem solchen Ansturm: das Militär wurde im Freien bewirtet. Der hohe Gast und sein Gefolge nahmen in mehreren Räumen Platz, und es fehlte nicht an leckeren Speisen und witzigen Gesprächen, wobei man die Politik mied und sich auf die Literatur beschränkte. »Was weiter«, schreibt Cicero, »ich habe meinen Mann gestanden. Der Gast aber war keiner von denen, zu denen man sagt: ›Es soll mich freuen, dich bald wieder hier zu sehen.‹ Einmal ist genug!«

Die zweite Begebenheit trug sich am 31. Dezember in Rom zu. Der Konsul Quintus Fabius Maximus war plötzlich gestorben. Caesar trieb mit der zu blankem Formalismus heruntergekommenen Verfassung ein zynisches Spiel: er ließ für die letzten Stunden des Jahres eigens noch einmal einen Konsul wählen, einen Konsul, unter dem, wie Cicero mit grimmigem Humor feststellt, niemals gefrühstückt wurde. »Während seines Konsulats«, heißt es weiterhin, »ist nichts Böses begangen worden; der Mann war so wachsam, daß er während seiner ganzen Amtszeit kein Auge zugetan hat. Das kommt Dir lächerlich vor«, schreibt Cicero seinem Gastfreund Curius in Patrai, »Du bist eben nicht anwesend. Wenn Du das ansehen müßtest, dann würdest Du die Tränen nicht unterdrücken können.«

Die letzten Monate der Diktatur Caesars standen unter dem Zeichen der Vorbereitung der Monarchie, des Gottkönigtums. Eine Fülle von Ehrungen sollte diesem Ziel den Weg bereiten, darunter eine, die bis heute Bestand hat: der Monat Quinctilis wurde in Iulius umbenannt. Cicero machte mit, suchte jedoch mäßigend zu wirken. Es ist nicht bekannt, ob er auch die Szene miterlebt hat, wie Antonius dem Diktator bei einem Fest das Diadem, das Zeichen der Alleinherrschaft, anbot; die detaillierte Schilderung seiner »Zweiten Philippischen Rede« läßt Augenzeugenschaft vermuten.

Die Diktatur Caesars hat Cicero auf politischem Felde in enge Schranken verwiesen, und auch im Gerichtswesen fand sein Tätigkeitsdrang kaum noch Befriedigung. Eine Folge hiervon war es offenbar, daß er mehr denn je in geselliger Muße, in geselligem Umgang mit kultivierten Freunden Distanz zur unabänderlichen Misere des öffentlichen Lebens suchte; jedenfalls haben sich gerade aus dieser Zeit mancherlei briefliche Zeugnisse hierfür erhalten. Cicero schätzte den Scherz, den Witz, das Aperçu, die geschliffene Pointe wie kaum ein anderer: er hatte sich nicht nur theoretisch mit dieser Materie vertraut gemacht, wie der lange Exkurs über den Witz, den iocus, die facetiae beweist, den er ins 2. Buch seiner Schrift »De oratore« eingerückt hat, sondern er war auch ein großer Praktiker aller Formen geistvollen Scherzens: er verstand sich auf humorvoll-ironische Schilderungen und ätzende Sarkasmen und sprudelte von pointierten Einfällen, wenn er sich in geeigneter Stimmung befand.

Von ihm waren schon in den fünfziger Jahren zahlreiche Witzworte im Umlauf: In einem Brief, den er im Jahre 50 aus Kilikien an Publius Volumnius Eutrapelus – das Cognomen bedeutet ›der Spaßige‹, ›der Urbane‹ – richtete, protestierte er dagegen, daß man auch fade Aussprüche und Kalauer auf seine Rechnung setzte, obwohl man ihm doch nur zuschreiben dürfe, was wirklich elegant, treffend und überraschend sei. Kein Geringerer als Caesar ließ sich, wie aus einem Briefe an Lucius Papirius Paetus hervorgeht, die Witze Ciceros hinterbringen, und er hatte ein so untrügliches Urteil, daß er Untergeschobenes von Echtem sicher zu scheiden wußte. Gaius Trebonius, ein tüchtiger Offizier im Dienste Caesars, legte eine Sammlung von Cicero-Bonmots an und übersandte sie dem Autor, der sich überaus freundlich dafür bedankte; nach Ciceros Tode hat Tiro drei Bücher mit Witzen seines Herrn und Patrons herausgegeben, von denen ein spätantikes Sammelwerk einiges bewahrt hat.

Cicero hatte seinem Talent zu geistvollen Wortspielen und Pointen schon vor Gericht immer wieder freien Lauf gelassen; jetzt, unter Caesar, fand er hierzu in den Zirkeln gebildeter Freunde und Bekannter mannigfach Gelegenheit. Es waren vor allem Anhänger der Lehre Epikurs, bei denen er in heiter-geselligem Umgang Entlastung vom Druck der politischen Verhältnisse suchte – nicht zufällig, da sich die Epikureer einerseits zur Abkehr von den Staatsgeschäften bekannten und da sie andererseits freundschaftlichen Beziehungen, angenehmen Umgangsformen und einem kultivierten Lebensstil huldigten, zu dem nicht zuletzt der iocus, der geistreiche Scherz gehörte.

Die Zahl der Adepten Epikurs hatte sich in Rom während der ersten Hälfte des 1. Jahrhunderts v. Chr. stark vermehrt: die Bürgerkriegswirren mit ihren Greueln hielten viele, und nicht die schlechtesten, davon ab, sich an der Politik zu beteiligen, insbesondere Ritter, wie Atticus, die den Konflikten und Konfrontationen auswichen und ihr Vermögen zu erhalten und zu mehren suchten. Es gab auch schriftstellernde Epikureer, allen voran den genialen Dichter Lukrez, der in einem vollständig erhaltenen Lehrgedicht die epikureische Physik darstellte: Cicero hat das Werk gekannt und geschätzt, ja er soll es sogar – da der Autor selbst durch den Tod daran gehindert wurde – herausgegeben haben.

An sich war ihm der Epikureismus fremd, und er hat sich zumal in seiner Invektive gegen Piso sehr negativ darüber ausgelassen. Hierzu bot ihm der Hauptbegriff der epikureischen Ethik, das Prinzip der voluptas, der Lust, eine bequeme Handhabe: dieses Prinzip wurde von manchen als Freibrief zu grober Sinnlichkeit und wüsten Ausschweifungen gedeutet, so daß die ganze Lehre und Anhängerschaft Epikurs in Verruf kam. Unter Caesar brachte Cicero die Epikureer – und auch seinen eigenen Umgang mit ihnen – nur zum Scherz mit dem Kult des Vergnügens in Zusammenhang; seine Haltung und Einstellung nahm nunmehr einiges von dem vorweg, was später Horaz heiter und nicht ohne Selbstironie in Leben und Dichtung als Epikureismus verwirklicht hat.

In den Briefen an Atticus, den prominentesten Freund, der epikureisch gesinnt war, spiegelt sich ziemlich wenig von Ciceros neuer, frivol-gebrochener Bejahung epikureischer Urbanität und epikureischen Lebensgenusses: der Umgang mit Atticus hatte und behielt für Cicero die wichtigere Funktion des alter ego, des Menschen, dem er alle seine Gedanken, Sorgen und Kümmernisse anvertrauen durfte, vor dem er immer er selbst war und nie die Maske einer bestimmten Rolle trug. So ist die mahnende Frage, die er einmal an den Freund richtet – ob nicht nur der wahrhaft lebe, der nach Lust strebe –, gewiß ironisch gemeint, provoziert durch den Bauluxus des Caesarianers Balbus; doch vielleicht steckt in der darauffolgenden Aussage – »Wenn Du fragst, was ich glaube: ich bin fürs Genießen« – auch ein Körnchen Bekenntnis.

Ciceros wichtigster Briefpartner für epikureische Spaßhaftigkeit und Genußfreude ist Paetus. »Alle meine Sorge um den Staat«, schreibt Cicero ihm einmal geradezu programmatisch, »alles Nachdenken über Meinungsäußerungen im Senat, alle Vorbereitung von Prozeßreden habe ich von mir geworfen, ins Lager Epikurs, meines Gegners, bin ich übergegangen« – in Epicuri nos, adversari nostri, castra coniecimus. Er, ein tapferer Mann und zugleich Philosoph, bemerkt er ein ander Mal nicht ohne ein erhebliches Quantum bitterer Selbstironie, halte das Leben für den höchsten Wert, und so könne er nicht umhin, Caesar ergeben zu sein, dem er sein Leben verdanke. Er mache Fortschritte als Gourmet, bekennt er Paetus gegenüber: Hirtius und Dolabella seien seine Schüler im Deklamieren, jedoch seine Lehrmeister im Essen, und so könne er sich nicht mehr mit so einfachen Gerichten begnügen wie ehedem. Nicht minder scherzhaft, aber mehr im Sinne des wahren Epikur läßt sich Cicero in einem Billet vernehmen, in dem er sich bei Paetus zu Gast anmeldet; ihm war zu Ohren gekommen, daß der Freund mit Podagra das Bett hüte, und so schreibt er ihm: »Das tut mir wirklich leid, wie es sich gehört; ich bin aber trotzdem entschlossen, zu Dir zu kommen, um Dich zu sehen und Dich zu besuchen und auch bei Dir zu essen; denn ich will nicht hoffen, daß auch Dein Koch die Gicht hat. Rechne also mit einem Gast, der keineswegs gefräßig und auch ein Feind aufwendiger Mahlzeiten ist.«

Besonders aufschlußreich für Ciceros gebrochene, Verzweiflung durch Humor übertönende Seelenlage ist ein Brief an Paetus, der während eines Mahles bei dem bereits erwähnten Volumnius Eutrapelus, wohl ebenfalls einem Epikureer, entstand:

Es ist um die neunte Stunde da ich, zu Tische liegend, diesen Brief auf die Schreibtafel kratze. Du fragst: »Wo?« Bei Volumnius Eutrapelus, und neben mir liegen auf der einen Seite Atticus, auf der anderen Verrius, Deine Freunde. Du wunderst Dich, daß unsere Knechtschaft so vergnüglich ist? Was soll ich tun? Ich frage Dich, der täglich einen Philosophen hört. Soll ich deprimiert sein, mich peinigen? Was erreiche ich damit, was kommt dabei heraus? »Leb' mit Deinen Büchern«, sagst Du. Glaubst Du, ich täte etwas anderes und könnte noch leben, wenn ich nicht mit meinen Büchern lebte? Doch auch dort gibt es, wenn nicht Übersättigung, so doch ein gewisses Maß; wenn ich mich von den Büchern entferne, ... dann weiß ich nicht, was ich tun soll, bevor ich mich schlafen lege. Höre weiter! Neben Eutrapelus liegt Cytheris. »Was«, sagst Du, »bei einem solchen Mahl ist der berühmte Cicero zugegen,

auf dessen Antlitz selbst der Griechen Augen stets geheftet
waren?«

Bei Gott, ich ahnte nicht, daß Cytheris (eine Schauspielerin, später die Mätresse des Antonius) zugegen sein würde ...

Mich hat übrigens nicht einmal in meiner Jugend so jemand in Aufregung versetzt, geschweige denn jetzt, wo ich alt bin. Ich habe Freude an der Geselligkeit; da rede ich, was, wie man sagt, auf die Erde fällt, und mache aus meinen Seufzern ein gewaltiges Gelächter ... Dies ist jetzt meine Lebensweise: täglich wird etwas gelesen oder geschrieben; dann, damit ich mich meinen Freunden nicht entziehe, speise ich mit ihnen, nicht mehr als das Gesetz erlaubt (wenn es zur Zeit überhaupt noch Gesetze gibt), sondern weniger, und zwar erheblich. Habe also keine Angst vor meinem Kommen: Du wirst einen Gast an mir haben, der nicht viel ißt und viel lacht. Lebe wohl.

Auch andere Freunde profitierten von Ciceros Hang zu epikureischen Scherzen. So Cassius, der erfolgreiche Verteidiger Syriens gegen die Parther, der nachmalige Caesarmörder: auch er bekannte sich zur Lehre Epikurs. Cicero beglückte ihn z. B. mit einer Verspottung der epikureischen Wahrnehmungstheorie, der Lehre von den εἴδωλα, den Abbildern, welche sich von den Dingen lösen, so daß sie ins Auge dringen können. In anderen Briefen findet mit grimmiger Ironie jener Sulla Erwähnung, den Cicero einst, im Jahre 62, erfolgreich verteidigt hatte. Sulla war im Bürgerkrieg Offizier und Gefolgsmann Caesars; er bereicherte sich in großem Stil an dem konfiszierten Besitz geächteter politischer Gegner. »Bei uns hat, um Dir wenigstens etwas zu berichten«, vermeldet Cicero dem Cassius, »der Tod Publius Sullas stattgefunden; er soll Räubern oder, wie andere sagen, einer Verdauungsstörung erlegen sein – die Leute haben nicht weiter danach gefragt; seine Leiche war ja eingeäschert worden. Du wirst diesen Schicksalsschlag, Philosoph, der Du bist, mit Gleichmut hinnehmen.« Und im Anschluß an einige Aperçus über die verschiedenen philosophischen Lehren vom höchsten Gut menschlicher Existenz schreibt Cicero: »Als Sulla, dessen Urteilsvermögen wir anerkennen müssen, sah, wie uneinig die Philosophen untereinander sind, da fragte er nicht mehr lange, was das Gute sei; er kaufte einfach alle Güter auf. Ich habe mich bei Gott mit tapferem Herzen in seinen Tod gefügt.«

Den Späßen mit den epukureischen Freunden, mit Paetus, Volumnius Eutrapelus, Cassius Longinus usw., haftet etwas Gewolltes, Rollenhaftes, Stereotypes an; von derselben Art ist auch der scherzhaft-joviale Ton, den Cicero mitunter Dolabella, seinem Ex-Schwiegersohn gegenüber (die Ehe mit Tullia war im November 46 aufgelöst worden) anschlägt. Die Beziehung zu Marcus Terentius Varro hingegen ging offenbar über die Schranken konventioneller Geselligkeit hinaus: die kleine Folge von Briefen im 9. Buch der Sammlung Ad familiares, die meist der ersten Hälfte des Jahres 46 entstammen, enthält neben kaustischen Scherzen auch ernsthafte Betrachtungen wie die erwähnte über die Bereitschaft zur Mitwirkung beim Wiederaufbau des Staates sowie Bekundungen herzlicher Verbundenheit. Varro, ein vielseitiger und fruchtbarer Schriftsteller, der zumal auf kulturhistorischem Gebiet Großes leistete, hatte im Bürgerkrieg auf Seiten des Pompeius gestanden und sich nach der Schlacht bei Pharsalus mit Caesar ausgesöhnt; er war also ein Gesinnungsgenosse Ciceros.

Schwarzen Humor enthält ein Brief, den Cicero an Varro schrieb, als er von der Ermordung des Lucius Caesar hörte, der Catos rechte Hand gewesen war (die Tat wurde wohl ohne Wissen des Diktators vollbracht): »Wie ich erfuhr, was dem jungen Lucius Caesar passiert war, sagte ich zu mir (mit Terenz): ›Was wird er erst mit mir, dem Alten, tun?‹, und so finde ich mich bei denen, die jetzt unsere Herren sind, unentwegt zu Tische ein. Was ist zu machen? Ich muß mich in die Zeit fügen! Doch genug der Scherze, zumal wir nichts zu scherzen haben: ›Afrika zittert ja noch, von den Schrecken des Krieges erschüttert.‹« Im Jahre darauf widmete Cicero dem gelehrten Freunde die umgearbeitete Fassung der Academica, der ersten Schrift seiner philosophischen Enzyklopädie; das Gespräch wird dort von Varro, Cicero und Atticus bestritten. Cicero weist im Begleitschreiben zum Dedikationsexemplar darauf hin, daß derlei Fiktionen zur Gattung des Dialogs gehören, und er fügt hinzu: »Doch in Zukunft, lieber Varro, wollen wir uns, wenn es Dir recht ist, möglichst oft unterhalten – vielleicht etwas spät; doch für die Vergangenheit mag das Schicksal unseres Staates verantwortlich sein, jetzt stehen wir für uns selbst.«

Vielleicht suchte sich Cicero durch vielfältigen Umgang auch über den Kummer hinwegzutrösten, den ihm die gescheiterte Ehe mit Terentia bereitete. Er selber vollzog im Jahre 46 die Scheidung. Über die Gründe erfahren wir nichts; sie waren wohl nicht zuletzt finanzieller Art. Das Klima, das schließlich unter den Ehegatten herrschte, spiegelt sich in einer Äußerung wider, die Cicero dem Plancius, dem Klienten des Jahres 54, gegenüber tat; Plancius hatte ihm nämlich zu seiner neuen Heirat gratuliert, und er verstand sich daraufhin zu folgender Antwort: »Ich hätte in dieser elenden Zeit an keine Veränderung gedacht, wenn ich nicht bei meiner Rückkehr mein Haus in einem ebenso schlimmen Zustande vorgefunden hätte wie unser Staatswesen. Diejenigen, denen um meiner unsterblichen Verdienste willen nichts hätte teurer sein sollen als meine Wohlfahrt und mein Vermögen, brachten es, wie ich sah, dahin, daß ich in meinem Hause nichts mehr sicher, nichts mehr frei von geheimen Nachstellungen fand; da habe ich geglaubt, mich durch die Treue neuer Verbindungen gegen die Treulosigkeit der alten wappnen zu müssen.«

Cicero führte nämlich etwa ein halbes Jahr nach der Scheidung ein blutjunges Mädchen namens Publilia heim. Bei dieser Wahl spielte gewiß das Geld die wichtigste Rolle, wie schon bei der Scheidung von Terentia: Cicero war stark verschuldet; das Vermögen des Mädchens unterstand bereits seiner Verwaltung; und durch die Heirat erlangte er darüber Verfügungsmacht. Auf die Entrüstung, welche diese Verbindung mit Recht hervorrief, soll Cicero mit einem Aperçu reagiert haben: »Als man ihm vorwarf, daß er als Sechzigjähriger das Mädchen Publilia heiratete, sagte er: ›Morgen ist sie eine Frau‹.«

Mitte Februar 45 traf Cicero ein Schicksalsschlag, der ihm tieferes Leid bereitet hat als alles andere Unglück, sei es häuslicher, sei es politischer Art: seine Tochter Tullia starb an den Folgen einer Entbindung. Er suchte, völlig gebrochen, zunächst bei Atticus in Rom Zuflucht; da er indes die vielen Menschen nicht ertragen konnte, verkroch er sich in ein einsames Landhaus, das er in der Nähe von Astura, an der Küste des Tyrrhenischen Meeres, besaß. »Ich lebe in dieser Stille ohne jeden Umgang«, schrieb er an Atticus, »und wenn ich mich morgens in den dichten und unwegsamen Wald davonmache, dann komme ich vor Abend nicht daraus zurück. Nach Dir ist mir nichts lieber als die Einsamkeit; dort sind meine Bücher meine einzige Unterhaltung.«

So sehr Cicero von seinem Schmerz überwältigt war und so sehr er sich ihm auch hingab, er versuchte zugleich, seiner Herr zu werden: er verfaßte eine Consolatio, eine Trostschrift, als erster, der sich selbst durch ein solches Werk zu trösten versucht habe, schreibt er Atticus. Die Schrift ist verloren; eine Bemerkung in den »Tusculanen« läßt erkennen, daß Cicero dort alle Argumente zusammengetragen hat, deren er in der seit hellenistischer Zeit verbreiteten, für einen Trauerfall einschlägigen Trostliteratur habhaft werden konnte. Er gedachte der Tochter ein Denkmal zu errichten, ein Heiligtum, das die Erinnerung an sie verewigen sollte: er kam in den Briefen aus jenen Monaten immer wieder auf dieses Vorhaben zurück. Er war indes unentschlossen, wo das Heiligtum errichtet werden sollte, und so scheint der Plan unausgeführt geblieben zu sein.

Cicero empfing auch von seiner Umgebung mancherlei Trost, z. B. von Caesar. Ein Kondolenzbrief ist erhalten: aus der Feder des Sulpicius Rufus, der ein republikanisch gesinnter Konsular war wie er selber. Sulpicius, der ihm aus Athen schreibt, meint, daß er, nachdem er Vaterland, Ansehen und jede Wirkungsmöglichkeit im Staate eingebüßt habe, jetzt, beim Tode der Tochter, geradezu schon abgehärtet sein müsse; er solle weiterhin bedenken, daß auch die Tochter von den veränderten Verhältnissen des Vaters betroffen gewesen sei, daß ihr ein glückloses Leben bevorgestanden hätte, wenn sie nicht gestorben wäre. Sulpicius fügt noch ein Panorama der Vergänglichkeit alles Irdischen hinzu: er habe bei einer Fahrt über den Saronischen Golf die einst blühenden, jetzt aber verödeten Städte Ägina, Megara, Piräus und Korinth um sich liegen sehen; da habe er sich vor Augen gehalten, wie unangemessen es sei, angesichts der Leichname so vieler Städte aus dem Verlust eines einzelnen Menschen allzu viel Wesens zu machen.

Während Cicero in den Wäldern von Astura und sonstwo auf dem Lande Trost suchte (er ließ sich erst im Hochsommer wieder in Rom sehen), hauste die arme Publilia allein im Stadtpalast. Ende März fragte sie in demütigen Worten – wie Cicero selber berichtet –, ob sie gemeinsam mit ihrer Mutter kommen dürfe; Cicero antwortete sofort mit einem harten Nein und versteckte sich überdies, um vor einem Überfall sicher zu sein, auf einem Gut des Atticus. Die Ehe war damit aufgelöst; Cicero hatte Mühe, die Mitgift zurückzuzahlen.

Marcus der Sohn und Quintus der Neffe gaben zu Besorgnissen und Ärger Anlaß. Quintus diente unter Caesar, im Kriege gegen die Pompeiussöhne in Spanien; er zog dort über den Vater und den Onkel her, hieß es, und behauptete, beide seien böse Feinde Caesars, und führte sich – nach Meinung des Onkels – auch sonst unverschämt und streitsüchtig auf. Marcus wäre gerne dem Vetter nach Spanien gefolgt; Cicero wandte ein, es sei genug, daß sie die Sache der Republikaner im Stich gelassen hätten, sie müßten nicht auch noch dagegen kämpfen. Der Sohn gehorchte, und so wurde er zum Studium nach Athen geschickt, wo er freilich alsbald auf etwas zu großem Fuße zu leben begann.

Das politische Unglück und das persönliche Leid haben Cicero nicht nur veranlaßt, mehr denn je Ablenkung im geselligen Umgang mit kultivierten Freunden zu suchen; diese Komponente seines damaligen Lebens war eher eine Begleiterscheinung. Im Zentrum seines Daseins stand das geistige Schaffen, die philosophische Schriftstellerei: gegen Ende des Jahres 47 setzte eine etwa zweieinhalbjährige Periode literarischen Hervorbringens ein, die im Jahre 45 ihren Höhepunkt erreichte und der die meisten rhetorischen und philosophischen Werke Ciceros entstammen. Anreger waren Brutus, der aus Asien geschrieben und Ciceros Kümmernisse gelindert hatte, sowie Atticus. Zunächst, im Jahre 46, wurden außer dem verlorenen Panegyricus auf Cato (eine politische Schrift, die ja, wie schon erwähnt, ebenfalls auf Brutus zurückging) drei kleinere Werke vollendet, die sämtlich dem Freunde Brutus gewidmet sind: der nach dem Widmungsempfänger benannte Dialog über die Geschichte der römischen Beredsamkeit, die »Paradoxa Stoicorum« und der »Orator« (den man nicht mit dem großen Dialog »De oratore« verwechseln darf).

Der »Brutus« und der »Orator« stehen einander durch ihre Thematik nahe: der »Brutus« befaßt sich aus historischer Perspektive mit rednerischer Praxis; der »Orator« behandelt vornehmlich ein wichtiges Teilgebiet der rhetorischen Theorie, die Lehre vom Ausdruck, von der elocutio. Überdies sind die beiden Schriften einander durch ihre Stimmung verwandt: Cicero beklagt das Schicksal der res publica, wobei er – im »Orator« – das Wort von den tempora inimica virtuti, »den Zeiten, die der Tüchtigkeit feindlich sind«, prägt, das sich später Tacitus in seinem »Agricola« zu eigen gemacht hat. Cicero bedauert insbesondere seinen jungen Freund Brutus, dem eine seiner reichen Begabung entsprechende politische Karriere versagt bleiben wird, und von sich selbst sagt er, daß er, da für forensische Künste und politische Unternehmungen kein Raum mehr sei, nunmehr schriftstellern werde, statt sich der Untätigkeit und dem Trübsinn zu überlassen. Beide Schriften zeigen auch einen Gealterten, der sich gern seinen Erinnerungen, überhaupt der Vergangenheit zuwendet: der »Brutus« endet, wie erwähnt, mit einer autobiographischen Skizze über Ciceros eigenen Werdegang als Redner, und im »Orator« reflektiert der Autor über seine Reden und führt Beispiele daraus an, um seine stilistischen Vorschriften zu erläutern.

Die »Paradoxa Stoicorum« sind kaum mehr als ein formales Spiel: die Paradoxa, d. h. die den allgemeinen Auffassungen widersprechenden rigorosen Grundsätze der stoischen Ethik werden unter Benutzung rhetorischer Gemeinplätze als richtig erwiesen. Die Römer der alten Zeit vermochten dem Ideal des stoischen Weisen gerecht zu werden, während es in jüngster Zeit hapert – vielleicht hat Cicero diese rasch hingeworfene Arbeit mit ihrer Kritik an der Gegenwart damals noch nicht veröffentlicht.

Der Tod Tullias im Februar 45 gab seiner Schriftstellerei eine andere Richtung: der schwere Schicksalsschlag trieb ihn, sich viel ernsthafter noch mit Philosophie zu beschäftigen, Zuflucht bei ihr zu suchen, seinem Leben durch sie einen neuen Halt und einen neuen Inhalt zu geben. So hat jedenfalls er selbst die Wende dargestellt: er habe während der Zeit seines politischen Wirkens lediglich in aller Stille seine philosophischen Kenntnisse aufgefrischt und philosophische Schriften gelesen, sooft er dazu Muße fand; jetzt aber, da ihm das Geschick eine tiefe Wunde geschlagen habe und er von Staatsgeschäften entbunden sei, suche er bei der Philosophie Heilung von seinem Schmerz – nunc vero et fortunae gravissimo percussus vulnere et administratione rei publicae liberatus doloris medicinam a philosophia peto. Paradoxerweise gab gerade der Verlust der Tochter Cicero die Sammlung und die Kraft zu intensiver schriftstellerischer Arbeit auf dem Felde der Philosophie.

Die beiden ersten der Werke, die damals in dichter Folge entstanden, sind noch besonders deutlich von der seelischen Verfassung geprägt, in der sich Cicero im Frühjahr 45 befand: die schon erwähnte Consolatio und der Dialog »Hortensius«, eine Erweckungs- oder Mahnschrift (Protreptikos), d. h. eine Schrift, die zur

Philosophie als der einzigen Führerin zu einem erfüllten menschlichen Dasein bekehren wollte. Das berühmteste Vorbild hierfür stammte von Aristoteles; zahlreiche andere Philosophen hatten ebenfalls versucht, in Traktat-, Brief- oder Dialogform den Wert ihres Berufs zu erweisen. Es ging in diesem Genre philosophischer Schriftstellerei um Grundsätzliches, um die Frage nach der richtigen Lebensform und der richtigen Einstellung zu den Dingen. Es ging gewissermaßen um das Seelenheil, nur daß es sich bei den antiken Philosophen im wesentlichen um ein diesseitiges Seelenheil handelte, das sich auf die von der Natur einem jeden zugestandene Zeitspanne beschränkte, dort aber möglichst wenig von äußeren Glücksgütern abhängig sein sollte. Wer einen Protreptikos verfaßte, pflegte sich daher, einem Prediger vergleichbar, um Eindringlichkeit und Pathos zu bemühen, wie es der Bedeutung des Gegenstandes entsprach.

Ciceros »Hortensius« ist nicht auf uns gekommen; die Launen der Überlieferung haben hier eine fast ebenso schmerzliche Lücke gerissen wie bei »De re publica«. Immerhin lassen zahlreiche Zitate bei späteren Grammatikern und zumal bei Laktanz und Augustin die Umrisse der Schrift — eines Dialogs, der die Titelfigur und Cicero selbst zu Hauptunterrednern hatte — erkennen. Der eigentliche Disput behandelte die übliche Frage nach dem Wert der Philosophie: Hortensius erklärte sie schlankweg für unnütz, wohingegen Cicero darzutun suchte, daß sie dem Menschen mehr not tue als alles andere, da von ihren Einsichten das Glück des Lebens abhänge. Der »Hortensius« hat in der Antike viele dankbare Leser gefunden; er wurde noch im 4. Jahrhundert als Einführung in die Philosophie benutzt. Die Schrift hat vor allem den jungen Augustin tief beeindruckt: sie habe bei ihm, berichtet er in den »Bekenntnissen«, die Wende vom Schein zur Wahrheit bewirkt, sie habe ihm den Weg eröffnet, der ihn zu Gott führen sollte.

Wahrscheinlich festigte sich in Cicero schon während der Arbeit am »Hortensius« der kühne Plan, den römischen Zeitgenossen in einer Reihe von Schriften die gesamte griechische Philosophie – die Logik, Physik und Ethik der vier Hauptschulen – vorzuführen. Das erste Werk jedenfalls, das dieser philosophischen Enzyklopädie angehören sollte, die »Academica«, kündigt das Unternehmen als bereits beschlossene Sache an: »Ich habe begonnen, die alte, von Sokrates ins Leben gerufene Philosophie in lateinischer Sprache zur Geltung zu bringen.« Cicero war also wieder bei der Beschäftigung angelangt, die ihm schon vor dem Bürgerkrieg, unter der Herrschaft der Dreimänner, die größte Befriedigung gewährt hatte – nur daß er diesmal mit seiner philosophischen Schriftstellerei ganz andere Ziele verfolgte als einst mit »De oratore« und »De re publica«. Er konnte jetzt nicht mehr versuchen wollen, Politik mit anderen Mitteln zu treiben und durch Appelle an das Verantwortungsbewußtsein der Zeitgenossen auf den Lauf der Dinge einzuwirken: ein derartiges Beginnen mußte jetzt, angesichts der fest etablierten Diktatur Caesars, auch einem Cicero als Ding der Unmöglichkeit erscheinen. Die Werke der philosophischen Enzyklopädie waren denn auch das Produkt völliger Resignation gegenüber der Politik; sie hatten – nur noch, wie man wohl im Sinne Ciceros sagen darf – literarisch-kulturelle und ethische Ziele. Denn Cicero wollte jetzt einerseits eine philosophische Literatur in lateinischer Sprache hervorbringen, die der griechischen ebenbürtig sei; er war andererseits bestrebt, seinem römischen Publikum durch die Erörterung von Fragen, die auf das Wohl, das Lebensglück des einzelnen zielten, die reichen griechischen Quellen praktischer Lebensweisheit zu erschließen.

Der Sinn des Unternehmens war nicht einmal für Cicero selbst, geschweige denn für seine Zeitgenossen über jeden Zweifel erhaben: er mußte dargetan und gegen allerlei Einwände verteidigt werden. Cicero hat es hieran nicht fehlen lassen; er hat schon in den »Academica« und dann zu wiederholten Malen in den darauffolgenden Schriften die Einleitungen dazu benutzt, die Bedenken zu zerstreuen, denen seine Bemühungen ausgesetzt zu sein schienen. Verhältnismäßig leicht ließ sich wohl der Vorwurf widerlegen, die Beschäftigung mit griechischer Philosophie sei dem Stande eines Senators und ehemaligen Konsuls wenig angemessen: ob sich denn die römischen Aristokraten in ihren Mußestunden Witze erzählen sollten, fragt er einmal sarkastisch; die Philosophie stehe ihnen wohl an, solange sie sich nicht ihren öffentlichen Verpflichtungen entzögen. Er selbst sei durch die politischen Verhältnisse gezwungen worden, zurückgezogen zu leben; er suche die unfreiwillige Ruhe zu nutzen, um nicht dumpfem Grübeln zu verfallen und um seine Mitbürger zu belehren.

Auch mit denen, die noch immer glaubten, die griechische Literatur und Bildung in Bausch und Bogen ablehnen zu sollen, hielt Cicero sich nicht lange auf: dergleichen Hinterwäldler waren wohl längst eine kleine Minderheit, die man nicht mehr ernst zu nehmen brauchte. Anders stand es hingegen mit zwei Argumenten, die Cicero einem Varro, einem zweifellos sachkundigen Manne, in den Mund legte. Wer an Philosophie Gefallen finde, meinte Varro, ziehe die griechischen Originale vor; wer aber davon nichts wissen wolle, der kümmere sich auch nicht um Darstellungen in lateinischer Sprache. Außerdem aber fehle es dem Lateinischen an der für philosophische Probleme erforderlichen Terminologie. Mit den Gründen, die Cicero gegen diese Bedenken ins Feld führte, scheint er exakt zu umschreiben, was ihn zuallererst zu der Aufgabe herausgefordert hat, eine philosophische Enzyklopädie in lateinischer Sprache zu verfassen. Die lateinische Dichtung, führt er aus, sei auch von den Griechen abhängig und finde gleichwohl Leser. Die bisherigen Versuche, philosophische Inhalte lateinisch darzustellen (Cicero meint obskure Skribenten, nicht etwa das Lehrgedicht des Lukrez), dürfe man nicht zum Maßstab nehmen; das Lateinische sei nicht, wie viele meinten, ärmer, sondern reicher als das Griechische. Cicero gedachte also für die Philosophie nachzuholen, was er für die Dichtung und zumal für die Redekunst schon verwirklicht glaubte: er wollte etwas leisten, was einem Vergleich mit den griechischen Mustern standhalten könne. Hierbei vertraute er darauf, daß ihm die Ausdrucksfülle des Lateinischen und seine eigene Wortgewandtheit erlauben würden, die Schwierigkeiten der philosophischen Terminologie zu meistern – worin er sich nicht getäuscht hat.

Es lag Cicero ganz fern, mit eigenen philosophischen Erkenntnissen vor sein Publikum zu treten; er wollte nichts weniger sein als ein originärer Denker. Er beabsichtigte vielmehr, die wichtigsten Lehren der griechischen Schulen in eine klare und ansprechende lateinische Form zu kleiden – wie hätte er auch sonst solche Stoffmassen bewältigen und in anderthalb Jahren eine so stattliche Zahl von Schriften hervorbringen können. Am genauesten hat er selbst sich in der Einleitung zum 1. Buch der Schrift »De finibus« über das Wesen seiner philosophischen Schriftstellerei geäußert: er begnüge sich nicht mit der Rolle eines Übersetzers, sondern bemühe sich um eine treffende sinngemäße Wiedergabe des Inhalts, wobei er sich seines eigenen Urteils und seiner eigenen Schreibweise bediene. Man würde heute sagen, er habe seine Vorlagen bearbeitet – hiermit wäre weder zu viel noch zu wenig behauptet.

Alle Schriften des philosophischen Lehrgangs haben Dialogform; sie bringen im allgemeinen die Dogmen mehrerer Schulen oder Richtungen zur Sprache. Cicero läßt dann seine Figuren das Pro und Contra der jeweiligen Auffassungen erörtern; sein eigener skeptischer Standpunkt kommt dadurch zur Geltung, daß der Repräsentant der akademischen Skepsis stets das letzte Wort erhält. Cicero hat offenbar, wenn er einen Epikureer reden ließ, eine epikureische, wenn einen Stoiker, eine stoische Quelle benutzt; die Widerlegungen wiederum pflegten einschlägigen Abhandlungen von Akademikern zu entstammen. Cicero fand demnach allem Anschein nach in seinen griechischen Quellen kein für seine Zwecke gebrauchsfertiges Arrangement von Dogma und skeptischer Entgegnung vor; er mußte selber versuchen, beides möglichst genau aufeinander abzustimmen. Dies ist ihm nicht immer vollauf gelungen; es kommt vor, daß Behauptetes unwiderlegt bleibt oder widerlegt wird, was zuvor gar nicht behauptet worden war. Derlei Unstimmigkeiten sind gewiß zuallererst durch die Schnelligkeit bedingt, mit der Cicero ein Werk nach dem anderen fertigstellte. Ein weiterer Tribut der geradezu hektischen Produktion bestand darin, daß sich Cicero bei seinen Hinweisen auf Szenerie und Gesprächsführung mit dem Nötigsten begnügen mußte – das reizvolle Einleitungsgespräch zum 5. Buch der Schrift »De finibus« (Cicero und seine Studiengenossen sind von den an Philosophen und andere bedeutende Männer erinnernden Stätten Athens ergriffen) blieb ohne Parallele.

»Ich war gerüstet, wenn kein wichtiger Grund mich hindere, kein Gebiet der Philosophie übrig zu lassen, das nicht durch eine Darstellung in lateinischer Sprache zugänglich wäre.« So Cicero in einer Bilanz, die er zog, nachdem ein wichtiger hindernder Grund eingetreten war: nach der Ermordung Caesars, da er glaubte, sich wieder vornehmlich dem Dienst am Staate widmen zu müssen. Der große Plan einer philosophischen Enzyklopädie konnte also nicht ganz ausgeführt werden: zumal die Physik, die philosophische Naturerklärung blieb unbearbeitet. Daß Cicero beabsichtigt hatte, auch diese Materie einzubeziehen, zeigen einige Bruchstücke, die sich von seiner Übersetzung des »Timaios«, der wichtigsten naturphilosophischen Schrift Platons, erhalten haben: sie waren offensichtlich dazu bestimmt, in einem einschlägigen Dialog verwendet zu werden.

Im übrigen aber war, als die Iden des März 44 dem Leben Ciceros eine neue Wendung gaben, das Wichtigste getan: dem römischen Publikum lagen damals Schriften vor, die sich mit hinlänglicher Gründlichkeit der Erkenntnistheorie, der Ethik und der Theologie annahmen. In der erwähnten Bilanz, der Einleitung zum 2. Buch der Schrift »De divinatione« (»Über die Weissagung«) verlautet hierüber folgendes:

Ich habe nach bestem Vermögen zur Beschäftigung mit der Philosophie geraten – in dem Buch mit dem Titel »Hortensius« – und dann in den vier Büchern »Academica« gezeigt, welcher Methode des Philosophierens ich ein besonders hohes Maß an Behutsamkeit, Folgerichtigkeit und Eleganz zuerkenne. Ich habe sodann in der Schrift »De finibus bonorum et malorum« (»Über das höchste Gut und das größte Übel«) die Grundprobleme der Philosophie erörtert und dieses Gebiet in fünf Büchern eingehend abgehandelt, so daß man ersehen kann, was sich für und gegen eine jede philosophische Richtung sagen läßt. Nunmehr folgten ebenso viele Bücher mit »Gesprächen in Tusculum«, die dargelegt haben, worauf es beim Streben nach dem Lebensglück am meisten ankommt. Denn das erste Buch behandelt die Verachtung des Todes, das zweite das Ertragen von Schmerz, das dritte die Linderung von Kümmernissen und das vierte sonstige Störungen der Gemütsruhe: das fünfte endlich befaßt sich mit dem Thema, das am besten geeignet ist, das Wesen der Philosophie zu verdeutlichen: es zeigt, daß zum glücklichen Leben der sittliche Wert sich selbst genügt. Danach wurden drei Bücher »De natura deorum« (»Über das Wesen der Götter«) vollendet, die auf alle einschlägigen Fragen eingehen. Als dies Gebiet zu voller Genüge abgetan war, habe ich die vorliegenden Bücher »De divinatione« zu schreiben begonnen; wenn ich diesen, wie es meine Absicht ist, noch eine Schrift »De fato« (»Über das Schicksal«) beigegeben habe, dann ist wohl die ganze Materie hinlänglich erörtert.

Die »Academica« sind wegen ihres schwierigen erkenntnistheoretischen Inhalts besonders anspruchsvoll. Sie behandeln einen Hausstreit in der Schule Platons: Philon und Antiochos hatten sich auf verschiedene Weise zur Grundthese der Skepsis, daß unwiderlegliche Wahrheiten ein Ding der Unmöglichkeit seien, geäußert. Man möchte es geradezu ein Wunder nennen, daß es

Cicero in seiner damaligen, überaus düsteren Stimmung gelang, eine so spröde Materie in so luzider Klarheit darzustellen. Er hat die Schrift mehrfach umgearbeitet; das Spiel des Zufalls hat es gefügt, daß Teile einerseits von der ersten, andererseits von der dritten und letzten Fassung erhalten sind: von der aus zwei Büchern bestehenden ersten Fassung die zweite Hälfte, »Lucullus« betitelt; von der letzten Fassung, die den Stoff auf vier Bücher verteilte, das erste Buch mit der Widmung an Varro.

Die beiden großen ethischen Dialoge hingegen haben die Zeiten vollständig überdauert. Kein anderer Teil der philosophischen Enzyklopädie vermag wohl auch den heutigen Leser noch so unmittelbar anzusprechen wie sie: die dort erörterten Fragen der richtigen Lebensführung und der richtigen Einstellung zu den Dingen haben seither kaum an Bedeutsamkeit verloren. In der Schrift »De finibus« sind drei Gespräche vereinigt, die sich durch die Zeit, den Ort und die Gesprächspartner Ciceros voneinander unterscheiden. Das erste Buchpaar behandelt die epikureische Ethik mit der ›Lust‹ als dem höchsten Gut und dem ›Schmerz‹ als dem größten Übel: ein Anhänger Epikurs macht sich dessen Lehre voll und ganz zu eigen, woraufhin Cicero ihm widerspricht. Das zweite Buchpaar verfährt ebenso mit der rigorosen Doktrin der Stoa, die einzig den sittlichen Wert als Gut und den sittlichen Unwert als Übel anerkannt wissen wollte: auf eine positive Darstellung folgt Ciceros Kritik. Das letzte Buch endlich befaßt sich mit der Ethik des Peripatos, wonach Gedeih und Verderb des Menschen sowohl von geistig-sittlichen als auch von physisch-materiellen Gegebenheiten abhängen; bei dieser Lehre begnügt sich die Polemik Ciceros mit einigen wenigen Bemerkungen.

Die »Gespräche in Tusculum«, eine wegen ihres essayistischen Charakters besonders reizvolle Schrift, haben nicht – wie »De finibus« und wie dann wieder die religionsphilosophischen Dialoge – den Streit der Schulen zum Gegenstand: Cicero erörtert hier die schon genannten Sachfragen, wobei er im wesentlichen

stoischer Lehre folgt. Das sonst maßgebliche dialogisch-dialekti-
sche Prinzip ist diesmal stark beschnitten: ein Schüler stellt eine
provozierende These auf (z. B. der Tod ist ein Übel, der physische
Schmerz desgleichen usw.), die alsdann von Cicero in einem nur
selten durch Einwände unterbrochenen Vortrag widerlegt wird.
Während die Schrift »De finibus« die Grundlagen erörtert, auf
denen das Wohlergehen, das Heil des Menschen beruhen soll,
suchen die »Gespräche in Tusculum« die Hauptstörungen (die
Todesfurcht, den Schmerz usw.) als wesenlos zu erweisen, die die
Autarkie, die Selbstbestimmung des Menschen gefährden könnten; sie entwerfen nicht nur ein Ideal der Vollkommenheit, sondern geben auch Anweisungen, wie man sich diesem Ideal – dem
Weisen, der alles nach seinem wahren Wert bemißt – annähern
könne.

Auf die Ethik folgte die Religionsphilosophie; Cicero hat seine
Ankündigung wahr gemacht und den beiden größeren Werken
noch eine Monographie über das fatum (»Schicksal«) angefügt.
Der Stoff war großenteils schon ihm selbst und ist erst recht uns
Heutigen ziemlich weit entrückt. Die philosophischen Systeme
der Antike suchten auf verschiedene Weise, durch Deutung oder
Ablehnung, mit dem Polytheismus, den sie als die geltende Religion vorfanden, fertig zu werden; Cicero konnte offenbar nicht
umhin, in seiner philosophischen Enzyklopädie auch auf diese
Debatten Bedacht zu nehmen. Die Schrift »De natura deorum«,
deren drittes und letztes Buch unvollständig erhalten ist, legt dar,
wie sich die Epikureer und die Stoiker das Wesen der Götter
vorstellten; auf die Dogmatik folgt nach bewährtem Schema jeweils die Kritik. Die Schriften »De divinatione« und »De fato«
wiederum sind zwei Lieblingskindern des stoischen Systems vorbehalten, denen Cicero strikt ablehnend gegenüberstand: der
Mantik, d. h. dem Glauben an gottgesandte Zeichen und an deren Erkennbarkeit, sowie dem fatum, der Überzeugung, daß der
ganze Weltlauf lückenlos determiniert sei.

Einmal hat Cicero die Arbeit am philosophischen Lehrgang,

die ihm gewiß auch viel Selbstentäußerung abverlangte, unterbrochen und, wie um sich zu erholen, den kleinen Dialog »Cato maior de senectute« (»Cato der Ältere über das Greisenalter«) verfaßt. Hier durfte er aus der hellenistischen Literatur, die ihm auch für dieses Problem der Lebenspraxis zu Gebote stand, sowie aus dem Schatze seines eigenen Wissens auswählen, was ihm behagte und ihm gemäß war – er tat dies um so mehr, als er selber und ebenso Atticus, der Empfänger der Schrift, unlängst die Schwelle zum siebten Lebensjahrzehnt überschritten hatten. Cato, die knorrige Figur des Zeitalters der Punischen Kriege, sollte als eine Art altrömischer Mustergreis zur Orientierung für die eigene Einstellung dienen: die Titelfigur sieht sich in der Lage, selbstbewußt und etwas polternd alles als gegenstandslos zu erweisen, was dem Alter gemeinhin zur Last gelegt wird.

16. KAPITEL

Die Iden des März

Mit der Ermordung Caesars trat wieder einmal eine Wende in Ciceros Leben ein – die letzte; denn die Folgen dieses Ereignisses führten auch ihn in einen furchtbaren Tod. Caesar, im September 45 aus Spanien von seinem Sieg über die Pompeiussöhne zurückgekehrt, suchte, wie schon erwähnt wurde, in den darauffolgenden Monaten seiner Macht eine sowohl verfassungsrechtlich als auch religiös fundierte Legitimation zu verleihen: er strebte nach einer Monarchie, die das Charisma des hellenistischen Gottherrschers mit dem altrömischen Königtum verbinden sollte.

Diese Bemühungen führten indes nur desto rascher in die Katastrophe. Alleinherrschaft und Königtum waren Ungeheuerlichkeiten für die einst regierende, jetzt entmachtete Aristokratie: nicht nur für kompromißlos denkende Optimaten, sondern auch für viele, die sich, durch Caesars Versöhnungspolitik gewonnen, zunächst zur Zusammenarbeit bereit gefunden hatten. Das überlieferte Bild von den römischen Königen war zwar nicht einseitig negativ. Romulus und seine Nachfolger galten als Begründer des römischen Staates und vieler seiner Einrichtungen. Doch das angebliche Ende der Monarchie unter Tarquinius Superbus überschattete alles andere: rex wurde und blieb weithin ein Synonym für Tyrann, und die schrankenlose Macht des rex diente als Kontrastfolie, von der sich die freiheitliche Verfassung der res publica, der Republik, desto heller abhob.

So kam Caesar mit seinen Bestrebungen, für seine tatsächliche Macht eine dauerhafte Form zu finden und sie im allgemeinen

Bewußtsein der Bürgerschaft zu befestigen, nicht voran, ja es entstand eine schwüle Atmosphäre der Feindseligkeit und Ablehnung, die sich in Pamphleten und offener Kritik Luft machte. Caesar suchte sich dadurch aus der Verlegenheit zu helfen, daß er sein innenpolitisches Problem mit einem Appell an den römischen Patriotismus verknüpfte: er bereitete einen Feldzug gegen die Parther vor, die schimpfliche Niederlage von Carrhae zu sühnen, und in diesem Zusammenhang gedachte er die Frage der Institutionalisierung seiner Macht so zu lösen, daß er für die Untertanengebiete den Königstitel, für Rom und Italien hingegen lediglich eine unbefristete Diktatur beanspruchte.

Caesar beabsichtigte, am 18. März zu seinen Truppen zu gehen; am 15. März sollte der Senat wegen des außeritalischen Königtums Beschluß fassen. Es kam nicht dazu; als die Senatssitzung begann, wurde Caesar von Mitgliedern einer Verschwörung niedergestreckt, zu der sich etwa sechzig Männer zusammengetan hatten. Cicero gehörte nicht zu den Eingeweihten, obwohl man an seiner Gesinnung nicht zweifeln konnte; er war indes Zeuge des Geschehens, und Brutus, eines der Häupter der Verschwörung, hob nach vollbrachter Tat seinen blutigen Dolch empor, rief den Namen Ciceros und wünschte ihm zur Wiederherstellung der Freiheit Glück: Cicero genoß offenbar bei den Mitgliedern der Widerstandsbewegung hohes moralisches Ansehen und galt ihnen als der vornehmste Repräsentant alles dessen, was ihnen die res publica bedeutete; andererseits nahm man – gewiß nicht mit Unrecht – an, daß er sich zum Teilnehmer an der Tat nicht eignete, da es ihm an der hierfür erforderlichen Art von Mut und an Entschlußkraft fehlte.

Die Anfänge der Verschwörung liegen im dunkeln; die Initiative scheint von Gaius Cassius Longinus ausgegangen zu sein, während Brutus, ein Schwager des Cassius, erst später gewonnen wurde, dann aber wegen seines Namens rasch zum ersten Mann unter den Verschworenen aufrückte. Brutus und andere Teilnehmer hatten in Athen studiert; dort aber konnten sie auf dem

Markt die Statuen des Harmodios und Aristogeiton sehen, die – wie die offizielle Staatslegende behauptete – durch ihr Mordkomplott gegen die Tyrannis der Peisistratiden der Wiederherstellung der athenischen Bürgerfreiheit den Weg geebnet hatten. Es gab auch römische Legenden vom gerechtfertigten Tyrannenmord; so sollte um die Mitte des 5. Jahrhunderts Servilius Ahala, der Gehilfe des Diktators Cincinnatus, den Spurius Maelius getötet haben, weil er sich zum Alleinherrscher habe aufwerfen wollen. Die berühmteste Geschichte dieser Art war mit dem Namen Brutus, dem angeblichen Ahnherrn der Iunii Bruti, verknüpft: ein Lucius Iunius Brutus habe, so hieß es, im Jahre 509 Tarquinius Superbus, den letzten römischen König, dessen Herrschaft zur Tyrannei ausgeartet war, vertrieben und die Republik gegründet.

Derlei Legenden hatten in der Antike die verpflichtende Kraft von Normen; sie trugen in nicht monarchisch regierten Staaten, zuallererst in Athen und Rom, mehr als abstrakte Grundsätze zu der allgemeinen Überzeugung bei, daß die Tötung eines Usurpators erlaubt, ja geboten sei. Demgemäß glaubten auch die Verschwörer gegen Caesar einer gerechten Sache zu dienen; man darf sie eigentlich gar nicht ›Verschwörer‹ nennen, da sie jeden Anschein eines umstürzlerischen Geheimbundes vermieden – so sehr waren sie von der Auffassung durchdrungen, daß sie eine Notwehrhandlung vollzogen. Brutus hat später versucht, die Tat in diesem Sinne zu verteidigen: er hielt eine Rede auf dem Kapitol, die er alsbald auch veröffentlichte. Auch Cicero gedachte, die Rechtmäßigkeit des Tyrannenmordes publizistisch zu verfechten; er trug sich eine Zeitlang mit dem Plane, einen Dialog »De interitu Caesaris«, »Über das Ende Caesars«, zu verfassen.

Der Kreis der Verschwörer war keineswegs homogen: resolute Gegner Caesars mischten sich mit ehemaligen Anhängern sowie mit Männern, die es bislang vermieden hatten, eindeutig Partei zu nehmen. Brutus und Cassius hatten sich auf der Seite des Pompeius am Bürgerkrieg beteiligt; sie wurden nach Pharsalus von Caesar begnadigt und gelangten im Jahre 44 zur Prätur. Brutus, der sich erst nach schwerem inneren Ringen zur Teilnahme entschlossen hatte, verdankte sein hohes Ansehen vor allem seiner Herkunft und seiner Bildung. Seine Mutter Servilia, Halbschwester des Cato Uticensis und langjährige Geliebte Caesars, zählte zu den einflußreichsten Frauen ihrer Zeit; nach dem frühen Tode des Vaters beaufsichtigte der Onkel Cato seine gründlichen Studien, und der Weg in die Freiheit, den Cato gewählt hatte, war für ihn Vermächtnis und zwingende Pflicht. Außer den beiden Protagonisten schlossen sich auch andere prominente Helfer Caesars der Verschwörung an, und zwar offenbar weithin aus ideellen Motiven: Decimus Iunius Brutus, der schon in Gallien unter Caesar gekämpft hatte und seit Beginn des Jahres 44 als Statthalter von Oberitalien fungierte, sowie Gaius Trebonius, der sich im Bürgerkrieg durch die Belagerung Massilias hervorgetan hatte, und einige andere.

Caesar hatte offensichtlich seit längerem mit der Möglichkeit eines Attentats gerechnet. Die feindselige Stimmung, mit der man seiner auf eine legale Monarchie zustrebenden Verfassungspolitik begegnete, konnte ihm nicht verborgen bleiben, und überdies kamen ihm ausdrückliche Warnungen zu. Er tat indes nichts für seine Sicherheit, ja, er entließ eine aus spanischen Soldaten bestehende Leibwache, ohne an einen Ersatz zu denken. Unter den teils Sorglosigkeit, teils Resignation bekundenden Aussprüchen, die er angesichts der Gefahr eines gewaltsamen Endes getan haben soll, ist zumal einer bemerkenswert: es sei nicht so sehr für ihn selbst als für den Staat von Belang, daß er am Leben bleibe, soll er geäußert haben; er habe Macht und Ruhm im Übermaß erlangt, doch der Staat werde, wenn ihm etwas zustoße, nicht zur Ruhe kommen und viel schlimmere Bürgerkriege zu erdulden haben als je zuvor.

Die Widerstandskämpfer zeigten allerdings nicht so viel Weitblick wie ihr Gegner und Opfer, und so hat sich dessen prophetischer Ausspruch voll und ganz erfüllt. Sie dachten im Grunde klischeehaft und unpolitisch: sie waren auf die überkommene Formel von der Notwendigkeit des Tyrannenmordes fixiert und glaubten in eigentümlicher Wirklichkeitsblindheit, daß sich nach der Beseitigung Caesars die alte res publica von selbst wiederherstellen werde; sie ignorierten die Gefolgschaft, das Machtpotential Caesars und sahen nicht, daß ihre Tat nur eine Monarchie ohne Monarchen zur Folge haben würde, womit nichts erreicht war, als daß ein abermaliges Ringen um den ersten Platz im Staatsgefüge entbrennen würde.

Cicero hat zwar bald erkannt, daß die Ereignisse auf einen neuen Bürgerkrieg zusteuerten; die wahren Zusammenhänge vermochte indes auch er nicht zu erfassen – er beharrte bei einer oberflächlichen, zu stark von der Tagespolitik abhängigen Sicht. Zunächst aber war er schlechtweg vom Jubel über den Tod Caesars erfüllt. Noch am 15. März oder wenig später richtete er ein berühmt-berüchtigtes Schreiben an den Verschwörer Lucius Minucius Basilus: »Dir wünsche ich Glück, mir schenke ich Freude; Dich liebe ich, für Deine Belange trete ich ein; von Dir möchte ich geliebt werden und erfahren, was Du zu tun beabsichtigst und was man zu tun beabsichtigt.« Cicero hat wiederholt versichert, daß er im ersten Taumel aus seiner Genugtuung kein Hehl machte: Caesar war eben ein Tyrann, und seine Herrschsucht wog in Ciceros Augen alles auf, was er an Gaben besaß und an Leistungen vollbracht hatte. Hierauf läuft jedenfalls die Charakteristik hinaus, die er ihm in der »Zweiten Philippischen Rede« zuteil werden läßt:

Er besaß Genie, Scharfsinn, Erinnerungsvermögen, Bildung, Fürsorglichkeit, Gedankenzucht und Umsicht; er hatte kriegerische Leistungen vollbracht, die zwar verderblich für den Staat und doch bedeutend waren, hatte, viele Jahre von der Absicht, Alleinherrscher zu sein, durchdrungen, nach großer Mühe und großen Gefahren sein Ziel erreicht, hatte durch Spiele, Bauten, Geschenkverteilungen und öffentliche Festschmäuse die unwissende Menge geködert und seine Freunde durch Belohnungen, seine Feinde durch den Schein der Milde an sich gefesselt – kurz und gut, er hatte unserem freien Volk die Knechtschaft teils durch Furcht, teils durch Abstumpfung bereits zur Gewohnheit gemacht.

Ciceros Freude blieb nicht lange ungetrübt. Die Ermordung Caesars hatte ein beklemmendes Vakuum hinterlassen; weder auf republikanischer noch auf caesarischer Seite gab es integrierende Kräfte, gab es Männer, deren Autorität der wie gelähmten römischen Bürgerschaft Wege und Ziele gewiesen hätte. Der durch die Bürgerkriege schwer angeschlagenen Senatsaristokratie vermochten auch Cicero und Brutus nicht zu helfen, und ebensowenig verfügten die verwirrten Caesarianer über ein Konzept zu gemeinsamem Handeln: Caesars ergebene Werkzeuge, Männer wie Balbus und Oppius, bedeuteten bei aller Tüchtigkeit wenig oder nichts, und die einst caesarisch gesinnten Aristokraten hatten großenteils, wenn sie nicht geradezu Mitglieder der Verschwörung waren, Caesars Streben nach der Monarchie mit großem Unwillen verfolgt und waren daher geneigt, die Tat der Caesarmörder für berechtigt zu halten; vor allem schien es zunächst niemanden zu geben, der es gewagt hätte, Caesars Tod zu rächen und seine Machtposition für sich zu beanspruchen. Caesarische Gesinnung zeigte sich einstweilen nur beim stadtrömischen Pöbel und bei den Soldaten und Veteranen Caesars; diese Kräfte bildeten ein Potential, das nur eines geeigneten Führers bedurfte.

Für die Befreier war es von großem Nachteil, daß der eine Konsul, den es damals gab (der andere war Caesar gewesen), nicht auf ihrer Seite stand: Marcus Antonius. Dies wurde sofort offenbar, als Cicero, der damals ebensowenig wie seine Zeitgenossen die verworrene Lage zu überblicken vermochte, einen zaghaften Versuch unternahm, die Republikaner zu konsequentem Handeln zu ermuntern: er nahm am Abend des 15. März an einer Besprechung teil, zu der die Befreier geladen hatten; er hielt ein Übereinkommen mit Antonius für unmöglich und meinte, die Prätoren Brutus und Cassius sollten durch Einberufung des Senats die Initiative ergreifen. Dieser Vorschlag wurde mit guten Gründen abgelehnt, und man beschloß, mit Antonius zu verhandeln. Es fragt sich, ob Cicero schon damals zu der Überzeugung gelangte, die er einige Wochen danach Atticus und später auch anderen gegenüber äußerte: daß die Befreier kindisch gehandelt hätten, daß sie Antonius nicht hätten leben lassen dürfen – jedenfalls aber wird ihn schon am Abend des 15. März einiges Unbehagen beschlichen haben. Denn in der Tat: der Tod des Antonius hätte die Prätoren zu den ranghöchsten ordentlichen Beamten gemacht, und Brutus und Cassius wäre die Handlungsfreiheit, deren sie so dringend bedurften, von selbst zugefallen.

Die weitere Entwicklung war nicht dazu angetan, Ciceros Befürchtungen zu zerstreuen: immer deutlichere Anzeichen ließen darauf schließen, daß kein anderer als der Konsul Antonius danach strebte, das Erbe Caesars anzutreten. Er griff zu, wo er konnte, und war zugleich geschmeidig genug, mit niemandem gänzlich zu brechen; so gelang es ihm, sich innerhalb weniger Monate eine respektable Macht zu verschaffen, die ihn in den Stand setzte, in Rom und dem Senat gegenüber der maßgebliche Mann zu sein. Er wußte sofort Caesars gesamten Nachlaß, die Geldmittel ebenso wie die Aufzeichnungen, an sich zu bringen – ein, wie sich alsbald zeigte, unschätzbarer Gewinn für ihn. Denn die Senatssitzung vom 17. März, zu der er geladen hatte, zeitigte einen Beschluß, der die Wiederherstellung der Republik zu bestätigen schien und zugleich die Positionen der Caesarianer anerkannte: die Caesarmörder erhielten Straffreiheit, während andererseits alle Anordnungen Caesars als zu Recht bestehend Gültigkeit behalten sollten. An diesem Kompromiß hat Cicero maßgeblich mitgewirkt; er berief sich für die von ihm geforderte Straffreiheit auf das Vorbild der Amnestie, welche die athenischen Demokraten nach ihrem Siege im Jahre 403 den Angehörigen des beseitigten oligarchischen Regimes zugestanden hatten. Die Gegenleistung, die Anerkennung der acta Caesaris, wollte er später nur zugestanden haben, weil ihm angesichts der bewaffneten Veteranen, die Antonius herbeigerufen hatte, keine andere Wahl geblieben sei. Denkbar ist allerdings auch, daß er die in der Bewilligung verborgene Tücke nicht sofort durchschaute: Antonius berief sich als Herr des caesarischen Nachlasses nicht nur auf die bereits veröffentlichten, sondern auch auf allerlei noch unveröffentlichte Anordnungen Caesars, ja er schreckte auch vor der Verfertigung neuer, angeblich noch von Caesar stammender Anordnungen nicht zurück.

Am Tage darauf, am 18. März, wußte Antonius in einer weiteren Senatssitzung den Beschluß zu erwirken, daß eine öffentliche Leichenfeier für Caesar stattfinden solle. Cicero hat wahrscheinlich gute Miene zum bösen Spiel gemacht, während Atticus ihm sofort bedeutete, daß die Sache der Befreier nunmehr gänzlich verloren sei. Die Feier, auf der Antonius nach alter Sitte die Lobrede auf den Toten hielt, endete denn auch mit wüsten Ausschreitungen: die aufgehetzte Menge äscherte den Leichnam mitten auf dem Forum ein und zog aus, die Häuser der Feinde Caesars in Brand zu stecken. Der Ansturm konnte, da man vorbereitet war, abgewehrt werden; indessen sahen sich Brutus und Cassius um ihrer Sicherheit willen genötigt, Rom zu verlassen. Auch Cicero blieb nicht mehr lange. Er war trotz gelegentlicher Zugeständnisse des Antonius der Überzeugung, daß er an dem im ganzen ungünstigen Lauf der Dinge nichts ändern könne, und so griff er zu dem probaten Mittel, sich durch Entweichen auf seine Güter der Teilnahme an den Senatssitzungen zu entziehen.

Cicero war von Anfang April bis Ende August von Rom abwesend. Aus dieser Zeit sind 58 Briefe an Atticus erhalten, hiervon 57 in ziemlich gleichmäßiger Streuung aus den Monaten April bis Juli. So läßt sich recht genau ersehen, wie Cicero die Beobachterrolle, mit der er sich jetzt im wesentlichen begnügen mußte, wahrnahm. Er verweilte nie länger als wenige Tage an einem Ort: er reiste zunächst zu seinen Gütern am Golf von Neapel, bei Cumae, bei Puteoli und bei Pompeji; er begab sich sodann wieder romwärts nach Tusculum und Antium, und er trat schließlich am 1. Juli in Tusculum die Reise an, die ihn nach Griechenland hätte führen sollen, die ihn jedoch in Wirklichkeit wegen einer unvermuteten Wende der Ereignisse nur bis nach Syrakus geführt hat.

Die Briefe der ersten Wochen kreisten um die Iden des März. Die Sicht des Gaius Matius, seines Freundes und zugleich eines Caesar-Verehrers, konnte er sich nicht zu eigen machen, aber sie beeindruckte ihn: die Ermordung Caesars, behauptete Matius, habe ein heilloses Chaos geschaffen. Cicero deutete den Stand der Dinge als ein Paradox, das er einmal in die Formel kleidete: Vivit tyrannis, tyrannus occidit – »Es lebt die Tyrannei, nur der Tyrann ist tot.« Nichts sei so ungereimt, schrieb er an anderer Stelle, als daß die Tyrannentöter in den Himmel erhoben, die Amtshandlungen des Tyrannen hingegen aufrecht erhalten würden. Die Iden des März haben nur eine kurze Freude gebracht, da nunmehr die ehemaligen Gefolgsleute des Tyrannen herrschen: Interfecto rege liberi non sumus – »Wir haben den König getötet und sind trotzdem nicht frei.« Cicero ist mitunter geneigt, dieses Resultat für unausweichlich zu halten: »Unsere Helden«, meint er einmal, »haben auf die ruhmreichste und herrlichste Weise vollbracht, was sie vollbringen konnten; das übrige erfordert Geldmittel und Truppen, und die haben wir nicht.« Und an einer anderen Stelle läßt er verlauten: »Du verteidigst Brutus und Cassius, als ob ich sie tadelte – ich kann sie ja gar nicht genug loben. Ich habe Fehler genannt, die in den Dingen liegen, und nicht in den Personen.« Meistens aber rügt er Versäumnisse, vor allem, daß man, indem man Antonius schonte, nur halbe Arbeit getan habe. Auch meint er einmal, daß sich die republikanische Sache noch hätte retten lassen, wenn sein Rat befolgt und sofort nach der Tat der Senat von den Prätoren einberufen worden wäre: »Ihr unsterblichen Götter, was hätte man damals zustande bringen können, da alle Rechtgesinnten und auch die Lauen jubelten, während die Banditen allen Mut verloren hatten?«

Mit dem Brief vom 26. April steigern sich Ciceros Befürchtungen: das Schreckgespenst eines neuen Bürgerkrieges erhebt drohend sein Haupt. Dann aber, meint Cicero, werde es nicht, wie zu Caesars Zeiten, erlaubt sein, neutral zu bleiben; denn von wem immer die Partei der Schurken glaube, er habe sich über den Tod Caesars gefreut, den werde sie für ihren Feind halten, so daß alles auf ein furchtbares Blutbad hinauslaufe. Nur einmal glaubte Cicero an die Möglichkeit eines Umschwungs, den kein anderer als sein einstiger Schwiegersohn Dolabella herbeiführen würde. Caesar hatte Dolabella für die Zeit seiner Abwesenheit als seinen Nachfolger im Konsulat vorgesehen; Dolabella wiederum schlug sich nach Caesars Ermordung auf die Seite der Republikaner, von denen er sich sein Konsulat bestätigen ließ. Als er nun, ohne seinen Kollegen Antonius zu fragen, mit allerlei caesarisch sich gebärdendem Gesindel kurzen Prozeß machte, da wähnte Cicero, er habe sich ein für allemal für die Sache der Republik entschieden, und sandte ihm einen Brief voll überschwenglichen Lobes. Die Freude war nicht von langer Dauer, und die Skepsis, die Atticus von Anfang an bekundet hatte, erwies sich bald als vollauf berechtigt: der gesinnungslose Opportunist Dolabella paktierte noch im Mai mit Antonius.

Cicero sieht nun aufs neue die Gefahr eines mitleidlosen Bürgerkrieges – um so mehr, als man ihm berichtet, daß Antonius die Veteranen Caesars anwerbe, und als er glaubt, daß die Caesarianer allesamt nichts so sehr fürchten wie Ruhe und Frieden. Ende Mai erfuhr Cicero von dem Plane des Antonius, sich durch einen Provinztausch eine günstigere Machtposition zu verschaffen, von dem Plan, der er dann mit Hilfe der ihm hörigen Volksversammlung auch verwirklicht hat: Decimus Brutus sollte seine Provinz Gallia Cisalpina (Oberitalien) an Antonius abtreten und statt ihrer Makedonien, und zwar ohne die dort befindlichen Legionen, übernehmen. Cicero hält nunmehr den Bürgerkrieg für unvermeidlich und ringt sich sogar das Geständnis ab, daß die Iden des März die Lage nur verschlimmert hätten, da Caesar der mildere Herr gewesen wäre.

Cicero ging schon seit längerem mit dem Plane um, Italien zu verlassen und den in Athen studierenden Sohn zu besuchen. Er gedachte, sich zu diesem Zwecke den Posten eines Legaten, eines Hauptadjutanten bei einem Provinzstatthalter zu verschaffen, was ihm die Privilegien eines römischen Beamten eingebracht hätte, ohne daß er durch Pflichten sonderlich beschwert gewesen wäre. Zunächst zögerte er noch, weil er hoffte, daß sich klare Fronten abzeichnen würden; er wollte sich nur dann entfernen, wenn feststand, daß er nicht gebraucht wurde, daß er für die Sache der Republik nichts tun konnte. Ende Mai, als Antonius in Rom unumstrittener Herr der Lage war, begann Cicero die Situation für aussichtslos zu halten; er bewarb sich nunmehr bei beiden Konsuln um einen Legatenposten. Die Antwort folgte sofort: Dolabella, der soeben auf fünf Jahre zum Statthalter von Syrien gewählt worden war, ernannte ihn für die ganze Dauer seines Amtes zu seinem Legaten, ohne daß ihm hierdurch ein bestimmter Aufenthaltsort vorgeschrieben worden wäre.

Doch Cicero schwankte daraufhin, wie es seine Gewohnheit war, aufs neue. Im Grunde hätte er es vorgezogen, in Italien zu bleiben; wenn er aber ging, dann gedachte er zum 1. Januar zurückzukehren, weil er sich, noch ganz in legitimistischen Vorstellungen befangen, von den neuen Konsuln eine neue Politik erhoffte. In seinen düstersten Stunden wiederum konnte er schreiben, sein Fortgang werde eine Folge der desperatio, der Verzweiflung, nicht der legatio sein: er wolle hinaus aus der Fischreuse des Antonius, nicht um zu entkommen, sondern um wenigstens einen würdigen Tod zu finden. Dann aber zauderte er wieder – »Ich plage mich seltsam, allerdings ohne darunter zu leiden« –, weil sich ihm nicht nur Gründe, sondern auch Gegengründe aufdrängten; überdies bekam er viele Briefe, die ihm bald in dem einen, bald in dem anderen Sinne rieten.

Wohl Ende Juni richtete Cicero an den wackeren Oppius, den Gefolgsmann Caesars, einen freundschaftlichen Abschiedsbrief, worin er das Seine dessen Schutz empfahl, und am 1. Juli reiste er aus seinem Tusculanum ab. Am 7. Juli war Puteoli erreicht; dort bereitete die Wahl der Reiseroute einiges Kopfzerbrechen. Brundisium schien riskant, da dort Truppen erwartet wurden, die Antonius aus Makedonien kommen ließ, und Cicero faßte daher den weiter südlich gelegenen kleinen Hafen Hydrus ins Auge. Eine Zeitlang versuchte er sich Brutus anzuschließen, der sich in der Nähe auf einem Inselchen aufhielt und von dort aus in den Osten zu reisen gedachte. Da Brutus säumte, fuhr Cicero am 17. Juli mit drei Booten von seinem Pompejanum ab. Über seine Stimmung ließ er Atticus nicht im unklaren, er schrieb:

> Mir liegt, da ich nun scheide, manches auf dem Herzen, vor allem, bei Gott, die Trennung von Dir. Mich bedrückt auch die Mühsal der Seefahrt, die weder meinem Alter noch meinem Rang gemäß ist, sowie der etwas sonderbare Zeitpunkt meines Fortgangs. Denn wir verlassen das Land im Frieden, um zum Kriege zurückzukehren, und die Zeit, die ich auf meinen schön gebauten und anmutig gelegenen Landsitzen hätte verbringen können, verbringe ich auf der Wanderschaft. Dies ist mein Trost: ich werde meinen Sohn fördern können oder jedenfalls sehen, was sich bei ihm erreichen läßt. Außerdem wirst Du Dich bald einfinden, wie ich hoffe und wie Du mir versprichst. Dann aber wird alles besser sein.

Cicero gibt hier ein Resümee dessen, was ihn damals bedrängte und bewegte. Daß er sich gealtert fühlte, hatte ihn veranlaßt, den »Cato« zu schreiben (ad senem senex de senectute/»einem alten Manne als alter Mann über das Alter«, wie er geistreich bemerkt); jetzt glaubt er angesichts der mißlichen politischen Verhältnisse immer wieder darin lesen zu müssen: »Das Alter macht mich bitterer; ich rege mich über alles auf. Immerhin habe ich mein Leben hinter mir; mögen die jungen Leute zusehen!« Der schmerzliche Tod seines Arztes Alexio veranlaßt ihn festzustellen, daß er eines neuen Arztes nicht mehr bedürfe, und im selben Brief stellt er die Frage: »Ist die Maske des Alters nicht häßlich genug?«

Andererseits zeigt er sich jetzt besonders empfänglich für die landschaftlichen Reize seiner Villen; er erlebt sie als Kontrast zur Düsterkeit der politischen Lage, er bezweifelt im Gedanken an sie den Sinn seiner Reise. »Du fragst mich und nimmst an, daß ich selbst nicht wisse«, schreibt er im April, »ob ich mehr Vergnügen an aussichtsreichen Hügeln oder an Spaziergängen die Küste entlang finde. Es ist in der Tat, wie Du sagst: beide Arten von Landschaft haben so viel Annehmlichkeit, daß ich unsicher bin, welche ich vorziehen soll.« Und Ende Juli, noch an dem Plan festhaltend, nach Griechenland zu reisen, läßt er sich Atticus gegenüber vernehmen: »Warum bin ich nicht bei Dir? Warum sehe ich die Kleinode Italiens, meine Villen nicht?«

Der Sohn Marcus war im Jahre 45 zum Studium nach Athen gereist. Während der Neffe Quintus in Spanien unter Caesar diente und sich nach Caesars Tod, um seine enormen Schulden loszuwerden, Antonius anschloß, bereitete Marcus immerhin in politischer Hinsicht keine Sorgen. Wohl aber schien der Lebenswandel des jungen Mannes nicht über jeden Zweifel erhaben zu sein. Die Berichte der griechischen Mentoren enthielten zum Teil nur zurückhaltendes Lob, so daß der Wunsch des Vaters, den Sohn zu besuchen und seine Studien zu überwachen, kräftige Nahrung erhielt. Dann aber sandte kein geringerer als Gaius Trebonius, nachgewählter Konsul des Jahres 45 und überzeugter Republikaner, aus Athen einen Brief, der mit Komplimenten nicht sparte: Marcus widme sich mit Eifer seinen philosophischen Studien und stehe im Rufe großer Bescheidenheit – was er nicht etwa deshalb schreibe, weil der Vater so etwas gerne höre. Auch sei er gern bereit, Marcus nach Kleinasien kommen zu lassen, sobald er sein dortiges Statthalteramt angetreten habe, wobei der Philosoph Kratippos ihn begleiten solle, damit die Studien keine Unterbrechung erlitten. Marcus hatte sich offenbar sehr darum bemüht, einen guten Eindruck auf Trebonius zu machen, und auch in einem langen Brief an Tiro sucht er sich in ein möglichst günstiges Licht zu setzen: er habe sich von den Verirrungen seiner Jugend abgewandt, er sei ständig mit Kratippos zusammen und vernachlässige auch die Rhetorik nicht.

Cicero zog mit seinen drei Booten gemächlich, wenn nicht gar zögernd an der Küste des Tyrrhenischen Meeres entlang gen Sizilien. Die Fahrt kann nicht beschwerlich gewesen sein, und Cicero wird sich in recht ausgeglichener Stimmung befunden haben: er hätte sich sonst kaum mit seiner philosophischen Schriftstellerei befaßt. Bei dieser Tätigkeit bemerkte er ein ergötzliches Versehen. Er hatte am 17. Juli unmittelbar vor der Abreise vom Pompejanum das überarbeitete Manuskript seiner soeben vollendeten Schrift »Über den Ruhm« an Atticus gesandt; jetzt stellte er fest, daß er ihr eine Einleitung vorausgeschickt hatte, die schon einmal – zu Beginn des 3. Buches der »Academici libri« – von ihm verwendet worden war. Er besaß einen ganzen Vorrat solcher mit wiederkehrenden Motiven bestückten Einleitungen, und so konnte es ihm bei der großen Zahl von Werken, die er damals in dichter Folge zu Papier brachte, passieren, daß er zweimal nach demselben Exemplar griff. Er las während der Fahrt in den »Academici libri«, die er etwa anderthalb Jahre zuvor verfaßt hatte, und so entdeckte er die Dublette. Er schrieb sofort eine neue Einleitung und bat Atticus, sie anstelle der Dublette an die von ihm verfertigte Reinschrift anzuleimen. Der Text der zweifach verwendeten Einleitung ist ebenso unbekannt wie die Neufassung: von der Schrift »Über den Ruhm« sowie den Büchern 2–4 der »Academici libri« (in der endgültigen Bearbeitung) sind nur einige dürftige Zitate erhalten geblieben.

Hingegen hat die Überlieferung einen kleinen rhetorischen Traktat bewahrt, den Cicero ebenfalls während der Seefahrt des

Sommers 44 verfaßt haben will: die »Topik«, ein nach aristotelischem Vorbild betitelter Leitfaden für eine methodische Suche nach rednerischen Argumenten. Die Schrift führt ›Orte‹ (τόποι, loci) vor, denen man Beweise für die Klärung beliebiger Streitfragen entnehmen kann: das Ganze, die Teile, die Bezeichnung, ferner Relationen wie Gleichheit des Wortstammes, die Gattung, die Art, die Analogie, die Differenz usw. Die »Topik« des Aristoteles ist offensichtlich nicht benutzt; andererseits wird sich Cicero nicht gänzlich auf sein Gedächtnis verlassen und irgendwelche Aufzeichnungen – möglicherweise nach Rhetorik-Vorlesungen des Philon oder des Antiochos – zu Rate gezogen haben. Die Schrift ist dem Juristen Trebatius gewidmet, der Cicero gerade auf dem Tusculanum besucht hatte. Dort war ihm die aristotelische »Topik« in die Hände gefallen, und er bat um Belehrung über den Inhalt. Cicero wiederum fand auf seiner Reise in Velia-Elea – der Heimat der berühmten ›eleatischen‹ Philosophenschule – Unterkunft auf einem Landsitz des abwesenden Trebatius; da habe es ihn gedrängt, dem Wunsche des Freundes zu willfahren, und so sei, während er nach Rhegion fuhr, die »Topik« entstanden: von dort sandte er am 28. Juli ein Exemplar an Trebatius ab. Er hatte dem Traktat mit Rücksicht auf den Empfänger mancherlei juristische Beispiele beigegeben. Gleichwohl äußerte er in seinem Begleitschreiben die Befürchtung, daß Trebatius hier und da auf Dunkelheiten stoßen werde; dann möge er bedenken, daß sich keine Kunst allein aus Büchern erlernen lasse, auch das Zivilrecht nicht, daß man vielmehr stets auch eines Lehrers und einiger Übung bedürfe.

Am 1. August traf Cicero in Syrakus ein, um von dort aus nach Griechenland überzusetzen. Widrige Südwinde behinderten ihn, so daß er beim Vorgebirge Leukopetra, an der äußersten Südwestspitze Italiens, festsaß. Dort machte er es sich, auf besseres Wetter wartend, in der Villa seines Begleiters Publius Valerius gemütlich, als ihn plötzlich Nachrichten erreichten, die ihn zum Abbruch der Reise und zur Umkehr nach Rom nötigten.

17. KAPITEL

Der letzte Kampf um die Republik

Bürger von Rhegion überbrachten wichtige Neuigkeiten aus Rom: Brutus und Cassius hätten in einem Edikt gegen das Verhalten des Antonius protestiert; auf den 1. August sei eine Senatssitzung anberaumt, an der sich möglichst viele ehemalige Konsuln und Prätoren beteiligen sollten; es bestehe Aussicht, daß Antonius einlenke; man vermisse Cicero. Dann schrieb auch Atticus ganz im gleichen Sinne, ja, er machte Cicero jetzt Vorwürfe, daß er überhaupt abgereist sei: so dürfe sich ein Epikureer aufführen, nicht er. Cicero, der bereits von sich aus und ohne eines derartigen Appells zu bedürfen umgekehrt war, setzte sich in seiner Antwort gegen den plötzlichen Sinneswandel des Freundes nach Kräften zur Wehr; er gab jedoch zu, daß er Brutus, den er Mitte August in Velia traf, mit seiner Rückkehr eine große Freude bereitet und sich selbst schweren Tadel erspart habe. Das Gespräch mit Brutus machte ihn freilich auch mit neuen Tatsachen bekannt, die seine Erwartungen wieder erheblich herabstimmten, ohne ihn allerdings in seinem Entschluß, nach Rom zu gehen, wanken zu lassen: Antonius hatte sich mitnichten versöhnlich gezeigt, er hatte vielmehr ein feindseliges Gegenedikt herausgebracht und mit Gewalt gedroht. Und nur einer hatte in der Senatssitzung des 1. August gewagt, gegen Antonius seine Stimme zu erheben: kein anderer als Lucius Piso, der Mann, den – wie unangenehm – Cicero zu den Hauptverursachern seines Exils gezählt und in einer bösen Invektive hemmungslos verunglimpft hatte.

Ehe er nun Gelegenheit fand, Piso nachzueifern und dem

Feinde der Republik wenn auch mit noch so zweifelhaftem Erfolg seine Meinung zu sagen, erhielt er auf dem Tusculanum Besuch von Trebatius, der hiermit einen denkwürdigen brieflichen Gedankenaustausch zwischen Cicero und dem schon erwähnten Caesar-Verehrer Matius auslöste. Cicero hatte wohl Dritten gegenüber Kritik an der politischen Einstellung und am politischen Verhalten des Matius geübt; jedenfalls war Matius dergleichen hinterbracht worden. Hierbei spielten offenbar zwei Vorwürfe eine wichtige Rolle: Matius habe für ein Gesetz gestimmt, das den Caesarianern dienlich war, und bei der Ausrichtung von Spielen zur Erinnerung an die Siege Caesars geholfen. Matius wiederum hatte sich hierüber bei Trebatius beschwert: derlei Kritik sei mit dem freundschaftlichen Verhältnis, das zwischen ihm und Cicero bestehe, nicht vereinbar.

Cicero, von Trebatius über den Unmut des Matius genau unterrichtet, verfaßte alsbald einen Brief, der offensichtlich dazu dienen sollte, die Beschwerden des Matius als gegenstandslos zu erweisen und das alte Verhältnis trotz des politischen Dissenses wiederherzustellen. Er geht darin überaus behutsam vor und gibt zunächst einen Überblick über die Geschichte ihrer Freundschaft; er hebt hervor, was Matius für ihn getan hat, zumal gegenüber Caesar, wobei er wiederholt fragt, ob Matius denn glaube, daß er diese Dienste und Wohltaten vergessen habe. »Wozu diese Darlegungen«, fährt Cicero fort, »die länger geworden sind, als ich angenommen hatte? Weil ich mich gewundert habe, daß Du, der Du doch hiervon wissen mußt, gedacht hast, ich hätte etwas getan, was mit unserer Freundschaft unverträglich sei.« Jetzt erst wendet sich Cicero den angeblichen Vorwürfen zu. Daß Matius für jenes Gesetz gestimmt habe, sei ihm unglaubwürdig erschienen; andernfalls aber hätte er angenommen, daß Matius sich von guten Gründen habe leiten lassen. Überhaupt pflege er gegen böswilliges Gerede auf zweierlei Weise Stellung zu nehmen: er bestreite den Vorwurf, wie im Falle der Stimmabgabe, oder er führe ehrenwerte Motive ins Feld, wie bei der Ausrichtung der Spiele. Allerdings könne man, fügt Cicero noch an, wenn Caesar ein Alleinherrscher gewesen sei, wie er selbst glaube, den Dienst, den Matius dem Andenken Caesars erwiesen habe, verschieden beurteilen: man könne, wie Cicero, die Treue und Pietät hervorheben, man könne aber auch, wie andere, verlangen, daß die Freiheit des Vaterlandes höher geachtet werde als das Leben des Freundes.

Cicero wahrt hier seinen Standpunkt und erkennt zugleich den des Matius als achtbar an, wobei er wohl dessen Verhalten um des guten Einverständnisses willen hier und da milder deutet, als es seiner wahren Meinung entsprach (Atticus gegenüber hatte er z. B. brüsk erklärt, daß ihm Matius als Spielgeber durchaus nicht gefalle). Der Umgang mit Atticus und die Erfahrungen des Bürgerkrieges hatten Cicero offenbar gelehrt, daß die politische Überzeugung als einziges, rigoros angewandtes Kriterium guter Beziehungen zu fragwürdigen Ergebnissen führe: das politische Spiel war zu gefährlich, als daß man auf Verbindungen über die Abgründe hinweg hätte verzichten können, und überdies hätte man sich um manchen vorzüglichen Menschen im Kreise der Freunde ärmer gemacht. Und Cicero wußte, was Matius ihm wert war: »Alle Deine Eigenschaften machen mir Freude, vor allem aber Deine unverbrüchliche Treue in der Freundschaft, Deine Einsicht, Dein Ernst, Deine feste Haltung, feiner Esprit, Geschmack und Bildung.«

Matius hat sich in seiner Antwort bemüht, Ciceros versöhnliches, gleichsam auf mehreren Ebenen argumentierendes Angebot auch innerlich zu akzeptieren. Ganz scheint ihm dies jedoch nicht gelungen zu sein: die freundlichen Worte zu Beginn und am Schluß werden allzu vernehmlich übertönt von dem wuchtigen Mittelteil, einer leidenschaftlichen Rechtfertigung, die an Ciceros behutsamen Differenzierungsbemühungen großenteils vorbeiargumentiert. Matius befaßt sich nämlich einseitig mit der Perspektive, von der Cicero gesagt hatte, daß sie nicht die seine sei: mit der Perspektive der kompromißlosen Republikaner. Er sucht fünf Vorwürfe als unberechtigt zu erweisen: daß er empört sei über den Tod Caesars, eines Mannes, den er geliebt habe; daß er die Tat der Befreier mißbillige; daß er sich – durch seine Stimmabgabe – staatsschädigend verhalte; daß er die Caesar-Spiele besorgt habe und daß er sich jetzt oft zur morgendlichen Begrüßung im Hause des Antonius einfinde. Der etwas eifernde, allzu deutlich von gekränkter Würde zeugende Brief bekundet (und hierauf beruht vor allem sein Wert) eine ungewöhnliche Einstellung zu Caesar: Matius war Caesar einerseits überaus zugetan, ja, er scheint dessen staatsmännischem Wirken so etwas wie geschichtliche Notwendigkeit zugebilligt zu haben; andererseits aber wahrte er im Unterschied zu den üblichen Caesarianern in wesentlichen Punkten aufs entschiedenste Distanz. Denn er habe, führt er aus, den Bürgerkrieg und seinen Anlaß nicht gebilligt und alles getan, seinen Ausbruch zu verhindern; er habe nach Caesars Sieg weder Ehrenstellen noch Geld angenommen und sich für die Schonung der Besiegten eingesetzt, als gelte es sein eigenes Leben.

Am 31. August fand sich Cicero in Rom ein. Für den folgenden Tag hatte Antonius den Senat in den Tempel der Eintracht einberufen; er sorgte für die Anwesenheit einer stattlichen Anzahl bewaffneter Gefolgsleute; er gedachte einen Beschluß des Inhalts durchzusetzen, daß künftig zu allen Götterdankfesten ein Tag zu Ehren Caesars hinzugefügt werden solle. So war es also in Wahrheit mit der Sache der Republik bestellt. Antonius beherrschte das Terrain; er unterdrückte jede Möglichkeit einer freien Meinungsäußerung und erhob Caesar zum göttlichen Garanten des Staates und zur allgemein verpflichtenden religiösen Instanz. Cicero, von dem Vorhaben des Antonius unterrichtet, entzog sich der Peinlichkeit unvermeidlichen Ja-Sagens; er entschuldigte sich mit den Strapazen der Reise und blieb der Sitzung fern. Antonius, hierüber aufgebracht, kündigte an, er werde, um Cicero zum Erscheinen zu nötigen, dessen Haus einreißen lassen – er machte allerdings die ungeheuerliche Drohung nicht wahr.

Am 2. September tagte der Senat abermals und am selben Ort. Dieses Mal war Antonius abwesend, und sein Kollege Dolabella leitete die Sitzung; die Debatte sollte sich mit der res publica, mit der politischen Lage im allgemeinen befassen. Cicero fand sich wohlvorbereitet ein und hielt eine Rede, die er bald darauf veröffentlichte. Sie ist als erstes Stück in Ciceros rednerisches Spätwerk eingegangen, in eine Sequenz von vierzehn Ansprachen, die eigentlich »Reden gegen Antonius« heißen müßten, die indes unter dem Namen »Philippische Reden« überliefert sind. Dieser sinnbildliche Titel verweist auf den Kampf, den einst, um die Mitte des 4. Jahrhunderts v. Chr., Demosthenes, Athens größter Redner, gegen den Makedonenkönig Philipp II. geführt hatte, auf einen heftigen, leidenschaftlichen Kampf um die Macht und die Freiheit Athens, von dem unter anderem vier »Philippische Reden« im Wortverstande Zeugnis ablegen. Der Titel der ciceronischen Ansprachen geht offenbar auf Cicero selbst zurück. Brutus, damals bereits Oberbefehlshaber stattlicher republikanischer Streitkräfte in Griechenland, schrieb am 1. April 43 an Cicero: »Ich habe zwei Reden von Dir gelesen ... Jetzt erwartest Du gewiß, daß ich sie lobe. Ich weiß nicht, was in diesen Schriften mehr Lob verdient, Deine Gesinnung oder Dein Talent; ich bin ganz damit einverstanden, daß man sie die Philippischen nennt, wie Du selbst einmal zum Spaß in einem Briefe vorgeschlagen hast.« Dieser Brief ist zwar nicht erhalten, wohl aber ein anderer, späterer, worin Cicero selber den Ausdruck »Philippica« verwendet.

Was hat Cicero mit dieser Bezeichnung ausdrücken wollen? Gewiß auch etwas Formales: er, der als Philosoph mit seinen Schriften »Über den Staat« und »Über die Gesetze« an die gleichnamigen Werke Platons hatte erinnern wollen, deutete nunmehr an, daß er als Redner an Demosthenes gemessen werden möge – der Titel bekundet also wie manche andere Äußerung klassischer römischer Schriftsteller von Lukrez bis zu den Dichtern der Zeit des Augustus, daß man sich bemühe, den besten Leistungen der Griechen Ebenbürtiges hervorzubringen. Cicero allerdings wird bei den »Philippica« vornehmlich an die Ähnlichkeit der Sache, der politischen Situation gedacht haben: er fühlte sich wie seiner Zeit Demosthenes zum unversöhnlichen Kampf gegen einen gefährlichen, die Freiheit bedrohenden Feind berufen, wobei es hier wie dort darauf ankam, die auseinanderstrebenden eigenen Kräfte zu innerer Geschlossenheit, zu umfänglichen Rüstungen und zum Krieg als dem einzigen Ausweg anzutreiben. Eine weitere Gemeinsamkeit indes wird Cicero weniger in Betracht gezogen haben; sie drängt sich erst demjenigen auf, der auch den Ausgang des dramatischen Ringens kennt: daß beide, sowohl der griechische als auch der römische Redner, auf verlorenem Posten standen, daß sie eine Politik trieben, die nicht mehr zum Erfolg führen konnte und daß sie somit scheitern mußten.

Die »Erste Philippische Rede« führt den Kampf allerdings noch nicht in voller Schärfe; sie sucht noch – jedenfalls in der Form – einen endgültigen Bruch zu vermeiden. Sie erntete gleichwohl, nicht anders als der Vorstoß, den Piso einen Monat zuvor unternommen hatte, bei den maßgeblichen Senatsmitgliedern, den ehemaligen Konsuln, nichts als betroffenes Schweigen; einzig Publius Servilius Isauricus, einst ein gemäßigter Caesarianer, der jetzt wie Piso dazu neigte, eine auf die Wiederherstellung der Republik zielende Politik zu treiben, wagte, Ciceros Kritik an den Maßnahmen der amtierenden Konsuln gutzuheißen. Die Umstände waren offensichtlich für eine derartige Initiative noch nicht günstig.

Zu Beginn der Rede legt Cicero die Gründe für seine Abreise und seine Rückkehr dar. Ein weiteres Bleiben, meint er, wäre angesichts der rechtswidrigen Maßnahmen, zu denen sich Antonius nach guten Anfängen vom 1. Juni an habe hinreißen lassen, sinnlos gewesen; er habe die Absicht gehabt, sich erst am 1. Januar, bei Amtsantritt der neuen Konsuln, wiedereinzufinden. Als ihm jedoch unterwegs zu Ohren gekommen sei, daß Antonius sich eines Besseren besonnen habe, sei er sofort zurückgekehrt. Die gestrigen Drohungen, fährt Cicero fort, hätten in keinem Verhältnis zum Gewicht der Tagesordnung gestanden. Daß er gefehlt habe, müsse Antonius vielmehr froh stimmen: er wäre keinesfalls bereit gewesen, einer Verquickung von Götterfesten und Feiern für einen Toten – für Caesar! – zuzustimmen. Cicero übt nach diesen Präliminarien scharfe Kritik an den Gesetzen, die Antonius seit dem 1. Juni erzwungen hatte – wobei er dessen Namen kein einziges Mal ausspricht. Er sucht hierbei zu erweisen, daß diese Gesetzgebung den allseits anerkannten acta Caesaris, der Grundlage des inneren Friedens, gröblich zuwiderhandle. Cicero schließt mit einem Appell an die Adresse der Konsuln: sie möchten dem Redner seine offenen Worte nicht verübeln; sie sollten vielmehr zu dem verheißungsvollen Kurs zurückkehren, den sie in der ersten Zeit nach Caesars Tod befolgt hätten.

Antonius bemerkte sehr wohl, daß Ciceros verhältnismäßig milde Formulierungen in der Sache ein vernichtendes Urteil über seine Politik enthielten, und er war empört. Cicero traute ihm zu, daß er ihn schon damals habe umbringen wollen. Doch dazu war die Zeit noch nicht reif, und so sicher konnte sich Antonius, der damals lediglich die Stadt Rom beherrschte, bei weitem nicht fühlen: er versuchte daher, Cicero mit dessen eigener Waffe, mit dem Wort, zu schlagen; er zog sich auf eine seiner Villen zurück und arbeitete dort mit Hilfe seines Rhetoriklehrers Sextus Clodius eine Erwiderung aus. Diese Rede, die er während der Sitzung des 19. September dem Senat in Abwesenheit Ciceros zur Kenntnis brachte und alsbald auch veröffentlichte, hatte zum Ziel, das bisher mit Cicero bestehende ›Freundschaftsverhältnis‹ aufzukündigen. Ihr Inhalt läßt sich aus Ciceros Replik, der »Zweiten Philippischen Rede« erschließen: Antonius hat den offiziellen Bruch mit einer Art Generalabrechnung, einer niederschmetternden Kritik an Ciceros gesamtem politischen Wirken begründet. Cicero, behauptete er, habe als Konsul mit Hilfe bewaffneter Sklavenbanden das Todesurteil über die Catilinarier erzwungen; er sei der Anstifter des Mordes an Clodius gewesen; er habe das Zerwürfnis zwischen Caesar und Pompeius und hierdurch den Bürgerkrieg verursacht; er habe sich im Lager des Pompeius durch seine Besserwisserei nur unbeliebt gemacht und sei außerdem der geistige Urheber von Caesars Ermordung.

Es ist nicht ersichtlich, daß der Versuch des Antonius, Cicero zu isolieren, indem er ihn zum Hauptschuldigen einer Reihe von unheilvollen Ereignissen machte, die Lage wesentlich geändert hätte: es blieb bei der bisherigen undurchsichtigen Kräftevielfalt von Caesarianern, Republikanern und aus Opportunismus oder Vorsicht Abwartenden. Insbesondere wollten die beiden Konsuln des kommenden Jahres, Hirtius und Pansa, nach wie vor von Antonius nichts wissen, und so kam es darauf an, den am 1. Januar zu erwartenden Umschwung dadurch vorzubereiten, daß Antonius möglichst klein gehalten wurde. Cicero scheint damals rege korrespondiert zu haben, um hierauf hinzuwirken: einige erhaltene Briefe suchen die Adressaten – Cassius, Lucius Munatius Plancus, den Statthalter von Gallien, sowie Quintus Cornificius, den Statthalter von Africa Vetus – durch eindringliche Schilderungen der Tyrannei des Antonius zu patriotischem Handeln anzuspornen. Außer Piso, Servilius und Cicero selbst, heißt es in einem Schreiben an Cassius, wagt niemand, gegen Antonius aufzumucken: wer nicht von Antonius geködert ist, meidet den Senat oder ist durch Krankheit oder Abwesenheit verhindert. »Da hast Du die Wortführer des Staatsrates«, fährt Cicero fort; »wenn ihre Zahl auch in glücklichen Zeiten unbedeutend wäre, wie beurteilst Du sie erst jetzt, in katastrophaler Lage?« Cicero folgert daraus, daß die ganze Hoffnung der Republik auf den Statthaltern und Truppenkommandanten außerhalb Roms beruhe; wenn sie etwas im Schilde führten, was ihres Ruhmes würdig sei, dann werde der Staat durch sie bald wieder sein Recht zurückerlangen.

Cicero hatte also begriffen, daß er zu früh nach Rom zurückgekehrt war. Hieran änderte auch die Tatsache nichts, daß Antonius Rom verließ, um Truppen – die ihm bei dem Provinztausch mit Decimus Brutus zuerkannten makedonischen Legionen – aus Brundisium herbeizuholen. Cicero machte sich allerdings nicht noch einmal auf die Reise nach Griechenland; er ging lediglich auf seine Güter, von wo er erst am 9. Dezember wieder nach Rom kam. Er war damals, als er die Sinnlosigkeit eines weiteren Aufenthaltes in der Hauptstadt eingesehen hatte, bereits damit beschäftigt, die »Zweite Philippische Rede« zu Papier zu bringen. Sie präsentiert sich dem Leser, als sei sie am 19. September im unmittelbaren Anschluß an die Attacke des Antonius vorgetragen worden. Sie ist jedoch in Wahrheit – ähnlich wie die sogenannte »Zweite Rede gegen Verres« – eine erst nachträglich verfaßte Flugschrift. Sie war am 24. Oktober vollendet. Cicero sandte sie sofort an Atticus, wozu er bemerkte: »Anbei die Rede; es steht bei Dir, ob Du sie geheimhalten oder veröffentlichen willst. Wann wird wohl der Tag kommen, an dem Du ihrer Herausgabe zustimmst?« Atticus wird sich gehütet haben, dem Freunde die Veröffentlichung zu empfehlen; die »Zweite Philippica« ist gewiß erst nach Ciceros Tod herausgegeben worden.

Sie unterscheidet sich durch ihre Heftigkeit nicht nur von der »Ersten Philippica«, sondern auch von allen späteren Vorwürfen an die Adresse des Antonius: die von Anfang an einkalkulierte Möglichkeit, die Schrift geheimzuhalten, gab Ciceros Virtuosität in der Handhabung des Wortes noch einmal Gelegenheit zu einer meisterlichen Invektive, die den Gegner als den Inbegriff aller Lasterhaftigkeit und Verruchtheit hinzustellen weiß. Die Generallinie liegt von Anfang an fest: Antonius treibt's schlimmer als ein Catilina, als ein Clodius – Ciceros Schwarzweißmalerei entfernt sich sofort meilenweit von der politischen Wirklichkeit.

Zunächst wird Punkt für Punkt widerlegt, was Antonius gegen Cicero vorgebracht hatte; der einseitige Angriff provoziert eine nicht minder einseitige Rechtfertigung. Dann folgt der Gegenangriff: Cicero nimmt am Faden der Chronologie das gesamte Vorleben seines Feindes durch. Dieser Teil ist der kurzweiligere: in den durchweg brillant formulierten Beschimpfungen wechseln Hohn, Witz und Sarkasmus mit Pathos und Entrüstung, und die angeblichen politischen Bubenstücke des Antonius sind bunt durchwirkt mit Affären aus der Chronique scandaleuse seines Privatlebens.

Die Jugend: Schulden und Prostitution; die politischen Anfänge bis zur Quästur: Gewalttaten, Mißachtung des Götterwillens und anderes mehr. In der dem Tribunat geltenden Partie gibt Cicero den Vorwurf der Bürgerkriegsverursachung zurück; seine Anklage steigert sich zu eindringlicher Wucht, um alsbald im Stile der »Zweiten Rede gegen Verres« zu geißeln, wie schändlich sich Antonius überall in Italien aufgeführt habe. Nach Pharsalus: Sittenlosigkeit, Habgier; als Caesars Stellvertreter in Rom: abermals Habgier, ferner Saufgelage (mit der berühmtberüchtigten Schilderung eines Vomitus in der Öffentlichkeit), und in der Zeit der Kaltstellung der Aufkauf und die Vergeudung des Pompeius-Vermögens. So reiht sich Szene an Szene, bis hin zum ›Glanzstück‹, dem Versuch, Caesar zum König zu krönen, und, nach den Iden des März, zum Handel mit gefälschten Anordnungen Caesars.

Wohl Anfang November vollendete Cicero das Seitenstück zu »Cato über das Greisenalter«: den kleinen Dialog »Laelius über die Freundschaft«. Der Gegenstand hatte in der Philosophie seit jeher – seiner großen praktischen Bedeutung nicht nur im privaten, sondern auch im öffentlichen Leben der Griechen und Römer entsprechend – viel Beachtung gefunden. Vom Erhaltenen ist vor allem die »Nikomachische Ethik« des Aristoteles bedeutsam: die Bücher 8 und 9 warten mit einer großen Vielfalt von Beobachtungen und Überlegungen zum Thema Freundschaft auf. Dann haben erst wieder Lehren Epikurs, in dessen Theorie und Praxis die Freundschaft gleichermaßen eine wichtige Rolle spielte, in größerem Umfang die Zeiten überdauert, insbesondere durch Cicero, der im 1. Buch der Schrift »De finibus« den Epikureer Lucius Manlius Torquatus ausführlich darüber berichten läßt. Kontrovers war vor allem das Wesen wahrer Freundschaft, der Rang der Entstehungsursachen: schließt man Freundschaften um des eigenen Vorteils oder der eigenen Sicherheit willen, kurz aus Nützlichkeitserwägungen, oder ist der Mensch von Natur, seinem Wesen nach, zur Freundschaft bestimmt? Es gab sogar Stimmen, die den Wert der Freundschaft grundsätzlich in Frage stellten: je vollkommener jemand sei, desto weniger benötige er Freunde; außerdem gefährde man durch Bindungen an andere die eigene Seelenruhe.

Ciceros Schrift spiegelt diese reiche Tradition des Nachdenkens über Freundschaft in glücklicher, durch eigene Erfahrungen genährter Synthese. Ein späterer Autor behauptet, daß sich Cicero an eine demselben Gegenstand geltende Schrift des Theophrast gehalten habe; dort finde man auch die etwas heikle Maxime des »Laelius«, daß man, um einem Freunde zu helfen, mitunter ein wenig vom Wege des Rechten abweichen dürfe, in exakterer Begrenzung. Neben der theophrastischen Schrift mag Cicero auch die Hauptquelle der Abhandlung »De officiis«, die Pflichtenlehre des Panaitios, zu Rate gezogen haben.

Wie der »Cato«, so zeichnet sich auch der »Laelius« durch sein Ethos, durch die spürbare innere Beteiligung des Autors aus. Die Titelfigur ist abermals glücklich gewählt: Laelius, von dessen Schwiegersohn Quintus Mucius Scaevola, dem Augur, der junge Cicero einst Rechtsunterricht empfangen hatte, war im Bewußtsein der Nachwelt durch nichts so lebendig wie durch seine Lebensfreundschaft mit dem jüngeren Scipio. Und Cicero selbst war mit dem Empfänger der Schrift, mit Atticus, seit über vier Jahrzehnten aufs engste befreundet: »Wie ich unlängst als Greis an einen Greis über das Greisenalter schrieb, so habe ich das vorliegende Werk als bester Freund für meinen Freund über die Freundschaft verfaßt« – so Cicero in der Einleitung des »Laelius«, mit Anspielung auf die analoge Situation des »Cato«.

Doch in der Stimmung unterscheiden sich die beiden Zwillingsschriften voneinander. Der »Laelius« behandelt das anspruchsvollere Thema; der Stil ist dort verhaltener und ernster, und nicht eine etwas gewollt herzhafte Anschaulichkeit, sondern philosophische Beweise und moralische Betrachtungen bestimmen den Charakter des Ganzen. Die Freundschaft erhält einen hymnischen Preis, doch fast mehr noch als der Gewinn sind dem Sprechenden die Risiken bewußt, die aus der Bindung an einen anderen erwachsen: hier kommt es ja nicht, wie bei der Einschätzung des Greisenalters, lediglich auf die innere Einstellung des einzelnen an; der Bestand der Freundschaft hängt vielmehr von allen Beteiligten und überdies von den Umständen ab. Gerade weil wahre Freundschaft keine Grenzen kennt, ist sie überaus gefährdet, und als besonders heikel erweist sich das Problem eines Konfliktes zwischen der Bindung an den Freund und der Bindung an den Staat. Laelius fordert daher nichts so eindringlich wie eine sorgfältige Wahl der Freunde; hierbei gilt es, einen Ausweg aus dem Zirkel zu finden, daß der Freund erprobt sein muß, ehe man ihm vertraut, und daß man ihm andererseits vertrauen muß, um ihn erproben zu können.

Die zumal in der Mitte nicht sehr klare Abfolge der Gedanken läßt vermuten, daß Cicero die Schrift in großer Eile zu Papier gebracht hat. Er mußte überdies eine Partie in die Argumentation der Vorlagen einfügen, die er wohl aus Eigenem beigesteuert hat und die ihm offensichtlich sehr am Herzen lag: die Partie über die Kollision von Freundschaft und Staatstreue; er hat sich hierzu durch Erfahrungen mit Caesarianern, mit Leuten wie Matius, die ihm in der Treue zum Freund entschieden zu weit gingen, inspirieren lassen.

Die Wochen der erzwungenen Muße im Herbst 44 zeitigten noch ein weiteres, bedeutenderes philosophisches Werk: Exstabit opera peregrinationis huius – »Ein Denkmal wird diese Reise hinterlassen«, schrieb Cicero Ende Oktober an Atticus. Er meinte das Werk »De officiis«, das nicht, wie alle anderen größeren Philosophica Ciceros, als Dialog, sondern in der schlichten Form eines Traktates abgefaßt ist. Am 5. November kann Cicero mitteilen, daß die beiden ersten der insgesamt drei Bücher vollendet sind. Er habe sich an Panaitios gehalten, an dessen Abhandlung Περὶ τοῦ καϑήκοντος – »Über das Schickliche, Gebührende«, also »Über die Pflicht«. Dort aber finde man nur zwei Probleme erörtert, das Sittliche und das Nützliche, nebst deren Gegenteil, während die Darstellung eines dritten Punktes, des Problems eines (scheinbaren) Widerstreits zwischen Sittlichkeit und Nutzen, fehle. Cicero erhoffte sich hierüber Aufschluß von einer Schrift des Poseidonios, und er bat den Philosophen Athenodoros Calvus, ihm Auszüge daraus zu schicken. Poseidonios erwies sich indes als unergiebig, und so sah sich Cicero genötigt, das 3. Buch nullis adminiculis«, »ohne Hilfsmittel« und aus eigener Kraft zusammenzustellen.

Die Schrift ist dem in Athen studierenden Sohne gewidmet. Sie wendet sich hiermit – wie gewiß schon die Vorlage des Panaitios – an den Nachwuchs innerhalb einer bestimmten Schicht, an diejenigen jungen Leute, die dereinst die politische Führung übernehmen würden. Sie möchte zwar der Lebenspraxis dienen, aber nur der Lebenspraxis der römischen Aristokratie: um die gewöhnlichen Bürger kümmert sich Cicero nicht; die Gewerbe der Handwerker und kleinen Kaufleute gelten ihm allgemein als »schmutzig«, und Berufe wie die des Arztes oder des Architekten sind nur für diejenigen »ehrenhaft«, deren niedrigem Stande sie zukommen.

Das 1. Buch, das sich mit dem honestum, dem Ehrenhaften befaßt, zeigt einen übersichtlichen Aufbau. Die verschiedenen Arten von sittlichen Pflichten, die aus dem Wesen des Menschen abgeleitet werden, gliedern die Darstellung. Auf die intellektuelle Pflicht zur Wahrheitserkenntnis, der Cicero nur einen kurzen Blick gönnt, folgt die Sozialethik, geordnet nach den Grundbegriffen Gerechtigkeit und Hilfsbereitschaft (oder Wohltätigkeit). Die dritte Stelle nimmt die magnitudo animi ein, eine Eigenschaft, die sowohl Geringschätzung aller äußeren Güter als auch mutige Tatkraft zum Inhalt hat. Cicero erörtert hier Themen, die ihm seit jeher wichtig waren: daß ein der Leitung des Staates gewidmetes Leben den Vorzug vor der zurückgezogenen Existenz des Philosophen verdiene, daß die Tätigkeit des Staatsmannes oft größeren Nutzen bringe als die des Feldherrn. Der letzte Abschnitt ist dem decorum, dem Schicklichen und Angemessenen gewidmet; Cicero versteht darunter die Erscheinungsweise des Sittlichen, dessen dem Mitmenschen zugekehrte Seite, den Anstand. Was sich jeweils gehört, bemißt sich nach der Natur des Menschen, die sich insbesondere dadurch auszeichnet, daß der Vernunft die Herrschaft über die Triebe und Affekte zukommt. Hier bringt Cicero das berühmte Gleichnis von den personae, den Masken, die jeder trägt, er bringt eine Art Rollentheorie, welche die Aufgabe hat zu erläutern, was die Natur dem Menschen als Gattungswesen und als je verschieden veranlagtem Typus vorschreibe. Am Schluß stellt Cicero fest, daß Panaitios das Problem des Widerstreits zweier honesta, der Pflichtenkollision, übergangen habe; er fügt eine eigene Betrachtung an, worin er darlegt, daß die vita activa wichtiger sei als die vita contemplativa, daß den Gemeinschaftspflichten der Vorrang vor aller Erkenntnis zukomme.

Im 2. Buch geht Cicero vom Begriff des Nutzens aus; er polemisiert heftig gegen die verbreitete Meinung, die das Nützliche vom Ehrenhaften getrennt wissen will, die nicht einzusehen vermag, daß der wahre Nutzen stets mit dem Ehrenhaften identisch ist. Das Thema des Buches lautet: quonam modo hominum studia ad utilitates nostras allicere atque excitare possimus – wie man die Menschen für sich gewinnt, wie man sich Geltung und Macht verschafft. Es geht also nicht um ›Nützlichkeitspflichten‹ (zu dieser absurden Verbindung eines modernen Philologen hätte Cicero den Kopf geschüttelt), sondern um ähnliche Dinge, wie sie einst der Bruder Quintus in seinem »Commentariolum petitionis« behandelt hatte: wie kann man als strebsamer Politiker zum

Erfolg gelangen, ohne das honestum zu verletzen. Cicero befaßt sich vor allem mit dem Ruhm und mit den Mitteln, die zum Ruhme führen: militärische Tüchtigkeit, Rechtskunde, Beredsamkeit, Zuwendungen. Am Schluß werden noch die Pflichten des Staatsmannes gegenüber dem Volksganzen erörtert; hier trägt Cicero unter anderem die von ihm für richtig befundene Eigentumsordnung – mit der Wahrung des Besitzstandes als oberstem Prinzip – vor. Mit einem Blick auf mehrere miteinander konkurrierende Interessen, ein ebenfalls von Panaitios nicht erörtertes Thema, endet das Buch.

Nunmehr folgt – zu Beginn des von Cicero aus Eigenem beigesteuerten 3. Buches – eine abermalige Erörterung des Verhältnisses von Ehrenhaftem und wahrem Nutzen. Der Rest bringt Kasuistik: Cicero führt schwierige Einzelfälle vor, bei denen man zweifeln könnte, ob sich das für nützlich Geltende mit dem Ehrenhaften vereinbaren läßt; er hat sie nach den vier Kardinaltugenden geordnet, im übrigen jedoch lose aneinandergereiht. Es findet sich manches Kurzweilige, Anekdotische unter den teils der griechischen Literatur, teils der zeitgenössischen römischen Gerichtspraxis entstammenden Geschichten, z. B. der Fall, daß jemand ein Haus, das mit einer behördlichen Abbruchsverfügung belegt ist, rasch noch an einen ahnungslosen Interessenten verkauft, dann aber doch – auf Grund des neu eingeführten Prinzips, wonach der Verkäufer verpflichtet ist, ihm bekannte Mängel dem Käufer anzuzeigen – zur Rückzahlung der Wertdifferenz verurteilt wird. Ein gut Teil dieser Kasuistik ließe sich unter dem von Cicero nicht erörterten Gesichtspunkt prüfen, ob darin lediglich gegen eine sittliche Pflicht oder auch gegen eine rechtliche, vor Gericht einklagbare Pflicht verstoßen wird.

Cicero hat die Lehren des Panaitios auf die römischen Verhältnisse und deren historische und gesellschaftliche Bedingungen übertragen. Zahlreiche römische Beispiele ergänzen das griechische Material, und immer wieder geht es um die Sphäre des politisch sich betätigenden römischen Aristokraten, um dessen

Mittel und Ziele. Auch manches Problem und manche Verfalls-
erscheinung der großen Staatskrise seit den Gracchen spiegelt
sich in der Schrift, und vor allem: Ciceros Caesar-Erlebnis und
Caesar-Bild hat gerade hier (hauptsächlich im 1. Buch) tiefe Spuren hinterlassen. Cicero vermochte in seinem größten Zeitgenossen nur eine zerstörerische Kraft zu sehen, die durch ihre zügel-
lose Herrsch- und Ruhmsucht die Republik zugrunde gerichtet
hatte, wobei er deren Genialität zugleich anerkannte und wegen
ihrer negativen Wirkungen verwarf. So schreibt er im Abschnitt
über die Gerechtigkeit:

Sehr viele werden vor allem dadurch verleitet, die Gerechtigkeit außer acht zu lassen, daß sie der Gier nach Herrschaft,
Ehre und Ruhm verfallen. Das Enniuswort nämlich »Keine
heilige Gemeinschaft noch Treue gibt es beim Königtum«:
dies Wort hat eine weiterreichende Bedeutung. Was so beschaffen ist, daß sich nicht mehrere darin hervortun können,
darum entsteht meist ein solcher Streit, daß es äußerst schwierig ist, die heilige Gemeinschaft zu bewahren. Gezeigt hat das
unlängst die Hemmungslosigkeit Gaius Caesars, der alles
göttliche und menschliche Recht über den Haufen geworfen
hat: wegen der Vorrangstellung, auf die er sich in seinem
Wahne festgelegt hatte. Bei dieser Erscheinung ist es eine Er-
schwernis, daß gerade die größten Geister und glänzendsten
Begabungen der Begierde nach Ehre, Herrschaft, Macht und
Ruhm ausgesetzt sind.

Der ungebändigte Machttrieb des großen Mannes kommt auch
in dem Abschnitt über die magnitudo animi zur Sprache, zwar
ohne Nennung von Caesars Namen, doch so, daß deutlich nicht
zuletzt sein Auftreten Cicero die Feder geführt zu haben scheint:

Dies ist mißlich, daß bei dieser Erhebung und Größe der Seele
sehr leicht Besessenheit und allzu heftige Gier nach Vorrang
entsteht ... Je mehr jemand durch Seelengröße hervorragt,

desto mehr will er der erste von allen oder vielmehr einzigartig sein. Es ist aber, wenn man alle überragen will, schwierig, auf die Gleichheit Rücksicht zu nehmen, das wichtigste Merkmal der Gerechtigkeit. So kommt es, daß Menschen dieser Art nicht bereit sind, sich durch Aussprache oder ein öffentliches und rechtmäßiges Verfahren in die Schranken weisen zu lassen, und daß sie im Staat als verschwenderisch schenkende Parteiführer auftreten, weil sie möglichst viel Macht erlangen und lieber mit Gewalt überlegen als unter Wahrung der Gerechtigkeit gleich sein wollen.

Während Cicero noch tief in der Arbeit an der Schrift »De officiis« steckte, begann ihn eine neue politische Entwicklung in eine zwischen Hoffnung und Unsicherheit schwankende Aufregung zu versetzen: Oktavian bedrängte ihn mit Briefen; er hatte Truppen; er wollte gegen Antonius vorgehen und suchte die Unterstützung des Senats. Cicero sah hierin eine große Chance für die Republik; andererseits fragte er sich, ob Oktavian stark genug sei, den Kampf gegen Antonius zu bestehen, und ob man ihm, wenn ja, ein aufrichtiges Bündnis mit den Caesarmördern zutrauen könne.

Hiergegen sprach allerdings sehr viel. Gaius Octavius – so hieß der junge Mann ursprünglich, der im Herbst 44, gerade eben neunzehnjährig, eine entscheidende Rolle in der römischen Politik zu spielen begann – entstammte einer begüterten, jedoch nicht sonderlich vornehmen Familie. Die Mutter Atia war immerhin eine Tochter der Julia, einer Schwester Caesars; der Vater hatte als erster Octavier eine politische Laufbahn bis zur Prätur und zur Statthalterschaft absolviert. Aus der familiären Beziehung zum julischen Hause ergab sich alles weitere: der kinderlose Caesar nahm sich des Großneffen an und machte ihn durch Testament nicht nur zum Haupterben, sondern auch zu seinem Adoptivsohn. Die Nachricht von der Ermordung des Großonkels erreichte ihn in Apollonia an der albanischen Küste der Adria, wohin er vorausgegangen war, um an dem geplanten Partherfeldzug teilzunehmen. Er entschloß sich trotz aller Warnungen, die Erbschaft anzutreten, und ging nach Rom. Hier stellte er sich in einer Volksversammlung als Erbe Caesars vor; er ließ zudem die Adoption durch einen öffentlichen Akt bestätigen. So aber kam es notwendigerweise zum Konflikt mit Antonius, der Caesars Nachlaß an sich gebracht hatte und danach strebte, der politische Nachfolger Caesars zu werden. Der junge Mann, der sich nunmehr nach seinem Adoptivvater Gaius Iulius Caesar nannte (den seine Herkunft andeutenden Zusatz Octavianus hat er selbst nicht verwendet), spielte ein überaus gewagtes Spiel; denn er war ohne Anhang und ohne Macht. Er ging sehr behutsam vor; er ließ insbesondere die Republikaner über seine wahren Ziele im unklaren. Es fehlte nicht an Indizien, daß er für den Adoptivvater Vergeltung zu üben und dessen Herrschaft zu übernehmen gedachte; andererseits aber verschafften ihm seine Jugend und seine Bedeutungslosigkeit eine überaus wirkungsvolle Maske: Man nahm ihn nicht ernst.

So etwa standen die Dinge im Frühjahr 44, als Cicero von Oktavian Kenntnis erhielt und sich mit ihm zu beschäftigen begann. »Die Ankunft des Oktavius: schart man sich um ihn; kann man mutmaßen, daß es einen Umschwung gibt?« »Was mit Octavius los ist, soll mir egal sein.« So die beiden ersten Äußerungen gegenüber Atticus; auch eine Woche später, nach der ersten Begegnung auf Ciceros Cumanum, verlautet lediglich: er wolle die Erbschaft antreten, doch mit Antonius werde es Streit geben. Wieder einige Tage später: Octavius war Cicero bei einem abermaligen Treffen »ganz ergeben«, er hat sich »sehr ehrerbietig und sehr freundschaftlich« ihm gegenüber aufgeführt. Hier wird allerdings auch ein erstes Unbehagen laut: die Begleiter nennen ihn Caesar, was Cicero nicht über sich bringt. Mitte Mai tut er die schon erwähnte Äußerung, daß er an den Spielen, die unter anderen Matius – und zwar, wie er wußte, im Auftrage Oktavians – ausrichten werde, kein Gefallen finde, und Mitte Juli erwägt er

einigermaßen ausführlich das Für und Wider von Oktavians un-
durchsichtiger Persönlichkeit:

> In Oktavian (Octavianus nunmehr zum ersten Male bei Cicero)
> steckt, wie ich sehe, viel Talent, viel Mut, und er schien gegen
> unsere Helden so gesinnt zu sein, wie wir es wünschen. Doch
> was man seinem Alter zutrauen darf, was seinem Namen, was
> der Erbschaft, was den Ratgebern, muß ernstlich bedacht wer-
> den... Wir müssen ihm jedenfalls Sorgfalt zuwenden und ihn
> vor allem von Antonius absondern.

Hier deutet sich zum ersten Male das Programm an, in dessen
Dienst sich Cicero vom Ende des Jahres 44 an gestellt hat und das
ihn in den Untergang führte: der Pakt, den die Republikaner mit
Oktavian schlossen, um gemeinsam gegen Antonius vorzugehen.

Im November sah es so aus, als seien die Verhältnisse für eine
derartige Allianz herangereift. Anfang Oktober hatten die gespannten Beziehungen zwischen Antonius und Oktavian zu
einem offenen Zerwürfnis geführt. Beide entfernten sich daraufhin aus Rom: Antonius begab sich, wie schon erwähnt, nach
Brundisium, zu den vier Legionen, die er aus Makedonien hatte
kommen lassen; Oktavian ging nach Kampanien, um unter den
Veteranen seines Adoptivvaters Truppen anzuwerben. Von dort
aus wurde Cicero durch eine Reihe von Briefen zu gemeinsamem
Handeln aufgefordert. Er solle sich der Sache annehmen, nach
Capua kommen, zum zweiten Male den Staat retten und jedenfalls sofort nach Rom eilen: Oktavian scheint recht gut gewußt zu
haben, mit was für Reden er Einfluß auf Cicero zu gewinnen
vermöge.

Cicero steckte wieder einmal in einem schier unauflöslichen
Dilemma. Einerseits wird bei der unsicheren Lage niemand mit
Antonius zu brechen wagen, und außerdem kommt man doch
nur vom Regen in die Traufe: sowohl Oktavian als auch Antonius
werden den Staat drangsalieren, sobald sie die Oberhand gewinnen. Schließlich hat Oktavian in einer Volksversammlung seine

Rechte zu einer Statue Caesars erhoben und geschworen, so wahr ihm vergönnt sein möge, die Ehren seines Vaters zu erlangen – »von so einem möchte ich nicht gerettet werden«, bemerkt Cicero hierzu. Andererseits: Brutus läßt sich eine herrliche Chance entgehen! Wenn Cicero nicht nach Rom geht, dann könnte sich eine große Tat ereignen, ohne daß er dabei wäre! So will er denn am 12. November dort eintreffen, läßt er verlauten; dann zögert er wieder; schließlich schreibt er am 28. November, er wolle sich mitten in den Feuerbrand des Staates begeben – wobei er nicht verhehlt, daß er sich hierzu nicht so sehr durch die Politik wie durch leidige Geldangelegenheiten gedrängt sieht. Erst am 9. Dezember ist er dann, wie schon berichtet wurde, wieder in Rom.

Sowohl Oktavian als auch Antonius waren damals abwesend. Oktavian hatte Anfang November zum Volke gesprochen (wobei er den für Cicero so befremdlichen Schwur tat) und war dann vor Antonius ausgewichen. Antonius wiederum, der die makedonischen Legionen nach Ariminum in Marsch gesetzt hatte (der dortige Statthalter Decimus Brutus machte Miene, den durch Gesetz sanktionierten Provinztausch nicht anzuerkennen), trat alsbald in Rom mit großem militärischem Gepränge auf, zweifellos in der Absicht, den Senat einzuschüchtern. Er war schon im Begriff, Oktavian zum Staatsfeind erklären zu lassen – da erhielt er die Nachricht, daß es dem Rivalen gelungen sei, zwei der makedonischen Legionen zum Übertritt auf seine Seite zu bewegen. Er begnügte sich daraufhin mit einer eiligen Senatssitzung, in welcher die prätorischen Provinzen verlost wurden, und reiste in der Nacht vom 28. zum 29. November nach Oberitalien ab.

Die Entwicklung wurde jetzt durch die Ereignisse in Oberitalien, in der Provinz Gallia Cisalpina, vorangetrieben. Cicero begab sich unmittelbar nach seiner Ankunft in Rom zu Pansa, einem der Konsuln des kommenden Jahres; dort konnte man ihm zu seiner Genugtuung bestätigen, daß sich Decimus Brutus weigere, seine Provinz an Antonius abzutreten. Er suchte Brutus durch einen brieflichen Appell in seinem Tun zu bestärken: auf ihm ruhe jetzt alle Hoffnung, daß man die Freiheit zurückgewinne; damit sei es vorbei, wenn sich Antonius Oberitaliens bemächtigt habe. Zugleich ergingen Briefe an Plancus, den Statthalter des transalpinen Gallien, zu dem Cicero seit jeher gute Beziehungen unterhielt: er möge sich unbedingt am Kampf um die Republik beteiligen. Die neuen Volkstribunen (sie hatten ihr Amt, wie üblich, am 10. Dezember angetreten) beriefen auf den 20. Dezember den Senat ein: es solle über Sicherheitsmaßnahmen für den 1. Januar, den Amtsantritt der neuen Konsuln, beraten werden. Da traf kurz vor Beginn der Sitzung ein Bescheid des Decimus Brutus ein: er halte seine Provinz dem Senat und dem römischen Volk zur Verfügung. Cicero, der ursprünglich bis zum Beginn des neuen Jahres hatte warten wollen, glaubte daraufhin, daß nunmehr der Augenblick des Losschlagens gekommen sei. Er eilte in den Senat und hielt vor zahlreicher Versammlung eine Rede – die »Dritte Philippica« –, worin er zu Maßnahmen aufforderte, die seinen Kurs, das Bündnis mit Oktavian und den Krieg gegen Antonius, vorbereiten sollten.

Die Rede beginnt mit dem Gebot der Stunde: kein Warten mehr! Cicero legt sofort dar, worum es geht: die privaten Initiativen, auf denen allein die bisherige Kriegsführung gegen Antonius (womit, wie sich zeigen sollte, ein noch fernes Ziel kühn vorweggenommen wird) beruht, bedürfen der Bestätigung durch den Senat. Oktavian, hier offiziell Gaius Caesar genannt, hat ein Heer aufgestellt: man billige sein Handeln. Zwei Legionen sind von Antonius zu Oktavian übergetreten: ihr Entschluß muß gutgeheißen werden. Und jetzt die Loyalitätserklärung des Decimus Brutus: auch sie ist, da das von Antonius gewaltsam eingebrachte Gesetz Brutus dem Buchstaben nach seiner oberitalischen Statthalterschaft enthoben hat, die Initiative eines Privatmannes; auch sie muß also vom Senat anerkannt werden. Cicero wartet sodann mit witzig-sarkastischer Polemik gegen die jüngsten Maßnahmen des Antonius auf und läßt einem nochmaligen Appell, der Senat solle sich um der Freiheit willen mit Oktavian und Decimus Brutus solidarisch erklären, den Vorschlag eines Senatsbeschlusses folgen: 1. Brutus und seine Provinz haben Lob und Anerkennung verdient; 2. die Verteilung der Provinzen, die Antonius am 28. November vorgenommen hat, ist ungültig; 3. die neuen Konsuln sollen so bald wie möglich über Ehrenbeschlüsse zugunsten Oktavians und der zu ihm übergetretenen Legionen berichten. Der Senat billigte den Vorschlag, der eigentlich nur vorbereitenden Charakter hatte, und Cicero gab das Ergebnis – nicht ohne es in seinem Sinne auszulegen – noch am Nachmittag des 20. Dezember vor einer Volksversammlung bekannt (»Vierte Philippica«).

Cicero hat den 20. Dezember 44 gewiß als einen weiteren Höhepunkt in seinem peripetienreichen Leben betrachtet. Hierauf deutet schon der Umstand, daß er wieder einmal zunächst vor dem Senat und dann vor dem Volke sprach, daß er sich durch ein Redepaar zur republikanischen Verfassung bekannte – wie er das am 7. und 8. November 63 im Kampf gegen die catilinarische Verschwörung und am 5. September 57 nach seiner Rückkehr aus der Verbannung getan hatte.

Noch wenige Wochen zuvor waren von ihm nur Hoffnungslosigkeit und Klagen zu vernehmen gewesen: zumal die Einleitungen zu den Büchern 2 und 3 der Schrift »De officiis« stellen in tiefer Resignation fest, daß es um den Staat geschehen sei, daß es keinen Senat und keine Gerichte und folglich für ihn keine Möglichkeit zu politischem Wirken und zu politischer Publizistik mehr gebe; seine philosophische Schriftstellerei sei der einzige für ihn in Betracht kommende Ersatz. Kaum besser hatten es damals die Schreiben an Amtsträger gewußt: »Alles ist unterdrückt, die Rechtgesinnten haben keinen Führer, und die Tyrannentöter sind in der weiten Welt zerstreut.«

Jetzt aber schlug die Verzweiflung in ein Hochgefühl um, das beinahe an Gewißheit grenzte. Denn jetzt steht offenbar bevor, was Cicero unlängst als einzigen vagen Hoffnungsschimmer

namhaft gemacht hatte: »daß sich das römische Volk irgend-
wann einmal als seiner Vorfahren würdig erzeigen werde.« So
weiß es jedenfalls die »Vierte Philippica«, die zur virtus der Vorfahren anspornt:

> Hieran haltet fest, ich bitte euch, Quiriten: die Tapferkeit ha-
> ben euch eure Vorfahren als eine Art Vermächtnis hinterlas-
> sen; alles andere ist trügerisch und ungewiß, hinfällig und
> schwankend – sie allein ist tief im Grunde verwurzelt; keine
> Gewalt kann sie je erschüttern, keine sie je von ihrem Platz
> verdrängen. Mit ihrer Hilfe haben eure Vorfahren zuerst ganz
> Italien besiegt, dann Karthago zerstört, Numantia vernichtet
> und die mächtigsten Könige und kriegerischsten Völker unse-
> rer Herrschaft botmäßig gemacht.

Die Rolle aber, die sich Cicero selber bei diesem Aufbruch, diesem von ihm beschworenen Wiederaufleben alter republikanischer Staatsgesinnung zuerkannte, wird im letzten Satz der
»Vierten Philippica« so umschrieben: Hodierno die primum ...
longo intervallo me auctore et principe ad spem libertatis exarsi-
mus – »Am heutigen Tage sind wir zum ersten Male ... nach
langer Zeit unter meiner Urheberschaft und Führung in Hoffnung auf Freiheit entbrannt.«

Der 1. Januar 43 rückte heran und mit ihm die an diesem Tage
übliche Senatssitzung unter dem Vorsitz der neuen Konsuln. Inzwischen begannen die Kampfhandlungen: Antonius schloß Decimus Brutus in Mutina (dem heutigen Modena) ein, und Oktavian marschierte mit seinen Truppen zum Kriegsschauplatz nach
Oberitalien. Cicero hatte somit allen Grund, sich nach dem Erfolg der »Dritten Philippica« dem Ziel nahe zu glauben: daß der
Senat nunmehr nicht nur das eigenmächtige Vorgehen der Truppenführer Decimus Brutus und Oktavian bestätigen, sondern
auch Antonius zum Staatsfeind erklären werde.

Es kam anders. Anscheinend hatte Cicero die Anhänger des
Antonius am 20. Dezember überrumpelt: sie waren auf eine der-

art energische Initiative nicht gefaßt gewesen. Oder sie hatten die Sitzung vom 20. Dezember, von der ja feststand, daß sie nur vorbereitende Maßnahmen beschließen würde, nicht für wichtig genug gehalten, Cicero mit Nachdruck Paroli zu bieten. Jetzt, am 1. Januar, waren die formalen Voraussetzungen für weiterreichende Beschlüsse gegeben: die Konsuln leiteten die Sitzung, und die Tagesordnung sah – nach dem üblichen Opfer zum Jahresbeginn – sowohl die Frage der Ehrungen und Belohnungen für diejenigen, die sich um den Staat verdient gemacht hatten (also für Decimus Brutus sowie für Oktavian und seine Truppen), als auch die Erörterung der politischen Lage im allgemeinen vor.

So fanden sich die Gegner der ciceronischen Kriegspolitik dieses Mal, wo es darauf ankam, wohlvorbereitet und zum Widerstand entschlossen zur Sitzung ein. Die Konsuln übten, wie es ihnen zukam, Zurückhaltung. Sie hatten beide Caesar seit dem gallischen Kriege treu gedient und waren dafür schließlich mit dem höchsten Jahresamt von ihm belohnt worden. Jetzt hielten sie als rechtschaffene Soldatennaturen loyal zur Republik – zunächst wohl in dem Sinne, daß ihnen Ciceros Kriegspolitik übereilt schien und sie eher zu Verhandlungen mit Antonius und zum Versuch einer gütlichen Beilegung des Konfliktes neigten. Demgemäß erteilte Pansa in der Debatte nicht Cicero, sondern einem anderen Konsularen als erstem das Wort: seinem Schwiegervater Quintus Fufius Calenus. Dieser ziemlich unbedeutende Caesarianer war ein erklärter Freund des Antonius; er machte sich von nun an zum Wortführer all derer, die dem Senat empfahlen, sich mit Antonius zu verständigen. Er behauptete am 1. Januar, Antonius wolle den Frieden, und stellte den Antrag, der Senat möge sowohl ihn als auch seine Gegner durch eine Gesandtschaft zur Einstellung der Kampfhandlungen auffordern. Hiermit war Ciceros Politik in Frage gestellt, und hiermit begann im Senat ein Ringen zweier Auffassungen, das sich über Monate erstrecken sollte: einer radikalen, die den Krieg forderte, und einer gemäßigten, die Verhandlungen und hinhaltendes Taktieren vorzog.

Cicero suchte den unerwarteten Widerstand durch die Rede zu überwinden, die er als »Fünfte Philippica« veröffentlicht hat. Der Vorschlag des Fufius Calenus, legte er dar, sei schädlich, ja unsinnig: mit einem Antonius, der sich eine Fülle von Rechtsbrüchen und Gewalttaten habe zuschulden kommen lassen, könne man nicht paktieren wie mit einem auswärtigen Feinde, wie mit Hannibal; für den Senat, der Antonius am 20. Dezember der Sache nach bereits zum Staatsfeind erklärt habe, gebe es kein Zurück mehr. Cicero wollte daher den Staatsnotstand beschlossen wissen: die Konsuln sollten alles Erforderliche tun, die Republik vor Schaden zu bewahren.

Er wandte sich sodann dem zweiten Punkt der Tagesordnung zu, der Frage der Ehrungen. Hier beantragte er insgesamt fünf Senatsbeschlüsse. Er begann mit Decimus Brutus, dem Verteidiger Mutinas: sein Handeln verdiene Billigung. Er fuhr fort mit einem Manne, von dem am 20. Dezember noch nicht die Rede gewesen war: Marcus Aemilius Lepidus – ein Schwager des Marcus Brutus, ein durchaus farbloser Caesarianer – sollte für seine Verdienste in seiner damaligen Provinz, dem diesseitigen Spanien (er hatte dort mit dem widerspenstigen Pompeiussohn Sextus ein Übereinkommen getroffen), ein vergoldetes Reiterstandbild erhalten. Cicero war offensichtlich der Meinung, daß er den undurchsichtigen Lepidus auf diese Weise für die Sache der Republik gewinnen könne; der Antrag gehört in den Zusammenhang seiner auch durch Briefe bezeugten Bemühungen um die Statthalter der westlichen Provinzen. An dritter Stelle widmete er sich – mit den längsten und überschwenglichsten Ausführungen – Oktavian; er forderte für ihn die Befehlsgewalt eines Proprätors und einige andere Sonderrechte; er legte, um naheliegende Bedenken gegen diesen überaus problematischen Antrag zu zerstreuen, mit Emphase dar, daß Oktavian im Unterschied zu seinem Adoptivvater einzig die Übereinstimmung mit Senat, Ritterschaft und Volk zur Richtschnur seines Handelns mache. Schließlich die beiden letzten Vorschläge: sie hatten den Quästor

Egnatuleius, der Oktavian eine der beiden makedonischen Legionen zugeführt hatte, sowie die Truppen Oktavians zum Gegenstand.

Die Beratungen blieben am 1. Januar ohne Ergebnis. Am darauffolgenden Tage sah es so aus, als werde Ciceros Antrag auf Verhängung des Ausnahmezustandes eine Mehrheit finden: da verlangte ein Volkstribun, die Abstimmung zu verschieben. Immerhin kamen nunmehr die von Cicero gewünschten Ehrenbeschlüsse durch, der für Oktavian mit noch günstigeren Modalitäten. Während am 3. Januar die Debatte um die Frage Gesandtschaft oder Kriegserklärung abermals unentschieden endete, wurde am Tage darauf ein kompromißartiger Vorschlag des Juristen Servius Sulpicius Rufus gutgeheißen: eine Gesandtschaft solle Antonius auffordern, die Belagerung von Mutina aufzuheben, Oberitalien zu räumen und diesseits des Grenzflusses Rubicon, mindestens 200 Meilen von Rom entfernt, Quartier zu nehmen – andernfalls werde der Kriegszustand erklärt.

Cicero war mit diesem Ergebnis durchaus nicht zufrieden: der Gesandtschaftsbeschluß hatte dem Hauptziel seiner Politik, dem Krieg gegen Antonius, einstweilen einen Riegel vorgeschoben. Zudem war offenbar geworden, daß nicht einmal überzeugte Republikaner wie Sulpicius Rufus bedingungslos mitmachten: sie zweifelten mit gutem Grund an der Beständigkeit eines Bündnisses mit Oktavian. Die »Sechste Philippica«, unmittelbar nach der Entscheidung des 4. Januar vor dem Volke gesprochen, suchte aus der gegebenen Situation das Beste herauszuholen: die Gesandtschaft komme einer Kriegserklärung gleich, da sich Antonius ihren ultimativen Forderungen unter keinen Umständen fügen werde; Decimus Brutus habe allerdings eine raschere Entlastung verdient. Jedenfalls müsse nach der Rückkehr der Gesandten jedermann zugeben, daß der Krieg unvermeidlich sei.

Das Tauziehen ging weiter. Cicero war rastlos tätig, und ebenso seine Gegner. So wurde Mitte Januar im Sinne Ciceros beschlossen, daß der eine Konsul (das Los traf Hirtius) das Kommando über die Truppen in Oberitalien übernehmen und der andere in ganz Italien Aushebungen durchführen solle. Zugleich aber suchten die Anhänger des Antonius die Öffentlichkeit für ihre Sache einzunehmen, indem sie allerlei Mutmaßungen über die Verständigungsbereitschaft des Antonius unter die Leute brachten und Cicero als Scharfmacher und Kriegstreiber hinstellten. Diese Agitationen riefen die »Siebte Philippica« hervor: Cicero benutzte eine Senatssitzung, die nur Routineangelegenheiten zu behandeln hatte, zu einer Meinungsäußerung, in der er die Unumgänglichkeit seiner Kriegspolitik darzutun suchte. Er beklagte sich über die Ausgangssituation, über die schwächlichen und törichten Reden derer, die sich Konsulare, ehemalige Konsuln nannten; er berührte hiermit einen Punkt, den er auch in den Briefen jener Zeit des öfteren zur Sprache brachte: gerade die Ranghöchsten, die ehemaligen Konsuln benähmen sich schändlich, im Unterschied zum übrigen, durchaus tatkräftigen Senat – sie seien teils furchtsam, teils übelwollend. Die Beschwerden, die er schon im Herbst 44 Cassius gegenüber vorgebracht hatte, setzten sich also fort, doch nahm er den Widerstand der meisten maßgeblichen Senatsmitglieder keineswegs zum Anlaß, an der Durchführbarkeit der eigenen Absichten zu zweifeln. Er wandte vielmehr in der »Siebten Philippica« viele Worte darauf, seinen Zuhörern mit Hilfe eines der Schulrhetorik entstammenden Schemas zu verdeutlichen, daß ein Friede mit Antonius schimpflich, voller Risiken und ein Ding der Unmöglichkeit wäre.

Die Gesandtschaft kehrte am 1. Februar zurück. Sie hatte aus den Konsularen Sulpicius Rufus, Piso und Marcius Philippus bestanden; eines der Mitglieder, Sulpicius Rufus, erlag unterwegs einer Krankheit. Antonius hatte, wie von Cicero vorausgesagt, die Forderungen des Senats nicht angenommen, sondern seinerseits Vorschläge gemacht. Der Senat ging hierüber am 2. Februar zu Rate, wobei Lucius Varius Cotyla als Mittelsmann des Antonius zugegen war. Fufius Calenus empfahl, die Verhandlungen mit einer zweiten Gesandtschaft fortzusetzen; Cicero wiederum forderte, der Senat möge Antonius den Krieg erklären und jeden Umgang mit ihm untersagen. Keiner dieser Anträge drang durch. Man machte sich vielmehr – ganz im Sinne der bisherigen Taktik des vorsichtigen Lavierens – einen Vorschlag des Lucius Iulius Caesar, eines Onkels von Antonius, zu eigen: man stellte fest, daß Aufruhr herrsche, und beschloß, von nun an Kriegstracht anzulegen.

Die Debatten wurden am folgenden Tage fortgesetzt; sie riefen Ciceros »Achte Philippica« hervor. Deutlicher noch als zuvor rechnete der Redner, vom Gang der Dinge enttäuscht, mit den Kräften ab, die sich seiner Politik so hartnäckig widersetzten: mit dem Konsul Pansa, mit Fufius Calenus, dem engagiertesten Gegner, und schließlich auch mit den übrigen Konsularen. Er endete mit dem Vorschlag eines Senatsbeschlusses, für den es einer so ausführlichen Kritik an der Opposition kaum bedurft hätte: wer Antonius bis zum 15. März verlasse, solle straflos bleiben, und wer sich hinfort zu ihm begebe, gelte als Staatsfeind. Die Diskrepanz zwischen der Rede und dem abschließenden Antrag läßt vermuten, daß Cicero die Rede im wesentlichen um ihrer selbst willen aufgesetzt hat: sie sollte, wie die »Siebte Philippica«, die Kriegspolitik im Ganzen rechtfertigen und propagieren. Der Antrag Ciceros wurde zum Beschluß erhoben.

Nachdem der Senat aus dem mageren Ergebnis der Gesandtschaft ebenso magere Konsequenzen gezogen hatte, befaßte er sich – wahrscheinlich am 4. Februar – mit der Frage, wie das während der Reise verstorbene Gesandtschaftsmitglied Sulpicius Rufus zu ehren sei. Pansa hielt eine Lobrede auf den Toten und schlug vor, ihm ein Standbild zu errichten. Dagegen machte der angesehene Konsular Publius Servilius Vatia Isauricus Bedenken geltend: die Ehre eines Standbildes komme traditionsgemäß nur denen zu, die als Gesandte eines gewaltsamen Todes gestorben seien. Diese Auffassung wiederum rief den Widerspruch Ciceros hervor – so entstand die »Neunte Philippica«.

Die ernste und feierliche Rede enthält sich jeder Kritik an den Senatoren und zeichnet sich überdies dadurch aus, daß sie nahezu frei ist von Angriffen auf Antonius. Cicero sucht zunächst an Hand von Musterfällen zu beweisen, daß Sulpicius Rufus sehr wohl die Ehre einer Statue verdient habe; dann stellt er seinen Zuhörern den pflichtbewußten, das Opfer des Lebens nicht scheuenden Patrioten vor Augen. Hieran schließt sich ungezwungen ein Gesamtbild vom Charakter und Wirken des bedeutenden Juristen sowie der Hinweis auf das Leid des Sohnes an; gerade diese Partie scheint der herkömmlichen römischen Totenrede, der laudatio funebris, verpflichtet zu sein. Cicero schlägt nunmehr ein ehernes Standbild ohne Pferd als eine der schlichten Wesensart des Verstorbenen angemessene Ehrung vor; sein Antrag befürwortet außerdem noch ein Staatsbegräbnis sowie eine erbliche Grabstätte auf öffentlichem Grund. Die von Ethos und aufrichtiger Anteilnahme zeugenden Darlegungen verfehlten ihre Wirkung nicht: der Senat stimmte dem Antrage zu. Das Standbild wurde auch wirklich aufgestellt: wie Pomponius, ein Jurist des 2. Jahrhunderts n. Chr., bezeugt, befand es sich zu seiner Zeit vor einer von Augustus errichteten Tribüne.

Mit dem Scheitern der Gesandtschaft begann das Geschehen in Italien zu stagnieren – da brachten Nachrichten, die während der zweiten Februarhälfte aus den östlichen Provinzen in Rom einliefen, wieder Bewegung in die festgefahrene Politik Ciceros. Zunächst rückte der griechische Schauplatz in den Mittelpunkt des Interesses. Antonius hatte am 28. November 44 seinem Bruder Gaius, der damals Prätor war, für das kommende Jahr die Statthalterschaft von Makedonien in die Hände gespielt; Gaius sollte dort Quintus Hortensius, den Sohn des berühmten Redners, ablösen. So begab er sich, obwohl der Senatsbeschluß vom 20. Dezember diese Zuweisung wieder aufhob, eilends nach Makedonien. Seine Absichten wurden jedoch von Marcus Brutus durchkreuzt. Antonius hatte im Sommer 44 versucht, Brutus auf den bedeutungslosen Posten einer Statthalterschaft in Kreta abzuschieben. Brutus reiste denn auch in der zweiten Augusthälfte ab, jedoch nicht nach Kreta, sondern nach Griechenland.

Er begann im Herbst auf eigene Faust zu handeln. Zahlreiche Republikaner scharten sich um ihn; Ciceros Sohn und der junge Horaz, die damals in Athen ihren Studien oblagen, dienten ihm als Offiziere. Hortensius unterstellte sich seinem Kommando, ebenso die in Illyrien stationierten Truppen. Von diesen und anderen Erfolgen erhielt Cicero Anfang Februar Nachricht, und bald darauf auch der Konsul Pansa: Brutus habe ein Heer aufgestellt, Gaius Antonius sei ohnmächtig, Griechenland, Makedonien und Illyrien stünden der Republik zur Verfügung. Pansa ordnete alsbald eine Senatssitzung an, sicherlich in der Absicht, dem eigenmächtigen Vorgehen des Brutus eine rechtliche Grundlage zu verschaffen.

Fufius Calenus durfte, wie stets seit dem 1. Januar, als erster das Wort ergreifen; er beantragte, der Senat möge feststellen, daß der Bericht des Brutus ordnungsgemäß geschrieben sei, und Brutus die weitere Ausübung des Heereskommandos untersagen. Daraufhin hielt Cicero seine »Zehnte Philippica«. Ihm war es natürlich darum zu tun, die Stellung, die Brutus sich geschaffen hatte, zu legalisieren. So gab er sich viel Mühe, die Bedenken zu zerstreuen, die sich dagegen geltend machen ließen: daß Brutus Eigenmacht geübt habe, daß die caesarischen Veteranen eine Anerkennung mit Unwillen quittieren könnten. Den ersten Einwand wies er mit dem Argument zurück, daß Brutus die griechischen Provinzen und die dortselbst stationierten Truppen für den Staat gerettet, daß er als Sachwalter des Staates nach dem Grundsatz gehandelt habe, die Truppen gehörten dem Staat und dürften nicht gegen den Staat eingesetzt werden. Den zweiten Einwand erklärte Cicero schlechtweg für gegenstandslos – angesichts der Tatsache, daß lauter Caesarianer Krieg führten, um Decimus Brutus zu befreien. Cicero hatte Erfolg; der Senat entsprach seinem Antrag und übertrug Marcus Brutus den Schutz von Makedonien, Illyrien und Griechenland.

Wenig später zogen die Ereignisse in den Provinzen östlich von Griechenland das Hauptaugenmerk auf sich. Dort kam es vor allem auf Cassius an. Auch ihm hatte Antonius einen Posten zugedacht, der ihn ungefährlich gemacht hätte: die Provinz Cyrenaica. Er ging jedoch nach Syrien, um dort, ähnlich wie Brutus in Makedonien, die Gewalt an sich zu bringen. Sein Gegenspieler war Dolabella, dem ein Senatsbeschluß vom April 44 die Statthalterschaft in Syrien zugewiesen hatte. Die Senatsbeschlüsse vom 28. November und vom 20. Dezember, die den Provinzen für die Prätoren galten, ließen diese Regelung, da sie einen Konsul betraf, unberührt; Dolabella ging demgemäß Ende 44 mit der legitimen Anwartschaft auf das syrische Kommando in den Osten.

Von Cassius scheint in Rom längere Zeit nichts Zuverlässiges bekannt geworden zu sein. Zwei Schreiben, die Cicero Anfang Februar an ihn richtete, wußten nur von unverbürgtem Gerede. Man erzähle sich, daß Cassius in Syrien sei und dort ein Heer zusammengebracht habe, verlautet schon in dem früheren Brief; wenn zutreffe, was alle Welt behaupte, heißt es in dem späteren, dann ruhe die Republik auf starken Stützen: »Von der vordersten Küste Griechenlands bis hin nach Ägypten sind wir dann vom Oberbefehl und von den Truppen unserer besten Männer gedeckt.« In diese Wunschvorstellung hat Cicero damals gewiß auch seinen Freund Trebonius einbezogen, den legitimen Statthalter von Kleinasien, dessen Provinz die Herrschaftsbereiche des Brutus und des Cassius miteinander verband; Trebonius hatte sich schon im Sommer 44 in den Osten begeben und dem Vater Cicero aus Athen sehr Schmeichelhaftes über die Studien des Sohnes berichtet.

Cicero erfuhr bald, daß seine Rechnung nicht aufging. Als er sich Anfang Februar brieflich an Trebonius wandte, ihm von seinem Erfolg am 20. Dezember und von der gegenwärtigen Lage in Italien zu berichten, da wußte er noch nicht, daß sein Freund schon Mitte Januar ein grauenhaftes Ende gefunden hatte. Die Nachricht traf in der zweiten Februarhälfte in Rom ein; sie war für Cicero doppelt schmerzhaft, weil kein anderer als sein ehemaliger Schwiegersohn Dolabella die entsetzliche Tat begangen hatte. Die »Elfte Philippica« gibt hiervon folgende Schilderung:

> Keinerlei Verdacht, daß Krieg sei (wer hätte das auch angenommen) – höchst freundschaftliche Gespräche Dolabellas mit Trebonius schlossen sich an, und es gab Umarmungen, als falsche Zeichen größten Wohlwollens inmitten vorgetäuschter Gewogenheit. Der Händedruck, gewöhnlich ein Zeugnis der Treue, wurde durch Treulosigkeit und Heimtücke entweiht: nachts drang man in Smyrna ein, wie in eine feindliche Stadt, obwohl dort unsere ältesten und treuesten Bundesgenossen wohnen; überrumpelt wurde Trebonius: wenn der Täter bereits offen als Feind auftrat, ein Opfer mangelnder Vorsicht, wenn der noch stets den Bürger mimte, ein Unglücklicher. ... Nachdem Dolabella den trefflichen Mann mit Beschimpfungen aus seinem schamlosen Munde zerfleischt hatte, verhörte er ihn unter Geißelhieben und Foltern wegen der Staatskasse, und zwar zwei Tage lang. Dann, nachdem man ihm das Genick gebrochen hatte, schnitt er den Kopf ab und ließ ihn auf einem Spieß befestigt umhertragen; den Rest der Leiche, abgeschürft und zerfetzt, warf er ins Meer.

Man war damals schon manches gewöhnt, und Ciceros Darstellung ist gewiß nicht ganz frei von rhetorischen Ausmalungen – immerhin rief ein solches Maß von grausamer Niedertracht bei den Senatoren denn doch, so disparat ihre Gesinnungen waren, allgemein heftige Empörung hervor, und ein einstimmiger Beschluß, von Fufius Calenus beantragt, erklärte Dolabella zum Staatsfeind.

Die Beratungen des folgenden Tages hatten die Suche nach einem geeigneten Kandidaten für die Niederwerfung Dolabellas zum Gegenstand. Ein Senatsmitglied – vielleicht Pansa, der Leiter der Sitzung – schlug vor, die amtierenden Konsuln sollten untereinander durch das Los entscheiden, wer Kleinasien und wer Syrien erhalte, und, sobald Decimus Brutus befreit sei, den Krieg gegen Dolabella führen. Ein zweiter Antrag, gestellt von Lucius Iulius Caesar, empfahl, Publius Servilius Vatia Isauricus, den Amtsvorgänger des Trebonius, mit einem außerordentlichen Kommando zu betrauen.

Bei diesem Stand der Dinge ergriff Cicero das Wort. Sein ausführliches Votum, die »Elfte Philippica«, trug der Tatsache Rechnung, daß Cassius nicht in die Cyrenaica, sondern nach Syrien aufgebrochen war, um dortselbst Dolabella zuvorzukommen; er beantragte – in der Annahme, daß sich Cassius in Syrien ebenso habe durchsetzen können wie Brutus in Makedonien –, Cassius mit der syrischen Statthalterschaft und einer übergeordneten Befehlsgewalt in Kleinasien und Bithynien-Pontos zu betrauen. Er wies die beiden früheren Vorschläge zurück: ein außerordentliches Kommando, meinte er, sei eine gefährliche, den Grundsätzen des Senats zuwiderlaufende Maßnahme (dabei hatte er kurz zuvor selber eine außerordentliche Befehlshaberstelle für den jungen Oktavian durchgesetzt!), und die Benennung der amtierenden Konsuln laufe darauf hinaus, daß deren Aufmerksamkeit von Mutina abgelenkt und zudem die Verfolgung Dolabellas verzögert würde. Man benötige einen Truppenführer, legte Cicero weiterhin dar, der bereitstehe und sich bewährt habe; folglich kämen sowohl Marcus Brutus als auch Cassius in Betracht; da Brutus in Griechenland gebunden sei, bleibe Cassius. Beide, fuhr Cicero fort, seien nicht in ihre eigene, sondern in eine fremde Provinz gegangen, und zwar der eine wie der andere nach der Maxime, nach der alles, was dem Staate Rettung bringe, für gesetz- und rechtmäßig gelte. Der Senat vermochte Ciceros Analogieschluß von Brutus auf Cassius um so weniger zu folgen, als damals noch gar nicht feststand, ob es Cassius gelungen sei, sich zum Herrn von Syrien zu machen; er betraute die Konsuln mit dem Kampf gegen Dolabella.

Cicero ließ sich durch diese Schlappe nicht beirren. Er versicherte in einer Ansprache vor dem Volke, daß Cassius auf die Beschlüsse des Senats weder gewartet habe noch warten werde: er sei gewillt, den Staat nach seinen eigenen Grundsätzen zu schützen. Und an Cassius selber schrieb Cicero unbekümmert, daß er eben dies auch ohne die Zustimmung des Senats zur Richtschnur seines Handelns machen müsse: den Staat und seinen eigenen Ruhm. Cassius wiederum ließ zufällig um dieselbe Zeit – am 7. März – folgendes Schreiben an Cicero abgehen:

Gaius Cassius, der Prokonsul, entbietet Marcus Cicero seinen Gruß. Wenn es Dir gut geht, freut's mich; mir geht es gut. Wisse, daß ich in Syrien angelangt bin, bei den Feldherren Lucius Murcus und Quintus Crispus. Diese tapferen Männer und trefflichen Bürger haben mir, sobald sie von den Ereignissen in Rom Kenntnis erhalten hatten, ihre Truppen übergeben und verwalten jetzt im Einvernehmen mit mir festen Sinnes die öffentlichen Angelegenheiten. Wisse desgleichen, daß die Legion, die Quintus Caecilius Bassus hatte, zu mir gekommen ist, und wisse auch, daß mir die vier Legionen, die Aulus Allienus aus Ägypten herangebracht hat, von ihm übergeben worden sind. Jetzt brauchst Du, glaube ich, nicht mehr angespornt zu werden, daß Du mich, der ich abwesend bin, und den Staat, soviel an Dir liegt, in Schutz nimmst. Ich möchte Dich wissen lassen, daß es Euch und dem Senat an starken Truppen nicht fehlt, so daß Du mit der besten Hoffnung und dem größten Mut den Staat in Schutz nehmen kannst. Das übrige wird mein Bekannter Lucius Carteius mit Dir abmachen. Leb wohl. Geschrieben am 7. März, im Lager bei Tarichea.

Ab Anfang März stand wieder Italien, stand überhaupt der Westen im Vordergrund der Senatsverhandlungen. Ciceros Mißerfolg bei der Besetzung der syrischen Statthalterschaft ermutigte die stadtrömische Anhängerschaft des Antonius, aufs neue Verhandlungen zu fordern. Wie nicht verwunderlich, machte sich

Fufius Calenus zum Fürsprecher dieses Projekts; ferner wirkten Piso und Pansa dabei mit. So kam ein Senatsbeschluß zustande, der eine zweite Gesandtschaft zu Antonius vorsah. Zu Mitgliedern der Abordnung wurden fünf Konsulare bestimmt, die in den letzten Monaten mehr als andere Einfluß auf die Antonius-Politik des Senats genommen hatten: Fufius Calenus, Piso, Servilius Vatia, Lucius Iulius Caesar und Cicero.

Dieser Gang der Dinge scheint Unzufriedenheit hervorgerufen zu haben, so daß sich Pansa veranlaßt sah, die Angelegenheit ein paar Tage später aufs neue zur Diskussion zu stellen. Da behauptete Servilius, ihm sei die Teilnahme an der geplanten Gesandtschaft von Angehörigen und Freunden zum Vorwurf gemacht worden; er müsse seine Zusage widerrufen. Nach ihm sprach Cicero; er erklärte sich in seiner »Zwölften Philippica« ebenfalls außerstande, mit Antonius zu verhandeln. Man sei, behauptete er, von falschen Voraussetzungen ausgegangen, als man die zweite Gesandtschaft beschloß: man habe, von den Antragstellern irregeführt, geglaubt, daß Antonius ernstlich zu einem für den Senat annehmbaren Frieden bereit sei. Cicero griff sodann auf Gründe zurück, die er schon in früheren Reden gegen Verhandlungen mit Antonius ins Feld geführt hatte, und entschuldigte sich sodann für seine Person mit der unheilbaren Feindschaft zwischen ihm und Antonius. Der Senat verzichtete auf das Vorhaben, nachdem sowohl Servilius als auch Cicero sich geweigert hatten, daran mitzuwirken.

Wohl am 20. März brach Pansa frühmorgens nach Oberitalien auf, um sich dort neben seinem Kollegen Hirtius als Truppenkommandeur an den Operationen gegen Antonius zu beteiligen. Am gleichen Tage fand eine Senatssitzung statt; sie wurde vom Stadtprätor Marcus Caecilius Cornutus geleitet. Man verlas amtliche Schreiben zweier westlicher Statthalter: des Lepidus (diesseitiges Spanien und Gallia Narbonensis) und des Plancus (Gallia Transalpina). Lepidus hatte die Ehre eines vergoldeten Reiterstandbildes, die ihm Anfang Januar auf Grund eines ciceronischen Antrages zuerkannt worden war, mit Stillschweigen quittiert. Jetzt riet er dem Senat zum Frieden, wobei er Krieg ankündigte, falls sein Rat nicht befolgt werde – dies war seine Antwort auf ein Schreiben, das Pansa an alle Statthalter hatte ergehen lassen: sie möchten sich dem Senat zur Verfügung stellen. Der Brief des Plancus enthielt ebenfalls eine Friedensempfehlung, allerdings ohne die Androhung von Kriegsmaßnahmen. Cicero hatte somit erneut Grund, seinen politischen Kurs für gefährdet zu halten. Es kam noch hinzu, daß sich Antonius, nachdem er von dem Projekt einer zweiten Gesandtschaft unterrichtet worden war, zur politischen Lage geäußert hatte; Cicero besaß eine Abschrift dieses Briefes, einer Abrechnung mit Hirtius und Oktavian, die dort als abtrünnige Caesarianer und Werkzeuge der Pompejaner erscheinen.

In der Debatte sprach Servilius an erster Stelle; er wies das Ansinnen des Lepidus zurück. Nach ihm erhielt Cicero das Wort; er suchte durch seine »Dreizehnte Philippica« alles abzuwehren, was seiner Sicht der Dinge entgegenstand. Er befaßte sich auch ausführlich mit dem Brief des Antonius. Er zitierte ihn Satz für Satz, um jeweils der Auffassung des Widersachers die eigene gegenüberzustellen. Das Schreiben des Antonius ist somit durch Cicero vollständig erhalten; die »Dreizehnte Philippica« läßt daher ungemein deutlich erkennen, in welchen Kategorien die beiden Gegner dachten.

Für Antonius war eine Republik, ein Staatsganzes gar nicht mehr vorhanden, er sah nur noch partes, »Teile«: die Parteien der Caesarianer und der Pompejaner. Eben hierauf, meinte er, sollten sich jetzt auch Hirtius und Oktavian besinnen, damit es nicht dazu komme, daß die Truppen der Abtrünnigen gegen die Truppen des Antonius und somit Caesarianer gegen Caesarianer zum Kampf anträten, wie es der Gladiatoren-Fechtmeister Cicero anstrebe. Antonius wollte sich also ohne Einschränkung als Caesarianer betrachtet wissen, und er bekannte sich auch zu dem hierzu gehörigen ›Programm‹, der Rache für Caesars Tod. So machte er Hirtius und Oktavian am Ende seines Briefes eine Art Amnestie-Angebot: alles bisherige Unrecht solle vergessen sein, wenn sich Hirtius und Oktavian bereit fänden, von ihrem verfehlten Bündnis mit den Pompejanern abzulassen.

Cicero wiederum hielt den partes des Antonius seinen Glauben an den Fortbestand der Republik entgegen: es handele sich bei dem gegenwärtigen Geschehen gerade nicht um einen Konflikt unter zwei Parteien, sondern um einen Krieg, den der ganze Staat gegen einen Hochverräter führe, und zur Kategorie ›Pompejaner‹ äußerte er entsprechend: »Du führst ja nicht nur gegen die Pompejaner Krieg, sondern gegen das Staatsganze.« Oktavian aber werde sich nicht von der Rettung des Vaterlandes abbringen lassen, bemerkte er zu dem Angebot des Antonius – Oktavian, der ebenso wie Hirtius und Pansa weit eher berufen wäre als Antonius, die Partei Caesars zu repräsentieren, wenn die Parteien nicht längst der Vergangenheit angehörten.

So prallten in dem Streit zwischen Antonius und Cicero zwei entgegengesetzte Standpunkte schroff und unversöhnlich aufeinander. Zweifellos kamen die Kategorien des Antonius den tatsächlichen Gegebenheiten näher, während Cicero sein in der großen Vergangenheit der Republik wurzelndes Wunschdenken für die Wirklichkeit nahm. Wenn Antonius die Adressaten seines Briefes gleichwohl nicht zu überzeugen vermochte, dann lag das nur an der Rolle, die er seiner eigenen Person in der Partei der Caesarianer zuwies: er beanspruchte dort den Primat, statt sich zu einer Verständigung auf gleichem Fuße bereit zu finden. Der Fehler in der Rechnung des Antonius war, wie sich wenige Monate später zeigen sollte, korrigierbar, der Ciceros hingegen war es nicht.

Der Senat machte sich die Meinung, die Servilius und Cicero geäußert hatten, zu eigen, und Cicero wandte sich noch am selben Tage brieflich an Lepidus und Plancus. Lepidus wurde mit eisiger Höflichkeit scharf zurechtgewiesen: ein Friede, der einem verworfenen Menschen die schrankenloseste Herrschaft verschaffen solle, lasse allen Vernünftigen nur die Wahl, den Tod der Knechtschaft vorzuziehen; Lepidus sei nach Ciceros Meinung besser beraten, wenn er sich an einer Friedensstiftung nicht beteilige, die weder beim Senat noch beim Volk noch bei irgendeinem anständigen Menschen Billigung finde. Der Brief an Plancus hingegen ist in gänzlich anderem Tone gehalten; offensichtlich glaubte Cicero, auf ihn durch den Appell an ein Staatsethos, das ihnen beiden gemeinsam sei, Einfluß ausüben zu können. »Glaube mir also, mein Plancus,« schrieb er beschwörend, »daß alle Rangstufen der Würde, die Du bis jetzt erreicht hast (und Du hast es zu sehr hohen gebracht), nur die äußeren Bezeichnungen, nicht den wahren Charakter der Würde in sich fassen werden, wenn Du nicht die Freiheit des römischen Volkes und das Ansehen des Senats ungeteilt zu Deiner Sache machst. Trenne Dich, ich bitte Dich, endlich von denen, mit denen Dich nicht Deine Überzeugung, sondern die Fesseln der Umstände verbunden haben.«

Cicero setzte sein Werben um Plancus einige Tage später mit einem weiteren Briefe fort; Plancus wiederum legte, ehe ihn diese Appelle erreicht hatten, in einem amtlichen, an den Senat gerichteten Schreiben dar, daß er bisher, da er noch habe rüsten müssen, seine wahre Überzeugung verborgen habe, jetzt aber bereit sei, mitsamt seinen Truppen für die Republik einzutreten. Er mag damals seine Erklärung aufrichtig gemeint haben, und Cicero, den sie mit großer Freude erfüllte, belohnte sie durch eine Belobigung von Seiten des Senats. Doch Plancus war viel zu vorsichtig, seinen Worten eindeutige Taten folgen zu lassen, und so blieb Decimus Brutus unter den Statthaltern des Westens der einzige ernsthafte Verteidiger der Republik.

Ciceros Macht in Rom habe damals ihren Höhepunkt erreicht, meint Plutarch von jener Zeit. Cicero selber kehrte stärker die Pflichtseite seines von schier unerschöpflicher Energie zeugenden Kampfes für die Republik hervor. Schon im Februar hatte er seinem Freunde Paetus versichert, daß er sich Tag und Nacht um nichts anderes kümmere und sorge, als daß seine Mitbürger sicher und frei seien; er lasse keine Gelegenheit vorüber, zu ermutigen, tätig zu sein, Vorsorge zu treffen. Ende März oder Anfang April setzt der unvollständig erhaltene Briefwechsel mit Marcus Brutus ein. In dem wohl frühesten Stück äußert sich Cicero über seine damalige Stellung und Leistung; er gibt zu verstehen, daß er der princeps, der maßgebliche Mann der Senatspolitik sei oder jedenfalls zu den principes gehöre: »Alles, Brutus, habe ich für den Staat getan, was der zu tun verpflichtet ist, den das Urteil von Senat und Volk an die Stelle gebracht hat, an der ich stehe, nicht allein, was sonst bei einem Manne zu genügen pflegt: Treue, Wachsamkeit, Vaterlandsliebe – das sind ja Dinge, für die jedermann einstehen muß. Ich aber meine, daß der, der sich unter den führenden Männern bei politischen Entscheidungen zu Wort meldet, auch Umsicht an den Tag legen muß, und so glaube ich denn, da ich die schwierige Aufgabe übernommen habe, das Steuerruder des Staates zu lenken, in beiden Fällen Tadel zu verdienen: falls ich dem Senat einen treulosen und falls ich ihm einen nutzlosen Rat erteilen sollte.« In der »Vierzehnten Philippica« endlich nimmt Cicero für sich in Anspruch, daß er vom 1. Januar an unentwegt für die Republik gewacht, daß sein Haus und seine Ohren Tag und Nacht für jedermanns Empfehlungen und Ratschläge offen gestanden und daß seine Briefe, seine Boten, seine mahnenden Worte alle, wo immer sie sich befinden mochten, zum Schutze des Vaterlandes aufgefordert hätten.

Die erhaltenen Briefe, kaum mehr als ein Bruchteil dessen, was Cicero in jenen turbulenten Monaten zu Papier gebracht hat, genügen wohl, diese Behauptungen als nicht übertrieben erscheinen zu lassen. Cicero hat damals mit nahezu allen wichtigen Persönlichkeiten, die sich außerhalb Roms befanden, den Erzfeind Antonius ausgenommen, rege korrespondiert. Die Sammlung Ad familiares enthält Briefe an und von Cassius, Decimus Brutus, Plancus und Lepidus; sie enthält außerdem Briefe an Cornificius und von Asinius Pollio, dem Statthalter des jenseitigen Spanien. Die Korrespondenzen mit den Protagonisten auf dem italischen Schauplatz, mit Oktavian, Hirtius und Pansa waren (wie die mit Marcus Brutus) in Spezialausgaben vereinigt; sie sind bis auf wenige Zitate verloren gegangen.

Cicero beansprucht also nicht zu viel, wenn er schreibt, daß die Fäden der Politik bei ihm zusammenliefen; er war während der ersten Hälfte des Jahres 43, zumal in den Monaten März und April, der Mittelpunkt des Geschehens in Rom. Die Robustheit des homo novus, die Geschäftsroutine, das taktische Geschick und die treffsichere Kunst des Formulierens: alle diese ein gewöhnliches Maß weit überschreitenden Eigenschaften, die Cicero einst, im Kampf gegen Verres oder gegen Catilina, unter bedrängten Umständen äußerste Leistungen ermöglicht hatten, kamen ihm jetzt, im Kampf gegen Antonius, noch einmal zustatten. Er muß damals einen beachtlichen Nachrichtenapparat, jedenfalls einen verzweigten Botendienst unterhalten haben, und seine prudentia, seine Umsicht erstreckte sich auch auf die eigene Sicherheit: die Stadt steckte voller Antonianer, so daß er es nicht wagte, ohne zahlreiche Leibwächter auf die Straße zu gehen – wenn er es nicht vorzog, zu Hause zu bleiben.

Decimus Brutus, der in Mutina von Antonius eingeschlossen war, begann in Schwierigkeiten zu geraten. Es stehe auf des Messers Schneide, schrieb Cicero Anfang April an Cassius: Brutus vermöge sich kaum noch zu halten. In dem soeben erwähnten Schreiben an Marcus Brutus fügte er allerdings hinzu, daß ihn die schlimmen Nachrichten, die brieflich und mündlich aus Mutina nach Rom gelangten, nicht sonderlich beängstigten: er vertraue den eigenen Truppen und deren Führern; es scheine ihm lediglich hier und da an Umsicht und Schnelligkeit des Handelns zu fehlen. Cicero wurde nicht enttäuscht. Am 14. April errangen die verbündeten Heere der Konsuln und des Proprätors Oktavian bei Forum Gallorum, südöstlich von Mutina, nach einer anfänglichen Schlappe ihren ersten Sieg.

In Rom herrschte allerdings, bis die Erfolgsmeldung eintraf, große Nervosität. Von Cicero kursierte das Gerücht, er beabsichtige, sich am 21. April, dem Gründungstage der Stadt, zum Diktator ausrufen zu lassen; vielleicht hatten (so Cicero selbst in der »Vierzehnten Philippica«) Freunde des Antonius diese Mär in Umlauf gebracht, um einen Vorwand für den Kampf gegen den ›Tyrannen‹ zu haben. Am 20. April trat ein Volkstribun in einer von ihm einberufenen Versammlung dem gefährlichen Gerede entgegen, und wenige Stunden danach gelangte die Nachricht von dem Siege in die Stadt. Daraufhin wurde Cicero von einer großen Menge, die sich vor seinem Hause versammelt hatte, wie in einem Triumph auf das Kapitol und von dort zur Rednertribüne auf dem Forum geleitet. »Ich bilde mir nichts darauf ein«, schrieb er an Marcus Brutus, »das gehört sich ja auch nicht – und dennoch: die Übereinstimmung aller Stände (omnium ordinum consensus), die Danksagungen und Glückwünsche beeindrukken mich, weil es herrlich ist, zum Heile des Volkes ein Volksfreund (popularis) zu sein.« Noch einmal nahm Cicero eine Aufwallung derer, die ihm wohlgesinnt waren, für eine breite, tragfähige Mehrheit des römischen Volkes, noch einmal glaubte er, daß seine Lieblingsidee, der consensus omnium ordinum, Wirklichkeit geworden sei und sich auf Dauer werde verwirklichen lassen.

Die ernüchternde Alltagsarbeit ließ nicht auf sich warten, und Cicero bekam sofort zu spüren, daß sich für seine Gegenspieler im Senat, die ›charakterlosen‹ Konsulare, Schwarz und Weiß nicht so eindeutig verteilten wie für ihn. Der Senat debattierte am 21. April über den Bericht der siegreichen Truppenführer. Servilius schlug ein mehrtägiges Dankfest vor, wobei der erste Tag dadurch ausgezeichnet werden solle, daß man statt der Kriegstracht Friedenskleider anlege. Cicero hielt diese Maßnahmen teils für unzureichend, teils für unpassend; er ergriff das Wort zu seiner letzten Rede, zur »Vierzehnten Philippica«. Er rügte, daß man ein Dankfest vorschlage, ohne Antonius als Feind zu bezeichnen, obwohl man Dankfeste nur nach Siegen über Feinde, nicht aber in Bürgerkriegen feiere; er verlangte ein Dankfest von fünfzig Tagen, die Verleihung des imperator-Titels an die drei Truppenführer und ein Denkmal zu Ehren der Gefallenen. Er spielte – offenbar mit Erfolg – die Stimmung des Volkes gegen seine Verleumder und gegen den Neid ›bösgesinnter‹ Konsulare aus: der Senat nahm seinen Antrag an.

Am 21. April erfochten die verbündeten Truppen bei Mutina einen zweiten Sieg. Das erste Ziel, das sich Cicero gesteckt hatte, war hiermit erreicht: Antonius mußte die Belagerung abbrechen und Italien räumen; Decimus Brutus hatte wieder volle Bewegungsfreiheit. Allerdings war Hirtius in der Schlacht gefallen, und Pansa starb bald darauf an den Wunden, die er am 14. April empfangen hatte – der Staat war also jetzt, in schwerer Krise, ohne legitimes Oberhaupt. Der Senat ließ sich nunmehr, am 26. April, endlich dazu bewegen, Antonius und seine Anhänger zu Staatsfeinden zu erklären. Am Tage darauf wurden die Kompetenzen im Kampf gegen die Staatsfeinde festgelegt: Cassius und Brutus sollten sich die Niederwerfung Dolabellas angelegen sein lassen und Decimus Brutus die Führung gegen Antonius übernehmen, mit Oktavian als Untergebenem.

Diese Rechnung ging nicht auf: dreizehn Monate nach der Ermordung Caesars, als die Befreier wähnen konnten, daß die volle Wiederherstellung der Republik nicht mehr lange auf sich werde warten lassen, nahmen die Ereignisse eine Wendung in die entgegengesetzte Richtung, und Cicero mußte gewahr werden, daß seine Politik von eben dem Tage an, der ihm einen seiner größten Triumphe brachte, in nichts zu zerrinnen begann wie ein Phantom. Er hat zwar noch einige Monate gekämpft; der Zyklus der »Philippischen Reden« indes blieb ohne Abschluß – Cicero brach ihn ab, wohl weil er spürte, daß es nichts Wesentliches mehr durch das Wort zu bewirken gab, daß alles Weitere durch Waffengewalt würde entschieden werden.

Das Vorhandene läßt gleichwohl eine Geschlossenheit erkennen, die nicht nur durch die sachlichen Zusammenhänge, insbesondere durch die Gegnerschaft zu Antonius, bedingt ist: zu diesem Maß an innerer, geradezu dramatischer Folgerichtigkeit hat auch Ciceros stets wacher künstlerischer Sinn erheblich beigetragen. In dem Ablauf der vierzehn ›Auftritte‹ kann nichts ohne Schaden für das Ganze von seinem Platz gerückt werden; eine Phase geht mit Notwendigkeit aus der anderen hervor, und die subjektiven Gegebenheiten (die Stimmungen und das jeweilige politische Kalkül Ciceros) sind eng mit den Einwirkungen von außen (den oppositionellen Kräften im Senat, den Berichten aus den Provinzen) verzahnt.

Die beiden ersten Reden machen gewissermaßen die Exposition aus. In ihnen und durch sie vollzieht sich der Bruch zwischen Cicero und Antonius; sie schaffen so die persönlichen Vorbedingungen des erbitterten Ringens. Hieran ändert der Umstand nichts, daß der zeitgenössischen Öffentlichkeit nur das erste, im Tone noch gemäßigte Stück zugänglich gewesen zu sein scheint: Cicero überschritt offenbar gerade mit dem zweiten Stück eine Schwelle des Hasses, die ihm kein Zurück mehr erlaubte. Die beiden ersten Reden sind die subjektive Vorwegnahme des weiteren Geschehens: Cicero hat sich ohne Not – allenfalls angestachelt durch das Vorbild Pisos und im übrigen aus freiem Entschluß – in das Zerwürfnis mit Antonius hineingesteigert.

Die innere Hohlform war da; sie bedurfte jetzt nur noch der Füllung durch die äußere Lage. Diese Lage aber ließ nicht lange auf sich warten; sie trat ein, als Oktavian gegen Antonius zu rüsten begann und Decimus Brutus sich zur Republik bekannte. Cicero nutzte die Chance; er griff mit dem Doppelauftritt vom 20. Dezember 44 – der dritten und vierten Rede, die den zweiten Akt des Dramas bilden – energisch in das komplizierte Räderwerk der Auseinandersetzungen ein. Dieses Redepaar enthält nichts weniger als den Umriß von Ciceros gesamtem Konzept: das Bündnis mit Oktavian soll die Vernichtung des Staatsfeindes Antonius und die Wiederherstellung der freiheitlichen republikanischen Staatsordnung verwirklichen helfen.

Ciceros auf einen Krieg zusteuernde Politik rief Gegenwirkungen hervor; im Senat begannen sich starke Kräfte zu regen, die einem endgültigen Bruch mit Antonius widerstrebten. So kam das Gesandtschaftsprojekt auf den Verhandlungstisch, ein Thema, das – als eine Art retardierenden Moments – die folgenden fünf Reden miteinander verbindet; diese Reden konstituieren gleichsam den dritten Akt des ciceronischen Kampfes. Der erste Auftritt, die fünfte Rede, setzt noch den Elan des 20. Dezembers fort und versucht, die Bastionen der Widersacher im Handstreich zu nehmen; eine Abstimmungsniederlage zeichnet sodann das behutsamere Tempo der folgenden Auftritte vor. Hier muß sich Cicero weithin mit einer indirekten Kampfweise begnügen; er sucht, soweit es keine bestimmten Maßnahmen durchzusetzen gilt, die öffentliche Meinung in seinem Sinne zu beeinflussen.

Nach dem Scheitern der Gesandtschaft gab der östliche Schauplatz neue Impulse. Von dieser neuen Phase legen die zehnte und elfte Rede, als eng zusammengehöriges Paar der vierte Akt des Ganzen, Zeugnis ab; sie bekunden abermals, wie sich Cicero, durch einen ersten Erfolg ermutigt, bei einem zweiten Versuch allzu weit vorwagt. Denn die zehnte Rede führte zu einem vollen Sieg, während die elfte mit einer Schlappe endete.

Die drei letzten Reden endlich haben die Gemeinsamkeit, daß sie sich wieder mit der westlichen Sphäre befassen; das Grundmotiv, das sie miteinander verbindet, ist die Beseitigung abermaliger Widerstände gegen die ciceronische Kriegspolitik. Aus ihnen und den gleichzeitigen militärischen Operationen – der Doppelschlacht bei Mutina und der Befreiung des Decimus Brutus – ergibt sich der fünfte, zur Zukunft hin offene Akt des in den »Philippischen Reden« Gestalt gewordenen Konflikts.

Cicero hat in seinem letzten rednerischen Werk noch einmal die Grundgedanken seiner staatspolitischen Überzeugungen aktualisiert; er bekannte sich auch dort zu der Programmatik, die er einst in den Konsulatsreden und in der Rede für Sestius verkündet hatte. Der Kampf gegen Antonius stellte sich ihm demgemäß als ein Kampf der res publica dar, als ein Kampf, in dem alle Stände Roms sich einig wüßten. Antonius galt ihm – wie das schon bei Verres, Catilina und Clodius der Fall gewesen war – als eine vereinzelte Erscheinung, als ein kriminelles Element, das es auf nichts als Zerstörung und Untergang abgesehen habe und daher in gemeinsamer Anstrengung unter der Devise »Ansehen des Senats, Freiheit des römischen Volkes und Wohl des Staatsganzen« (so die »Dreizehnte Philippica«) beseitigt werden müsse.

Die Deutung, die Cicero mit seinen gewohnten Kategorien – der Einheitsfront aller Gutgesinnten auf der einen, dem isolierten Bösewicht auf der anderen Seite – dem Geschehen gab, war diesmal problematischer denn je: sie tat, als sei der Konflikt zwischen den Pompejanern und den Caesarianern bereinigt, als gehöre er nunmehr der Vergangenheit an. Gewiß hat Cicero nicht gänzlich verkannt, daß es in Wirklichkeit anders stand. Wenn er in seinen Reden Erstrebtes als Tatsache hinstellt, dann verfolgt er hiermit nicht zuletzt den Zweck, die Hörer und Leser in dem von ihm gewünschten Sinne zu beeinflussen. Gleichwohl war sein Schema für die Auseinandersetzung nach der Ermordung Caesars nicht geeignet. Antonius hat in dieser Hinsicht realistischer geurteilt. Er bediente sich nach wie vor der Kategorien ›Pompejaner‹ und ›Caesarianer‹ und hielt seinen Konflikt mit Oktavian für einen Hausstreit, den es schleunigst beizulegen gelte.

Eine andere Bewandtnis hat es mit dem Freiheitsgedanken, einem zweiten Leitmotiv der »Philippischen Reden« – ihrem eigentlichen ideologischen Fundament. Der Begriff ist in dieser· Intensität neu; er spiegelt die Erfahrungen der caesarischen Diktatur und geht, wie die beiden ersten Reden zeigen, auf die Programmatik der Verschwörer zurück. Er steht für die republikanische Staatsordnung, und man kann ihm – wenn man von der Frage einmal absieht, ob diese Staatsordnung noch durchsetzbar war – eine gewisse Berechtigung nicht absprechen. Der Gegen-

begriff zur politischen Freiheit im Innern des Staates heißt re-
gnum, »Monarchie«, »Tyrannei«; der Name, der diese Freiheit
verbürgt wie kein zweiter, lautet Brutus, womit zunächst nur der
legendäre Begründer der Republik gemeint ist, womit aber auch
die beiden gleichnamigen Verschwörer gegen Caesar gemeint
sein können. Die Freiheit steht unter bestimmten Voraussetzungen in einem Spannungsverhältnis zum Frieden – Cicero leitet
hieraus ein wichtiges Argument zur Begründung seiner Kriegspolitik ab. Denn Friede, so führt er aus, kann Knechtschaft bedeuten; daher ist nur der Friede erstrebenswert, der auf Freiheit
beruht – ein Friede in Knechtschaft hingegen, wie Antonius ihn
bringen würde, ist schlimmer als der Tod.

18. Kapitel

Scheitern und Tod

»Laß Dir diese Sorge angelegen sein, ... daß nicht irgendein Funke des scheußlichen Krieges übrigbleibt«: So Cicero am 5. Mai an Plancus, den Statthalter des jenseitigen Gallien. Für ihn stellte sich die Lage nach dem Doppelsieg bei Mutina in der Tat so dar, als gelte es nur noch – durch die Vernichtung des Antonius – den Schlußstrich unter das Erreichte zu ziehen. Hiervon legen vor allem die drei umfänglicheren Korrespondenzen mit Statthaltern Zeugnis ab, die aus jener Zeit erhalten geblieben sind: mit Plancus sowie mit Decimus und Marcus Brutus; sie zeigen, was er damals erwartete und wie seine Erwartungen stufenweis enttäuscht wurden.

Der Briefwechsel mit Plancus hat etwas Gemessenes und Gleichförmiges. Plancus läßt es an Beteuerungen seiner patriotischen Gesinnung und seiner freundschaftlichen Gefühle für Cicero nicht fehlen. Zugleich aber möchte er offensichtlich weder für die res publica noch für Cicero seine Haut zu Markte tragen; er wahrt Distanz und beschränkt sich auf behutsame Truppenbewegungen und behutsame Sondierungen. Ein Hauptthema der Korrespondenz ist Lepidus, der Statthalter der Gallia Narbonensis und des diesseitigen Spanien: wird er der Republik die Treue wahren oder sich auf die Seite des Antonius schlagen? Auf ihn kam es deshalb besonders an, weil sich Antonius in seine Provinz zurückgezogen hatte: wenn einer, dann mußte er, der mit guten Gründen als unsicherer Kantonist galt, Farbe bekennen.

Am 13. Mai wußte Plancus Günstiges über ihn zu berichten: nach zähen Verhandlungen habe er sich bereit erklärt, der Republik zu helfen; die Truppen der beiden Statthalter würden sich demnächst vereinigen. Doch schon am nächsten Tage folgte ein Widerruf: Lepidus habe sich ein weiteres Vorrücken des Plancus verbeten, und seine Soldaten hätten geschrien, daß sie nach so viel Blutvergießen gegen niemanden mehr kämpfen wollten. Plancus erklärte, daß er sich bemühen werde, seine Provinz zu schützen; Cicero möge Truppen schicken, damit die Republikaner nicht an ihren Zielen irre würden. Einige Tage darauf konnte Plancus in zwei aufeinander folgenden Briefen wieder Erfreulicheres mitteilen: Lepidus habe ihn zweimal gebeten zu kommen, wozu er auch, trotz großer Skrupel und Zweifel (»Ich kann nicht umhin zu schaudern: ob nicht ein Geschwür unter der Haut sitzt«), bereit sei; Lepidus warte auf ihn, weil er seiner Hilfe gegen Antonius bedürfe, der nur noch 24 Meilen von ihm entfernt stehe.

Auch in Rom, ließ Cicero Ende Mai vernehmen, höre man bald von Lepidus, was man sich wünsche, bald das Gegenteil: ob zutreffe, daß – was Decimus Brutus von Plancus erfahren haben wolle – Antonius bei Lepidus keine Aufnahme finde? Dann aber kam der Brief des Plancus vom 13. Mai: der Senat beschloß eine Danksagung, und Cicero fügte zum Ausdruck seiner Freude noch die Bemerkung hinzu, Plancus möge unter den obwaltenden drängenden Umständen nichts von der Zustimmung des Senats abhängig machen: Ipse tibi sis senatus – »Sei Dir selber Dein Senat.«

Am 6. Juni setzte Plancus ein Schreiben auf, das von vollendeten Tatsachen berichtete. Lepidus habe ihn in eine Falle locken wollen, er aber habe ihn durchschaut und sich 40 Meilen von ihm entfernt gehalten – daraufhin hätten sich die Truppen des Lepidus und des Antonius vereinigt. Plancus zeigte sich zufrieden, daß es ihm gelungen war, ohne Schaden nach Norden in seine Provinz zurückzumarschieren; er forderte Cicero abermals auf, für Verstärkung zu sorgen: Oktavian möge kommen.

In Rom war man wohl, als dieser Brief dort eintraf, über den

Verrat des Lepidus bereits unterrichtet, und zwar durch niemand anderen als den Verräter selbst. Lepidus hatte noch wenige Tage zuvor Cicero gegenüber versichert, daß der Senat und die Republik auf ihn zählen könnten. Am 30. Mai aber war er dreist genug, ein Schreiben an den Senat zu richten, dessen sich windende Sprache deutlich zeigt, daß er – anders als etwa Antonius – keineswegs aus Überzeugung handelte:

Marcus Lepidus, zum zweiten Male Imperator, Oberpontifex, entbietet den Prätoren, den Volkstribunen, dem Senat und dem römischen Volke seinen Gruß.

Wenn Ihr wohlauf seid und Eure Kinder auch, ist's gut; ich bin wohlauf. Ich rufe die Götter und Menschen zu Zeugen an, versammelte Väter, welche Gesinnung und Einstellung ich stets dem Staate gegenüber gehabt und daß ich nichts für wichtiger gehalten habe als das Gemeinwohl und die Freiheit. Das hätte ich Euch auch in kurzem bewiesen, hätte mir das Schicksal nicht meinen eigenen Plan aus den Händen gewunden. Denn mein gesamtes Heer hat an seiner Gewohnheit, für die Erhaltung der Bürger und einen allgemeinen Frieden einzutreten, durch eine Meuterei festgehalten und mich, um die Wahrheit zu sagen, gezwungen, mich der Rettung und des Heils einer so großen Menge römischer Bürger anzunehmen. So bitte und beschwöre ich Euch denn, versammelte Väter, unter Hintansetzung privater Streitigkeiten das Gesamtwohl des Staates im Auge zu behalten und uns und unserem Heer Barmherzigkeit bei einem Bürgerzwist nicht als Verbrechen anzulasten. Wenn Ihr auf das Heil und die Würde aller bedacht seid, dann sorgt Ihr besser sowohl für Euch als auch für den Staat.

Ciceros Drängen und Mahnen, seine Beteuerungen, daß alle Hoffnung nunmehr auf Plancus und Decimus Brutus beruhe, zeitigten jetzt erst recht keine Erfolge mehr: Antonius hatte, obwohl seit der Doppelschlacht von Mutina kaum sechs Wochen vergangen waren, wieder eine stattliche Streitmacht zu seiner Verfügung, und Plancus hielt auch in dem letzten erhaltenen Schreiben an Cicero – vom 28. Juli – an seiner Überzeugung fest, daß ohne Verstärkung keine Schlacht gewagt werden könne.

Die Korrespondenz mit Decimus Brutus spricht eine weit offenere Sprache. Brutus zeigt sich von Anfang an unentschlossen, ja mutlos: vielleicht hatte die lange Belagerung ihn angegriffen; jedenfalls stellte sich alsbald heraus, daß er außerstande war, zu einem raschen Gegenschlag auszuholen. Cicero wiederum erblickte in ihm den Hauptverantwortlichen für die Liquidierung des Krieges gegen Antonius (so war es ja auch am 27. April vom Senat beschlossen worden) und hielt, als die Dinge einen für ihn unerwarteten, ja paradoxen Lauf nahmen, mit seiner Enttäuschung und Indignation nicht hinter dem Berge. In einem Briefe vom 29. April machte Brutus sich anheischig, Antonius aus Italien zu vertreiben (ein bescheidenes Ziel); er verlieh schon damals seiner Besorgnis Ausdruck, daß sich Lepidus, »ein überaus wetterwendischer Mensch«, mit Antonius zusammentun könne. Im folgenden Schreiben, vom 5. Mai, gedachte er mit keinem Worte eigener Maßnahmen. Er berichtete, Antonius, der bei der Flucht nur noch eine Handvoll wehrloser Soldaten um sich hatte, stehe jetzt wieder an der Spitze eines hinlänglich großen Heeres; »wenn Oktavian auf mich gehört und den Apennin überschritten hätte«, fuhr er fort, »dann hätte ich Antonius derart in die Enge getrieben, daß er eher durch Hunger als durch das Schwert zugrunde gegangen wäre – doch Oktavian läßt sich nichts befehlen, und seinen Truppen kann er nichts befehlen, was beides sehr schlimm ist.« Cicero wiederum gab Mitte Mai deutlich zu erkennen, wie wenig ihn der Gang der Ereignisse befriedigte: der Krieg scheine nicht nur nicht erloschen, sondern neu entflammt zu sein; Antonius sei nicht geflohen, sondern habe lediglich den Kriegsschauplatz geändert.

Die wechselseitige Verstimmung wuchs: einige Tage später wies Cicero den Vorwurf der Furchtsamkeit, den Brutus in einem verlorenen Schreiben dem Senat gegenüber erhoben hatte, in scharfer Form zurück und rügte seinerseits an Brutus, daß er allzu furchtsam sei. So ging es fort: als Lepidus die Maske abgeworfen und sich mit Antonius verbündet hatte, da schrieb Brutus beinahe triumphierend: »In meinem schweren Kummer habe ich immerhin den Trost, daß die Leute jetzt begreifen können, daß ich nicht ohne Grund befürchtet habe, was nunmehr eingetreten ist«; jetzt sei es ja wohl kein Gegenstand langer Beratungen mehr, ob man Truppen aus Afrika, Sardinien und Griechenland herbeirufen solle.

Als Brutus diese Zeilen zu Papier brachte, befand er sich schon auf dem Wege nach Gallien, zu Plancus, und eine Woche später, etwa am 10. Juni, meldeten die beiden Statthalter aus Cularo, dem heutigen Grenoble, daß ihre Truppen sich vereinigt hätten – zum Besten des Staates, wie sie hinzuzufügen nicht unterließen. Cicero mochte auch Brutus gegenüber erklären, daß alle Hoffnung auf ihm und seinem Kollegen Plancus beruhe: Italien hatte jetzt keine von einem Republikaner befehligte Streitmacht mehr; Oktavian konnte nach Belieben schalten. Cicero allerdings hatte damals die Situation noch bei weitem nicht in dieser Klarheit erfaßt; er glaubte noch stets (oder wollte noch stets glauben), daß Oktavian der Vollstrecker des Senatswillens sei, und so setzte er am 30. Juni einen fast schon anachronistischen Senatsbeschluß durch, der Lepidus zum Staatsfeinde erklärte.

Mit Marcus Brutus schließlich war Cicero durch die politische Denkungsart und philosophische Studien, durch Freundschaft und Sympathie seit Jahren eng verbunden, und so steht seine Korrespondenz mit ihm an Offenheit der mit Atticus nur wenig nach. Überdies geht es dort nicht nur um Decimus Brutus, Lepidus und andere Persönlichkeiten zweiten Ranges, sondern vor allem um die Kernfrage der ciceronischen Politik: um das Bündnis mit Oktavian. Gewiß hatte sich auch Cicero nur aus pragmatischen Gründen dazu entschlossen, mit dem Adoptivsohn Caesars zu paktieren: weil er glaubte, daß sich die Republik sonst nicht gegen Antonius würde behaupten können. Und vielleicht hatte er sogar daran gedacht, den jungen Mann, sobald er seiner nicht mehr bedürfe, fallen zu lassen. Decimus Brutus jedenfalls wollte von einem Mittelsmann erfahren haben, daß Oktavian von einem Ausspruch Ciceros betroffen gewesen sei: laudandum adulescentem, ornandum, tollendum – »man solle den jungen Mann loben, auszeichnen und dann wegräumen«; er habe hinzugefügt, er werde zu verhindern wissen, daß man ihn wegräume. Cicero bestritt die Autorschaft mit Entschiedenheit – ob zu Recht, läßt sich schwerlich noch ausmachen. Jedenfalls wollte Marcus Brutus auch von einem taktisch bedingten Handel mit Oktavian nicht das Mindeste wissen: er war konsequenterweise der Überzeugung, daß die republikanische Sache gegen sämtliche Caesarianer verfochten werden müsse – er hätte sich, wenn überhaupt, wohl eher zu einem Zweckbündnis mit Antonius bereit gefunden als zu einem mit Oktavian.

In diese Richtung weist schon ein Vorspiel des großen Disputs. Gaius Antonius, den der Bruder Ende November 44 mit der Statthalterschaft von Makedonien betraut hatte, war Brutus in die Hände gefallen. Am 13. April wurden im Senat zwei Briefe verlesen: einer von Brutus, ein anderer von Gaius Antonius. An dem Brief des Antonius rief schon die Überschrift großes Erstaunen hervor: »Der Prokonsul Antonius« – als ob er rechtmäßiger Statthalter von Makedonien wäre! Und Brutus schien zu bestätigen, daß Antonius den Titel mit seinem Einverständnis führte: der Senat erstaunte noch mehr. Ein Freund des Brutus erklärte dessen Schreiben für eine Fälschung; Cicero, dem dieser Weg nicht gangbar schien, konnte nicht umhin, das Verhalten des Brutus zu rügen. Der Brief, den er alsbald an Brutus richtete, warnte nachdrücklich vor übel angebrachter Milde; es gelte, den Staat nicht nur vom Tyrannen (von Caesar), sondern von der Tyrannei schlechthin zu befreien; die Antonier dürften nicht anders behandelt werden als Dolabella. Ciceros nächster, wenige Tage später verfaßter Brief brachte den Meinungsunterschied auf die folgende Formel: »Doch Deine Antithese kann ich auf keine Weise billigen; Du schreibst ja, es sei wichtiger, Bürgerkriege zu verhindern als an den Unterlegenen Zorn auszulassen. Da bin ich ganz anderer Meinung, Brutus; ich kann Deine Milde nicht gutheißen. Vielmehr ist heilsame Strenge besser als der trügerische Schein der Milde; wenn wir milde sein wollen, werden die Bürgerkriege nie enden.«

Wegen Oktavians waren Brutus und Cicero gewiß von Anfang an verschiedener Meinung, und Cicero wußte davon; sonst hätte er nicht schon in seinem Schreiben von Mitte April mit aller Deutlichkeit darauf hingewiesen, daß Brutus durch seine anfängliche Passivität das Emporkommen des Marcus Antonius ermöglicht habe, so daß keine Rettung war außer bei Oktavian. Nach dem zweiten Siege bei Mutina rühmte Cicero Oktavians, »des Knaben«, »erstaunliche Veranlagung zur Tüchtigkeit«; er fügte jedoch hinzu: »Könnten wir ihn im Glanz der Ehren und des Ansehens ebenso leicht lenken und im Zaume halten wie bisher! Es ist gewiß ziemlich schwer, doch trotzdem bin ich in guter Zuversicht.«

Brutus hingegen begann im Mai, auf das schärfste vor Oktavian zu warnen. Er schrieb angesichts der Ehrungen, die dem jungen Manne bewilligt worden waren oder bewilligt werden sollten: »Cicero, Du vortrefflicher und tüchtiger Mann, mir mit Recht um meinet- und um des Staates willen überaus teuer: Du scheinst Dich allzu sehr Deinen Erwartungen anzuvertrauen und sogleich, wenn jemand etwas Tüchtiges geleistet hat, alles zu gewähren und zuzugestehen, als ob ein durch Geschenke verdorbener Charakter nicht zu bösen Entschlüssen verleitet werden könnte!« Als er den nächsten Brief zu Papier brachte, hatte er offenbar von Bestrebungen gehört, Oktavian das Konsulat zu verschaffen; er schrieb: »So fürchte ich denn, was das Konsulat angeht, daß Dein Caesar durch die von Dir erwirkten Beschlüsse höher gestiegen zu sein glaubt, als daß er von dort, wenn er es erst zum Konsul gebracht hat, wieder herabzusteigen bereit wäre ...

Daher werde ich Dein Glück und Deine Voraussicht erst dann loben, wenn es für mich eine ausgemachte Sache ist, daß Caesar mit den außerordentlichen Ehren, die man ihm zugebilligt hat, zufrieden ist.«

Das Gerücht von Oktavians Bemühungen um das Konsulat war zwar etwas verfrüht, aber beileibe nicht unbegründet. Oktavian, der mit seiner Streitmacht in Oberitalien saß und sich nicht rührte, begann – wer hätte ihn auch daran zu hindern vermocht – den Senat zu erpressen; er verlangte alsbald seine Wahl zum Konsul. Cicero hatte damals noch den Mut durchzusetzen, daß das Ansinnen zurückgewiesen wurde. Oktavian, teilte er Brutus im Laufe des Juni mit, der sich bisher habe lenken lassen, sei auf schmähliche Weise dazu verführt worden, sich allzu kühne Hoffnungen zu machen. Auf seine, Ciceros, Einwendungen hin habe der Senat große Festigkeit bewiesen. Gleichwohl herrsche unter den Bürgern Unruhe: »Wir sind zum Spielball geworden, Brutus, zum Spielball der zügellosen Soldaten und der anmaßenden Feldherrn: jeder verlangt so viel Macht im Staate, wie er Kräfte hat; kein Grundsatz, kein Maß, kein Gesetz, kein Herkommen, keine Verpflichtung gilt etwas, keine Kritik, keine öffentliche Meinung, keine Scheu vor der Nachwelt.« Cicero schloß schwankend und unsicher: wenn Oktavian ihm nicht mehr gehorche, wenn er den bösen Einflüssen erliege (was hoffentlich nicht eintreten werde), dann sei der Staat schutzlos; Brutus solle sich daher eilends in Italien einfinden.

Der Druck Oktavians verstärkte sich; die Hilferufe, die an Brutus ergingen, wurden nachdrücklicher, und der Disput über Ciceros Politik nahm an Heftigkeit zu. Oktavian bemühte sich, jetzt direkt und nicht mehr über Mittelsmänner, abermals um das Konsulat; er forderte Cicero auf, ebenfalls zu kandidieren – er werde sich ihm gänzlich unterordnen. Cicero schwieg; der Senat lehnte gleichwohl auch das zweite Gesuch ab. »Das Heer Oktavians, das ausgezeichnet war«, schrieb Cicero am 14. Juli an Brutus, »ist jetzt nicht nur zu nichts nütze, sondern zwingt uns gar,

Dein Heer anzufordern ... So komm uns zu Hilfe, bei den Göttern, und das so bald wie möglich, und sei überzeugt, daß Du dem Vaterland an den Iden des März, an denen Du Deine Mitbürger von der Knechtschaft befreitest, keinen größeren Dienst erwiesen hast, als Du ihm jetzt erweisen kannst, wenn Du schleunigst kommst!« Um dieselbe Zeit suchte Cicero in einem langen Schreiben den Vorwurf zu entkräften, er bedenke Oktavian allzu großzügig mit Ehrungen; auch hier schloß er mit der Bitte: »Eines ist notwendig, Brutus: daß Du so bald wie möglich mit Deinen Truppen nach Italien kommst. ... Doch bei den Göttern, beeile Dich! Du weißt, wieviel von den Zeitumständen, wieviel von der Schnelligkeit abhängt!«

Es gelte, den Staat nicht nur vom Tyrannen, sondern von der Tyrannei schlechthin zu befreien: diese Maxime hatte Cicero im April Brutus vorgehalten, als es um die Behandlung des Gaius Antonius ging. Jetzt, im Sommer, war es Brutus, der sich ihrer bediente, um Ciceros Handeln an ihr zu messen, und er kam zu einem geradezu vernichtenden Ergebnis. Schon in einem Briefe an Atticus hatte er Cicero scharf kritisiert (hier, im Gespräch mit dem Freunde des gemeinsamen Freundes, konnte er sich besonders rückhaltlos äußern): Er zweifle nicht, daß Cicero alles in bester Absicht getan habe; nichts sei zuverlässiger bekannt als seine Gesinnung gegenüber dem Staat. Doch manches habe der kluge Mann ungeschickt oder von Eitelkeit getrieben angefangen – so habe er sich um des Staates willen ohne Bedenken den mächtigen Antonius zum Feinde gemacht. Was denn der Krieg gegen Antonius nütze, wenn als Preis für die Niederwerfung gefordert werde, daß ein anderer an seine Stelle trete, und wenn der Befreier von dem einen Übel der Urheber eines anderen sei, das noch festere und tiefere Wurzeln habe? Ciceros Angst ziehe das Übel herbei, das sie zu meiden suche; er füge sich in seine Knechtschaft, wenn Oktavian ihn nur ›Vater‹ nenne und freundlich zu ihm sei. Was da noch die schönen Worte taugten, die er für die Freiheit des Vaterlandes, über die Würde, den Tod, die

Verbannung und die Armut gefunden habe? Brutus aber werde mit der Sache selbst Krieg führen, das heiße mit der Tyrannei schlechthin, mit außerordentlichen Befehlshaberstellen, mit Herrschaft und Macht, die sich über die Gesetze erhaben dünke, und hiervon werde er sich durch keine noch so angenehme Art der Knechtschaft abbringen lassen.

Dem Brief an Atticus, dem einzigen an ihn, folgte der letzte erhaltene Brief an Cicero, geschrieben wohl Anfang Juli. Brutus hatte einen besonderen, für ihn überaus schmerzlichen Anlaß, sich an Cicero zu wenden. Von Atticus war ihm ein Teil eines Schreibens übermittelt worden, das Cicero an Oktavian gerichtet und worin er ihn um Gnade für die Caesarmörder gebeten hatte. »Du dankst ihm derart für seine Verdienste um den Staat«, schrieb Brutus, »Du empfiehlst ihm so demütig und bescheiden – was soll ich schreiben? Ich schäme mich meines Ranges und meiner Stellung, doch trotzdem muß es gesagt werden: Du empfiehlst ihm mein Leben! Welcher Tod wäre furchtbarer! Du bekennst gerade heraus, daß wir nicht die Herrschaft beseitigt, sondern nur den Herrn gewechselt haben. Lies Deine Worte noch einmal und wage dann zu leugnen, daß das Bitten eines Sklaven vor einem Könige sind. Das einzige, schreibst Du, was man von ihm verlange und erwarte, sei, daß er die Bürger am Leben lasse, die bei allen Rechtgesinnten und beim römischen Volke in hohem Ansehen stünden.« Schwächliche Verzweiflung treibe Cicero, bei einem Knaben um das Leben der Befreier des Erdkreises zu betteln: wozu habe er, wenn es dahin gekommen sei, Antonius bekämpft? Brutus könne sich mit einem Leben ohne Würde und Freiheit nicht zufrieden geben; Cicero dürfe ihn nie wieder seinem Caesar empfehlen, und auch sich selbst nicht! Sein beherztes Vorgehen gegen Antonius werde ihm den Ruf der Furchtsamkeit einbringen, wenn es mit Bitten an die Adresse Oktavians erkauft sei: man werde denken, daß er nicht keinem Herrn, sondern nur einem freundlicheren Herrn habe dienen wollen.

Ciceros letzter Brief an Brutus, vom 27. Juli, der letzte, der überhaupt von ihm erhalten ist, geht auf diese schweren Vorwürfe mit keinem Worte ein; offensichtlich war das Schreiben damals noch nicht in Rom eingetroffen. Cicero verlangte erneut, Brutus möge dem schwankenden, fast schon zusammenbrechenden Staate baldigst zu Hilfe kommen: die siegreichen Truppen hätten den fliehenden Feind nicht verfolgen wollen und ein unbeteiligter Feldherr (gemeint ist Lepidus) habe dem Staat den Krieg erklärt. »Am meisten aber schmerzt es mich, während ich dies schreibe«, fuhr Cicero fort, »daß ich mich für den jungen Mann, der beinahe noch ein Knabe ist, dem Staate gegenüber verbürgt habe und jetzt kaum noch glaube, für mein Versprechen einstehen zu können.« Gleichwohl nahm Cicero, der, wie stets, so auch diesmal, selbst unmittelbar vor der Katastrophe, die Wirklichkeit nach seinen Wünschen zurechtzurücken suchte, dieses Eingeständnis sofort wieder zurück: er hoffe noch; er müsse eben gegen viele schlechte Ratgeber um Oktavian kämpfen. In Wirklichkeit entbehrten die beiden Möglichkeiten, auf die Cicero damals noch setzte, jeglicher Grundlage: Brutus schlug sich im fernen Makedonien mit den Thrakern herum und war gänzlich außerstande, nach Italien zu eilen; Oktavian wiederum hatte bereits mit Antonius und Lepidus Verhandlungen aufgenommen.

Eines der verworrensten Kapitel der römischen Geschichte ging nunmehr zu Ende. Oktavian hatte das sonderbare Bündnis mit den von Cicero geführten Republikanern nur geschlossen, um seine Anerkennung durch Antonius zu erzwingen; dieser Zweck war mit den Schlachten von Mutina erreicht, und Oktavian konnte beginnen, sich mit Antonius zu verständigen. Es sollte sich bald zeigen, daß hiermit die ganze westliche Reichshälfte für die Sache der Republik verloren war: Plancus und Asinius Pollio traten zu Antonius über; Decimus Brutus geriet bei dem Versuch, sich nach Makedonien durchzuschlagen, in die Gewalt des Antonius und wurde auf dessen Befehl umgebracht.

Diese Entwicklung war vor allem dadurch bedingt, daß die große Masse der im Westen stehenden Soldaten caesarisch dachte; das Zögern und Lavieren, das die Truppenführer, mochten sie gesinnungslos sein wie Lepidus oder sich als Republikaner fühlen wie Plancus, statt des von Cicero so sehnlich gewünschten energischen Durchgreifens an den Tag legten, findet großenteils hierin seine Erklärung.

Oktavian, im Sommer 43 zum Scheine noch stets Bundesgenosse der Republikaner, spielte zunächst diese seine Rolle vor der legitimierenden Instanz in Rom, vor dem Senat, voll aus. Ende Juli erschienen dort vierhundert Soldaten als Repräsentanten seiner Armee; sie verlangten Geld, das ihnen versprochen war, und für ihren Oberkommandierenden das Konsulat. Sie mußten unverrichteter Dinge wieder abziehen, obwohl ein Hauptmann, auf sein Schwert weisend, gesagt hatte: »Wenn ihr ihm das Amt nicht geben wollt, wird dies es tun!« Cicero soll damals noch den Mut zu einer ironischen Replik gehabt haben: »Wenn ihr Oktavian so auffordert, wird er sich das Amt gewiß nehmen!« Oktavian rückte jetzt mit seinem ganzen Heer – dem stärksten, das damals im Westen stand – gegen Rom vor. Ein Versuch, die Stadt zu verteidigen, zerrann in nichts; als Oktavian sich von Norden her näherte, begann alle Welt ihm entgegenzuziehen. Cicero soll ihn am anderen Tage aufgesucht haben; er wurde, heißt es, von Oktavian mit dem hintergründigen Ausspruch empfangen, er komme als der letzte seiner Freunde. Am 19. August ging der Wahlakt über die Bühne; Oktavian hatte sich einen bedeutungslosen Gehilfen, seinen Vetter Quintus Pedius, als Kollegen ausersehen. Nunmehr wurden Gesetzesvorschläge bekannt gegeben, die den bisherigen Kurs der Senatspolitik revidierten: die Ächtung Dolabellas sollte aufgehoben, gegen die Caesarmörder ein außerordentliches Tribunal errichtet werden. Cicero blieb, mit Zustimmung Oktavians, den Senatssitzungen fern, die damals stattfanden; ein Satz aus seinem Dankschreiben ist die letzte von ihm überlieferte Äußerung: »Daß Du mir und Philippus Urlaub gewährst, freut mich doppelt: Du verzeihst das Vergangene und läßt Gnade walten für die Zukunft.«

Als Oktavian im Oktober wieder nach Norden abzog, da hieß es noch offiziell, daß nunmehr gegen Antonius gekämpft werden solle. Bald fiel auch dieser Schleier: Pedius zwang den Senat, die gegen Antonius und Lepidus ausgesprochenen Staatsfeind-Erklärungen zu widerrufen. Ende Oktober vereinbarten Oktavian, Antonius und Lepidus auf einer Insel im Renus nördlich von Bononia – dem heutigen Bologna – eine Dreimänner-Diktatur, das Triumvirat. Hiernach waren die Dreimänner allen ordentlichen Beamten übergeordnet; sie hatten das Recht, Gesetze zu erlassen sowie Beamte und Statthalter zu ernennen. Die damalige Machtsphäre der Caesarianer wurde aufgeteilt: Antonius erhielt Oberitalien und Gallien, Lepidus Spanien (nebst Gallia Narbonensis), Oktavian den Rest. Das Schlimmste waren die Proskriptionen, die Veröffentlichung von Namenslisten politischer Gegner, die hiermit für vogelfrei erklärt wurden. Diese grauenvolle Maßnahme entstammte der Zeit Sullas: damals hatten die Tafeln mit den Namen der Geächteten der blindwütigen Rache notdürftige Grenzen setzen sollen. Die Proskriptionen des Jahres 43 unterschieden sich dadurch von ihrem sullanischen Vorbild, daß sie nicht nur politische, sondern auch finanzielle Gründe hatten: die eingezogenen Vermögen sollten die Kassen zum Kriege gegen die im Osten stehenden Caesarmörder füllen. Außerdem vollzogen sie sich unter peinlicher Wahrung formaler Legalität und in geradezu perfekter Organisation: sobald die Namenslisten angeschlagen waren, wurden alle Tore und Häfen streng überwacht, und Häscher drangen allerorten in die Häuser ein.

Antonius verlangte, daß zuallererst Cicero getötet werde, der Mann, der an der Spitze des Widerstands gegen ihn gestanden hatte. Oktavian soll sich diesem Ansinnen zwei Tage lang widersetzt und erst am dritten Tage eingewilligt haben – immerhin gab Lepidus bei dem grausigen Handel einen Bruder und Antonius einen Onkel preis. Diese beiden Opfer konnten sich indes der Exekution entziehen: der Bruder des Lepidus, weil Soldaten ihn laufen ließen, der Onkel des Antonius, weil er vom Neffen begnadigt wurde. Auch Oktavian wäre es wohl möglich gewesen, bei der Konferenz zunächst zuzustimmen und dann dem Manne, dem er viel verdankte und den er kurz zuvor noch ›Vater‹ genannt hatte, zur Flucht zu verhelfen. Eine Liste mit einer Reihe von prominenten Namen, darunter dem Ciceros, ging vorab nach Rom. Bald darauf zogen die drei Befehlshaber selbst in die Stadt ein; sie wurden durch Volksbeschluß ermächtigt, als tresviri rei publicae constituendae, »Dreimänner für die Neuordnung des Staates«, fünf Jahre lang unumschränkt zu regieren. Sie veröffentlichten nunmehr das gesamte Proskriptionsedikt, das 300 Senatoren und 2000 Ritter für vogelfrei erklärt haben soll.

Über Ciceros letzte Lebensmonate ist so gut wie nichts bekannt. Asinius Pollio soll in einer Prozeßrede behauptet haben, daß Cicero willens gewesen sei, seine Autorschaft an den »Philippischen Reden« abzuschwören – schon Livius versagte dieser einigermaßen absurden Nachricht den Glauben. Cicero wird sich auf seinen Gütern aufgehalten haben, wahrscheinlich in überaus schlechter psychischer Verfassung, wobei er wohl, wie in der Zeit seines Exils, unaufhörlich nach der Schuld an dem Unglück suchte: bei sich selber und bei anderen. So würde sich auch erklären, daß es für die letzten Monate gänzlich an Briefen fehlt; weder die Sammlung Ad familiares noch die Korrespondenz mit Marcus Brutus reicht über Ende Juli hinaus, und nur das förmliche Dankschreiben an Oktavian, aus dem ein Satz erhalten geblieben ist, entstammt dem August. Es wäre denkbar, daß Atticus und Tiro die Briefe, die aus jener Zeit noch vorhanden waren, wegen ihres beschämenden Inhalts vernichtet haben.

Cicero befand sich mit seinem Bruder auf seinem Gute bei Tusculum, als sie die Nachricht erreichte, daß sie beide geächtet seien. Sie beschlossen – erstaunlicherweise erst jetzt und nicht schon Monate zuvor –, zu Marcus Brutus nach Griechenland zu fliehen. Ihr erstes Ziel war Ciceros Villa in Astura an der Küste, wohin sie in Sänften abreisten. Unterwegs bog Quintus ab, um sich noch mit Geldmitteln zu versehen; er wurde bald darauf verraten und mitsamt seinem Sohne getötet. Cicero erreichte Astura und von dort zu Wasser Circei; er entschloß sich nach einigem Hin und Her, zu seinem Gut bei Formiae weiterzufahren, um dann im nahe gelegenen Caieta ein Schiff zu besteigen. Während der Übernachtung in Formiae holten ihn die Mordknechte des Antonius ein. Seine Leute versuchten noch, ihn auf einem Waldweg nach Caieta zu bringen; er wurde umstellt und getötet, als er zur Sänfte herausblickte. Er soll gelassen gestorben sein: »Widrigkeiten vermochte er nicht, wie es einem Manne ansteht, zu ertragen – außer seinem Tod«, meinte Livius. Der Mörder hieb ihm befehlsgemäß Kopf und Hände ab und brachte sie nach Rom zu Antonius, der sie an der Rednertribüne auf dem Forum befestigen ließ.

Am 7. Dezember 43 wurde Cicero von demselben Schicksal ereilt wie ein Jahr und neun Monate zuvor der einzige andere Römer seiner Zeit, der ihm, bei allen Unterschieden, an Größe gleichkam – von demselben Schicksal eines gewaltsamen Todes, das zuvor Pompeius und Cato getroffen hatte und bald darauf noch Brutus und Cassius und schließlich dreizehn Jahre später auch Antonius treffen sollte: die langwierige, von Bürgerkriegen erfüllte Krise Roms, der Übergang von der Republik zur Monarchie, raffte gerade die erbarmungslos dahin, die sich ganz und gar und ohne auf die Möglichkeit eines Rückzugs bedacht zu sein, ihrer Sache verschrieben. Gewiß hatte sich keiner der Genannten bei seinem in den persönlichen Untergang führenden Handeln so sehr von Illusionen leiten lassen wie Cicero. Andererseits galt gerade sein Wirken, sein politisches wie sein literarisches, einer Realität: der in Jahrhunderten gewachsenen römischen Adelsrepublik; und so war es mehr als ein äußeres Zusammentreffen, daß sein Leben nur zehn Tage nach jenem 27. November endete, an dem die Dreimännerherrschaft de jure begonnen und hiermit die Verfassung der alten res publica für immer beseitigt hatte. Ciceros Tod war mehr noch als der Tod eines Cato oder Brutus Symbol für den Untergang der republikanischen Freiheit.

Der Sohn Marcus, der unter Marcus Brutus als Reiterführer diente, war im Sommer 43 gegen den Wunsch des Vaters nach Rom gekommen, um dort für das Amt eines Pontifex zu kandidieren; es gelang ihm, nach Griechenland zurückzukehren, als die Proskriptionen ihn ebenso mit dem Tode bedrohten wie den Vater, den Onkel und den Vetter. Auch der Doppelschlacht bei Philippi, die dem Leben des Brutus und Cassius ein Ende setzte und dem letzten republikanischen Heer den Untergang bereitete, vermochte er zu entkommen. Er hielt sich danach zunächst in Sizilien auf und befand sich vom Jahre 39 an wieder in Rom. Er erfreute sich nunmehr der Protektion durch Oktavian, der wohl am Sohne wiedergutzumachen suchte, was er dem Vater angetan hatte. Marcus wurde Pontifex und war im Jahre 30 für einige Monate nachgewählter Konsul; er hat schließlich noch zweimal das Amt eines Statthalters bekleidet, zunächst in Syrien, dann in Kleinasien.

Epilog

Mit Marcus, dem unbedeutenden Sohne eines berühmten Vaters, erlischt unsere Kunde von den Tullii Cicerones; die Familie trat in das Dunkel zurück, dem die Strahlkraft von Ciceros Genie insgesamt vier Generationen abgewonnen hatte. Zugleich aber begann die Geschichte von Ciceros Ruhm, eine Geschichte, der auch die Tatsache nicht Abtrag zu tun vermochte, daß man von Anfang an so viel an Ciceros Leben und an Ciceros Politik auszusetzen fand: Cicero wurde zum bevorzugten Gegenstand einer Kunst, die er selbst meisterlich gehandhabt hatte, des Streitgesprächs, der Kontroverse, des in utramque partem disputare.

Unter dem Regiment Oktavians, der sich vom Jahre 27 an Augustus nannte, erreichte die römische Dichtung mit Vergil und Horaz ihren Höhepunkt. Damals lastete noch der Bann des Schweigens auf dem getöteten ›Staatsfeinde‹ Cicero – keiner der Dichter, die in augusteischer Zeit lebten, hat ihn je zu erwähnen gewagt, nicht einmal Horaz, der sich sonst ziemlich viel herausnahm. Gleichwohl war die Haltung des Kaisers nicht gänzlich ablehnend – nicht er, sondern Antonius hatte die Tötung Ciceros verlangt, und der war im Jahre 31 im Kampf um die Alleinherrschaft über das römische Reich unterlegen gewesen. Plutarchs Cicero-Biographie endet mit einer Anekdote, die einiges Licht auf die zwiespältige Einstellung des Augustus wirft. Der Kaiser sei zu einem seiner Enkel gekommen, heißt es dort, und habe ihn überrascht, wie er in einem Buche Ciceros las. Der war erschrocken und versteckte das Buch in seinem Gewand, doch Augustus ließ es sich geben und las stehenden Fußes einen Teil davon durch. Dann gab er es dem Knaben zurück und sagte: »Ein wortgewaltiger Mann war er, wortgewaltig und vaterlandsliebend.«

Cicero hat sich selbst für den größten Redner Roms gehalten: der Dialog »Brutus«, der die Geschichte der römischen Beredsamkeit behandelt, ist auf ihn als den Höhepunkt hin angelegt. Die Nachwelt gab ihm hierin recht. Er avancierte schon im 1. Jahrhundert n. Chr. zum Klassiker der lateinischen Eloquenz, ja der lateinischen Prosa überhaupt, und ein stattliches Corpus seiner Reden wurde getreulich bewahrt und weitergegeben, während die Erzeugnisse seiner Vorgänger, Zeitgenossen und Nachfolger allesamt untergingen – mit der einzigen Ausnahme einer Prunkrede, die der jüngere Plinius, ein Freund des Tacitus, im Jahre 100 n. Chr. auf Kaiser Trajan gehalten hat. Und zu Cicero dem Redner und Stilisten gesellte sich bald auch Cicero der Philosoph: zumal für die lateinischen Kirchenväter wurde er zur Hauptquelle und zum Hauptbezugspunkt für eine durchaus nicht nur feindselige Polemik gegen die Lehren der heidnischen Philosophie.

Geschichtliche Entwicklungen jenseits von Rom lagen gänzlich außerhalb römischen Vorstellungsvermögens, und so konnte auch Cicero nicht ahnen, daß er einmal – neben Caesar, dem Begründer der Monarchie, und Vergil, dem Schöpfer der »Aeneis« – zu einem der Väter Europas aufrücken würde: durch eine Humanität, die philosophische Bildung mit der Befähigung zum öffentlich wirkenden Wort zu vereinigen strebte. Doch von diesem Thema kann und soll hier nicht mehr die Rede sein; für die weitere Geschichte von Ciceros Ruhm, die in den Zeitaltern des italienischen Humanismus und der westeuropäischen Aufklärung unverkennbare Kulminationspunkte erreichte, sei beispielshalber auf zwei deutschsprachige Darstellungen verwiesen: auf Zielinskis geradezu schon klassisches Buch »Cicero im Wandel der Jahrhunderte« (Leipzig–Berlin 1912, 3. Auflage) und auf das von Bruno Weil verfaßte Werk »2000 Jahre Cicero« (Zürich–Stuttgart 1962).

Für deutsche Leser sollte allerdings noch angefügt werden, daß ihr Land unlängst Schauplatz einer recht unglücklichen Cicero-Rezeption gewesen ist. Die einstweilen letzte deutsche Bildungsbewegung, der Neuhumanismus, maß zwar der lateinischen Sprache und mit ihr Cicero, dem lateinischen Prosaschriftsteller par excellence, große Bedeutung bei; zugleich aber konnte man mit Ciceros wichtigster Botschaft, mit dem Ideal des orator perfectus – des Philosophen und Redners in *einer* Person –, wenig anfangen, und so nahm man weder den Philosophen noch den Redner Cicero wirklich ernst, und zu allem Überfluß glaubte man auch Ciceros Charakter für allzu fehlbar, ja für verwerflich halten zu müssen. Diese negative, besonders effektvoll von Mommsen propagierte Betrachtungsweise bewirkte, daß sich die Bedeutung Ciceros im Formalen zu erschöpfen schien: er war als unübertroffenes Muster lateinischer Prosa beinahe so etwas wie ein unvermeidliches Übel. Die bürgerliche Kultur Deutschlands, von Dichtern und Philosophen, nicht aber von Rednern und Staatsmännern geschaffen, führte – zum Teil wider die Intentionen der Gründer – abermals in ein discidium linguae atque cordis (»Zerwürfnis zwischen Zunge und Verstand«), ganz von der Art, wie es einst Ciceros Schrift »Über den Redner« einem Sokrates angelastet hatte. Theorie und Praxis, Ethik und Politik, Bildung und öffentliche Rede wurden weithin voneinander getrennt, und so war man auch außerstande, dem Wirken des Mannes Gerechtigkeit angedeihen zu lassen, der wie kaum ein anderer vorgelebt hatte, wie beides zu verbinden sei.

ANHANG

Zeittafel

Die Tullii Cicerones

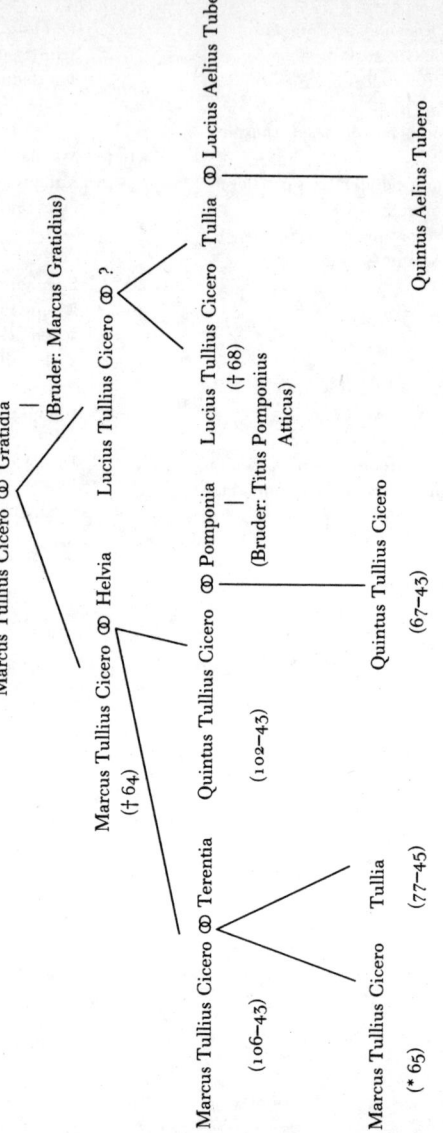

Marcus Tullius Cicero ⚭ Gratidia

(Bruder: Marcus Gratidius)

Marcus Tullius Cicero ⚭ Helvia Lucius Tullius Cicero ⚭ ?
(† 64)

Marcus Tullius Cicero ⚭ Terentia Quintus Tullius Cicero ⚭ Pomponia Lucius Tullius Cicero Tullia ⚭ Lucius Aelius Tubero
(106–43) (102–43) (Bruder: Titus Pomponius († 68)
Atticus)

Marcus Tullius Cicero Tullia Quintus Tullius Cicero Quintus Aelius Tubero
(* 65) (77–45) (67–43)

314

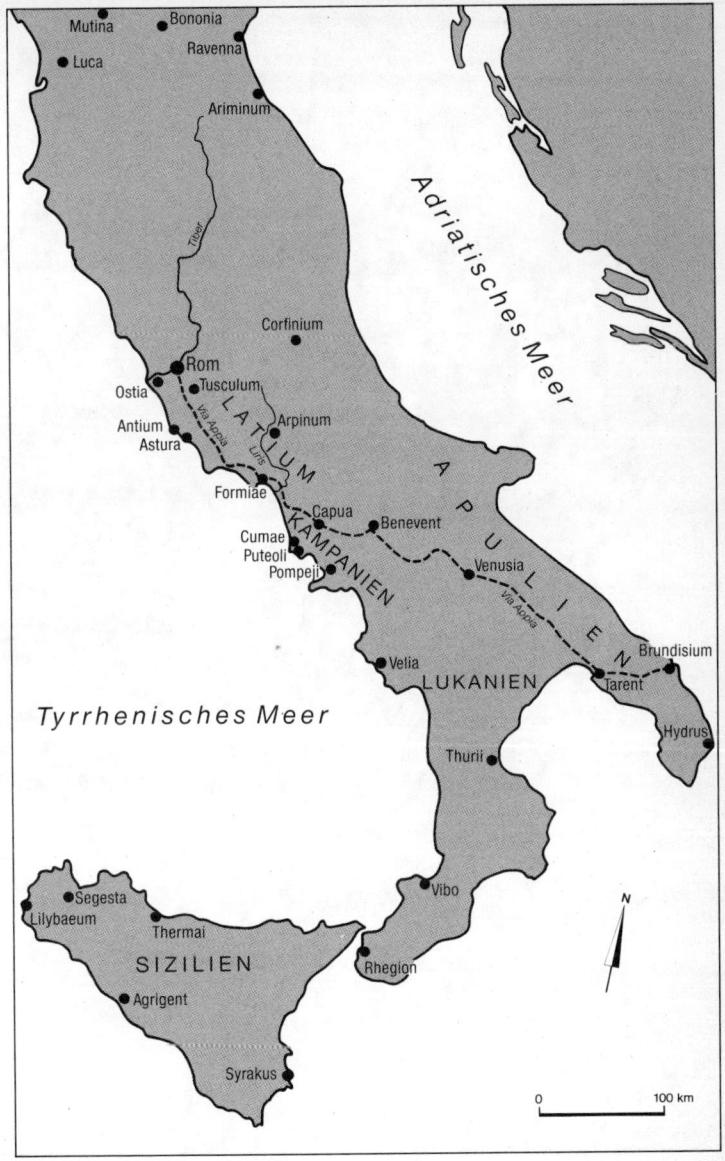

Mutina
Bononia
Luca
Ravenna
Ariminum

Tiber

Corfinium

Rom
Ostia Tusculum
LATIUM
Antium Arpinum
Astura
Via Appia
Liris
Formiae
Capua Benevent
Cumae KAMPANIEN
Puteoli Venusia
Pompeji
Via Appia
Velia Brundisium
LUKANIEN Tarent
Hydrus
Thurii

Tyrrhenisches Meer

Adriatisches Meer

APULIEN

Segesta
Lilybaeum
Thermai
SIZILIEN
Agrigent

Vibo

Rhegion

N

Syrakus

0   100 km

Die Werke Ciceros

Übersicht über die wichtigsten Ausgaben und Übersetzungen

Reden

Ausgaben

M. Tulli Ciceronis Orationes, ed. A. C. Clark – W. Peterson, 6 Bde. (Bibliotheca Oxoniensis), Oxford 1905–18 (z. T. 2. Aufl.).

Cicéron, Discours, ed. H. de la Ville de Mirmont u. a., 20 Bde. (Collection Budé), Paris 1918 ff. (mit französischer Übersetzung, z. T. 2. und 3. Aufl.).

Übersetzung

M. Tullius Cicero, Sämtliche Reden, eingeleitet, übersetzt und erläutert von M. Fuhrmann, 7 Bde. (Bibliothek der Alten Welt), Zürich–Stuttgart–München 1978–85 (z. T. 2. Aufl.).

Band 1: Rede für P. Quinctius (Pro P. Quinctio) – Rede für Sex. Roscius aus Ameria (Pro Sex. Roscio Amerino) – Rede für den Schauspieler Q. Roscius (Pro Q. Roscio Comoedo) – Rede für M. Tullius (Pro M. Tullio) – Rede für M. Fonteius (Pro M. Fonteio) – Rede für A. Caecina (Pro A. Caecina) – Rede über den Oberbefehl des Cn. Pompeius (De imperio Cn. Pompei).

Band 2: Rede für A. Cluentius Habitus (Pro A. Cluentio Habito) – Die Reden über das Siedlergesetz (De lege agraria contra Rullum) – Rede für C. Rabirius (Pro C. Rabirio perduellionis reo) – Die Catilinarischen Reden (In L. Catilinam) – Rede für L. Murena (Pro L. Murena).

Band 3: Rede im Vorverfahren gegen Q. Caecilius (Divinatio in Q. Caecilium) – Erste Rede gegen C. Verres (Actio prima in C.

Verrem) – Zweite Rede gegen C. Verres, Buch 1–2 (Actio secunda in
C. Verrem, I–II).
Band 4: Zweite Rede gegen C. Verres, Buch 3–5 (Actio secunda in
C. Verrem, III–V).
Band 5: Rede für P. Sulla (Pro P. Sulla) – Rede für den Dichter
A. Licinius Archias (Pro A. Licinio Archia Poeta) – Rede für L.
Flaccus (Pro L. Flacco) – Danksagung an den Senat (Cum senatui
gratias egit) – Danksagung an das Volk (Cum populo gratias egit) –
Rede über das eigene Haus (De domo sua) – Rede für P. Sestius (Pro
P. Sestio) – Befragung des Zeugen P. Vatinius (In P. Vatinium testem
interrogatio) – Rede über das Gutachten der Opferschauer (De haru-
spicum responso).
Band 6: Rede für M. Caelius (Pro M. Caelio) – Rede über die
konsularischen Provinzen (De provinciis consularibus) – Rede für
L. Cornelius Balbus (Pro L. Cornelio Balbo) – Rede gegen L. Piso (In
L. Pisonem) – Rede für M. Scaurus (Pro M. Scauro) – Rede für Cn.
Plancius (Pro Cn. Plancio) – Rede für C. Rabirius Postumus (Pro C.
Rabirio Postumo) – Rede für T. Annius Milo (Pro T. Annio Milone).
Band 7: Rede für M. Marcellus (Pro M. Marcello) – Rede für Q. Liga-
rius (Pro Q. Ligario) – Rede für den König Deiotarus (Pro Rege
Deiotaro) – Die Philippischen Reden (Philippicae I–XIV).

Schriften

Ausgaben

M. Tullius Cicero, De re publica, ed. K. Ziegler (Bibliotheca Teubne-
riana), Leipzig 1969⁷.

–, De legibus, ed. K. Ziegler (Heidelberger Texte), Freiburg–Würzburg
1979⁵.

–, Academicorum reliquiae cum Lucullo, ed. O. Plasberg (B. T.), Stuttgart 1966 (1922).

–, De finibus bonorum et malorum, ed. Th. Schiche (B. T.), Stuttgart
1966 (1915).

–, Tusculanae disputationes, ed. M. Pohlenz (B. T.), Stuttgart 1967
(1918).

–, De natura deorum, ed. W. Ax (B. T.), Stuttgart 1968 (1933).

–, De divinatione, De fato, Timaeus, ed. W. Ax (B. T.), Stuttgart 1975
(1938).

–, Cato Maior, Laelius, ed. R. Simbeck (B.T.), Stuttgart 1966 (1917).

–, De officiis, ed. C. Atzert (B.T.), Leipzig 1963[4].

M. Tulli Ciceronis Rhetorica, ed. A. S. Wilkins, 2 Bde. (Bibliotheca Oxoniensis), Oxford 1902–03.

M. Tullius Cicero, De inventione, ed. E. Stroebel (B.T.), Leipzig 1915.

Cicero, Brutus, ed. O. Jahn – W. Kroll – B. Kytzler, Zürich–Berlin 1964[7] (mit Kommentar).

M. Tullius Cicero, Orator, ed. O. Seel (Heidelberger Texte), Heidelberg 1952[2].

Ausgaben mit deutscher Übersetzung

M. Tullius Cicero, Der Staat (De re publica), hg. und übersetzt von K. Büchner (Sammlung Tusculum), München–Zürich 1987[4].

–, Hortensius, Lucullus, Academici libri, hg. und übersetzt von L. Straume-Zimmermann, F. Broemser und O. Gigon (Tusculum), München–Zürich 1990.

–, Über die Ziele menschlichen Handelns (De finibus), hg. und übersetzt von O. Gigon (Tusculum), München–Zürich 1988.

–, Gespräche in Tusculum (Tusculanae disputationes), hg. und übersetzt von O. Gigon (Tusculum), München–Zürich 1984[5].

–, Vom Wesen der Götter (De natura deorum), hg. und übersetzt von W. Gerlach – K. Bayer (Tusculum), München–Zürich 1990[5].

–, Über die Wahrsagung (De divinatione), hg. und übersetzt von Chr. Schäublin (Tusculum), München–Zürich 1991.

–, Über das Fatum (De fato), hg. und übersetzt von K. Bayer (Tusculum), München–Zürich 1980[5].

–, Cato Maior, Laelius, hg. und übersetzt von M. Faltner (Tusculum), München–Zürich 1988.

–, Vom rechten Handeln (De officiis), hg. und übersetzt von K. Büchner (Tusculum), München–Zürich 1987[5].

Cicero, De oratore – Über den Redner, hg. und übersetzt von H. Merklin (Reclam), Stuttgart 1978.

M. Tullius Cicero, Brutus, hg. und übersetzt von B. Kytzler (Tusculum), München–Zürich 1990[4].

–, Orator, hg. und übersetzt von B. Kytzler (Tusculum), 1988[5].

Briefe

Ausgaben

Cicero, Epistulae ad familiares, ed. D. R. Shackleton Bailey, 2 Bde., Cambridge 1977 (mit Kommentar).

Cicero's Letters to Atticus (Ad Atticum), ed. D. R. Shackleton Bailey, 7 Bde., Cambridge 1965–70 (mit englischer Übersetzung und Kommentar).

Cicero, Epistulae ad Quintum fratrem et M. Brutum, ed. D. R. Shackleton Bailey, Cambridge 1980 (mit Kommentar).

Ausgaben mit deutscher Übersetzung

M. Tullius Cicero, An seine Freunde (Ad familiares), hg. und übersetzt von H. Kasten (Tusculum), München–Zürich 1989[4].

–, Atticus-Briefe (Ad Atticum), hg. und übersetzt von H. Kasten (Tusculum), Zürich–München 1990[4].

–, An Bruder Quintus, An Brutus (Ad Quintum fratrem, Ad Brutum), hg. und übersetzt von H. Kasten (Tusculum), München 1965.

Literaturhinweise

Zur Biographie Ciceros

G. Boissier, Cicéron et ses amis, Paris 1865 (zahlreiche Neuauflagen; deutsch: Cicero und seine Freunde, Leipzig 1869).

O. Plasberg, Cicero in seinen Werken und Briefen (Das Erbe der Alten, 2. Reihe 11), Leipzig 1926.

⊣ M. Gelzer, M. Tullius Cicero (als Politiker), in: Paulys Realencyclopädie der classischen Altertumswissenschaft, VII A, Stuttgart 1939, 827–1091 = Cicero – Ein biographischer Versuch, Wiesbaden 1969.

O. Seel, Cicero: Wort – Staat – Welt, Stuttgart 1967[3].

Cicero, ein Mensch seiner Zeit, hg. von G. Radke, Berlin 1968.

D. R. Shackleton Bailey, Cicero, London 1971.

D. Stockton, Cicero – A Political Biography, Oxford 1971.

K. Kumaniecki, Cicerone e la crisi della repubblica Romana, Rom 1972.

T. M. Mitchell, Cicero – The Ascending Years, New Haven 1979.

Chr. Meier, Cicero – Das erfolgreiche Scheitern des Neulings in der alten Republik, in: Die Ohnmacht des allmächtigen Dictators Caesar, Frankfurt/M. 1980, 101–222.

E. Rawson, Cicero – A Portrait, Bristol 1983[2].

P. Grimal, Cicéron, Paris 1986 (deutsch: Cicero: Philosoph – Politiker – Rhetor, München 1988).

⊣ Chr. Habicht, Cicero der Politiker, München 1990.

Zur Geschichte des ciceronischen Zeitalters

A. Heuß, Das Zeitalter der Revolution, in: Propyläen Weltgeschichte, Bd. 4, Berlin–Frankfurt/M.–Wien 1963, 175–316.

J. Vogt, Römische Geschichte: Die Römische Republik, Freiburg Br. 1973[6].

E. Meyer, Römischer Staat und Staatsgedanke, Zürich–München 1975[4].

H. Bengtson, Grundriß der römischen Geschichte, Bd. 1 (Handbuch der Altertumswissenschaft 3,5,1), München 1982[3], 163–262.

J. Bleicken, Die Verfassung der römischen Republik, Paderborn 1982[3].

R. Syme, The Roman Revolution, Oxford 1951² (deutsch: Die römische Revolution, Stuttgart 1957).

Chr. Meier, Res publica amissa – Eine Studie zu Verfassung und Geschichte der späten Republik, Frankfurt/M. 1980.

W. Kroll, Die Kultur der ciceronischen Zeit (Das Erbe der Alten, 2. Reihe 22–23), Leipzig 1933.

Zur antiken Philosophie

K. Praechter, Die Philosophie des Altertums (Fr. Ueberwegs Grundriß der Geschichte der Philosophie 1), Berlin 1926¹².

K. Vorländer, Geschichte der Philosophie 1: Philosophie des Altertums, Reinbek 1963.

R. Hirzel, Der Dialog, 2 Bde., Leipzig 1895.

M. Pohlenz, Die Stoa, 2 Bde., Göttingen 1978/80⁵.

W. Schmid, Epikur, in: Reallexikon für Antike und Christentum, Bd. 5, Stuttgart 1961, 681–819.

G. Luck, Der Akademiker Antiochos (Noctes Atticae 7), Bern 1953.

R. Harder, Die Einbürgerung der Philosophie in Rom, in: Kleine Schriften, hg. von W. Marg, München 1960, 330–353.

O. Gigon, Die Erneuerung der Philosophie in der Zeit Ciceros, in: Recherches sur la tradition platonicienne (Entretiens de la Fondation Hardt 3), Vandœuvres-Genève 1957, 33–61.

Zu den philosophischen Schriften Ciceros

A. Michel, Rhétorique et philosophie chez Cicéron, Paris 1960.

W. Süss, Cicero – Eine Einführung in seine philosophischen Schriften, Ak. d. Wiss. u. d. Lit., Abh. d. geistes- u. soz.wiss. Kl. 1965, 5, Mainz 1966.

P. MacKendrick, The Philosophical Books of Cicero, London 1989.

A. Weische, Cicero und die Neue Akademie – Untersuchungen zur Entstehung und Geschichte des antiken Skeptizismus (Orbis antiquus 18), Münster 1961.

W. Burkert, Cicero als Platoniker und Skeptiker, Gymnasium 72, 1965, 175–200.

K. Bringmann, Untersuchungen zum späten Cicero (Hypomnemata 29), Göttingen 1971.

W. Görler, Untersuchungen zu Ciceros Philosophie, Heidelberg 1974.

E. Becker, Technik und Szenerie des ciceronischen Dialogs, Diss. Münster 1938.

R. Heinze, Ciceros »Staat« als politische Tendenzschrift, in: Vom Geist des Römertums, hg. von E. Burck, Darmstadt 1960³, 141–159.

P. L. Schmidt, Die Abfassungszeit von Ciceros Schrift Über die Gesetze, Rom 1969.

A. Heuß, Ciceros Theorie vom römischen Staat, Nachr. d. Ak. d. Wiss. Göttingen, Phil.-hist. Kl. 1975, 8, Göttingen 1976.

K. M. Girardet, Die Ordnung der Welt – Ein Beitrag zur philosophischen und politischen Interpretation von Ciceros Schrift De legibus (Historia-Einzelschriften 42), Wiebaden 1983.

G. Patzig, Cicero als Philosoph, am Beispiel der Schrift De finibus, Gymnasium 86, 1979, 304–322.

M. van den Bruwaene, La théologie de Cicéron, Löwen 1937.

W. Heilmann, Ethische Reflexion und römische Lebenswirklichkeit in Ciceros Schrift De officiis (Palingenesia 17), Wiesbaden 1982.

Zur antiken Beredsamkeit

E. Norden, Die antike Kunstprosa, 2 Bde., Leipzig 1923⁴.

W. Kroll, Rhetorik, in: Paulys Realencyclopädie der classischen Altertumswissenschaft, Suppl.-Bd. VII, Stuttgart 1940, 1039–1138.

H. I. Marrou, Histoire de l'éducation dans l'antiquité, Paris 1965⁶. (deutsch: Geschichte der Erziehung im klassischen Altertum, München 1957).

M. L. Clarke, Rhetoric at Rome, London 1962² (deutsch: Die Rhetorik bei den Römern, Göttingen 1968).

G. Kennedy, The Art of Rhetoric in the Roman World 300 B.C. – A.D. 300, Princeton 1972.

M. Fuhrmann, Die antike Rhetorik, München 1990³.

Zu den Reden Ciceros

J. Humbert, Les plaidoyers écrits et les plaidoiries réelles de Cicéron, Paris 1925.

D. Mack, Senatsreden und Volksreden bei Cicero, Diss. Kiel, Würzburg 1937.

L. Laurand, Etudes sur le style des discours de Cicéron, 3 Bde., Paris 1936–38[4].

A. Weische, Ciceros Nachahmung der attischen Redner, Heidelberg 1972.

R. Heinze, Ciceros politische Anfänge, in: Vom Geist des Römertums, hg. von E. Burck, Darmstadt 1960[3], 87–140.

H. Strasburger, Concordia ordinum – Eine Untersuchung zur Politik Ciceros, Borna 1931.

K. H. Schulte, Orator – Untersuchungen über das ciceronische Bildungsideal, Frankfurt/M. 1935.

K. Barwick, Das rednerische Bildungsideal Ciceros, Abh. d. Sächs. Ak. d. Wiss., Phil.-hist. Kl. 54, 3, Berlin 1963.

E. Costa, Cicerone giureconsulto, 2 Bde., Bologna 1927[2].

Chr. Neumeister, Grundsätze der forensischen Rhetorik, gezeigt an Gerichtsreden Ciceros, München 1964.

W. Stroh, Taxis und Taktik – Die advokatorische Dispositionskunst in Ciceros Gerichtsreden, Stuttgart 1975.

D. Berger, Cicero als Erzähler – Forensische und literarische Strategien in den Gerichtsreden, Frankfurt/M. 1978.

C. W. Wooten, Cicero's Philippics and their Demosthenic Model, Chapel Hill – London 1983.

J. W. Crawford, M. Tullius Cicero: The Lost and Unpublished Orations (Hypomnemata 80), Göttingen 1984.

C. J. Classen, Recht, Rhetorik, Politik – Untersuchungen zu Ciceros rhetorischer Strategie, Darmstadt 1985.

Zu den Briefen Ciceros

H. Peter, Der Brief in der römischen Literatur, Abh. d. Sächs. Ak. d. Wiss., Phil.-hist. Kl. 20, 3, Leipzig 1901.

J. Carcopino, Les secrets de la correspondance de Cicéron, 2 Bde., Paris 1947.

O. E. Schmidt, Der Briefwechsel des M. Tullius Cicero von seinem Prokonsulat in Cilicien bis zu Caesars Ermordung, Leipzig 1893.

W. Jäger, Briefanalysen – Zum Zusammenhang von Realitätserfahrung und Sprache in Briefen Ciceros, Frankfurt/M. 1986.

M. Wistrand, Cicero Imperator – Studies in Cicero's Correspondence 51–47 B.C., Göteborg 1979.

Nachweis der Zitate

13 Seine Mutter: Plut. 2,1. – verlautet bei Livius: 9,44,16.

16 der Vorfahr: Plut. 1,4.

17 Unsere Leute: De or. 2,265. – berichtet Cicero: Brut. 168.

18 wie Cicero schreibt: De or. 2,3. – wie der Sohn schreibt: De leg. 2,3.

19 Durch Quintus ist: Fam. 16,26,2. – kein anderer als Cicero: Arch. 5.

20 Denn soweit: Arch. 1.

21 Plutarch weiß: Plut. 2,3.

22 Schilderung seines Äußeren: Brut. 313f.

23 berühmten Iliasvers: 6,208. – schreibt er einmal: Qu. fr. 3,5,4. – Der Vater meinte: Lael. 1. – denn er schreibt: Lael. 1.

24 Cicero hat hieran später: De or. 1,186ff.; Brut. 152ff.

30 Schwanengesang: De or. 3,6. – wir erfahren z. B.: Brut. 127.

31 Was er aus jener Zeit: Phil. 12,27. – Cicero, der hiervon: De div. 1,72; 2,65. – schreibt er einmal: De off. 1,74ff.

34 so weiß es Plutarch: Plut. Mar. 35ff. – In der Schrift: De div. 1,106.

35 Er sagt dort: Post red. ad Quir. 19f.

36 Ich übte mich: Brut. 310. – Oder hast du: Sall. In Tull. 2.

38 In der Zeit: Brut. 306.

41 Ein Brief verrät uns: Fam. 13,1,2.

42 Es sei das Wichtigste: De inv. 2,10. – Cicero hat sich später: De or. 1,5.

43 Ein kompetenter Kritiker: Hieron. Chron. pr. 1.

45 er blieb unbewaffnet: Rosc. Amer. 142. – behauptete er glaubwürdig: Rosc. Amer. 136.

46 Daß man die bestraft: Rosc. Amer. 137. – Später sprach er: De off. 2,27. – schon in seiner ersten: Quinct. 69; 31 – wie er selber schreibt: Brut. 311. – Cicero nennt ihn: De off. 3,60.

47 daß die Schrift »Brutus«: Brut. 301ff.

48 das hohe Lob: De or. 3,228ff.

50 Cicero hat sich später: Or. 107.

51 Die Szenerie: De fin. 5,1ff.

52 er erwähnt: Tusc. 2,34; 5,77. – Er schreibt hierüber: De leg. 2,36.
53 dort erklärt er: Tusc. 1,24. – Er berichtet: Cluent. 32.
54 er führt ihn: Brut. 85 ff. – er behauptet: De rep. 1,13.
55 der Erwähnung gewürdigt: Brut. 315 f. – verlautet im »Brutus«:
   Brut. 316. – schreibt Cicero: Brut. 151 ff. – obwohl er ihn: De nat.
   deor. 1,6.
56 causas nobiles: Brut. 318. – ein Hinweis: Verr. 2,2,181.
57 er hat später: Cael. 35. – einem Freunde versichert: Fam. 9,26,2. –
   in seinem Plädoyer: Cael. 46.
58 Nach Plutarch: Plut. 20,3; 29,4. – Mich hat: Pis. 2. – er nennt ihn
   einmal: Verr. 2,2,138. – berichtet er einmal: Verr. 2,5,35.
59 »Vorratskammer«: Verr. 2,2,5.
60 Einmal beruft er sich: Verr. 2,4,74. – Episode: Tusc. 5,64 ff.
61 durch Plutarch: Plut. Marc. 17,12. – Er berichtet darüber: Planc.
   64 f.
62 Denn als ich: Planc. 66. – Nach Plutarch: Plut. 7,1 f.
67 Cicero behauptet: Verr. 2,1,30.
68 erklärte Cicero: Verr. 1,32 ff., bes. 53 ff.
69 wie Plutarch berichtet: Plut. 8,1.
72 insgesamt elf Briefe: Att. 1,1–11. – sie heißt ihm: Att. 1,8,3; vgl.
   1,5,8. – was Wieland: M. Tullius Cicero's Sämmtliche Briefe übersetzt und erläutert von C. M. Wieland, Bd. 1, Zürich 1808, S. 127. –
   schreibt der Vater: Att. 1,2,1.
73 deutet wiederholt an: Att. 1,5,2; 1,10,5. – Die beiden frühesten
   Briefe: Att. 1,5,1; 1,6,2. – der Cicero-Kommentator: S. 82,10 f.
   Clark. – Dies sei der Ort: Att. 1,5,7. – wie mehrfach verlautet: Att.
   1,8,2; 1,9,2; vgl. 1,10,3.
74 Cicero bittet ihn: Att. 1,7; 1,10,4; 1,11,3. – Bruder Quintus: Comm.
   pet. 19.
75 Schilderung eines Gelages: Orationum deperditarum fragmenta,
   ed. I. Puccioni, Mailand 1963, S. 27, Frg. 1.
76 in der Ersten Verres-Rede: Verr. 1,29. – bemerkenswerte Worte:
   Cluent. 139.
77 Cicero soll später: Quint. Inst. or. 2,17,21. – In seiner Schrift: De off.
   2,51.
78 Er rühmte sich später: De off. 2,59. – er schrieb: Att. 1,10,6.
80 Viel später: Phil. 11,18.
82 er bemerkt hierzu: Sall. Iug. 63,6 f. – so schreibt er: Att. 1,1,2. – In
   einem etwas späteren Brief: Att. 1,2,2.
84 wobei sich Quintus: Comm. pet. 46.
85 Asconius versichert: S. 61,7 ff. Clark.

86 Von ihm heißt es: Att. 1,1,1. – Gegenwärtig: Att. 1,2,1.

87 nur durch Plutarch: Plut. Sull. 32,3; Cic. 10,3. – im »Commentariolum«: Comm. pet. 10.

88 was Cicero später: Cael. 14. – Das »Commentariolum«: Comm. pet. 7 ff.

89 er hob hervor: Leg. agr. 2,4; vgl. Vat. 6; Pis. 3.

91 folgendes Resümee: Pis. 4 f.

93 wie eine Andeutung: Orationum deperditarum fragmenta, ed. I. Puccioni, Mailand 1963, S. 71, Frg. 1.

94 die orationes consulares: Att. 2,1,3. – in dem Atticus-Brief: Att. 2,1,3.

96 berichtet Plutarch: Plut. 13,2 ff.

97 ist überliefert: Sall. Cat. 49,2.

101 Was haben wir doch: Plut. Cat. min. 21,8. – In der einen Partie, die andere Partie: Mur. 22 ff.; 61 ff.

102 In einem der frühesten: Fam. 5,7,2 f. – aus einem erhaltenen Briefpaar: Fam. 5,1 und 5,2.

105 heißt es dort: Rosc. Amer. 136 ff.

106 in den Reden gegen Verres: Div. in Caec. 7 f.; Verr. 1,36 ff. – Rede für Pompeius: Imp. Pomp. 63 ff. – pauci: Div. in Caec. 70; Verr. 1,36; Cluent. 152. – für Cluentius Habitus: Cluent. 88 ff.

107 nos semper: Comm. pet. 5. – gemäß dem Grundsatz: De rep. 1,10.

108 in der Ersten Rede: Leg. agr. 1,23 ff. – mit seiner Zweiten Rede: Leg. agr. 2,5 ff. – Am Schluß der Rede: Leg. agr. 2,102 f.

109 eine Partie: Cat. 4,14 ff.

110 wie er oft sagte: Cat. 1,32; Flacc. 103; Dom. 94 u.ö.

116 Dein Glückwunsch: Fam. 5,6,2.

118 Nur dann: Gell. 12,12,2 ff. – die Invektive Sallusts: Sall. In Tull. 3. – So Cicero selber: Att. 1,12,2. – Hierzu stimmt: Att. 1,12,1; 1,13,6; 1,14,7.

119 die Briefe an Atticus: Att. 1,20,2; 2,1,6.

120 Nicht alle können: Sull. 23. – »Fischteichbesitzer«: Att. 1,19,6; 1,20,3. – Nimm zur Kenntnis: Att. 1,18,1.

122 Dann meldet er: Att. 1,19,10. – Cicero fand: Att. 2,1,1 f. – in seiner Schrift: De div. 1,17 ff. – zwei Verse: Fragmenta poetarum Latinorum epicorum et lyricorum, ed. W. Morel, Leipzig 1927, S. 72, Frg. 16 f.

123 wie Cicero selbst: Pis. 73. – Bei mir: Att. 2,3,3 f.

124 er wolle den Schiffbrüchen: Att. 2,7,4. – Ich will lieber: Att. 2,9,3. – Die Dreimänner: Att. 2,16,2.

125 Du hast wohl schon: Att. 1,12,3.

130 Cicero berichtet noch: Pis. 12.

132 In einer Villa: De div. 1,59.

133 Die Tränen überwältigten ihn: Fam. 14,4,1 und 3; 14,3,1; Att. 3,8,4; 3,12,1; 3,10,2. – ein Besucher wußte: Att. 3,15,1.

134 das ständige Grübeln: Att. 3,8,4; 3,10,2; 3,15,4 ff.; Qu. fr. 1,4,1 ff.; Fam. 14,1,1 f. – Cicero glaubte: Att. 3,15,7; 3,19,3.

135 im 5. Buch: Tusc. 5,106 ff.

136 Am 4. August: Att. 4,1,4 f.

142 wie er dem Bruder: Qu. fr. 2,3,6. – die faszinierende Formel: Sest. 98.

145 »Bollwerk«: Fam. 1,9,8.

147 monstra: Qu. fr. 2,5,3. – wie er einige Monate später: Balb. 61.

149 Ich erwarte: Fam. 7,1,4.

151 von einer leidigen Partie: Planc. 86 ff.

152 den Rat des Atticus: Att. 4,8a,4. – Eine ungemein anrührende Äußerung: Att. 4,6,1 f.

154 non putavi: Fam. 1,9,11.

155 Du hast jetzt: Fam. 1,9,21.

156 Er hatte schon: Att. 2,16,3. – es könnten sich Leute: Fam. 1,9,23. – diesen Freund: Fam. 5,12.

157 Doch wahrhaftig: Att. 4,10,1. – Mitte November 55: Att. 4,13,2. – Ein Jahr später verlautet: Fam. 1,9,23.

158 Cicero wollte: De div. 2,4.

159 discidium linguae atque cordis: De or. 3,61.

160 Der Schrift »De re publica«: Qu. fr. 2,13,1. – schreibt Cicero: Att. 4,16,2. – Detailliert: Qu. fr. 3,5,1 f.

161 litterae me: Qu. fr. 3,7,2. – der Freund Caelius: Fam. 8,1,4. – wie Cicero einmal bündig: Qu. fr. 3,5,1.

165 Privata modo: Att. 4,18,2. – So berichtet er: Att. 4,8,2. – In einem längeren Schreiben: Fam. 7,23.

166 Caesar schildert: Bell. Gall. 5,38 ff.

168 So heißt es einmal: Fam. 7,10.

169 einige Stücke: Fam. 2,1–6. – Velleius Paterculus: 2,48,3.

172 Milo, hießt es: Cass. Dio 40,53,2 f. – Und vor allem: Fam. 7,2,2.

175 wie er sie einst: Qu. fr. 1,1,2 f. – Es ist unglaublich: Att. 5,15,1. – Die Stadt: Fam. 2,12,2.

176 Ich verließ ihn: Att. 5,7.

177 er pries: Att. 5,10,5. – einen höflichen Brief: Fam. 13,1. – Caelius schreibt: Fam. 8,5,1.

178 es heiße: Fam. 8,10,1. – iustitia: Att. 5,16,3.

179 Ich reiße: Att. 5,15,1. – Im darauffolgenden: Att. 5,16,2.

180 Er habe, schreibt Cicero: Fam. 3,8,5. – gegen Ende: 3,8,8. – So habe ich endlich: Fam. 3,9,1. – Wie wenn ein Arzt: Att. 6,1,2.

181 Du weißt nicht: Fam. 9,25,1.

182 Es seien fröhliche Saturnalien: Att. 5,20,5. – In meinem ganzen Leben: Att. 5,20,6. – Eine Affäre: Att. 5,21; 6,1; 6,2.

183 singulär ist die Genauigkeit: Att. 5,1,3 f. – Der Knabe war: Att. 6,3,8. – In der Tat: Att. 6,7,1.

185 acht Briefe: Fam. 16,1–7 und 9. – in einem herzlichen Brief: Fam. 14,5.

188 Ego tecum: Att. 8,14,2. – Anfang Januar, bald darauf: Fam. 16,11,2; 16,12,2.

189 Was das für eine Art: Att. 7,13,1. – Caesar erscheint ihm: Att. 7,11,1. – Cicero zitiert: Att. 8,11,1 f.

190 Als Caesar: Att. 7,7,6. – Um's Himmels willen: Att. 7,11,3. – Pompeius sei: Att. 7,13,1 f. – Doch unser Gnaeus: Att. 7,21,1.

191 Was wirst Du: Att. 7,7,7. – Wundere Dich nicht: Att. 8,1,3.

192 er habe ihm geantwortet: Att. 7,17,4. – Mitte März: Att. 9,11 A. – Schon ein Atticus-Brief: Att. 8,3.

193 Cautior est mansio, ihn bestimme nicht: Att. 8,15,2; 9,1,4. – da meinte er: Att. 9,6,4 f. – Was soll ich sagen: Att. 9,10,2.

194 Platon: Epist. 7 348a. – der Brief ist erhalten: Att. 9,16. – in eo mansimus: Att. 9,18,1.

195 Der letzte Brief: Att. 10,18. – Er sandte Terentia: Fam. 14,7. – die insidiosa clementia: Att. 8,16,2.

197 Ego ... quem fugiam: Att. 8,7,2.

198 Er behauptete später: Phil. 2,37 f. – Damals erreichte ihn: Fam. 9,9. – Inzwischen hatte Cicero: Att. 11,7,2.

199 Schon ganz zermürbt: Att. 11,11,1.

200 Ob er vielleicht: Att. 11,6,2; 11,7,2 ff.

201 Ich sehe: Att. 11,11,1. – Und ein paar Tage später: Att. 11,13,1. – non solum: Att. 11,8,2.

202 scelerate quaedam facere, an einer anderen Stelle: Att. 11,16,5; 11,24,3. – Der letzte dieser Reihe: Fam. 14,20.

205 Das sei ausgemacht: Fam. 9,2,5.

207 Es sind mehrere Briefe: Fam. 4,7–9.

208 Er hat hiervon: Fam. 4,4. – Wie Plutarch: Plut. 39,6 f.

210 was von Cicero: Deiot. 5 ff. – Am 19. Dezember: Att. 13,52. – Die zweite Begebenheit: Fam. 7,30,1 f.

211 die detaillierte Schilderung: Phil. 2,84 ff. – der lange Exkurs: De or. 2,216–290. – In einem Brief: Fam. 7,32,1 f. – wie aus einem Briefe: Fam. 9,16,3 f.

212 der sich überaus freundlich: Fam. 15,21,2f.

213 So ist die mahnende: Att. 12,2,2. – Alle meine Sorge, bemerkt er ein
ander Mal, Er mache Fortschritte: Fam. 9,20,1; 9,17,2; 9,16,7.

214 Nicht minder scherzhaft: Fam. 9,23. – Besonders reizvoll: Fam.
9,26.

215 Cicero beglückte ihn: Fam. 15,16. – Bei uns hat: Fam. 15,17,2. – Als
Sulla : Fam. 15,19,3.

216 Wie ich erfuhr: Fam. 9,7,1f.

217 Doch in Zukunft: Fam. 9,8,2. – Ich hätte: Fam. 4,14,3. – Auf die
Entrüstung: Quint. Inst. or. 6,3,75.

218 Ich lebe: Att. 12,15. – eine Bemerkung: Tusc. 3,76. – Ein Kondolenzbrief: Fam. 4,5.

219 Cicero antwortete sofort: Att. 12,32,1.

220 tempora inimica virtuti: Or. 35. – Tacitus: Agr. 1,4. – von sich selbst:
Or. 148.

221 So hat jedenfalls: Ac. post. 1,11.

222 in den »Bekenntnissen«: Conf. 3,7f.

223 Ich habe begonnen: Ac. post. 1,3.

224 fragt er einmal: Luc. 6. – Wer an Philosophie: Ac. post. 1,4ff.

226 Ich war gerüstet: De div. 2,4.

227 Ich habe: De div. 2,1ff.

234 es sei nicht so sehr: Suet. Iul. 86.

235 ein berühmt-berüchtigtes Schreiben: Fam. 6,15. – Er besaß Genie:
Phil. 2,116.

237 Es fragt sich: Att. 14,21,3; 15,4,2; Fam. 12,4,1 u. ö. – er berief sich:
Phil. 1,1.

238 während Atticus: Att. 14,10,1; 14,14,3.

239 behauptete Matius, Vivit tyrannis, Nichts sei so ungereimt, Die
Iden, Interfecto rege, Unsere Helden, Du verteidigst, Auch meint
er: Att. 14,1,1; 14,9,2; 14,6,2; 14,12,1 u.ö.; 14,11,1; 14,4,2; 14,14,2;
14,10,1.

240 Mit dem Brief: Att. 14,13. – sandte ihm: Fam. 9,14 = Att. 14,17 A.

241 Cicero hält nunmehr: Att. 15,4,1ff. – In seinen düstersten Stunden:
Att. 15,20,1f. – Ich plage mich: Att. 15,23,1.

242 Wohl Ende Juni: Fam. 11,29. – er schrieb: Att. 16,3,4. – ad senem
senex: Lael. 5. – Das Alter macht: Att. 14,21,3.

243 Ist die Maske: Att. 15,1,4. – Du fragst mich, Und Ende Juli: Att.
14,13,1; 16,6,2. – Marcus widme sich: Fam. 12,16,1f.

244 Brief an Tiro: Fam. 16,21. – jetzt stellte er fest: Att. 16,6,4.

245 da habe es ihn gedrängt: Fam. 7,19; Top. 5. – Gleichwohl äußerte
er: Fam. 7,19.

246 Cicero, der bereits: Att. 16,7,2 ff.
247 einen Brief: Fam. 11,27.
248 Atticus gegenüber: Att. 15,2,3. – Matius hat: Fam. 11,28.
250 Brutus, Cicero selber: Ad Brut. 3,4; 4,2.
253 Schreiben an Cassius: Fam. 12,2.
254 wozu er bemerkte: Att. 15,13,1.
255 insbesondere durch Cicero: De fin. 1,65 ff.
256 Ein späterer Autor: Gell. 1,3,10 ff.
257 eine Partie: Lael. 36 ff. – Exstabit: Att. 15,13,6.
258 nullis adminiculis: De off. 3,34.
259 quonam modo: De off. 2, 20.
261 So schreibt er: De off. 1,26. – Dies ist mißlich: De off. 1,64.
263 Die Ankunft, Was mit Octavius, er wolle, Octavius war Cicero, Mitte Mai, Mitte Juni: Att. 14,5,3; 14,6,1; 14,10,3; 14,11,2 und 14,12,2; 15,2,3; 15,12,2.
264 Einerseits, und außerdem, Schließlich: Att. 16,11,6; 16,14,1; 16,15,3.
265 Andererseits, Wenn Cicero nicht, So will er, schließlich schreibt er: Att. 16,8,2; 16,9; 16,12; 16,15,6.
266 durch einen brieflichen Appell, Zugleich ergingen Briefe: Fam. 11,5; 10,3 und 5.
267 Alles ist: Fam. 12,22,2.
268 daß sich das römische Volk: Fam. 12,22,2. – Hieran haltet fest: Phil. 4,13.
272 in den Briefen jener Zeit: Fam. 12,4,1; 12,5,2; 10,28,3. – Die Beschwerden: Fam. 12,2,2 f.
274 wie Pomponius: Dig. 1,2,2,43.
276 Zwei Schreiben: Fam. 12,4 und 5. – brieflich an Trebonius: Fam. 10,28.
277 folgende Schilderung: Phil. 11,5.
279 Und an Cassius, Cassius wiederum: Fam. 12,7; 12,11.
282 Du führst ja: Phil. 13,45. – Lepidus wurde: Fam. 10,27.
283 Der Brief an Plancus: Fam. 10,6. – Cicero setzte, Plancus wiederum: Fam. 10,7 und 8. – meint Plutarch: Plut. 45,4. – Schon im Februar: Fam. 9,24,4.
284 Alles, Brutus: Ad Brut. 1,2. – In der »Vierzehnten Philippica«: Phil. 14,20.
285 Es stehe: Fam. 12,6,2. – In dem soeben erwähnten: Ad Brut. 1,1.
286 so Cicero selbst: Phil. 14,14 f. – Ich bilde: Ad Brut. 9,2.
290 so die »Dreizehnte Philippica«: Phil. 13,47.
291 Denn Friede: Phil. 8,11 f.; 10,19 f.; 13,1 ff.

292 Laß Dir: Fam. 10,14,2. – Am 13. Mai: Fam. 10,15.
293 Doch schon, Einige Tage darauf: Fam. 10,21; 10,18 und 17. – Auch
    in Rom: Fam. 10,20. – Plancus möge: Fam. 10,16,2. – Am 6. Juni:
    Fam. 10,23.
294 Am 30. Mai: Fam. 10,35. – Ciceros Drängen: Fam. 10,22.
295 Plancus hielt: Fam. 10,24. – In einem Briefe vom 29. April, Im
    folgenden Schreiben, Cicero wiederum: Fam. 11,9; 11,10; 11,12. –
    einige Tage später: Fam. 11,18.
296 da schrieb Brutus: Fam. 11,26. – etwa am 10. Juni: Fam. 11,13a. –
    Cicero mochte: Fam. 11,25.
297 laudandum: Fam. 11,20,1. – Der Brief, den er alsbald: Ad Brut. 5. –
    Ciceros nächster: Ad Brut. 8,2.
298 Nach dem zweiten Siege: Ad Brut. 9,1. – Cicero, Du vortrefflicher:
    Ad Brut. 11,3. – So fürchte ich: Ad Brut. 12, 2f.
299 Oktavian, teilte er Brutus: Ad Brut. 18,3ff. – Das Heer Oktavians:
    Ad Brut. 22,2.
300 Um dieselbe Zeit: Ad Brut. 23. – Schon in einem Briefe: Ad Brut. 25.
301 Du dankst: Ad Brut. 24.
302 Ciceros letzter Brief: Ad Brut. 26.
303 Wenn ihr ihm das Amt: Cass. Dio 46,43,4. – er wurde, heißt es: App.
    Bell. civ. 3,382. – Daß Du mir: Ad Caesarem iuniorem, Frg. 23B
    Watt.
305 schon Livius: Sen. Suas. 6,15ff.
306 Widrigkeiten: Sen. Suas. 6,22.

Register: Personen, Sachen

Die *kursiv* gesetzten Zahlen verweisen auf Seiten mit Erläuterungen
zu der betreffenden Person oder Sache

Die antiken Kulturen neu entdecken

Lexikon der Alten Welt
in 3 Bänden
Unveränderter Nachdruck der einbändigen Originalausgabe von 1965. Herausgegeben von Carl Andresen, Hartmut Erbse, Olof Gigon, Karl Schefold, Karl Friedrich Stroheker und Ernst Zinn, 1990. Insgesamt 1775 Seiten, mit über 250 Abbildungen, ca. 30 z. T. farbigen Karten und rund 40 teils ganzseitigen Tabellen und Stammbäumen. Leinen im Schuber.

Als unübertroffenes Standardnachschlagewerk umfaßt das Lexikon der Alten Welt alle Bereiche der Kultur- und Geistesgeschichte und erschließt mit mehr als 10 000 Stichwörtern die Geheimnisse der klassischen Antike.

»Dieses Lexikon gehört in jedes Haus, wo immer noch der Geist des Humanismus gepflegt wird.«   Tagesspiegel

Artemis & Winkler Verlag, München und Zürich

Lust an der Geschichte

Leben im antiken Griechenland

Ein Lesebuch. Herausgegeben von Rolf Rilinger.
516 Seiten. Serie Piper 850

Von Geschichtsschreibern wie Herodot über Redner wie Demosthenes bis zu Philosophen und Dramatikern wie Euripides und Aristophanes werden Texte klassischer griechischer Autoren versammelt, die uns Heutigen zeigen, wie die griechische Antike gewesen ist – in Arbeit und Freizeit, in Kult und Krieg, in der großen Politik. So stellt dieses Lesebuch eine nicht nur für Humanisten spannende Einführung in die Welt des klassischen Griechenland dar.

Leben im Alten Rom

Ein Lesebuch. Herausgegeben von Rolf Rilinger.
410 Seiten. Serie Piper 1005

Wie lebten die »alten Römer«? Von der Wiege bis zur Bahre wird in diesem neuen Band der Reihe »Lust an der Geschichte« das Leben im antiken Rom durch Quellentexte beschrieben. Freundschaft, Spiele, Beruf, Erziehung, Liebe und Ehe – dies sind nur einige der Themen dieses informativen und anregenden Lesebuchs, in dem bekannte Autoren wie Livius oder Seneca ebenso zu Wort kommen wie unbekannte Zeitgenossen.

Leben im Mittelalter

Ein Lesebuch. Herausgegeben, eingeleitet und übersetzt von Ernst Pitz.
442 Seiten. Serie Piper 1166

Den Menschen des Mittelalters zuzuhören und aus erster Hand zu erfahren, wie das Leben im Mittelalter wirklich gewesen ist: das ist das Anliegen dieses Buches.

Die Französische Revolution 1789 – 99

Ein Lesebuch. Herausgegeben von Ulrich Friedrich Müller.
363 Seiten. Serie Piper 933

Prominente wie unbekannte Zeitzeugen berichten, was sich in den zehn Jahren bis zur Machtübernahme Bonapartes alles ereignet hat, in Paris wie auf dem Land, im Adel wie im Bürgertum.

Serie Piper

Reinhard Raffalt
GROSSE KAISER ROMS
290 Seiten. Serie Piper 499

Glanz und Verfall der Weltmacht Rom haben jahrhundertelang die
Phantasie von Historikern und Erzählern beflügelt. Galt das Interesse
jener mehr den sich wandelnden Herrschaftsstrukturen, so zeigten
diese sich fasziniert von den so unterschiedlichen Persönlichkeiten
der römischen Kaiser. Raffalt hat sich im Laufe seines Lebens immer
wieder mit der römischen Geschichte beschäftigt. Diese elf Porträts
bezeugen noch einmal seine große Kennerschaft wie seine
außerordentlichen erzählerischen Fähigkeiten. Raffalt gibt diesen
Porträts Farbe und Dimension.

»Das Buch ist ein großer Wurf.«

Bayerischer Rundfunk

PIPER